신약교회 사관에 의한

동시대 두 세상 V

구약 / 신약 / 교회사편

정수영 지음

쿰란출판사

머리말

하나님 아버지의 크신 은총과 사랑에 감격하며 감사드립니다.

필자는 50년 목회 동안 30년 교수 활동을 했다. 그 같은 경험을 토대로 2010년부터 문서 선교 사역을 하고 있다. 그런데 세월이 갈수록 책에 대한 관심이 멀어져만 간다. 이 같은 현상을 필자는 다니엘 12장 1-4절 말씀이 성취되는 말세 현상이라고 믿는다. 이 말씀은 역사의 종말이 가까워질수록(1절) 많은 사람이 빨리 왕래하며 지식이 더하리라(4절)고 했다. 사실 역사가 진행될수록 전화와 팩스와 인터넷의 발전 등으로 통신의 속도가 빨라지고 수많은 책의 출판과 인터넷 보급으로 인해 지식이 엄청나게 증가해가고 있다.

이러한 세계적 현상은 전 세계가 디지털 중독에 파묻혀 살아감을 뜻한다. 게임 중독, 쇼핑 중독, 취미 중독, 운동 중독, 뉴스 중독, 정보 중독 등등. 현대인은 디지털 기기를 손에 붙잡고 살아야만 편리하다고 믿는다. 이것은 분명 특정한 한 분야에 세계인들이 '행위 중독'에 빠진 현상이다. 이렇게 편리하고 빠르고 많은 정보를 쉽게 취득하는 장점 때문에 인터넷 정보 취득이 일상화되었다.

이 같은 디지털로 읽는 '겉핥기식 독서'가 쉽고 많은 정보를 주고 있으나 비판적 사고와 공감력을 줄 수 있는 깊은 사고를 증진할 수는 없다. 더구나 디지털 읽기에 최적화된 뇌의 회로는 뇌의 탄성과 강도를 조절하는 가소성(可塑性) 때문에 좀처럼 예전으로 되돌아가려 하지 않는다. 따라서 외부 지식 서버에 의존하는 로봇처럼 또는 AI처럼 자신의 판단이 아닌 불확실한 대중적 정보의 희생물이 될 수 있다.

세상은 이처럼 대중 지식 속으로 함몰되어 가고 있다. 이 같은 대중 세상은 창조 능력을 무시하고 대중 속에 한 분자로 살아가게 함으로 미래의 주인공이 될 수가 없다.

디지털 시대인 현대인에게 '문서'는 외면당할 수 있다. 그러나 '깊이 읽기'를 통해 개성 있는 기록을 남긴 문서들만이 미래에 가치를 드러내게 될 것이다. 이것이 필자가 믿는 성경에 근거한 역사의식이다. 그래서 많은 이들이 외면하는 '문서 선교'를 계속 이어가고 있다.

본서는 2023년에 한 해 동안 필자가 저술한 책들 중에서 중요하다고 느껴지는 내용을 녹화 설교한 내용이다. 설교를 매주 30여 분 한 후에 설교를 들은 청중들과 함께 질의응답을 1시간씩 이어갔다. 이때 신앙의 배경의 차이와 인성의 차이에 따라 불꽃 튀는 논쟁과 반론이 이어졌다. 교수 때의 강의실과 달리 신앙 배경의 차이로 다양한 견해들이 공존해 가고 있음을 확인하게 되었다. 그렇게 한 해 동안 나누었던 내용을 한 권의 작품으로 만들었다.

2023년 한 해 동안 소중한 시간에 함께 참여했던 분들을 기억하고자 여기 그분들을 소개한다.

평촌중앙성결교회 박용석 목사님과 조옥순 사모님 그리고 은규, 한규 두 아드님. 이분들은 장소 제공과 장비 활용 그리고 예배 후 점심과 녹화 때 도와주었다.

예배 전에 찬양 인도를 해준 황성수 목사님과 반주를 도운 김민지 자매와 딸 정은희 집사.

또 영상 설교 녹화와 재편집 후 유튜브로 방송하기 위해 수많은 시간들을 제공해준 정민우 집사.

설교 시간에 참여한 이봉순 목사, 이혜자 권사, 장기정 권사.

설교 후 토의시간에 불꽃 튀는 토론에 참여한 김영탁 목사, 박지은 전도사와 아들 김민주(당시 고등학생이었으나 현재는 대학생).

또 한결같은 성실함으로 참여한 사위 박용배 집사와 외손자 박종원과 박종민 등등….

한 해 동안의 유별난 시간을 보냈던 의미 있는 추억을 작품으로 간직하려 한다.

끝으로 본서가 완성되도록 원고 정리를 해준 박지은 전도사에게 감사한다. 또 출판사 관계자들의 정성을 다한 수고에도 감사한다.

2025년 10월 10일

평촌에서 정수영 목사

제5권

동시대 두 세상V
(구약·신약·교회사편)

제1부 성경

차례

제2부 창세기

제3부

시편

제4부

마태복음

제1부

성경

제1장

신약교회 사관

나는 85년의 생애 중 50년간 목회 활동을 하면서 주중에는 각 신학대학과 일반 대학에서 30여 년간 강사 생활을 했다. 강사 생활 중 두 번이나 전담 교수로 일할 기회가 있었으나 목회에 더 큰 가치를 두었기에 겸임 교수까지 하는 것에 만족했다. 그런데 놀랍게도 목회를 50년이나 했는데 설교집은 두세 권밖에 내지 못했다. 반면 30여 년간 교수 생활을 한 결과 《교회사》를 비롯한 성경 강해 등 40여 권을 출간했다.

이렇게 인생을 살아오면서 과거의 삶 중 하나도 헛된 것이 없음을 깨달았다. 나름 실패한 일도 많았다. 목회를 하면서 쫓겨난 일도 두 번이나 있다. 교수 생활을 하면서 남달리 깨달은 것도 있다. 이제 나는 목사와 교수로 살아오며 깨닫게 된 그 모든 것을 후세들에게 소중한 자료로 남기려고 한다.

오늘은 먼저 나의 학문의 성립 과정을 소개하려 한다. 내가 이룬 학문이 대단해서가 아니라 나로서는 30여 년을 한결같이 나와 함께

한 소중한 학문이기 때문이다.

첫째, 1950년대의 깨달음

나는 1953년부터 1958년까지 중고등학교를 다녔다. 그때 배운 과목 중에 국어와 국사가 제일 재미있었고, 수학은 완전히 포기해 요즘 말로 '수포자'였다. 그 무렵 참 인상 깊게 배운 것이 국사였다. 신라의 화랑도, 고려의 충신 정몽주, 조선왕조의 사육신, 조선 말기의 동학난 등등이었다.

동학난은 조선왕조 마지막 고종 황제 때 정치적 부패, 탐관오리의 행패, 세금의 과중 등으로 고통받던 농민들이 일으킨 운동이었다. 여기에다 서양 세력이 침투해 들어오는 세계의 흐름을 이해하지 못한 쇄국 정책이 크게 작용했다. 이에 서학에 반대되는 동학사상을 천도교 교주인 최제우가 주창했다. 최제우의 '인내천'(人乃天), 즉 사람이 곧 하늘이라는 동학사상은 농민들의 사회의식을 변화시켜 정부의 개혁을 요구하는 농민운동으로 발전한다. 이렇게 동학 신앙은 단순히 종교운동만 아니라 농민운동으로 또 사회개혁, 외국 세력 배척이라는 정치적 운동으로 확대되었다.

동학운동이 이처럼 전 국민적 운동으로 확대되자 조정에서 겁을 먹고 최제우 교주를 처형했다. 그러자 제2대 교주 최시형이 수많은 교인의 진정서를 정부에 제출하고, 서울 각처의 외국인 주택, 영사관, 예배당에서 '서양인은 물러가라'는 전단지를 뿌리며 배척 운동을 전개했다. 이들이 내건 구호는 '척왜양창의'(斥倭洋倡義)였다.

동학 운동은 전북 고창 고부의 전봉준을 선두로 1천 명이 관아를 습격하고 만석보를 파괴하면서 시작되어, 조정은 일본군을 불러들여 동학란을 진압해 달라고 요청gks다. 이로 인해 전봉준의 10만 호남군과 손병희의 10만 호서군이 논산, 공주에서 일본군과 격전을 벌였다. 이때 근대식 무기를 갖춘 일본군이 동학군을 섬멸하여 동학군은 전봉준을 포함 30~40만 명의 희생자를 내고 말았다.

동학난은 위정자들의 반성을 촉구하는 갑오경장의 정치적 혁신을 가져왔으나, 대외적으로 이 땅에 청군, 일군 두 나라 군대를 들여와 청일 전쟁이 일어나게 했고, 결국 조선왕조가 망하였다. 이렇게 고등학교 때 동학난의 역사를 배웠다.

둘째, 1970년대의 깨달음

나는 1960년대에 신학대학을 졸업하고 목회 활동을 시작했고, 1970년대에는 영등포 대방동에 공군본부가 있을 때 공군 군목으로 사역하다 연세대학교 교육대학원 사학과에 진학했다. 중고등학교 때 흥미를 느꼈던 국사 과목을 좀더 배우기 위함이었다.

그때 1950년대에는 '동학난'이었던 것을 1970년대는 '동학혁명'으로 배우게 되었다. 참으로 놀라운 변화였다. 이때 1950년대의 '동학난'이라는 표현은 식민사관학자이며 '진단학회' 창설자이자 서울대학 총장을 지낸 이병도와 이선근 등의 역사관이라고 배웠다. 그리고 우리말의 '말본'을 제창한 최현배, 정인보, 민영규, 홍이섭 등과 우리나라 민족사관에 근거한 새로운 역사 해석자들이 '동학난'을 '동학혁명'으로 명칭을 바꿨다. 과거 50년대의 '동학난'이라 칭하는 것은 식민사관자들이 볼때 전봉준을 비롯한 일개 접주가 고부 군수 조병갑을 탐관오리로 몰아 내쫓고 고종황제 어명을 거역한 것으로 왕조의 질서를 무너뜨린 반역이라는 식민사관자들의 과거사 해석이라는 것이다. 이에 대해 연세대학교 민족사관 학자들은 "최제우의 '인내천'(人乃天) 사상은 만인 평등의 민주주의 원리다. 세상에 군주라는 특권 계층은 봉건주의 낡은 유산이고, 새 시대 민주주의 만인 평등을 주장한 '인내천'은 혁명적인 사상이다"라고 했다.

동일한 과거사라 할지라도 어떤 입장에서 보느냐에 따라 그 평가는 달라진다. 군주라는 지배자의 입장에서 동학을 보면 동학난이고, 모든 인간은 평등하다는 입장에서 보면 동학혁명이 된다. 나는 1970년대 연세대학교에서 자신이 어느 입장에 서 있는지에 따라 과거사의 해석이 달라지는 것과 함께 현실을 이해하는 기준도 달라짐을 깨닫게 되었다.

이렇게 학창 시절에 역사 과목에 흥미를 가지면서 앞으로 더 많이 배워야겠다는 열정이 생겨났다. 그 같은 열정은 1970년대 말 미국 유학(1978~1982)에서 더 확실해졌다.

셋째, 1980년대의 깨달음

나는 1978년에 미국 버지니아주 린치버그(Lynchburg)에 소재한 리버티(Liberty) 신학대학원으로 유학을 갔다. 거기서 내 은사이신 김창엽 박사님을 만났다. 김 박사님은 평양 출신으로 오산학교 졸업 후 평양신학교를 마치고 영락교회 초창기 부목 겸 정신여고 교목으로 활동하셨다. 그러다가 1954년 미국으로 건너가 뉴욕 신학대학, 댈러스 신학대학에서 역사신학박사 학위를 취득한 후 미네소타주 미니애폴리스의 Centeral Baptist Seminary에서 역사 신학 교수로 계시다가 내가 유학 간 1978년에 리버티 신학대학의 역사신학 교수로 오셨다.

한국에서 이미 사관의 중요성을 깨달은 나는 교회사 전공 교수님에게서 4년간 강의실에서 그리고 주말에는 교수님의 사택에서 만날 때마다 궁금한 모든 사항을 묻고 배웠다. 4년의 짧은 유학 기간이었지만 나는 궁금한 모든 것을 아무 때나 질문함으로 2천 년 교회사 전반에 대해 많이 배웠다.

당시 김 박사님의 과목 중에 《*The Anabaptist Story*》라는 책으로 한 학기를 배운 적이 있다. 나는 이때 한 학기 강의 내내 눈물을 흘렸다. 귀국 후 1985년에 이 책을 번역했다.

이후 나는 이 책을 저술한 미국 텍사스주 포트워스(Fort-Wort)에 있는 South Western Baptist Seminary에 교수로 계신 윌리엄 이스텝(William R. Eestep) 교수를 찾아갔다. 그리고는 이스텝 교수에게 물었다.

"나는 한국의 장로교 목사로 한국 장로교 신학 교수들이 저술한 중세기 역사를 알고 있다. 지금도 시중에 유통되고 있는 가톨릭 신학자들이 저술한 《중세 교회사》나 개신교 신학자들이 저술한 《종교개혁사》를 보면, 중세기 재세례파는 ① 유아세례를 거부하고, ② 구약과 신약은 구별된다고 주장하고, ③ 이원론을 믿는 이단이었다고 한다. 그런데 당신은 무슨 근거로 재침례교도의 역사를 저술했는가?"

이스텝 교수의 대답을 대략 정리하면 다음과 같다.

"① 나도 미국에서 가톨릭 학자들의 저서와 개신교 학자들의 저서에 전부 재세례파가 나쁜 무리로 평가되고 있다는 것을 알고 있다. 그래서 미국, 영국, 프랑스 자료로는 얻을 게 없었다.

② 나는 안식년 1년 동안 유럽 현지에서 직접 알아보았다. 먼저 스위스의 츠빙글리와 투쟁한 취리히 재침례교도들에 대해 알아보려고 취리히로 가서, 그들이 츠빙글리와 법정 투쟁을 하다가 죽은 500년 전 재판 기록 문서를 찾아봤고, 또 500년 전 그들의 후손들을 만나봤다. 그들을 정죄한 교회의 문서도 찾아봤다. 이렇게 스위스, 독일, 네덜란드 현지를 찾아다니면서 모은 자료를 근거로 책을 저술했다."

내가 다시 물었다. "그렇다면 현재 전 세계에 퍼져 있는 가톨릭 학자들의 역사서나 개신교 학자들의 저서에 오류가 있다고 보는가?" 그때 이스텝 교수는 가톨릭 역사서나 개신교 역사서는 공정한 역사서라기보다는 편견으로 가득 차 있기에, 침례교 신학자들의 편견 없는 역사서가 계속 출간되어야 침례교의 미래에 희망이 있다고 답했다. 나는 이스텝 박사와의 이 한 번의 만남으로 내 학문의 방향을 결정하게 되었다.

넷째, 1980년대의 신학교 강사 생활

나는 1982년에 귀국했다. 이후로 참으로 놀랍고 오묘한 하나님의 섭리가 작동하기 시작했다. 내가 과거 장로교 목사로 있다가 침례교 목사로 귀국한 1982년에 하나님께서는 현재의 대전 침신대학이 목동에 있던 시절 교회사 강사로 가르치게 해주셨다. 일주일에 하루 신대원과 학부 학생들에게 온종일 교회사를 강의했다. 강의에 대한 반응은 너무나도 의외였다. 새로운 내용과 영적 각성에 의한 확고한 학문적 신념이 많은 파장을 일으켰다. 그때 가르친 학생 중에 교회사 교수도 나왔다. 대전 침신대 강의 소문으로 수도 침신, 성서 침신, 성서대학, 한양대학, 중앙대학, 명지대학 등 계속 가르치는 길이 열렸다. 이때 목회를 그만두고 교회사 전담 교수로 오라고 초청한 학교가 있었으나 나는 목회를 그만두면 영성이 피폐해진다고 믿었기에 거절했다.

1982년 귀국과 함께 서울 반포교회에서 목회하다가(1982~1983년) 교회에서 쫓겨나는 수모를 겪은 뒤였다. 그 후 1984년에 송파구에서 개척 교회를 시작했다. 그러면서 침례교의 뿌리를 밝히려고 미국 유학 때 그토록 감동받은 《재침례교도의 역사》(*The Anabaptist Story*)를 번역, 출판했다(1985). 이 책은 과거 재세례파를 매도했던 한국교계의 눈을 뜨게 해줬다. 침례교 내에 아직 역사서가 많지 않을 때 좋은 참고서가 됐고, 타 교단에서도 재침례교도를 다시 보게 됐다.

그런데 이 책이 8판을 끝으로 단종됐다. 이것만 봐도 침례교단이 얼마나 역사의식이 빈약한가를 알 수 있다. 영국이나 미국 침례교 신학자 중에 칼빈주의자가 극히 일부 있다. 그 같은 영향을 받은 한국 침례교 신학자들에게 침례교의 긍지란 옛 고전어 사전 속의 말일 뿐이며, 이들은 철저하게 현실과 타협해 침례교를 개신교라고 말한다. 한국 침례교 3천여 개 교회 중 성경적인 침례교 이상을 추구하는 교회가 얼마나 되는지 모르겠다. 완전히 개신교화된 침례교는 역사의식이 실종되고 말았다. 그와 같은 한국 내 침례교단에서 1980년대 10년 동안을 각 신학교와 대학교에서 교회사 강의를 이어갔다. 그것이 1991년에 "신약교회 사관"으로 열매를 맺는다.

다섯째, 1990년대 신약교회 사관 창안

이 세상에는 수많은 사관이 있다. 사관은 단순히 역사의식만이 아니라 그가 살아가는 인생관을 형성한다. 두 가지만 예를 들어 보자.

① 순환사관(Circulation)

순환사관이란 말 그대로 똑같은 사건이 주기적으로 반복해서 돌고 돌아간다는 역사의식이다. 불교는 수레바퀴처럼 인생이 똑같은 양상으로 계속 반복해서 순환한다는 윤회 사상을 믿는다. 그래서 전생의 인연으로 이생에 태어나고, 이생을 살아가는 업에 따라 또다시 6도 환생으로 내생을 이어 가는 것을 계속 반복한다는 것이다. 어찌 보면 나른한 것 같기도 하고, 무궁무진한 것 같기도 하다.

② 유물사관(Materiallism)

마르크스(1818~1883)가 주장한 이론이다. 역사 발전의 궁극적 원동력은 물질이다. 돈이 개인의 행복과 불행을 좌우하고, 물질이 세상의 안정과 평안을 좌우하며, 경제가 국가나 세계를 좌우한다. 소수 자본가들이 물질을 독점한 불공정한 세상을 다수 노동자 프롤레타리아가 수단을 가리지 않고 무너뜨려야 한다. 유물사관은 공산주의, 사회주의, 좌파 투쟁자들을 만들어 낸다. 이 같은 좌파 운동가들에게 이론적 근거를 만들어 준 것이 1970~1980년대에 출생된 민중사관 같은 것이다.

식민사관, 민족사관, 문명사관, 진보사관 등 지금까지 무수한 사관이 만들어졌다 사라졌다. 그런데 기독교에서는 아우구스티누스(어거스틴, 354~430)가 '하나님의 도성'이라는 역사 신학을 만든 것이 칼빈에 의해 신정사관(神政史觀)으로 정립되었다.

신정사관이 무엇인가? 이 세상에 수많은 왕조, 나라, 국가가 힘을 가지고 등장하지만 인간의 왕조나 국가는 어느 기간이 지난 후 모두 망한다. 그러나 하나님의 나라(Theocracy)는 비록 미약해 보여도 영원히 계속된다는 것이다. 이 같은 신정사관을 믿은 칼빈은 제네바 헌법을 만들어 헌법에 위배되는 자 58명을 사형하고 76명을 추방하는 독재정치를 했다.

나는 1991년에 새로운 신약교회 사관을 제창했다. 우리는 교회를 통해 구원받았고, 교회에서 양육받은 후 천국에 가게 된다. 그런데 2천 년 역사 속의 교회 역사는 너무도 갈가리 흩어졌다. 이렇게 흩어진 교회들은 동방정교회, 로마가톨릭, 개신교, 영국국교회 등으로 갈라졌고, 개신교 내에서도 수많은 교파로 나누어졌다. 이 종파와 교파들은 모두 역사의 산물이다. 2천 년 교회 역사를 이렇게 설명해 볼 수 있다.

서울에서 출발한 철도는 대전에서 경부선과 호남선, 충북선으로 갈라진다. 경부선은 또 대구에서 경주, 울산, 부산행으로 갈라지고, 또 경산, 밀양, 김해선으로 갈라진다. 호남선은 광주에서 나주, 목포선으로, 또다시 화순, 순천, 여수선으로 갈라진다.

2천년 교회 역사를 시발점부터 설명해 본다면, 최초의 신약교회는 서울이며 2천 년 교회 역사의 기준이다. 그런데 신약교회가 100년 이후 500년까지 교부 시대에 변질된다. 그렇게 100년부터 500년까지를 서울에서 출발한 철도가 수원까지 간 시대라고 말할 수 있다. 그 후 500년부터 1500년까지 동서양 교회가 갈라지는 시대를 거쳐 종교개혁이 일어난 때까지를 수원에서 대전까지 이른 시대라 할 수 있다. 종교개혁으로 개신교가 500년 전 가톨릭에서 분리됐다. 그래서 대전에서 경부선과 호남선으로 갈라지면서 개신교 500년이 됐다. 한국에 천주교는 200년 전, 개신교는 140년 전에 들어왔다. 이것은 대구에서 갈라진 부산, 김해 또는 광주에서 갈라진 목포, 여수에 해당한다.

그런데 지금 한국 교회의 모습은 서울에 가 보지도 않은 시골 사람이 부산이 옳다, 김해가 옳다, 목포가 옳다, 여수가 옳다고 하는 것과 비슷하다. 이렇게 서로 다른 주장은 개성을 살리는 데는 의미가 있다. 그러나 개성을 너무 존중하면 다른 이와의 조화가 어렵다. 물론 당장 자기들의 전통을 포기할 수는 없다. 다만 모든 교회가 서로 자기들의 개성을 절제하고 모두의 공통분모인 신약교회의 모범을 추구해 나가자는 것이다. 그래서 처음에는 멀리 떨어진 타 교파라도 하나의 목표를 향해 전진해 나간다면 언젠가는 서로 만날 날이 있을 것이다.

신약교회 사관은 신약성경에 기록된 24개의 교회에서 모든 교회가 본받아야 할 모범적 기준 열두 가지를 도출해 낸 낙관적 역사관이다. 이렇게 20대에 배운 신학, 30대에 배운 한국 역사, 40대에 배우고 실험한 교수 경험을 토대로, 50대 초반에 신약교회 사관을 창설했다. 그 신념을 70대 중반 현재까지 주장하고 있다.

제2장

신약교회 배경사

역대 대통령들은 후세의 평가를 받는다. 대통령이라는 말의 뜻이 '통령'(統領), 즉 일체를 통할하여 거느리는 권한을 가진 사람이기 때문이다. 전 세계의 모든 대통령이 화려한 권한을 가지고 임기를 마치고 나면 그들의 임기 동안의 행적을 예리하게 평가한다.

문재인 대통령은 어떻게 평가될까? 경제 행적, 외교 행적, 국방 행적, 민생 행적, 사법 행적 등 모든 면을 낱낱이 평가받고 있다. 그가 어떤 평가를 받든 각각의 전문가들의 견해가 있을 것이다. 이에 대해 나는 역사학도로서 한 가지를 말할 수 있다. 그것은 그가 비전문 분야인 건국 역사에 대한 논란을 일으켰다는 점이다. 문재인 대통령은 1945년 8월 15일 광복절을 엄연한 역사로 지켜 온 것을 무시하고, 1919년 4월 17일 상해 임시정부가 세워진 때를 '건국절'이라 해야 된다는 주장을 제기함으로 사회적으로 큰 풍파를 일으켰다. 대통령은 헌법에서 주어진 권한을 잘 준수해야 하는 자리다. 그런데 그는 헌법에 명시된 대한민국의 정체성을 뒤흔드는 초법적 월권을 행사해 파장을 일으켰다.

2천 년 교회 역사도 마찬가지다. '어느 때까지를 초대교회라고 해야 하는가?' 당연히 예수님과 사도들이 최초로 세운 신약성경 완성 때까지의 교회가 엄연한 초대교회다. 그리고 사도 시대가 끝난 AD 100년 이후에는 한두 명의 속사도라는 사도들의 제자를 거쳐, 사도들이 아닌 제2의 교회 지도자인 교부(教父)들이 교회를 이끌어 간다. 그렇기에 초대교회는 사도들이 신약성경을 완성한 AD 100년까지로 국한되어야 한다.

그런데 가톨릭 신학자들은 초대교회 시기를 사도 시대와 AD 500년까지로, 또 어떤 이는 600년 또는 700년까지로 주장한다. 가톨릭 신학자들이 왜 이렇게 주장하는가? 가톨릭이라는 단어는 성경적 근거가 없다. '가톨릭'이라는 단어를 최초로 사용한 이는 AD 98~117년에 안디옥 교회 감독으로 있다가 순교한 이그나티우스(Ignatius)다. 그리고 가톨릭은 영세받으면 구원을 얻는다고 믿는다. 이것을 최초로 주장한 사람이 가톨릭과 개신교가 최고로 존중하는 성인 아우구스티누스(354~430)다.

또 가톨릭은 성경만을 신앙과 행위의 기준으로 믿지 않는다. AD 100년 이후 500년까지의 교부들의 주장이나 그 안에서 결정한 각종 신조인 니케아 신조(325), 콘스탄티노플 신조(381), 칼케돈 신조(451), 사도신조(750) 등을 또 다른 기준으로 따른다.

많은 신조 중 동방 그리스정교회는 니케아 신조(325)만 인정하고, 가톨릭교회는 니케아, 콘스탄티노플, 칼케돈, 사도신조 등 네 가지를 다 인정한다. 개신교는 가톨릭이 제정한 사도신조를 사도들의 신앙고백이라고 잘못 믿고 사도신경으로 사용하고 있다.

문제는 가톨릭이 초대교회를 AD 500년 또는 700년까지라고 주장하는 것을 따라 개신교 신학자들도 초대교회를 500년까지로 본다는 사실이다. 이것은 명백히 잘못된 역사 인식이다. 문재인 대통령이 임시정부를 건국절로 주장하는 것이나 가톨릭과 개신교가 초대교회를 500년 또는 700년까지로 주장하는 것은 비슷한 논리다.

나는 초대교회는 사도들이 신약성경을 완성한 AD 100년까지로 국한되어야 한다고 본다. 그래서 《초대교회사》를 쓸 때 100년 미만으로 국한했다. 그리고 100년 이후 500년까지는 교부 시대로 보았다. 이들은 사도들의 신앙 기준을 변질시키고 성경과 헬라 철학을 혼합시킴으로 기독교 진리를 타락하게 만든 탈선 지도자들이다. 이 같은 역사의식으로 가톨릭이나 개신교 신학자들과 다른 《교부시대사》를 저술했다. 이 세상에 교부들에 관한 연구서는 수없이 많다. 그러나 교부시대사를 초대교회사와 구별한 학자는 필자가 처음일 것이다.

이제 나는 초대교회, 즉 AD 100년까지 사도들이 세운 교회의 배경에 대해 살펴보려 한다.

신약성경에는 약 24개의 지역 교회가 있다. 예루살렘, 안디옥, 구브로, 갈라디아, 빌립보, 고린도, 에베소, 로마, 라오디게아, 바벨론 등 모두 24개 지역에 교회가 세워졌다. 신약성경에 기록된 초대교회들을 제대로 이해하려면 이 교회들이 생겨난 지역은 물론 그 지역의 역사적 배경까지도 알아야 한다. 이것을 한국 역사의 이해와 비교해 볼 수 있다. 옛날에는 한국전쟁 때 미군과 결혼한 여자들을 국제 결혼을 했다고 무시했다. 그러나 지금은 국제 결혼이 유행이다. 그런데 미군과 결혼한 한국인 여자가 자기가 살던 시대인 한국 전쟁사에 대해서만 설명해 준다면 그 미국인 남편은 한국에 대해 매우 부정적인 편견을 갖게 될 것이다. 한국을 제대로 알리려면 5천 년 한국사 전반을 대략적으로 설명해 주어야 한다.

5천 년 한국 역사란 무엇인가?

① 고조선 시대: 단군 신화
② 삼국 시대: 신라의 화랑도와 삼국 통일, 나당 연합군
③ 고려 초기: 귀족 중심의 정권, 불교·유교의 재편성, 풍수지리설, 무신정권
고려 후기: 양반, 관료 제도
④ 조선 왕조: 유교에 의한 양반 관료 제도, 중앙집권제, 양반 사회의 모순에 대한 농민의 항거, 임진왜란, 실학 사상과 천주교, 기독교 전래, 개화 사상과 대한제국의 종말, 3·1 운동과 민족 독립 항쟁
⑤ 대한민국 정부

이 같은 5천 년 역사를 대략적으로 다 알아야 한국을 제대로 아는 것이다.

초대교회도 마찬가지다. 초대교회 탄생 이후 2천 년 역사는 교회사가들이 모두 밝혀 놓았기에 2천년 교회사는 모두 잘 알고 있다. 여기서는 초대교회가 탄생하기 이전의 역사, 즉 초대교회 배경의 역사를 살펴보려 한다. 왜냐하면 초대교회 이야기인 신약성경에는 잘 알려지지 않은 과거 구약성경의 내용이 많이 소개되고 있기 때문이다.

나는 초대교회의 배경으로 구약적 배경의 7개 나라와 신약적 배경의 5개 나라를 설명했다. 이 12개 나라를 아는 것이 신약성경을 이해하는 데 도움이 되기 때문이다.

첫째, 구약적 배경의 나라들

구약성경은 전 세계의 대표적인[1] 세 종교를 만드는 근원이 된다. 유대교는 구약만을 유일한 경전으로 믿고, 기독교는 구약과 신약을 믿는다. 이슬람교는 구약과 신약의 예수와 마호메트의 코란을 믿는다. 이슬람교의 코란에는 많은 구약의 내용과 예수님의 내용이 섞여 있다.

기독교는 구약을 신약과 똑같은 하나님의 계시로 믿되 율법적, 제사적 의미는 제거하고 복음적, 교회적 의미로 발전시켰다.

구약적 요소가 신약성경에도 반영된 것들을 살펴보자.

(1) 가나안의 요소

가나안은 노아의 아들 함의 넷째 아들이다(창 10:6). 창세기 10장 15-18절을 보면, 가나안족은 시돈, 헷, 여부스, 아모리, 기르가스, 알가족속 등으로 현재의 팔레스타인 지역에서 번창해 간다. 그런데 하나님께서 노아의 장남 셈의 후손인 앗수르를 거쳐(창 10:21) 메소포타미아 남단의 갈대아 우르에서 정착하고 살고 있던 아브라함을 불러 가나안으로 이동시킨다. 가나안은 아브라함 이전에 함의 후손이 정착하여 살아가고 있었다. 아브라함 때 가나안의 소돔과 고모라는 동성결혼으로 타락하여 멸망당한다. 그 후 아브라함의 손자 야곱이 가나안을 떠나 애굽에 내려가 사는 400년 동안 가나안은 동성연애가 성행하고 그것이 바알 숭배로 발전해 우상 숭배지가 된다.

모세는 이 가나안 7개 부족을 다 멸망시키고 젖과 꿀이 흐르는 가나안(출 3:8)으로 변화시키도록 부름받는다. 그리고 이후 여호수아가 가나안을 정복한다.

---

1) 정수영, 초대교회사, 쿰란출판사, 2012, pp.128~159.

가나안이 이스라엘의 국토가 된 것은 다윗 왕 때다. 그런데 다윗 이후 BC 721년에 앗수르가 가나안 땅의 10분의 6, 혹은 10분의 7 정도를 정복한다. 이어 BC 586년에 바벨론이 나머지 10분의 4 정도를 정복한다. 그 후 가나안은 바벨론, 페르시아, 헬라, 로마의 지배를 받는 식민지가 되어 예수님 시대까지 이른다.

예수님 시대의 가나안은 어떠했는가? 구약성경에는 가나안에 대한 언급이 200여 회 나오지만 신약성경에는 딱 두 번, 가룟 유다(마 10:4) 그리고 두로와 시돈에서 자기 딸을 고쳐 달라고 요청하는 여인(마 15:22)과 관련해서만 나온다. 이를 통해 가나안은 구약 때는 관심 지역이었으나 신약 때는 관심에서 멀어진 지역임을 알 수 있다.

(2) 수메르(The Sumerians)

성경에는 '수메르'라는 말이 나오지 않는다. 성경에는 수메르인이 살고 있었던 메소포타미아(창 24:10; 신 23:4; 삿 3:8; 행 2:0, 7:2)란 지역 이름과 수메르인이 세웠던 갈대와 성읍 우르(창 11:28, 31, 15:7; 느 9:7)가 나온다.

이 중에서 우르는 BC 2500~2300년경 수메르의 중심도시였다. 이곳이 예레미야 때는 갈대아로(렘 50:10, 51:24), 에스겔(겔 11:24, 12:13)과 다니엘도(단 2:5, 10) 갈대아라고 한다.

(3) 블레셋의 요소

블레셋은 함의 후손이다(창 10:14). 이들의 지역이 이스라엘의 해안지대인 가사, 아스돗, 아스글론, 에그론 가드 등의 해양 도시로 커진다.

창세기 26장 1절을 보면 아브라함이 블레셋 왕 아비멜렉에게 자기 아내 사라를 누이라고 속였다가 들통이 나서 책망받는 내용이 나온다.

다윗은 물맷돌로 블레셋 장군 골리앗을 쓰러뜨림으로 나라를 구하고 영웅이 된다. 이 블레셋의 후손들이 현재의 팔레스타인 난민들이다. 이 팔레스타인 난민들은 미국이 이스라엘을 도움으로 위축되자 미국의 적대국인 러시아, 중국과 유대를 맺고 있다.

요한계시록 16장에는 아마겟돈 전쟁이, 20장에는 에스겔 38장에 예언된 곡과 마곡의 전쟁이 예언되어 있다. 현재의 팔레스타인 난민은 블레셋의 후손이고, 이들이 과거와 현재 이스라엘을 괴롭힌 것처럼 앞으로도 계속해서 이스라엘을 괴롭히는 화근이 될 것이다. 따라서 우리는 이 팔레스타인 난민들의 움직임을 주의 깊게 관찰해야 이 세상 교회 시대가 끝나는 표징을 읽을 수 있다.

(4) 애굽의 요소

구약성경에 가장 많이 언급된 나라가 애굽이다. 노아의 아들 함이 낳은 아들 중 미스라임을 애굽의 조상으로 본다(창 10:6). 이 애굽인들은 나일강 주변 곡창지대에서 크게 번성하며 농사법, 제지법, 피라미드 등 많은 문화적 유산을 남긴다. 이 애굽은 BC 3300년경 노아 홍수 이후 많은 왕조를 계승한 것으로 유명하다.

1) 고대 애굽 본토인 왕조(BC 3000~1500)

이 기간이 창세기 12장 10-20절에 기록된, 아브라함이 애굽에 내려가 아내 사라를 누이라고 속였다가 봉변당한 사건이 일어난 때다. 또 세계적으로 유명한 왕의 무덤으로 20~30년에 걸쳐 피라미드를 만들었다. 그렇게 만든 피라미드가 현재 81개 남아 있다. 그중 가장 큰 것이 카이로 서쪽의 기제(Gizeh) 피라미드다. 이것은 밑변 230m, 높이 146m, 기울기 51°로 평균 2.5톤 돌 230만 개를 쌓아 올린 것이다.

2) 힉소스(Hyksos) 왕조(BC 1500~1400)

우리는 모세의 출애굽을 과거의 하나의 역사로만 본다. 그런데 애굽 왕조 역사를 보면 모세의 출애굽은 하나님께서 이미 계획해 놓으신 섭리의 역사임을 깨닫게 된다. 애굽의 왕조 역사를 보면 요셉을 총리로 기용한 힉소스 왕조는 애굽 본토 출신의 왕조가 아니다. 힉소스는 애굽의 용병으로 기용돼서 전쟁에서 공헌을 많이 함으로 국민의 신뢰를 얻어 왕으로 추대된 소아시아 출신이었다. 그는 자기와 비슷한 처지의 요셉을 총리로 등용했다. 이렇게 요셉 시대 약 150여 년 전후를 이끌어간 왕조가 힉소스였다. 그런데 모세 시대에는 다시 애굽 본토인이 왕이 된다. 이들은 이스라엘 민족을 가혹하게 학대했다. 그러자 이스라엘 민족이 하나님을 찾고 부르짖는다. 그때 모세를 통해 출애굽하게 된다.

애굽이 이스라엘 민족을 430년간 핍박했다. 그 후 애굽은 거의 3천여 년을 외국 세력들에게 시달리고 있다. 곧 리비아가 BC 945~712, 에티오피아가 BC 715~663, 앗수르가 BC 670~645, 페르시아가 BC 525~349, 헬라가 BC 341~331, 로마가 BC 31~AD 641, 이슬람이 AD 641~현재까지 이들을 괴롭히고 있다. 현재는 이슬람 국가들 모두가 이스라엘과 적대적이지만 그중 가장 우호적인 국가가 이집트다. 그러나 언제든지 돌변할 수 있는 위험 요소는 상존한다.

(5) 바벨론의 요소

구약성경에 기록된 바벨론과 신약성경의 상징적인 바벨론은 차이가 있다. 그런데 구약성경에 소개되는 바벨론은 그 이미지가 다양하다. 창세기 11장에 의하면, 니므롯이 시날 땅에 바벨탑을 건설한 데서 바벨론 역사가 시작된다. 그 후 요셉 때(BC 1750)는 함무라비 법전을 만든다. 신 바벨론 느부갓네살 왕은 유대인을 포로로 끌고 가 70년간(BC 605~535) 포로 생활을 하게 한다. 이때 활동한 선지자가 예레미야, 다니엘, 에스겔이다.

이 바벨론의 민족 신은 '마르두크'(Marduk), 곧 '므로닥'이다. 이것을 헬라는 '제우스'로 바꾼다. 또 바벨론 신 '밀리타'(Milita)의 아내 '세미라미스'를 앗수르는 '이쉬타르'라고 하고, 페니키아인은 '아스다롯', 헬라는 '아프로디테', 로마는 '비너스', 인도는 '인드라니', 에베소는 '아테미', 애굽은 '아이시스', 독일은 '헤르타', 영국은 'Easter'로 부른다. 사도행전 12장 3절 무교절은 '아쥐몬'(αζυμων)이라는 유월절 다음날로부터 7일간 무교병을 먹으며 지키는 절기이다(출 12:7; 레 23:6; 스 6:22). 그런데 이렇게 무교절의 첫날인 유월절은 '파스카'(πάσχα)다. 이와 같은 성경 원문의 뜻을 KJV(1,611)는 앗수르 여신의 축제인 '이스터'(Easter)라고 오역했다. 그 후로 지금까지 전 세계는 부활절을 Easter라고 하는 왜곡을 따르고 있다.

바벨론 여신 '세미라미스'는 가장 넓게 퍼진 우상이고, 하나님의 백성을 괴롭히는 사탄의 대명사다. 그런데 역사 속의 바벨론을 제1차 세계대전 전승국인 영국이 없애 버린다. 제1차 세계대전의 패잔국인 오스만 제국(1299~1922)이 지배했던 중동 땅을 영국인들이 마음대로 국경선을 만들고 나라 이름도 바꾼다. 그래서 과거 바벨론 지역만이 아닌 지도상 편리한 대로 국경을 그어 바벨론 지역을 이라크, 페르시아 지역을 이란, 앗수르 지역을 시리아, 레바논, 요르단 등 현재와 같은 국경을 만들었고, 이러한 국명은 영국인들의 소산이다.

(6) 앗수르의 요소

앗수르는 셈의 둘째 아들이다(창 10:22). 이 앗수르가 북왕국 이스라엘을 멸망시키고(BC 721) 남왕국 유다까지 멸망시키려고 쳐들어왔다가 히스기야 왕의 기도로 앗수르 군대 18만 5천이 하루아침에 몰사당한 내용이 이사야 37장에 기록되어 있다.

앗수르는 BC 612년 메대와 바사 연합군에게 멸망당한다. 이때 바벨론이 앗수르 수도 니느웨를 모래 속에 완전히 파묻어 1,500년 동안 잊히게 된다. 그런데 1800~1900년경 영국의 한 고고학자가 니느웨 성을 발굴해 낸다. 그리고 거기서 고대 앗수르 유물이 대량 발견된다. 앗수르 유물 중 '이쉬타르 여신전'이 독일의 섬 도시에 재현되어 전승되고 있다.

(7) 바사(페르시아)의 요소

페르시아의 조상은 셈의 장자 엘람이다(창 10:22). 페르시아는 BC 490년 헬라의 마라톤 평원에서의 전쟁 때 생긴 마라톤 경기, BC 480년의 살라미 해전 등 많은 고사를 남겼다. 바사 왕 고레스가 BC 535년 유대인 해방으로 스룹바벨 성전을 건축하게 한 것(BC 516), 에스더 왕후가 하만을 퇴치한 부림절을 기념하게 한 것, 느헤미야가 예루살렘 성벽을 재건하게 한 것 등 이스라엘에게 우호적이었던 것은 같은 셈족 후손이었기 때문이다. 그러나 이들은 조로아스터교를 만들었고, 니체가 쓴 《차라투스트라는 이렇게 말했다》의 '차라투스트라'는 '조로아스터'를 독일어로 번역한 것이다.

둘째, 신약적 배경

(1) 헬라 제국(BC 330~63)[2]

알렉산더가 마게도냐의 왕자로(BC 356~323) 그리스반도를 통일하고

2) 앞의 책, pp.160~203.

페르시아, 애굽, 메소포타미아, 인도 북부를 정복한 후 30세로 죽는다. 그의 사후 헬라 제국은 ① 본토는 카산더, ② 소아시아는 리시마쿠스, ③ 애굽, 팔레스타인은 프톨레미, ④ 시리아, 바벨론 지역은 셀루쿠스로 네 장군에게 분할된다.

이때 유대 나라는 시리아 안티오쿠스 군대와 싸워 하스몬 왕조를 건설하고 수전절(요 10:22)을 만든다. 그러나 친헬라파, 친로마파로 정치적 이해를 따르는 사두개파, 유대교 전통을 고집하는 바리새파가 생긴다. 이 중간기에 외경, 위경 등 거짓 문서들이 생겨난다. 이때의 외경들을 가톨릭은 정경에 포함시켜 가톨릭 성경은 77권이 된다.

(2) 마카비 혁명과 하스몬 왕조(BC 135~105)

이때에 사두개파, 바리새파, 열심당원, 에세네파가 생긴다.

(3) 헤롯 왕조(BC 37~AD 100)

① 대 헤롯(BC 37~3) 아켈라오(BC 4~AD 6)

② 분봉왕 헤롯 안티파스(BC~ AD 39)

③ 헤롯 빌립(AD 4~34)

④ 헤롯 아그립바(BC 10~AD 44)

⑤ 헤롯 아그립바 2세(AD 27~100)

이들이 신약시대 전체에 영향을 준다.

(4) 로마제국(BC 63~AD 638)

로마제국 시대 때 예수님이 오셨다. 예수님은 구약의 애굽, 블레셋, 가나안, 바벨론, 앗수르, 페르시아, 헬라, 로마제국 등 국가적 요소를 다 초월하신다. 그리고 과거 유산 중 구약의 진리만 수용하시고 정치적, 종교적 요소는 다 거부하신다. 주님은 오로지 천국 복음에만 관심을 가지신다. 그 같은 주님의 영향을 받은 사도들은 과거의 종교적, 문화적 요소를 뛰어넘는 영원한 진리를 남긴다.

(5) 그레코-로망시대

헬라적 요소인 소크라테스, 플라톤, 아리스토텔레스, 스토아 철학이 로마의 정치와 융화된 시대가 사도 시대부터 교부 시대(주후 500년)까지 영향을 끼친다.

성경 중 구약성경에는 각종 이방 나라의 요소가 용해되어 있음을 발견한다. 그러나 신약성경의 관심은 오직 하나님 나라뿐이다. 오늘 우리가 살아가는 세상은 정치적, 경제적, 문화적, 사상적, 시대적 온갖 요소가 정체를 감추고 성도들을 유혹해 타락시키려 하고 있다.

우리가 깨달아야 하는 진리는 하나다. 그 옛날 구약 선지자들은 시대에 영향을 받지 않았다. 신약의 사도들도 정치, 경제, 문화에 관심이 없었다. '어떻게 하면 내가 깨달은 천국 복음을 더 많은 이에게 깨우쳐 줄 수 있을까?' 하며 천국 복음에 대한 갈망으로 가득 차 살아갔다. 우리도 그렇게 사는 것이 잘 살아가는 것이다.

그렇기에 구약적 배경과 신약교회가 탄생되는 때의 역사적 배경을 알아야 진리 이외의 불순물들이 섞여 있는 성경 내용들 중에서 참된 진리를 분별할 수 있는 안목이 생길 수 있다. 그런 의미에서 신약교회 배경사를 알아야 한다.

제3장

신약교회의 모범

인간이 이 세상에서 가장 가치 있는 인생을 살아가는 방법은 사람들의 유행을 따라 사는 것이 아니라 이 땅과 저 세상을 향해 목표를 정하고 살아가는 것이다. 사실 세상의 많은 사람이 잘못 살아가는 이유는 지금 살고 있는 이 세상이 전부라고 잘못 알고 있기 때문이다. 그렇다면 어떤 사람들이 잘 살아갈 수 있는가? 이 세상은 잠시 짧은 인생이고 이보다 더 영원한 하나님 나라가 있음을 확실하게 믿고 주어진 짧은 인생을 소중히 여기며 가치 있게 살아가는 사람이다.

그렇게 인생이 소중하다는 것을 깨우쳐 주는 곳이 바로 교회다. 교회는 2천 년의 장구한 역사 속에 발전해 왔다. 그런데 최초의 신약교회들에 비해 현대의 교회들은 너무도 많이 변질되고 타락하고 형식화되고 제도화됐다. 지금의 교회들은 자기들이 얼마나 제도화된 종교 형태로 굳어졌는지도 깨닫지 못하고 불감증에 빠져 있다. 이런 때 필요한 것이 무엇인가?

교회 갱신을 위한 수많은 시도가 있었다. 성경 공부를 열심히 하는 사경회, 기도를 뜨겁게 하는 성령 운동, 사회 참여를 열심히 하는 사회 운동, 조직을 잘 활용하는 구역, 목장, 셀 운동, 일시적으로 뜨겁게 영성을 고취시키는 부흥회, 정당을 만들어 기독교 정신을 펼치는 정치 운동 등 해 볼 수 있는 것은 다 해 보았다. 그러나 모든 운동이 30년을 지속하지 못하고 다 와해되고 말았다.

이제 어떻게 하면 교회가 새로워질까? 세상의 일시적 방법을 강구하기보다 먼저 2천 년 교회 역사에서 실패의 쓰라린 과거를 돌아보며 무엇 때문에 교회가 타락했는지 살펴볼 필요가 있다. 그리고 모든 교회의 기준인 신약성경의 모범적 교회들의 기준점을 바로 알아야 현재의 교회가 무엇이 잘못됐는지 파악할 수 있을 것이다. 교회가 무엇인가, 성경적 교회란 어떤 교회인가 등의 기준점이 명확해야 좋은 교회인지 잘못된 교회인지 식별할 수 있다.

교회가 무엇인가? 사람들이 모여 미사드리고 예배드리는 건물이 교회가 아니다. 죄인으로서 예수님의 영이신 성령으로 거듭난 새 생명체가 교회다. 교회는 새 생명체들이 일정한 지역을 중심으로 공통의 목표를 위해 유기적으로 만나는 공동체다. 단순히 그냥 모인 군중이 교회가 아니다. 생명체인 교회는 그리스도를 머리로 한 지체들의 연합 공동체다. 그런데 2천 년 역사의 교회는 성경이 말하는 생명체가 되지 못한 자들을 유아세례나 세례 의식만 거치면 교회라고 인정해 왔다. 이렇게 성령으로 거듭나지도 않은 자들에게 영세와 세례를 주고 교인으로 인정함으로 2천 년 역사의 교회는 성경을 떠난 형식적 종교 집단이 되고 말았다.

여기서는 성경을 떠난 2천 년 역사의 교회가 얼마나 처참하게 타락했는지 그 타락상을 먼저 살펴보고, 그다음 우리에게 교회를 물려

준 초대교회의 모범 중 몇 가지를 생각해 보고자 한다.

첫째, 2천 년 역사 교회의 타락상

신약성경의 내용을 근거로 교회의 타락상을 살펴보자.

① 대속주로서의 주님을 깨닫지 못하는 유아에게는 세례를 주지 말아야 한다는 성경의 가르침을 거슬러 유아세례로 장차 교인이 될 가능성이 있다고 주장하며 유아세례를 실시했다.

② 성인에게도 반드시 대속주 주님을 깨닫고 주님과 연합된다는 상징으로 실시한 침례 의식에 반하여 세례로 구원받는다고 기만해 왔다.

③ 성경에서는 감독, 장로, 목자가 한 지도자가 갖는 세 가지 기능을 뜻했다. 즉 교회 지도자가 감독, 장로, 목자의 세 가지 기능을 동시에 수행했다. '감독'이란 원어로 '에피스코포스'(ἐπίσκοπος)로 헬라적 의미에서 성도들을 다스리고 돌보는 행정적인 측면을 말하고, '장로'는 '프레스뷔테로스'(πρεσβύτερος)로 나이와 경험이 많은 자가 가르친다는 측면의 의미이며, '목자'는 '포이메노스'(ποιμήνος)로 양 치는 목자의 심정으로 성도들을 돌본다는 뜻이다. 이처럼 교회 지도자는 감독으로 다스리고, 장로로 가르치고, 목자로 양들을 보살피는 것이 성경이 말하는 바다. 그런데 교회는 지도자가 교인들을 지배하고 군림하는 교황으로, 교인들을 복종케 하는 목사로 변질됐다.

④ 초대교회는 모이면 기도하고 흩어지면 전도하는 교회였으나 현대 교회는 종교 강연장과 신자들의 친교 모임으로 전락했다.

⑤ 초대교회 지도자들은 함께 모여 서로의 의견을 충분히 토의하고 결정은 각자에게 위임했다(행 15장). 그러나 역사적인 교회는 지도자 총회가 다수인에 의해 결정되며 다른 의견자들을 탄압하는 총회로 변질됐다. 이것이 교회사에서 계속된 종교회의의 실재였다. 그 전통이 가톨릭의 경우 트렌트 종교회의(1545~1563)에서 전승(통)을 성경과 동일한 권위로 믿는 기준으로 결정했다.

⑥ 각종 종교회의는 황제가 소집하고, 다수 가결에 의해 각 신조들, 곧 니케아 신조(325), 콘스탄티노플 신조(381), 칼케돈 신조 (451), 사도신조(750)를 제정했다. 그렇게 인간들 다수가 제정한 신조만 암송하면 다 같은 신앙자로 판단했다. 이 같은 형식주의가 교인들의 질을 떨어뜨렸고, 이로써 교인들은 제도권 안의 회원이 되고 말았다.

⑦ 주님은 베드로가 칼로 대제사장의 종의 귀를 쳐서 떨어뜨리는 것을 보시고 "네 칼을 도로 칼집에 꽂으라 칼을 가지는 자는 다 칼로 망하느니라"(마 26:52)라고 하셨는데, 가톨릭교회 교황들은 200년간 유럽 각 나라 군주들을 위협해 십자군 전쟁을 일으켰다. 그래서 유대인들, 이슬람교도들을 헤아릴 수 없이 참살했다. 기독교 역사에서 가장 추악한 죄악의 역사가 200년간 계속됐다.

⑧ 주님은 형제가 범죄하거든 증인과 함께 충고하고, 충고를 듣지 않으면 교회에 말하고, 그래도 듣지 않으면 이방인 취급하라고 하셨다(마 18:17). 그런데 가톨릭교회는 천 년 동안 종교재판으로 자기들과 신앙이 다르다는 이유로 수천만 명을 죽였다.

⑨ 주님은 여우도 굴이 있고 공중의 새도 거처가 있으나 인자는 머리 둘 곳이 없다고 하셨다(마 8:20). 그러나 교황들은 세상 군왕들보다 더 화려한 궁전을 지어 놓고 살았다.

⑩ 로마 가톨릭이 잘못된 교리로 타락한 데 반발하고 크게 분개하여 종교개혁이 일어났다. 그런데 칼빈은 자기가 믿는 삼위일체 교리, 성서론, 자기가 주장하는 교리를 믿지 않는다고 58명을 사형시키고 76명을 추방했다.

⑪ 신앙의 자유를 찾아 신대륙으로 이민 간 1세대 청교도들은 자신들의 신앙과는 반대로 원주민 인디언들을 죽이고 내쫓아 그들이 살던 땅을 차지했다.

⑫ 현대 교회는 커다란 대형 건물을 지어야 복 받은 것이라고 말하고, 성령의 수많은 은사 중 유독 방언을 해야 성령받은 것이라고 가르치며 인조 방언을 사용해 성령의 질을 떨어뜨렸다.

2천 년 역사의 교회는 초대 신약교회와 너무 멀어져 변질되어 왔다. 이렇게 타락한 교회들을 보며 다시금 종교개혁이 일어나야 한다고 한탄하는 이들이 많이 있다. 과연 어떤 것을 개혁해야 하는가? 개혁의 기준은 무엇인가? 개혁의 정당한 근거는 무엇인가? 이에 대한 답은 오직 신약성경에 기록된 신약교회에 있다.

이제 신약성경의 24개 교회 중 몇 개를 선별해 개혁해야 할 방향성을 살펴보자.

둘째, 신약교회의 모범

나는 나의 책 《초대교회사》에서 신약성경에 거명된 24개 교회의 모범적 사례들을 소개했다. 그러나 이 24개 교회가 다 옳은 것만은 아니다. 아덴 교회, 고린도 교회, 알렉산드리아 교회, 바벨론에 있는 교회 등은 문제가 있었다. 여기서 '신약교회의 모범'이란 긍정적인 부분과 부정적인 부분 모두 다 교훈적 소재로 삼자는 전제하에서의 제안이다.

(1) 예루살렘 교회

예루살렘 교회는 AD 33년부터 70년 로마 제국이 예루살렘을 함락할 때까지 약 37년간 존속했다(행 2장). 비록 37년밖에 존재하지 않았으나 성경에 기록된 예루살렘 교회의 이상향 때문에 그 후로 예루살렘 교회는 전 세계 모든 그리스도인이 흠모하는 이상적 교회로 계승되고 있다.

예루살렘 교회에서 배울 수 있는 것은 무엇인가? 예루살렘 교회는 사도들의 가르침을 100% 따르는 교회였다. 그래서 전도하라면 전도하고, 기도하라면 기도하고, 교제하라면 교제하고, 교회에 헌금을 바치라면 바치는 교회였다. 그런데 예루살렘 교회는 사도들이 그 누구도 사례비를 받지 않고 성령에 의해 기쁜 마음으로 충성했고, 성도들이 바치는 헌금은 전부 구제금으로 쓰며 예배당 건물을 만들지 않았다. 교인들은 사도들의 말씀을 듣는 대로 기도하고 전도함으로 교인들이 많이 늘어나는데도 교회가 헌금을 전부 가난한 자, 외로운 자를 위해 쓰니 봉헌하는 데 더 큰 보람을 느꼈다. 교회 역사에서 예배당 건물이 세워지기 시작한 것은 AD 180년 이후의 일이다.

현대 교회가 필요 이상으로 천문학적인 비용이 드는 예배당을 건축하여 교인들의 헌금이 예배당 건축비 해결에 소모되는 것은 크게 각성해야 할 부분이다. 지역 교회들이 지역 주민들의 어려움을 해결해 나가는 데 사역의 초점을 맞춘다면 교회 위상이 지금과는 달라질 것이다.

예루살렘 교회는 37년 정도밖에 지속되지 못했다. 그러나 그리스도인이라면 예루살렘 교회에 대한 향수는 영원히 지속될 것이다. 현대 교회들이 너무 자체 교회 유지에 급급하지 말고 각 교회가 위치한 지역들을 돌보는 일에 주력한다면 세상이 달라질 것이다.

(2) 사마리아 교회

사마리아는 BC 721년에 앗수르에 멸망당한 후 10여 개 이민족이 혼합된 지역이 됐다. 정통 유대인들은 사마리아인들을 짐승 취급하고 수백 년간 왕래하지 않았다. 그렇게 소외된 사마리아에 예수님이 찾아가 남편을 다섯 번이나 바꾼 수가성의 부정한 여인을 회개시켰다(요 4장). 그러나 제자들은 사마리아에 관심을 갖지 않았다.

그런데 예루살렘 교회가 스데반 집사의 순교로 핍박을 당하며 흩어질 때 스데반과 함께 예루살렘 교회 집사가 된 빌립이 사마리아 교회를 개척한다(행 8장). 사마리아 교회는 빌립 집사 이후 그의 네 딸에 의해 계속 유지되었다(행 21:8-9).

사마리아 교회에서는 무엇을 배울 수 있는가? 평신도인 빌립 집사가 성령 충만하고 믿음이 충만한 사람으로 교회 지도자가 됐다는 점이다.

사실 역사에서 보면 따로 신학 공부를 하지 않았는데도 믿음 충만, 성령 충만한 자들이 교회적으로 공헌을 많이 했다. 영국의 존 번연(1628~1688)은 신학을 공부하지 않은 평신도였는데 설교했다는 죄목으로 12년간 감옥 생활을 한다. 그러나 그는 감옥에서 사람들이 성경 다음으로 많이 읽었다는 《천로역정》을 썼고, 청교도 작가로 세상에 알려졌다.

윌리엄 캐리(1761~1834)는 28세까지 구두를 만들던 가난한 노동자였다. 그는 신학 공부를 한 바가 없는데도 독학으로 공부해 24세 때(1785) 목회자가 없는 고향 침례교회의 목사가 됐다. 그리고 또 독학으로 공부해 32세 때(1793) 인도 뱅골 선교사로 나갔다. 캐리는 종교개혁 이후 250년 동안 칼빈의 이중예정론으로 닫혀 있던 선교의 문을 깨고 현대 선교의 아버지로 새로운 선교의 문을 여는 데 공헌했다. 아프리카, 중국, 동남아, 한국의 선교는 캐리가 문을 연 현대 선교 이후에 이루어진 일이다. 그 같은 위대한 공헌을 했지만 그는 신학교 문전에도 가지 못한 사람이다.

영국이 낳은 위대한 설교가 스펄전(1834~1892)은 침례교 목사로 런던에 메트로폴리탄 교회를 건축하고 38년간 목회하면서 6천 석 예배당에 1만 5천 명의 교인이 모이게 만들었다. 스펄전 역시 신학대학을 나오지 않고 독학으로 공부했으나 성령 충만, 말씀 충만의 지도자였다.

미국 역대 대통령 중 가장 존경받는 링컨(1809~1865)은 켄터키주 통나무집에서 자라나 학교라고는 초등학교에 2년 정도 다닌 것밖에 없으나 독학으로 변호사가 되고 대통령까지 됐다.

무디(1837~1899) 역시 초등학교도 졸업하지 못했으나 주일학교 문제아들을 회개시키고 독특한 능력으로 세계적인 부흥사가 됐다.

한국의 현대그룹 창업자 정주영 회장이나 세계적 대형 교회를 이룬 조용기 목사, 이들의 학력은 별 볼 일 없다. 교회 지도자의 사역은 학력이 좌우하는 게 아니라 성령 충만, 말씀 충만함이 좌우한다. 그

같은 모범을 사마리아 교회 개척자 빌립 집사가 보여 주었다.

(3) 안디옥 교회(행 11장)

안디옥 교회는 유대인과 이방인이 섞여 있는 교회였다. 지금 한국에는 외국인 노동자에 탈북자까지 약 200만 명이 들어와 살고 있다. 그런데 외국인들을 돌보는 교회들은 많지 않고 특별한 교회들만 이 일을 하고 있다.

안디옥 교회의 특징은 무엇인가? 사도행전 13장을 보면 교회 지도자로 바나바, 바울, 니게르, 시므온, 루기오, 헤롯의 젖동생 마나엔 등이 있었다. 이들은 성령의 지도에 따라 개척자 바나바, 바울을 이방 선교사로 파송한다. 이처럼 안디옥 교회는 자체 교회 유지에 몰두하는 것이 아니라 성령님이 지시하면 그대로 순종하는 교회였다.

왜 현대 교회가 말썽이 많고 성장하지 못하는가? 교회 개척자들이 성령의 지시를 무시하고 자기가 개척한 교회는 자기 교회라는 교회를 소유물로 착각하는 데서 문제가 발생한다. 참으로 불경스러운 것은 자기가 세운 교회는 자기 아들에게 상속해 줄 수 있다고 믿는 지도자들이 건재하다는 사실이다.

(4) 에베소 교회

에베소 교회는 바울 사도가 3년간 사역한 교회다. 바울 사도는 두란노 서원을 이용하며 사역했다. 두란노 서원은 오전에는 학생들을 가르치는 학교 건물로 사용되었고, 오후 4시까지 빛이 뜨거울 때는 사용하지 못했다. 바울 사도는 사람들이 활동하기 불편한 오후 시간대를 사용하도록 허가를 받고 거기서 복음을 전했다.

그런데 어떤 결과가 따르는가? 당시 마술을 행하던 마술사들이 마술 교본들을 자진해서 불태워 버린다. 그렇게 불사른 책값이 은 5만이었다(행 19:19). 여기서 '책값을 계산했다'는 말은 원어로 '쉬넵세피산'(συνεψήφισαν)이다. 이 말은 대략 추산했다는 뜻이 아니라 여러 사람이 세밀하게 계산해서 비교적 정확한 액수라는 뜻이다. 은 5만은 은화 5만 드라크마를 말한다. 당시 노동자 하루 임금이 1드라크마였다(눅 15:8 참조). 그러므로 은 5만 드라크마는 건강한 노동자가 5만 일 동안 일했을 때 받는 품삯이다. 즉 5만 드라크마는 노동자가 약 1,378년을 일해야 모을 수 있는 금액이다. 오늘날 하루 임금을 10만 원씩으로 계산한다면 이는 약 50억 원에 해당되는 거금이다.

바울 사도의 에베소 사역은 지역 도시 전체에 막강한 영향력을 행사하는 성령의 사역이었다. 유대교 제사장 스게와와 일곱 아들도 시험 삼아 예수 이름으로 악귀를 물리치는 일을 흉내 냈을 정도였다. 이렇게 에베소 전체에서 우상 장사를 못 하게 되니 은장색 협동조합장 데메드리오가 같은 동업자들을 충동질해 바울을 무턱대고 내쫓는다. 바울의 에베소 사역은 거의 전 아시아권에 미쳤다(행 19:26). 거기서 골로새, 라오디게아, 루디아, 빌라델비아 등 아시아 교회들이 생겨난다. 살아 있는 교회는 이처럼 복음이 지역과 주변에 막대한 영향력을 끼쳐야 한다. 그런 각성을 하고 목회를 해야 교회가 살게 되는 것이다.

(5) 고린도 교회

신약교회 중 가장 문제가 많은 교회가 고린도 교회였다. 바울 사도가 AD 52~53년경 이 고린도 교회에서 1년 반 동안 목회를 했다(행 18:11). 그 후 AD 56년경 에베소에서 목회할 때 고린도 교회 내 문제에 대한 질문에 답해 준 것이 고린도전·후서다.

고린도전서에서 나타나는 고린도 교회의 문제는 ① 교회 내 파벌에 의한 분쟁, ② 근친상간의 음행, ③ 성도 간의 소송, ④ 결혼, ⑤ 우상 제물, ⑥ 영적 은사, ⑦ 부활 신앙 등에 관한 것이었다.

바울 사도는 이러한 다양한 질문에 대해 영원한 진리에 입각해 창조적인 지도 원리를 제시해 준다. 고린도 교회의 문제점들이 현재 교회에도 있을 수 있다. 교회 내 터줏대감들이 교회를 자기들 주장대로 끌고 가는 것, 성도들 간에 소송을 벌이는 것, 음행으로 인한 문제, 영적 은사를 남용하거나 잘못된 은사를 주장하는 것 등이 있을 수 있다. 이러한 문제들을 어떻게 처리해야 하는가? 바울은 임시적으로 처리하고 넘어가는 것이 아니라 성경의 영원한 진리와 영원한 가치로 남을 사랑이라는 양대 원칙으로 해답을 제시하고 있다. 우리도 교회에 문제가 생길 때 '이 문제를 진리의 기준에서 어떻게 판단해야 하는가?', '이 문제가 상처로 남지 않고 사랑의 완성에 도움이 될 수 있는가?'라는 두 가지 원칙을 염두에 두고 해결해야 한다.

초대 신약교회는 모든 교회의 모범적 기준이다. 우리는 신앙생활을 하면서 이 초대교회의 모범을 늘 염두에 두고 나침반으로 삼을 뿐 아니라 곁길로 갈 수 있는 탈선의 요소를 늘 경계하며 살아가야 한다.

제4장

신조의 역사와 사도신경

나는 과거 장로교에 40여 년간 몸담았다. 그 기간에 예배 때마다 신앙 고백이라면서 사도신경을 암송했다. 그 후 미국 침례교의 다양한 교단을 방문해 보았다. 미국 교단 중 가톨릭 다음으로 큰 교단이라는 남침례교 신학교들과 교회들을 방문했고, 또 시카고에 있는 북침례교 신학교에 가서는 한 달 동안 교회사를 가르치면서 북침례교 교회들을 방문했다. 그런데 내가 유학한 리버티 대학교가 속한 독립침례교를 비롯해 남침례교, 북침례교 등 어느 침례교든 사도신경을 암송하는 교회는 없었다. 미국 교회가 아닌 한국인 교포 교회에서는 사도신경을 암송하는 교회가 많이 있었다.

한국 침례교는 1889년 펜윅 선교사에 의해 전래되었다. 한국 침례교는 초창기부터 100년 동안 사도신경 암송을 하지 않았다. 그런데 30~40년 전부터 사도신경을 암송하지 않으면 이단 취급 당한다고 침례교회도 사도신경을 암송하기 시작했다. 사도신경 암송이 큰 죄가 되는 것은 아니다. 그러나 사도신경에는 비성경적인 내용이 가득하다. 사도신경의 제정 과정과 사도신경에 담긴 가톨릭의 음모를 알게 된다면 사도신경에 대한 태도가 달라질 것이다.

여기서는 사도신경에 관해 한국교회가 잘못 알고 있는 점과 그 안에 무슨 뜻이 담겨 있는지에 대해 교회사적인 면과 성경적인 면에서 살펴보고자 한다.

첫째, 신조들의 역사

교회 역사에서 먼저 개인적 신앙 고백서들이 개별적으로 만들어진 신조들 시대가 있었고, 그다음으로 교회 지도자들이 함께 모여 결정한 공의회 제정 신조들이 생겨났다. 여기서는 공의회가 제정한 신조들의 역사만 살펴보려 한다.

(1) 최초의 니케아(Nicaea) 신조(325)

왜 니케아 공의회가 열리게 되었는가? 그 역사적 배경을 알아야 한다. 기독교는 로마제국 때 탄생했다. 그런데 로마제국 황제들은 모든 신들의 신전이라는 뜻의 만신전(Pantheon)에 모신 만 가지 신을 믿는 우상 숭배자들이었다.

최초의 황제 아우구스투스가 자신을 신으로 섬기도록 요구하기 시작하면서 이후 모든 황제가 자신을 신으로 섬기도록 명령한다. 이렇게 황제 숭배 강요가 300년간 계속되면서 수많은 순교자가 생긴다. 그런데 AD 313년에 콘스탄티누스 황제가 원로원의 강경한 반대를 무릅쓰고 기독교를 공인한다. 그래서 로마제국에 일대 혁신이 일어난다. 기독교 성직자들을 황제 고문관으로 삼고, 기독교 성직자들에게 병역 면제와 세금 감면을 해주고, 노예 해방, 일요일을 국정 공휴일로 제정, 예배당 건축, 모친 헬레나 황후를 통해 예루살렘 기념교회 건축 등 기독교에 온갖 특혜가 시행되었다.

그런데 이때 기독교 성직자들 중 알렉산드리아 학파와 안디옥 학파 간에 기독론 싸움이 벌어져 치열하게 분쟁이 계속된다. 안디옥 학파의 아리우스 장로가 "예수님은 하나님의 독생자로 하나님만 영원하고 예수는 출생 이전에는 없었다. 예수는 완전한 신이 아닌 제2의 신이다"라는 주장을 펼쳤고, 이를 옹호하는 안디옥 학파와 반대하는 알렉산드리아 학파가 치열하게 싸웠다.

콘스탄티누스 황제가 양편의 중재 회합을 시도해도 양보가 없었다. 콘스탄티누스 황제가 정치가들과 군인들의 반대를 무릅쓰고 기독교를 공인해 놓았는데 성직자들이 돕기는커녕 오히려 자기들끼리 분쟁에 빠져 있었다. 그래서 325년 오늘날 튀르키예의 이스니코, 당시에는 니케아라는 곳에서 성직자들의 왕복 여비와 회의 기간 중 숙박비를 주면서 잘 모여 화합하라고 회의를 열어 주었다. 이때 회의 소집자는 황제였고, 동방교회 성직자 300여 명이 모인 니케아 종교회의의 개회 선언을 황제가 했다. 동방교회 성직자 300여 명이 3주 동안 모여 아리우스를 정죄하고 니케아 신조를 결정한다. 이렇게 니케아 공의회를 황제가 소집하고, 성직자들이 토론 후 결정한 것을 황제가 재가한 후 공포했다. 이때 만들어진 유산이 "니케아 신조"다.

(2) 콘스탄티노플 신조(381)

콘스탄티누스 황제는 니케아 공의회 후 330년에 로마제국의 수도를 이탈리아 로마에서 현 이스탄불인 옛 소아시아로 옮긴다. 그 수도를 콘스탄티누스 황제가 세웠다고 '콘스탄티노플'이라고 명명했다. 콘스탄티누스 황제가 337년에 죽은 뒤에도 교회는 계속 분쟁을 거듭하자 그의 아들 테오도시우스 1세가 제2차 콘스탄티노플 회의에 성직자들을 소집한다. 이때 참석한 약 150명의 동방 주교가 콘스탄티노플 신조를 제정한다.

(3) 칼케돈 신조(451)

동로마 마르키아누스 황제(450~457)가 한 달 동안 630명의 감독과 주교를 모아 회의를 열었다. 왜 이렇게 회의가 계속되는가? 성직자들이 모여 신조를 정해 놓으면 불참한 성직자들이 반대 의견을 주장하며 황제에게 진정서를 올리고 성직자들 간에 서로 이단이라며 싸우기 때문이었다. 그래서 황제는 성직자들이 모여 평화롭게 수습하도록 회의를 계속 열어 주었다. 매번 모이면 잠시 일치된 신조로 수습되는 듯하지만 이내 또 다른 주장이 제기됨으로 종교회의는 총 8차, 9차까지 계속 이어진다.

이렇게 325년 니케아 신조, 381년 콘스탄티노플 신조, 451년 칼케돈 신조가 만들어졌다. 그런데 590년에 로마 감독 그레고리우스 1세(590~604)가 교황 제도를 선언하자 동방교회들은 서방교회들과의 교제를 중단한다. 이때부터 동방교회는 서방 가톨릭교회에서 벗어나 독자적인 교회가 된다. 그러자 서방 가톨릭교회에서 서방 가톨릭만이 정통이라는 사도신조를 750년에 제정한다.

따라서 현재 공적인 신조는 니케아 신조(325), 콘스탄티노플 신조(381), 칼케돈 신조(451), 사도신조(750)로 총 4개다. 그런데 동방 정교회는 니케아 신조만 사용하고, 서방 가톨릭교회는 4개 신조에 5세기경 제정된 아타나시우스 신조까지 추가해 5개 신조를 번갈아 사용한다. 한편 개신교는 750년 가톨릭교회가 제정한 사도신조를 사도들이 만들었다거나 사도들의 신앙 고백이라며 호도하여 사용해 오고 있다.

둘째, 사도신조 내용의 문제점[3)]

사도신조가 가톨릭이 제정했다고 보는 결정적 근거는 이것이다.

우리 사도신경에는 "성령을 믿사오며, 거룩한 공회와 성도가 서로 교통하는 것을 믿습니다"라고 되어 있다. 그러나 영어 사도신경에는 "I believe in the Holy Ghost, the Holy Catholic church" 곧 "거룩한 가톨릭교회를 믿습니다"라고 되어 있다. 가톨릭교회가 750년에 만든 라틴어 원문으로는 "생탐 에클레시암 카톨리캄"(Sanctam Ecclesiam Catholicam)으로 명확하게 "거룩한 가톨릭교회를 믿습니다"라는 뜻이다.

(1) '가톨릭'의 기원

여기서 '가톨릭'이라는 단어가 어디서 비롯되었는가? 신구약성경 어느 곳에도 '가톨릭'이라는 단어는 없다. 그렇다면 누가 언제 이 말을 최초로 사용했는가?

'가톨릭'은 AD 108년에 로마 트라야누스 황제에 의해 로마에서 순교한 안디옥 교회 감독 이그나티우스(69~108)가 최초로 사용한 말이다. 이그나티우스는 왜 '가톨릭'이라는 말을 사용했는가? 당시 로마제국이 헬라, 페르시아, 애굽, 유대 민족 등을 다 지배하는 세계적 제국임을 자랑하면서 기독교는 유대 소수민족의 국부적 종교라고 깎아내렸다. 이에 대해 이그나티우스는 기독교란 유대 소수민족의 종교가 아니라 전 세계 모든 민족이 다 믿을 수 있는 종교라는 의미로 '대중적', '보편적'이라는 뜻을 가진 헬라어 '카도리케 에클레시아'(καθολική ἐκκλησία)라는 말을 썼다. 이렇게 '보편적', '대중적'이라는 뜻의 '가톨릭'이 750년 사도신조 때는 '유일한', '세계적', '성스러운'이라는 뜻으로

3) 정수영, 앞의 책, pp.403~448.

발전한다. 즉 현재 로마 가톨릭이 '가톨릭교회'라고 말할 때는 지상의 모든 교회인 정교회, 영국국교회, 개신교와 차원이 다른 '유일한 교회', '세계적 교회', '성스러운 교회'라는 뜻이다.

그런데 사도신경을 한국에 최초로 소개한 두 개신교 선교사 중 장로교의 언더우드와 감리교의 아펜젤러가 영문 사도신경의 뜻을 무시하고 '거룩한 공회'로 번역해 한국 교회에서만 통하는 '거룩한 공회'라는 표현이 계승되고 있다. 참으로 개탄스러운 것은 '거룩한 공회'가 무슨 뜻인지 물으면 열이면 열 모두 대답이 다르다는 것이다. 이처럼 한국 교회는 라틴어 원문이나 영문대로가 아닌 한국만의 특유한 신앙 고백문을 사용해 오고 있다.

(2) 한국어 사도신경

그뿐 아니라 한국 교회의 사도신경은 원문에 있는 것을 빼 버리기도 하고, 원문을 잘못 번역하기도 했다. 이 내용은 매우 중요하다. 먼저 750년에 제정된 원문 사도신조와 영어권에서는 사용하고 있는데 한국 교회에서만 빼 버린 구절을 보자.

이 내용을 확인하려면 한글 사도신경으로는 구분이 어렵다. 그러나 영어로 된 사도신경을 보면 금방 알 수 있다. 영문 사도신경에는 '십자가에 못박혀 죽으시고'(was crucified dead), '장사 지내고'(and buried), 그다음에 '그가 지옥에 내려가셨다'(He descended unto hell)라는 구절이 있다. 모든 영문 사도신경에는 이 구절이 포함되어 있는데 한국 사도신경에서만 빠져 있다.

이 구절을 누가 왜 뺐는가? 이 구절을 장로교 선교사 언더우드는 1905년 "찬송가" 앞에 그대로 넣었다. 그런데 1908년 감리교 선교사 아펜젤러가 미국 감리교 본부 지침에 따라 이 구절을 빼자고 주장했다. 그래서 1908년 장로교, 감리교 합동 찬송가에서 이 구절을 뺀 상태로 오늘에 이르고 있다. 미국 감리교는 왜 이 구절을 뺐는가? 예수님이 장사 지낸 후에 지옥에 내려가셨다는 표현은 가톨릭교회가 믿는 연옥설을 수용하는 것이기 때문에 뺐다. 사도신조에 천국과 지옥의 중간 지대인 연옥을 믿는 내용이 있으므로 개신교 선교사들이 뺐다는 것이다. 또 "나는 거룩한 공회를 믿습니다"라는 내용도 영어로 "I believe in the Holy Catholic charch 나는 거룩한 가톨릭 교회를 믿습니다"를 '공회'로 의도적으로 왜곡시켜 놓았다. 그러나 가톨릭교회는 가톨릭의 정당성을 주입시키려고 니케아 신조, 콘스탄티노플 신조, 칼케돈 신조에는 없는 이 내용을 750년에 만든 신조에는 넣는다. 그래서 한국 교회는 가톨릭교회는 차치하고 영국, 미국, 독일 일본, 중국 등 전 세계 개신교가 영어로 된 사도신경을 믿는데 유독 한국 교회만은 선교사들이 만든, 일부 삭제된 사도신경을 따르고 있다.

(3) 성도가 교통하는 것을 믿습니다

또 하나 더 기가 막힌 내용이 있다. 한글 사도신경에는 "성도가 서로 교통하는 것을 믿습니다"라는 구절이 있다. 영어 신조에는 이 부분이 "I believe in the Communion of Saints"라고 되어 있다. 이 구절도 선교사들이 교묘하게 바꿔놓은 대목이다.

가톨릭교회가 750년에 최초로 제정해서 현재까지 사용하고 있는 사도신조의 내용은 무엇인가? 지금도 가톨릭교회는 라틴어로 된 사도신경을 그대로 사용하고 있다. 그 내용은 라틴어로 "생토룸 꼼무니오넴"(Sanctorum Communionem)이다. 이 말을 한국말로 번역하면 '모든 성인(聖人)들의 통공을 믿습니다'라는 뜻이다. 가톨릭은 과거 교회를 위해 순교했거나 큰 공적이 있는 자를 성인(聖人)으로 추대한다.

그와 같은 성인이 수백 명이나 된다. 그리고 그 성인들의 공적과 공로가 하늘에 축적된다는 '보화 축적'의 교리가 있다. 가톨릭은 "성인들이 축적해 놓은 그 공적이 기도하는 신자인 나에게도 통할 것을 믿습니다"라고 고백하는 것이다. '성인 통공'은 성인들의 공적이 나에게 통할 것을 믿는다는 성인 숭배 사상을 담고 있다. 가톨릭은 성인 숭배 사상이 있기에 수백 명의 성인의 날이 1년 내내 각 달마다 계속 정해져 있다.

이렇게 가톨릭의 성인 숭배 사상을 한국 개신교 선교사들은 '성도가 서로 교통하는 것'이라는 말로 뒤바꾸어 놓았다. 과거 교회 역사를 어떤 선입견도 없이 제대로 공부한 역사학도라면 불과 140여 년 전의 잘못된 한국 교회의 역사를 바르게 시정해야 할 책임이 있다. 그런데 한국 교회는 시작부터 왜곡되어 가려지고 잘못된 역사가 지금까지 계승해 오고 있다. 이 잘못된 역사를 누가 시정해야 하는가? 그것은 역사의 진실성을 진리처럼 수호하려는 올바른 사학가들의 사명일 것이다.

이제 사도신경 중 크게 중요한 문제는 아니지만 여전히 성경 진리를 왜곡한 내용을 몇 가지만 더 추가해서 살펴보자.

(4) 동정녀 마리아에게 나시고

예수님이 동정녀, 즉 처녀인 마리아에게서 나신 것은 성경에 기록된 내용이다. 처녀 탄생을 예언한 이사야 7장 14절의 '처녀'라는 단어의 히브리어는 '하알르마'(הָעַלְמָה)다. 그런데 '하알르마'는 '결혼하지 않은 젊은 여자'라는 뜻이고, '숫처녀'라는 뜻으로는 '베툴라'(בְּתוּלָה)라는 다른 말이 있다. 그래서 1952년 미국 기독교교회협의회가 RSV 성경에서 이 단어를 '젊은 여자'로 번역했다가 많은 비판을 받았다.

마태복음 1장 23절의 '처녀'는 '숫처녀', 즉 '파르데노스'(παρθένος)가 사용되었기에 마리아가 숫처녀인 것이 맞다. 이렇게 성경에 쓰인 '숫처녀'는 보통명사인 'a Virgin'이다. 그런데 사도신경은 고유명사인 'the Virgin'으로 바꾸었다. 왜 가톨릭은 이처럼 마리아를 격상시키는가? 가톨릭에서는 5세기 때부터 마리아가 하나님을 낳은 '하나님의 어머니'(테오토코스, theotokos)라고 주장했다. 이 주장을 한 비스토리우스는 이단으로 정죄받고 파면당한다. 그런데 8세기 때는 가톨릭이 이 교리를 받아들이고, 교황 피우스 12세(1876~1958)는 1950년에 마리아 승천 교리를 선언한다. 사도신경의 '동정녀 마리아'라는 구절은 마리아 교리를 확장하려는 가톨릭의 의도가 깔려 있다.

(5) 본디오 빌라도에게 고난을 받으사

본디오 빌라도(AD 26~36)는 로마 황제가 임명한 유대 나라 총독이었다. 그는 총독으로 갈릴리 사람을 무자비하게 학살했기에(눅 13:1) 유대인들은 그를 경계했다. 유대인들이 예수님을 고발해 처형을 요청했을 때 그에게 죽일 만한 죄목이 없다고 재판을 회피했다. 그런데 예수를 살리면 로마 황제를 거부하고 자기가 왕이라는 반역자를 살려 주는 반역자라고 유대인들이 협박하자 할 수 없이 예수를 죽게 내어 주었다.

성경에서 예수님을 죽게 한 것은 유대인들이다. 그런데 왜 가톨릭교회는 본디오 빌라도에게 예수를 죽인 죄를 뒤집어씌우는가? 가톨릭교회는 600년 이후부터 1050년까지 동방교회와 서로 주도권을 장악하기 위해 투쟁하다가 1050년 결별한다. 750년경 가톨릭교회는 동방정교회가 제정하지 못한 독특한 신조를 자기들 마음대로 제정할 수 있었다. 가톨릭의 우월권을 주장하는 정치적 음모가 이 구절로 표현된 것이다.

⑹ 산 자와 죽은 자를 심판하러 오시리라

이는 종말론 신앙에 대한 완전한 무지를 드러내는 구절이다. 요한복음 5장 24절은 "내가 진실로 진실로 너희에게 이르노니 내 말을 듣고 또 나 보내신 이를 믿는 자는 영생을 얻었고 심판에 이르지 아니하나니 사망에서 생명으로 옮겼느니라"라고 말씀하고, 이어 29절에서도 "선한 일을 행한 자는 생명의 부활로, 악한 일을 행한 자는 심판의 부활로 나오리라"라고 말씀한다. 즉 이 땅에서 예수님을 영접한 자는 이미 영생을 얻었기에 앞으로는 영광의 부활만 있는 것이다. 죽어서 심판받는 대상은 이 땅에서 주님을 영접하지 못하고 악한 일을 행한 자들뿐이다.

주님이 다시 오시는 목적은, 죄악 세상은 심판하고 구원 얻은 자에게는 부활과 영생의 상급을 주시기 위함이다. 주님이 다시 오시는 것은 산 자와 죽은 자를 심판하기 위함이라는 신앙 고백은 구원의 확신을 모르는 가톨릭교회나 이중예정 사상으로, 죽어 봐야 천국에 갈지 지옥에 갈지 안다는 칼빈주의자들이 하는 것이다.

교회에서 사도신경을 암송하는 것이 정통이고, 암송하지 않으면 이단이라는 등의 말은 매우 몰상식하고 근거 없는 주장이다. 사도신경을 암송한다고 신앙에 도움이 되고, 암송하지 않는다고 신앙에 손해 보는 것이 아니다. 사도신경은 성령의 감동을 받은 자들이 만든 것이 아니라, 가톨릭교회가 자신들을 옹호하기 위해 만든 종교적, 정치적 의도가 깔린 인간적 산물이기 때문이다.

더욱 개탄스러운 것은 전 세계가 그 제정 과정을 다 알고 있는 사도신경을 한국 개신교는 '사도들의 신앙 고백'이라는 거짓말로 왜곡하고 있다는 것이다. 사도들은 '가톨릭'이라는 말을 사용한 적이 없다. '가톨릭'이라는 말은 성경에도 없다. 교부 이그나티우스가 108년에 최초로 사용한 말이다. 그리고 한국 교회는 사도신경을 이상하리만큼 숭상하고 있다.

사도신경 암송이 죄가 되는 일은 아니다. 그러나 사도신경에는 가톨릭의 흉계와 비성경적 내용이 가득하다. 그렇기에 그것을 알면서도 사용하는 것은 성경 진리의 왜곡이고, 남들 눈치 보느라 사용하는 것은 비겁한 신앙이며, 모르고 사용하는 것은 무지의 소산이다. 우리는 이제라도 이 사실을 잘 깨닫고 바르게 판단해야 한다.

제5장

성경이 인간에게 주어지기까지의 과정

성경은 하나님의 말씀이다. 그런데 하나님은 보이지 않는 분이다. 보이지 않는 하나님이 어떻게 인간에게 말씀하셨는가? 인간이 하나님께서 불러 주는 대로 성경을 기록했는가? 하나님께서는 지금도 성경을 기록할 수 있게 말씀해 주시는가? 최초에 기록한 성경 원본이 지금도 존재하는가? 성경이 하나님의 말씀이라고 하는데 왜 성경이 하나님의 말씀인지 잘 이해되지 않을 수 있다.

오늘은 최초에 하나님께서 성경 기록자들에게 어떻게 말씀을 주셨고, 성경 기록자들은 어떻게 성경을 기록했는지, 곧 성경이 인간에게 주어진 과정을 살펴보려 한다. 나는 이 내용을 《성경의 역사》(2016)라는 책에서 계시의 단계, 영감의 단계, 조명의 단계라는 세 단계로 설명했다. 그 내용을 기초로 좀더 자세히 살펴보자.[4]

4) 정수영, 성경의 역사, 쿰란출판사, 2016, pp.14~68.

첫째, 계시의 단계

'계시'는 한자로 '열 계(啓)'와 '보일 시(示)'를 써서 '하나님이 사람의 지혜로 알지 못하는 신비로운 내용을 열어서 보여 주셨다'는 뜻이다. 성경에는 '계시'라는 말이 많이 기록되어 있다.

> "내 아버지께서 모든 것을 내게 주셨으니 아버지 외에는 아들을 아는 자가 없고 아들과 또 아들의 소원대로 계시를 받는 자 외에는 아버지를 아는 자가 없느니라"(마 11:27).
>
> "우리 주 예수 그리스도의 하나님, 영광의 아버지께서 지혜와 계시의 영을 너희에게 주사 하나님을 알게 하시고"(엡 1:17).

이처럼 신약성경에 '계시'라는 단어가 약 15회 정도 사용되었다.

신약성경에 쓰인 '계시'의 헬라어 원문은 '아포칼륍시스'(ἀποκάλυψις)로, '베일을 벗긴다', '숨겨진 것을 드러낸다'는 뜻이다. 영어로는 'Revelation', 곧 '폭로하다', '누설하다', '계시', '묵시하다'라는 뜻의 말이 사용됐다.

이 같은 의미의 단어를 인간들이 무엄하게 남용했다. 그래서 마호메트가 알라신의 계시로 코란을 기록했다고 말하고, 요셉 스미스가 천사의 계시로 몰몬경을 기록했다고 주장했다. 수많은 거짓 종교가 인간의 글을 신의 계시라고 함부로 말했다.

그렇다면 하나님의 계시와 인간들이 주장하는 계시를 구별할 수 있는 근거가 무엇인가? 그것은 성경 전체의 역사가 증명한다. 성경의 최초 기록은 BC 1500년경 모세의 오경이며, 그 이후 BC 1000년경 다윗의 시편, BC 750년경 이사야, BC 600년경 예레미야, 에스겔, 다니엘, BC 450년경 말라기, AD 45~100년경 요한계시록이 기록되었다.

이처럼 성경 전체는 1,600년에 걸쳐 완성되었는데, 그동안 세상이 수없이 바뀌고 사람도 수없이 바뀌었지만 1,600년 전이나 후나 전 성경은 오직 하나님에 의해 기록했다는 신앙적 통일성이 있다는 사실이다.

사람들의 문학은 시대마다 사상이 다르다. 그런데 성경은 1,600년 전이나 후나 똑같은 하나님 중심의 사상적 통일성이 있다. 창세기는 지금으로부터 3,500년 전에 기록됐다. 인간이 3,500년을 사는 동안 문학, 철학 등 세상은 수없이 변천해 왔다. 그러나 창세기는 3,500년 전이나 지금이나 똑같은 감동을 주고 있다. 시편은 3천 년 전 사람들의 기록이다. 그러나 그때나 지금이나 똑같은 감동을 준다. 성경이 왜 이렇게 한결같은가? 그 이유는 성경의 원 저자는 하나님이시고, 인간들은 시대에 따라 기록한 것에 불과하기 때문이다.

그렇다면 하나님께서 자신의 뜻을 인간이 알 수 있도록 계시해 주신 것이 성경밖에 없을까? 복음이 전파되기 전 성경이 없었던 시대의 사람들은 다 지옥에 갔을까? 이에 대해 하나님의 계시를 일반계시와 특별계시로 분류해 생각해 보자.

(1) 일반계시(General Revelation)

하나님께서는 인간 누구나 다 하나님을 깨닫도록 일반적, 보편적 계시로 세 가지를 주셨다. 그것은 곧 ① 양심, ② 창조물, ③ 역사다.

① 하나님은 이 세상 모든 사람에게 양심을 주셨다. 로마서 2장 14-16절은 "율법 없는 이방인이 본성으로 율법의 일을 행할 때에는 이 사람은 율법이 없어도 자기가 자기에게 율법이 되나니 이런 이들은 그 양심이 증거가 되어…행위를 나타내느니라"라고 말씀한다. 이

말은 율법이나 성경을 모르는 이방인들은 인간의 본성으로 가지고 있는 양심이 그들의 행위로 나타나는데, 그 같은 양심의 행위에 따라 은밀한 것까지 심판받게 된다는 것이다. 성경의 많은 곳에서 율법인 성경이 없었던 때는 양심을 통해 심판받게 됨을 설명해 주고 있다(고후 4:2, 5:11; 딤전 4:2; 히 13:18).

한국에 복음이 전래된 것은 140년 전의 일이다. 그 이전에 이순신 장군, 세종대왕, 정몽주 같은 분은 양심을 지켰기에 후대에 존경을 받고 있다. 이와 달리 이완용, 연산군, 세조, 한명회 같은 이들은 양심을 지키지 않았기에 비난을 받고 있다. 성경이 없었던 때는 하나님께서 인간의 양심을 심판의 기준으로 삼으신다는 것이다.

② 창조물이 일반계시다. 로마서 1장 19-20절은 "이는 하나님을 알 만한 것이…창세로부터 그의 보이지 아니하는 것들 곧 그의 영원하신 능력과 신성이 그가 만드신 만물에 분명히 보여 알려졌나니 그러므로 그들이 핑계하지 못할지니라"라고 말씀한다.

이 세상의 잘못된 사상은 이 세상이 저절로 됐다며 '스스로 자(自)'에 '그럴 연(然)' 자를 써서 '자연'이라고 그 의미를 깎아내린다. 그러나 성경은 이 세상 우주 만물과 지극히 작은 벌레, 세균 하나까지 하나님께서 다 창조하셨다고 말한다. 얼마 전 세계를 공포에 떨게 했던 코로나라는 세균은 박쥐 몸에 붙어 사는 세균이다. 그래서 박쥐는 코로나 세균과 함께 아무 문제 없이 살아간다. 그런데 인간이 창조 세계를 파괴하면서 박쥐들이 살아가던 곳 가까운 곳까지 이동했다. 박쥐들은 코로나 세균에 오랫동안 적응하며 살아왔으나 인간은 갑작스러운 박쥐들의 코로나 세균 공격으로 갈피를 못 잡게 되었다. 인간들이 코로나 항체로 면역력이 생기면 고비를 넘길 수 있다. 그러나 그 후 또 어떤 세균이 들어올 것인가? 인간이 창조 질서를 파괴할수록 재앙은 계속 증가된다.

현대 인류의 대재앙은 창조 질서 파괴라는 인간의 오만함에 의한 재앙이다. 나이아가라 폭포, 이구아수 폭포, 그랜드 캐니언 같은 경관을 보면 아름답다는 탄성이 절로 나온다. 그러나 그런 것뿐 아니라 박쥐든, 원숭이든, 호랑이든 짐승을 보아도 창조물의 경이로움을 깨달아야 한다. 사람이 자기에게 유리한 것만 선택적으로 선호하면서 창조 세계가 각박한 약육강식의 전쟁터로 황폐화했다. 해양학자들은 최근 들어 인간들이 버린 쓰레기들로 각종 변이종이 생겨나는 심각한 창조적 파괴를 개탄하고 있다. 우리는 창조물들을 통해 하나님의 진리를 깨달을 수 있다.

③ 역사를 통해 하나님 섭리를 깨달을 수 있다. 애굽의 3,500년 역사에서 본토인이 아닌 이방 민족 힉소스족이 BC 1700년경부터 약 150년간 애굽의 왕이 되었다. 바로 이 기간에 요셉이 애굽의 총리가 되었고, 요셉을 따라 애굽으로 이민 간 야곱의 가족은 모두 70명이었다(창 46:27). 그런데 이들이 430년 후에는 인구 200만이라는 거대한 민족으로 팽창한다. 야곱 가족이 가나안에 정주했다면 430년 동안 50만도 되지 못했을 것이다. 그만큼 가나안은 척박한 땅이다. 이들이 애굽의 풍요로운 농경지에서 거대한 민족을 이루게 된 것은 하나님의 섭리였다. 이와 같은 이스라엘 민족은 시발부터 흥망성쇠가 모두 다 하나님의 섭리 속에 이루어졌다. 이 같은 이스라엘 민족사를 통해서 하나님을 알 수 있다.

이렇게 양심과 창조물과 역사를 통해 하나님을 보편적으로 깨달을 수 있는 것을 일반계시라고 한다. 그런데 일반계시로는 하나님의 존재하심, 하나님의 능력, 하나님의 성품은 깨달을 수 있으나 구원의 유일한 길인 그리스도는 알 수 없다. 이 같은 일반계시의 한계성 때문에 하나님께서 하나님의 사람들을 통해 특별계시를 주셨다. 그것이 바로 성경이다.

(2) 특별계시(Special Revelation)

하나님께서 특별계시를 주신 방법은 다양하다.

① 천사를 통해 하나님의 뜻을 전달해 주셨다. 소돔성 멸망, 침례자 요한의 출생, 마리아를 통한 그리스도의 탄생, 그리스도의 부활 등은 천사를 통해 알려 주셨다.

② 꿈을 통해 계시를 주셨다. 야곱의 벧엘 광야에서의 꿈, 요셉의 꿈을 통해 미래사를 알려 주셨다.

③ 환상을 통해 계시해 주셨다. 이사야에게 보여 준 환상, 에스겔과 다니엘과 사도 요한에게 보여 준 환상을 통해 하나님의 뜻을 알려주셨다.

④ 하나님이 직접적인 음성으로 계시해 주셨다. 아담, 노아, 아브라함, 모세, 여호수아, 사무엘, 다윗, 수많은 선지자가 그렇게 하나님의 뜻을 깨달았다.

⑤ 마지막으로 예수 그리스도께서 성육신해 오셔서 직접 말씀으로 가르쳐 주셨다.

⑥ 사도들에게 성령의 감동으로 말씀해 주셨다.

이 같은 특별계시와 관련해 반드시 알아야 할 두 가지가 있다. 곧 계시의 점진성(Progressive of Revelation)과 특별계시의 완성이다.

1) 계시의 점진성

하나님께서는 자신을 나타내 보여주실 때 한꺼번에 전부 계시해 주시지 않으셨다. 처음에는 부분적이고 불완전한 계시를 주다가 점점 완전하고 많은 계시를 주셨다. 그래서 처음 1,600년 전 계시보다 후대에 주어진 계시가 더 완전한 계시로 주어진다. 이 내용을 바로 깨달아야 성경을 바로 아는 것이다.

이에 대한 몇 가지 사례는 다음과 같다.

① 메시아에 관한 진리

창 3:15 - '여자의 후손'이라는 막연한 내용

창 49:10 - 유다 지파의 메시아

삼하 7:14 - 다윗의 후손

미 5:2 - 베들레헴 탄생

사 7:14 - 처녀에게서 탄생

사 53:9 - 그가 어떻게 죽을 것인지

시 16:10 - 그가 부활하실 것

복음서 - 메시아가 직접 오셔서 말씀

부활 승천 후에는 자기와 똑같은 보혜사가 오실 것

이렇게 처음의 희미했던 진리가 점점 확실하게 발전된다.

② 성령에 관한 진리

구약에서 성령은 보편적, 대중적이지 않고 하나님의 사역에 쓰임받는 왕, 제사장, 선지자들에게서만 주로 활동했다. 또 구약의 성령은 사울 왕, 솔로몬 왕의 경우처럼 성령이 역사했다가 범죄하면 떠나가는 등 제한적이었다. 그러나 신약에서 한 번 임한 성령은 항상 내주하시고 또 남자, 여자, 어린아이, 종 할 것 없이 모든 이에게 보편적으로 임하는 성령이다.

③ 교회에 관한 진리가 구약에는 없었으나 신약에서 시작됨

④ 구약에서는 희미한 부활 신앙이 신약에서 확실하게 드러남

⑤ 구약의 종말론 사상은 이스라엘 민족에 초점, 신약의 종말론은 구약, 신약 모두를 포함

⑥ 구약의 음식물 제약이 신약에서는 폐지됨

⑦ 구약의 제사 제도가 신약의 예배 제도로 바뀜

⑧ 구약의 성전 제도가 구원받은 성도로 발전됨

헤아릴 수 없이 많은 진리가 신약에서 완성됐다. 이처럼 구약이 하나님의 계시지만 불완전한 초기 계시이기에 완전한 계시인 신약성경의 진리로 구약을 해석할 때만 안전한 계시가 된다. 이렇게 계시의 점진성이라는 진리의 규범을 확실하게 이해해야 계시를 바로 알 수 있다.

2) 특별계시의 완성

하나님의 특별계시인 성경이 구약에서는 희미하고 모호하다가 신약으로 오면서 점진적으로 발전했다. 그렇다면 신약성경 이후에도 하나님께서는 하나님의 사람들을 통해 계속해서 계시를 주고 계시는가? 이에 대해 신약성경 맨 마지막 책인 요한계시록이 답을 주고 있다.

요한계시록 22장 18-19절을 보자.

18절의 "내가 이 두루마리의 예언의 말씀을 듣는 모든 사람에게 증언하노니"라는 구절에서 말하는 '예언의 말씀'은 요한계시록 1장 3절에서도 말씀한 내용으로 성경 전체를 포함한 요한계시록을 의미한다. 이는 하나님의 계시는 요한계시록에서 완성됐다는 의미다. 그 같은 뜻이 19절의 "이 두루마리에 기록된"이라는 말에서 확실하게 드

러난다. '기록된'은 원어로 '게그람메나스'(γεγραμμένας)다. 이 단어는 '쓰다', '기록하다'의 뜻을 가진 '그랍포'(γράφω)의 완료 분사다. 이는 하나님이 특별계시로 주신 성경은 요한계시록으로 완전하게 완결되었다는 선언이다. 그리고 이 같은 완결된 성경에 무언가를 더하는 자는 재앙을 더할 것이고, 제하는 자에게는 거룩한 성에 참여함을 제하겠다고 경고하셨다. 그런데 가톨릭교회는 성경 이외의 온갖 인간들의 가르침을 추가해서 교리들을 만들었고, 현대 자유주의 신학자들은 성경이 고대인들의 사상이므로 재해석해야 한다며 성경의 내용을 부정하며 빼버리는 사악한 짓들을 해가고 있다.

둘째, 영감(靈感)의 단계

하나님의 말씀이 인간에게 주어지는 첫 단계는 계시의 단계다. 그리고 두 번째 단계가 영감의 단계다. 앞서 첫 계시의 단계가 눈과 귀로 듣고 보는 단계라면, 두 번째 단계는 듣고 본 바를 손으로 기록하는 단계다. 이렇게 손으로 기록하는 단계를 '영감'이라고 한다.

'영감'이라는 말이 무슨 뜻인가? 우리말 성경에는 '신령한 영(靈)'에 '느낄 감(感)' 자를 써서 '신령한 것을 느낀다'는 뜻으로 번역됐다. 그러나 성경 원문의 뜻은 전혀 다르다. 디모데후서 3장 16절은 "모든 성경은 하나님의 감동으로 된 것"이라고 말씀한다. 여기서 '감동'의 원문은 '데오프뉴스토스'(θεόπνευστος)다. 이 단어는 '하나님'이라는 '데오스'(θεός)와 '호흡하다'라는 뜻의 '프네오'(πνέω)의 합성어로 '하나님께서 호흡하셨다'라는 뜻이다.

사람은 하나님이 생기를 코에 넣어 줌으로 생령이 되었다(창 2:7). 그렇게 창조된 인간 영 속에 사탄이 들어감으로 타락하고 말았다. 그런데 하나님께서 성경을 기록하는 기록자들에게 성경을 기록하는 시간만큼은 하나님의 생기가 작동해 타락한 죄성의 지배를 받지 않고 거룩한 하나님의 영의 지배를 받는 상태에서 성경을 기록하게 했다는 것이다.

성경 기록자들이 성경을 기록하지 않는 다른 시간에는 본성적 인간의 모습이었다. 그러나 성경을 기록하는 그 시간만큼은 하나님의 영에 의한 호흡 속에서 성경을 기록하게 하셨다는 것이다. 그렇기에 우리말 성경의 '영감'이란 말이 '신령한 느낌'이란 해석은 적절한 것이 아니다. 그러나 우리말로는 그렇게 써오고 있으므로 그대로 쓰되 성경의 바른 뜻과는 구별해서 깨달아야 한다.

성경에 또 다른 표현이 있다. 베드로후서 1장 20-21절에서는 "성경의 모든 예언은…사람의 뜻으로 낸 것이 아니요 오직 성령의 감동하심을 받은 사람들이 하나님께 받아 말한 것임이라"라고 말씀한다. 여기서 '성령의 감동'이라는 말의 뜻을 깨달아야 한다. '감동'은 '느낄 감(感)'에 '움직일 동(動)' 자를 써서 '마음으로 깊이 느끼는 움직임'이라는 뜻이다. 사람들은 좋은 음악을 듣거나 아름다운 경치를 보면 감동한다. 그러나 성경에서 말하는 감동은 그런 뜻이 아니다. '성령의 감동'에 해당하는 원문은 '프뉴마토스 하기우 페로메노이'(πνεύματος ἁγίου φερόμενοι)다. 우리말 성경에는 '감동'이라고 되어 있으나 원문의 '페로메노이'는 '이동시켰다', '움직여졌다'라는 뜻이다. 무엇에서 이동시켰다는 것인가? '사람들이 하나님께 받은 것을 그대로 이동시켰다'는 것이다. 다시 말하면, 성경 기록자들이 하나님의 말씀을 사람의 글로 이동시키는 일을 해 놓은 것이 성경이라는 것이다. 성경 기록자들이 성경을 기록하는 동안은 하나님의 성령으로 호흡하며 하나님의 정신으로 성경을 기록했고, 또 성경 기록자들은 하나님께서 주시는 말씀을 받아서 그대로 글로 기록했다는 것이다. 이처럼 성경의 원

저자는 하나님이시고, 40여 명의 기록자가 1,600년 동안 기록한 것이 현재 우리가 가진 66권의 성경이다.

이처럼 성경 자체가 성경이 하나님의 말씀임을 증명한다. 그러나 교회 역사에서는 성경 자체를 제대로 깨닫지 못한 자들이 성경의 영감을 제멋대로 설명했다. 즉 성경은 천재적 수준을 가진 문학 작품이다, 성경 저자들은 하나님이 한 자 한 자 불러 주는 대로 기록한 것이다, 성경은 문자가 핵심이 아니라 중요한 진리만 영감 된 것이다, 성경의 목적이 구원에 있기에 구원의 내용은 영감 됐으나 성경 내용에는 비역사적, 비과학적 내용이 섞여 있다 등의 주장이다. 성경의 영감설에 대한 견해 차이로 교파가 갈라지고, 새 신학교가 생기고, 새로운 학설들이 계속 생겨나고 있다. 이 같은 다양한 주장 중 인간적 요소로 이해하는 이들은 자유주의자, 중간 노선을 따르는 자들은 중도주의자, 철저하게 한 자 한 자 모든 성경 전체가 다 성령의 감동으로 기록됐다고 믿는 완전축자영감론을 따르는 자들은 보수주의자라고 한다. 나는 과거 40년 동안 자유주의자였다가 보수주의로 전향했다.

셋째, 조명(照明)의 단계

성경이 계시와 영감의 단계로 끝나면 성경의 보전에 한계가 생긴다. 최초의 성경 기록자들만의 성경으로 끝난다. 그런데 하나님께서 최초의 기록자 이후에는 성경을 대하는 자들에게 성경 기록자들에게 주셨던 성령님을 '조명'과 같은 기능으로 주신다.

'조명'은 '비칠 조(照)'에 '밝을 명(明)' 자를 써서 '광선으로 밝게 비춰 준다'는 뜻이다. 무대나 촬영의 효과를 높이기 위해 밝은 광선을 비춰 주는 것을 조명이라고 한다. 이것은 성경에는 없는 단어이며 신학자들이 만들어낸 말이다. 조명이란 최초의 성경 기록자들에게 역사하셨던 그 성령님이 성경을 읽는 자, 연구하는 자, 복사하는 자들에게도 동일하게 성령의 빛을 비춰 주는 것을 뜻한다. 오늘날도 성령님을 마음에 모신 성도에게는 동일한 성령님이 조명해 줌으로 성경이 이해된다. 그러나 성령을 모시지 못한 자는 성경 읽기가 싫어진다.

하나님의 말씀인 성령은 계시의 단계, 영감의 단계, 조명의 단계라는 세 단계를 거쳐 인간에게 주어졌다. 성경에 대한 태도를 보면 그 사람이 성령의 사람인지 육의 사람인지 알 수 있다.

제6장

성경 사본들의 역사

오늘은 최초의 성경이 어떻게 수천 년 동안 계승되어 왔으며, 왜 성경은 66권만으로 제한됐는지에 대해 ① 종이가 발명되기 이전 종이 대용품의 역사를 통해 살펴보고, ② 성경에 사용된 사본들의 역사에 대해 알아본 후, ③ 성경이 66권으로 합의된 정경화 역사를 살펴보고자 한다.[5)]

첫째, 종이 발명 이전의 종이 대용품

(1) 종이를 발명하기 이전의 역사

고대인들은 자기 사상이나 뜻을 나름대로 표시하며 살아왔다.

① 최초로 돌판 위에다 그림을 그리거나 글씨를 써 놓았다.

② 진흙을 뭉쳐서 그 위에 글을 쓴 후 햇볕에 말리는 점토판을 사

5) 정수영, 앞의 책, pp.70~114.

용했다.

③ BC 3000년경부터 무려 3천여 년 동안 사용된 것이 파피루스다. 성경 거의 모든 사본이 파피루스 시대 때 기록되었다.

④ 예수님 당시부터 부자들이 양피지(양가죽)를 사용했다.

⑤ 중국 고대 때 대나무를 깎아 그 위에 글씨를 쓴 후 실로 연결한 서적이 있었다. 150년 후한 때 종이가 발명되어 793년 아라비아에 전래, 1151년 스페인 종이 공장으로 세계화되었다.

⑥ 인쇄술은 15세기 독일 구텐베르크(1398~1468)가 발명했다.

성경은 종이가 만들어지기 이전 파피루스와 양피지 시대에 기록됐다. 여기서 고대 종이 대용품으로 쓰인 두 가지를 살펴보자.

1) 파피루스(Papyrus)

애굽 나일강 주변의 갈대과에 속하는 나무를 베어다 줄기를 세로로 가늘게 갈라서 그것을 목판 위에 올려놓고 물을 뿌려 가면서 방망이로 두들겨 가루를 만든다. 이렇게 한 판을 아래에 가로로 앉혀 놓고 또 다른 목판 위에서 똑같은 갈대나무 가루를 만들어 먼저 판 위에 세로로 겹쳐 놓는다. 갈대나무 가루가 가로, 세로로 섞인 것이 물기가 잦아들면서 햇빛에 마르면 약간 딱딱하고 두꺼운 한지 같은 종이가 된다. 이것이 파피루스다. 이 같은 파피루스는 접으면 꺾여 부서지기에 그 위에 글씨를 쓴 후에는 긴 막대기로 감았다가 펼쳐 보았기에 '두루마리'라고 했다(계 5:1-3).

이 같은 두루마리는 길이가 10.5m로 길었다. 과거 성경뿐 아니라 고대 BC 500년경 헬라의 헤로도토스 역사서, BC 400년경 플라톤, 아리스토텔레스의 철학서, 기타 모든 과거 역사서가 전부 다 파피루스 사본들로 이루어졌다.

사본은 영어로 'Manuscripts'라고 하는데 이 말은 한국말로 번역하면 '붓 필(筆)'에 '쓸 사(寫)'를 써서 '필사', 곧 '손으로 베껴 썼다'는 뜻이다. 파피루스라는 고대 종이의 수명은 고작 30~40년이었기에 종이가 부서지기 전에 다른 새 파피루스에 옮겨 기록하는 일을 수천 년을 계속했다.

2) 양피지(Sheepskin)

우리말 '양피지'는 '양 양(羊)', '가죽 피(皮)', '종이 지(紙)'를 써서 '양가죽으로 만든 종이'란 뜻이다. 예수님 오시기 전 100년 전쯤 양가죽을 칼로 다듬고 기름을 발라 만든 양피지를 종이 대용으로 썼다. 이 같은 양피지는 매우 고가여서 나라 임금들 또는 부자 봉건주들만 사용했다. 성경 한 권에 필요한 양피지에는 수백 마리의 양가죽이 소용되므로 일반 서민에게는 고가품이었다가 차츰 대중화되었다. 바울 사도의 최후 서신인 디모데후서 4장 13절에서 '가죽 종이'가 언급되고 있다. 두루마리는 값이 싸기에 대중용이고, 양피지는 고급품이나 여러 장을 겹쳐 놓고 앞뒤로 쓸 수 있었으므로 점점 발전했는데 이것을 '코덱스'(Codex)라고 한다.

둘째, 성경의 사본들이 만들어지는 단계

여기서 고대 히브리인들의 사본 제작 방법을 꼭 기억할 필요가 있다. 우리는 사본이라고 하면 성경을 기도하는 마음으로 정성스럽게 베끼는 것 정도로 인식한다. 30~40년 전에 충현교회가 전 성도들이 손으로 쓴 성경을 한 권의 책으로 편찬한 성경 사본을 본 적이 있다. 수많은 사람의 각각 다른 필체들이 결집된 사본이었다. 그러나 히브리인들의 성경 사본은 방식이 달랐다. 유대인들 사본 작업에는 17가지 원칙이 있다. 예를 들어 다음과 같은 것이다.

모든 사본은 전문직 종사가가 제작한다, 반드시 원본을 앞에 놓고 글자 하나씩 옮기고 중간에 틀린 곳이 나오면 썼던 모든 것을 다 버리고 다시 시작한다, 원본과 완벽하게 일치해야 다음 장으로 넘어간다, 사본 기록 중에는 왕의 명령이라도 무시하고 진행한다, 하나님의 이름을 기록할 시는 잉크를 새로 찍은 펜이 아닌 써 오던 것을 사용한다, 필사자는 목욕 재개하고 유대인 정장 예복을 입고 정좌 상태로 기록해야 한다 등이다.

만일 어떤 사본이 규칙을 위반한 것이 발견되면 즉각 제소해서 그는 사본 작가에서 제외되고 규정 위반 사본들은 불태워졌다. 이렇게 엄격한 규정 속에서 구약 사본이 1천여 개, 신약 사본은 5천여 개가 남아 있다.

(1) 구약 사본

구약성경 중 최초로 기록된 것이 BC 1500년경의 모세오경이다. 지금으로부터 3,500년 전 파피루스에 기록되어 계속 사본들로 전승되어 왔다. 구약 사본 재료가 갈대 나무 조각으로 만든 식물성 재료이므로 수명이 30~40년밖에 되지 않는 데다 화재, 수재, 풍화 작용과 전쟁으로 인해 많은 사본들이 파괴되고 소실되고 분실되고 소멸되었다. 3,500년 전의 성경이 모든 재난 속에서도 계속 보존되어 왔다는 것은 기적에 속한다.

현재까지 남아 전해지는 우리나라 최초의 역사 기록은 1145년 고려 인종 때 왕명에 의해 김부식 외 10명이 저술한 고구려, 백제, 신라의 《삼국사기》다. 그 후 1281년 고려 충렬왕 때 경주 스님인 일연(김견명)이 편찬한 《삼국유사》가 있다. 고려 인종 때 임명한 공식적인 관료들이 기록한 우리나 최초의 역사는 BC 57년에 건국한 신라, BC 37년에 건국한 고구려, BC 18년에 건국한 백제가 공식적 역사다. 그 이전의 고조선, 위만조선의 역사는 일연이라는 스님의 개인적인 신화를 바탕으로 했거나, 중국 문헌을 소재로 한 설화일 뿐 역사라고 보기에는 난점이 많다.

그런데 최초의 성경은 BC 1500년경, 즉 우리나라 고조선 때에 해당되는 3,500년 전에 모세가 모세오경을 기록했다. 이것은 BC 544년경의 석가모니나 BC 453년경의 공자보다 1,000년 이상 앞선 기록이다. 그렇게 귀중한 구약성경이 3,500년 전부터 30~40년밖에 유지되지 못하는 파피루스 사본으로 계속 계승되어 왔다. 그래서 3,500년 전부터 계승된 사본 중 현재까지 1천여 개 조각이 남아 있다. 이 1천여 개의 구약 사본 중에는 가장 오래된 역사를 가진 사본이 최고의 권위를 갖게 됐다. 구약 사본 1천여 개 중 가장 권위 있는 사본은 무엇일까?

1) 사해 사본(Dead Sea Scrolls)

1947년 사해 서북편 쿰란 들판에서 쿰란 공동체 사람들이 구약성경과 외경 일부의 사본을 만들어 수많은 동굴에 감추어 두었던 것이 발견되었다. 이 사해 사본들을 유대교 학자, 가톨릭 학자, 정교회 학자, 개신교 학자들이 공동으로 연구했다. 그래서 사해 사본이 BC 2세기 때 만든 구약 사본 중 가장 오래된 사본임이 밝혀졌다. 이 사해 사본은 현재 예루살렘 '성경의 집'에 보관돼 있다.

사해 사본의 발견으로 하나님 이름이 '여호와'가 아닌 '야훼'였음이 밝혀졌다. 또 사해 사본들을 제작한 수도사들이 가족을 떠나 성경만 필사한 쿰란 공동체 터전이 보존되고 있다.

2) 마소라(Masoretic Text)

'마소라'는 '전통'이라는 뜻이다. 마소라 활동으로 AD 1~2세기 때 시작돼 AD 5~6세기 때 완성된 사본이다. AD 137년경 '예루살렘 거주 불가'라는 로마 황제 칙령으로 랍비 아키바가 로마 항쟁이 아닌 성경 회복 운동으로 랍비들이 구약 사본과 구약성경 연구를 시작한 것이 AD 5세기까지 계속 이어졌다. 그렇게 연구해서 만든 결과가 AD 6~7세기의 탈무드다. '탈무드'는 '배우다'와 '가르치다'의 두 가지 뜻이 있다. 탈무드에는 '배우다'라는 기능을 하는 '미쉬나', 곧 모세의 성문 율법인 부분이 있다.

모세의 성문 율법(모세오경)을 랍비들이 수백 년 연구한 결과, 율법에는 총 613개의 계명이 있었다. 그 613개 계명 가운데 365개 계명이 하지 말라는 금지 계명이고, 248개 계명은 하라는 실천 계명이었다. 이렇게 기록된 성문 율법을 '미슈나'(משנה, 반복교훈)라고 한다.

랍비들에게는 성문 율법만 있는 게 아니라 율법의 해설 부분인 구전 율법인 '게마라'(גמרא)가 또 있었다. 신명기 31장 9-11절에는 모세가 이스라엘 장로들에게 말로 전해 준 교훈들이 있는데 그 장로들이 여호수아, 사무엘, 다윗, 솔로몬, 예수님 때까지 계속 말로 전해주었다는 것이다. 이 구전 율법은 앞서 613개의 성문 율법을 잘 실천할 수 있도록 좋은 예화를 들어 해설해 주는 내용이다. 지금 시중에 널리 알려진 탈무드는 '게마라'에 소개된 교훈 중 선별해서 만들어낸 책이다. 이들 마소라 학파의 탈무드가 7세기 이후 세계화되면서 1947년 이전까지는 마소라 사본이 최고의 사본으로 알려지기도 했다.

구약성경의 마소라 사본은 AD 5~6세기의 것이고, 사해 사본은 BC 2세기 것으로 판명된 후 마소라 사본의 권위가 달라졌다. 앞으로 BC 2세기 사본보다 더 오래된 사본이 발견된다면 구약의 역사는 또 달라질 것이다.

(2) 신약 사본

신약 사본은 현재 약 6천 개가 있다. 신약 사본은 왜 이처럼 많은가? 신약 원문 헬라어 사본뿐 아니라 라틴어 사본까지 신약 사본으로 인정하기 때문이다.

신약 사본이 정확히 5,799개가 있는데 이 중 최고의 권위를 어디에 두는가? 여기서 그 기준이 드러난다. 최고 권위는 가장 역사가 오래된 고대 사본에 두고 그런 사본을 '고대 사본'이라고 칭하고, 역사가 늦지만 많은 수의 사본을 '다수 사본'이라고 칭한다. 고대 사본들은 전부가 헬라어 대문자로 쓰였고, 또 오래되어 파손되고 없어진 부분들이 있다. 그에 반해 다수 사본들은 전부가 서민들이 쓰는 헬라어 소문자로 쓰였고, 또 시간적으로 후대의 것들로 전에 파손돼 없어진 부분을 후대인들이 임의로 채워 넣었기에 내용 중 빠진 부분이 없이 완벽하나 신뢰도가 떨어진다.

후대의 다수 사본들, 곧 9세기 이후의 사본들은 신뢰도가 떨어지므로, 여기서는 2세기부터 7세기 미만에 이뤄진 고대 사본으로 전 세계가 공인하는 신약 사본 몇 개만 살펴보자.[6)]

1) 시내 사본(Codex Sinaiticus X)

신약 사본 6천여 개 중 최고의 권위를 가진 사본이다. 이 사본은 독일 성경학자 티센도르프(1815~1874)가 1859년 시내반도의 정교회 수

6) 앞의 책, pp.102~114.

도원인 성 캐서린 수도원에서 발견했다. 이 사본은 구약은 거의 상실됐으나 신약 전체는 완벽하게 남아 있으며, 현재 대영 박물관에 소장돼 있다. 이 사본은 AD 330년 콘스탄티누스 황제가 로마에서 콘스탄티노플로 천도한 후 국고금으로 양피지 고급 종이로 50질을 제작해 로마제국 산하 50개 도시에 비치하게 한 것으로 추정된다.

2) 바티칸 사본(B. Codex)

시내 사본과 같은 연대로 1475년 바티칸 도서관에서 발견됐으나 교황들의 공개 거부로 1890년에야 세계에 알려졌다. 이 사본의 단점은 구약 중 창세기, 시편 일부가 없고 신약은 히브리서 이후 요한계시록이 없다는 것이다. 그래서 빠진 부분들은 다른 사본들에서 보완했다.

3) 알렉산드리아 사본

이것은 복음서 일부와 고린도후서가 상실되었다.

4) 에브라임 사본

이 사본은 구약의 욥기, 잠언, 전도서, 신약은 데살로니가후서, 요한2서가 상실되었다.

이 4개 사본이 고대 사본으로, 이 사본에서 빠진 것을 다른 사본으로 보완한 5세기 미만의 고대 사본을 중심한 것이 현재의 성경이다. 그리고 그 이후 7세기 사본들은 후대인들이 빠진 내용을 추가한 다수 사본으로 신뢰도가 떨어진다.

셋째, 정경 형성의 단계

성경의 사본은 구약 1천 개, 신약 6천 개가 있다. 그뿐 아니라 중간기(말라기 이후 마태 이전) 때 만들어진 외경이 14권, 위경이 수십 권 있다. 복음서는 사복음서가 아닌 나사렛 복음서, 빌립의 복음서가 있고, 사도행전 외 베드로행전, 안드레행전이 있으며 서신서들도 에녹서, 바룩서를 비롯한 수많은 가짜 책이 동시대에 쏟아져 나왔다.

그래서 사도들 이후 교부 시대 때는 각 지역마다 성경을 인정하는 기준이 각각 달랐다. 즉 예루살렘, 안디옥 교회가 인정하는 성경, 알렉산드리아나 로마 교회가 인정하는 성경이 각각 달랐다. 이처럼 교회 출생 배경에 따라 달랐던 성경관 이해가 로마 제국이 기독교 국교화를 선언한 이후에는 동방교회와 서방교회라는 정치적 입장에 따라 달라진다. 그래서 300여 년 동안은 동방교회의 성경과 서방교회의 성경의 권수가 달랐다.

이 같은 논쟁이 AD 397년까지 계속됐다. 예컨대 구약성경의 에스더서, 아가서, 룻기 등은 이스라엘 민족 역사이지 성경일 수 없다, 신약성경 중 야고보서, 유다서, 요한2·3서, 요한계시록 등은 유대교 묵시 문학으로 성경일 수 없다 등의 많은 주장과 논쟁이 397년까지 계속됐다. 그러다 동서방 교회들이 합의점을 찾으면서 세 가지 원칙에 접근한다.

① 성경 기록자들이 자기 글이 하나님께서 주신 계시라고 주장하는가?
② 각 책 내용에는 하나님의 뜻과 인간 구원의 진리가 담겨 있는가?
③ 각 책을 읽은 수많은 사람이 그 책을 하나님의 말씀이라고 인정하는가?

이 세 가지 원칙에 맞는 것을 정경(正經)이라고 인정하자는 합의에 도달한다.

그 결과 구약성경은 AD 90년 '얍니아'(yamnia)라는 텔아비브 가까운 곳에서 24권을 정경으로 확정한다. 그리고 신약성경은 AD 397년 북아프리카 카르타고(Carthago) 회의에서 27권 정경으로 확정한다. 그런데 이 카르타고 회의에서는 히브리 구약성경 24권을 BC 200년에 헬라어 39권으로 번역한 70인역을 따라 39권으로 귀결시킨다. 이처럼 신구약 성경이 66권이 된 것은 동서방 모든 교회가 400년 동안 시험해 보고 모든 의견을 모아 내린 결론이었다.

그런데 서방 가톨릭교회가 1543~1963년 트렌트 공의회 때, 동서방 교회의 합의를 깨버린다. 서방 가톨릭교회는 성경 66권에 외경 14권 중 11권을 추가해 성경을 77권으로 만든다. 이로써 서방 가톨릭교회는 동방교회나 개신교들을 무시한 그들만의 종교 집단으로 분리된다. 가톨릭은 성경 66권만을 믿는 기독교가 아니다. 자기들이 계승해 오는 '전승'이라는 전통도 성경과 동일한 신앙과 행위의 기준으로 믿는, 예수 이름을 도용하는 종교 집단에 불과하다.

성경은 하나님의 말씀이다. 하나님의 계시의 말씀이다. 그러나 이런 주장만으로는 성경의 위대성을 파악하기에는 역부족이다. 성경들이 최초에 주어진 계시의 과정, 성경들을 보존하려고 생업을 포기한 사본 기록자들, 사본 중에서 구원의 진리를 경험할 수 있는 보편적인 진리 체험 등 수천 년 동안 이루어진 희생의 산물이 성경이다. 이 같은 희생의 산물을 바로 깨달아야 성경의 가치를 바르게 파악하는 것이다.

제7장

성경 번역사

오늘은 성경 번역으로 인한 세계 복음화라는 긍정적 결과와 번역 성경들의 오역으로 인한 후유증의 문제라는 부정적 내용을 살펴보고자 한다.

오늘날 대부분의 사람이 번역 성경으로 인해 복음을 접하게 되었다. 또한 신앙이 성장하기까지 함께하여 친숙해진 성경이기에 번역 성경에 아무 문제의식을 느끼지 못한다. 그러나 주님의 교회를 사랑하는 마음으로 교회의 문제들을 연구하기 위해 교회 역사를 살펴보면 교회의 문제들이 잘못된 번역 성경들과 잘못된 성경 해석에서 비롯됐음을 깨닫게 된다.

이 시간에는 성경 번역이라는 위대한 과업의 역사적 사실들과 그로 인해 복음이 세계화되는 놀라운 공헌들과 함께, 또 번역 성경들 속에 담겨 있는 오역과 잘못된 사상들이 오늘날 많은 문제점으로 남아 있음도 밝히고자 한다.

첫째, 성경 번역사[7)]

(1) 최초에 하나님께서 사용하신 언어

하나님께서는 전 세계 수많은 언어가 있음에도 성경에서 딱 두 가지 언어만 사용하셨다.

1) 구약성경 - 히브리어

구약성경의 최초의 언어가 히브리어 모세오경이다. 모세 때 세상에 히브리어밖에 없었는가? 결코 그렇지 않다. 히브리어보다 더 막강한 이집트 콥틱어가 있었고, 바벨론의 아람어도 있었고, 이오니아라는 그리스어도 있었고, 인도의 힌두어도 있었다. 그런데 하나님께서 그 수많은 언어를 다 물리치고 히브리어로 구약성경 전체를 기록하게 하셨다. 다니엘서 일부분이 아람어로 기록된 것 외에는 구약성경 전체가 히브리어로 되어 있다. 그러므로 우리는 하나님께서 사용하신 히브리어의 가치를 존중하고 모범으로 삼아야 된다.

2) 신약성경 - 그리스어

신약성경 전체는 그리스어로 기록됐다. 사실 신약성경이 기록될 당시의 국제적 언어는 라틴어였다. 또 유대 나라에 많은 혜택을 준 나라는 페르시아, 곧 바사였다. 당시 그리스어는 지식인들이 사용하는 그리스어 고문과 일반 서민들이 사용하는 '코이네'라는 언어로 구분돼 있었다. 그런데 하나님께서는 라틴어나 페르시아어나 강대국들의 언어가 아닌 일반 서민용 그리스어 코이네로 신약성경을 기록하

7) 정수영, 앞의 책, pp.208~307.

게 하셨다.

여기서 우리가 확실하게 기억할 사실이 있다. 하나님께서 최초로 사용하신 언어가 히브리어와 헬라어라는 것이다. 그래서 전 세계의 모든 신학대학은 히브리어와 헬라어를 필수적으로 가르친다. 그것은 교회를 지도할 지도자는 반드시 하나님께서 최초로 사용하신 히브리어, 헬라어를 기본적으로 알아야 한다는 것이 신학의 기초라는 의미이다. 거꾸로 교회 지도자들이 하나님께서 사용하신 최초의 언어들을 모른다면 문제가 있다는 것을 의미한다.

(2) 고대 성경 번역

역사학자들은 BC 2000년 이전의 아득한 과거를 고대라고 한다. 그러나 여기서는 성경이 완성된 시대를 구별하기 위해 편의상 중세기 이전을 고대로 분류한다.

고대 성경 중 대표적인 번역 성경 두 가지가 있다.

1) 70인역(Septuaginta)

70인역은 구약 히브리어 성경 24권을 헬라어 39권으로 번역한 성경이다. 이 번역 성경은 BC 250~150년까지 100여 년에 걸쳐 번역되어, 초기 모세오경 번역자들 몇 명 외에는 70인 또는 72인의 번역자들이 누군지를 모르고, 또 100년이라는 오랜 시간 동안 완성되어 헬라어 문법도 계속 달라지는 등 많은 문제점을 안고 있다. 그래서 모세오경은 히브리 원문을 축어적으로 정확하게 번역했으나 예언서 중 이사야서, 다니엘서 등은 히브리 원문과 비교할 때 많은 문제점이 그대로 나타나는 불완전한 번역이라는 것이 공통된 견해다.

이 70인역 성경이 BC 150년경 완성되어 그 파급 효과로 아람어 타르굼역 등 다른 성경 번역이 나왔다. 더 결정적 영향은 신약성경 중에는 모든 기록자가 히브리어 구약 원문 성경을 따랐으나 바울 사도와 누가의 누가복음과 사도행전, 그리고 히브리서 저자들은 70인역을 사용했다는 데서 발견된다. 그 같은 결과가 라틴어 성경, 영어 성경, 한글 성경에 그대로 반영되었다. 그럼에도 불구하고 70인역 성경의 공헌은 구약 히브리어 원문은 본래 24권인데 그것을 39권으로 분류했다는 데 있다. 오늘날 이스라엘 사람들은 구약성경 24권을 고수하고, 전 세계는 70인 역의 39권을 따르고 있다.

2) 라틴역 불가타(Vulgata)

예수님 당시 유대 나라의 지배국은 로마제국이었다. 로마제국은 BC 63년부터 AD 638년까지 유대 나라와 중동을 지배했다. 그래서 교회가 탄생해 로마제국의 핍박을 받은 300여 년이 지나고 313년 이후에는 기독교가 공인되고 로마제국의 국교가 되어 호황을 누린다. 바로 이렇게 로마제국의 호황을 누리고 있을 때 성경이 로마제국 언어인 라틴어로 번역된다. 그것이 AD 405년 히에로니무스(제롬)가 번역한 '불가타'(Vulgata-일반적, 공통적) 성경이다. 라틴어 성경은 로마 가톨릭교회의 공인 성경이 되면서 중세 시대 1천여 년간 전성기를 맞이한다. 중세기 가톨릭교회는 라틴어 이외 다른 성경 번역자는 모두 반역죄로 처형시키고, 미사도 라틴어로만 집례하게 했다. 그것을 해제한 것이 1962년 제261대 교황 요한 23세(1958~1963)다. 그래서 중세기에는 라틴어 성경만 통용되었다.

중세기에 라틴어 성경을 영어로 번역했다가 희생당한 사람들이 부지기수로 많다. 그중 유명한 사람이 옥스퍼드 대학의 위클리프

(1329~1384)다. 그는 성경을 영어로 번역한 죄로 교수직에서 파직당하고 죽은 뒤 화형되어 강물에 뿌려졌다. 틴들(1494~1536)은 독일에서 성경을 번역해 몰래 영국에 반입시킨 죄로 도망다니다 네덜란드에서 처형당한다. 또 영국의 메리 여왕(1516~1558)은 자기 아버지를 도와 영어 성경을 번역한 학자 300명을 처형했다. 중세기 천 년 동안 가톨릭 교회가 저지른 죄악상은 보면 그들을 기독교라고 부를 수가 없다. 그들이 가톨릭 수호를 위해 200년간의 십자군 전쟁, 종교재판, 마녀사냥으로 자기들과 다른 이들을 살육한 죄악사는 영원히 용서받을 수 없을 것이다.

(3) 근대 성경 번역

근대 성경 번역으로 크게 성공한 두 가지만 살펴보자.

1) 제네바 성경(1560)

영국의 헨리 8세(1491~1547)는 가톨릭교에서 분리된 영국성공회를 시작했다(1534년). 그의 아들 에드워드 6세(1547~1553)가 왕위를 계승해 성공회로 영국교회를 개혁한다. 이들 부자 왕은 가톨릭과 분리를 위해 가톨릭의 라틴어 성경을 영어로 번역했다. 그런데 에드워드가 16세에 죽는다. 그의 후임자로 메리가 영국의 왕이 된다.

영국의 메리 여왕은 가톨릭 신봉자였다. 그는 아버지 헨리 8세와 남동생 에드워드가 왕위를 계승하며 영국국교회 성공회를 만들기 위해 가톨릭과 분리하려고 영어 성경의 사용을 장려하며 성경을 영어로 번역했다.

그런데 메리 여왕이 등극하자 아버지의 정책을 뒤엎고 다시 가톨릭으로 회귀한다. 이때 많은 사람이 영국을 떠나 독일로 갔으나 푸

대접을 받자 스위스 제네바로 자리를 옮긴다. 제네바는 영국, 프랑스, 이탈리아, 독일 등 종교 망명가들의 피난처가 된다. 칼빈은 이 망명자들을 수용해 제네바 시민이 되게 해주고 자신의 종교개혁 지원 인력으로 활용한다. 이들 중에 영국에서 성경을 번역하다 탈출한 이들이 베자의 도움으로 제네바 성경을 영어로 번역했다.

이 제네바 성경에 성경 최초로 각 장(章)과 각 구절이 기록된다. 원래 모든 성경은 책 제목만 있고 장과 절이 나뉘어 있지 않았다. 오늘 우리가 가진 성경의 장과 절의 분류는 제네바 성경을 인쇄한 프랑스 인쇄업자 에티엔(Robert Estienne, 스테파누스)이 임의대로 분류해 놓은 것에서 비롯되었다. 에티엔의 아들의 증언에 의하면 그는 말을 타고 다니면서 생각나는 대로 적절하게 장과 절을 나눴다고 한다. 이렇게 장과 절이 구분된 제네바 성경은 폭발적인 인기를 얻어 140판까지 인쇄를 거듭하는 장기 호황을 이룬다.

2) 흠정역(1611)

영국 교회는 역사 속에서 군주들에 의해 좌우된다. 영국이 로마 가톨릭 예속 국가가 된 때가 AD 590년이다. 최초의 교황이 영국 캔터베리에 가톨릭 교구를 만듦으로 영국은 가톨릭 예속 국가가 된다. 그 후 헨리 8세에 의해 1534년 가톨릭과 결별한 영국국교회가 된다. 헨리 8세의 딸 메리가 잠시 가톨릭으로 회귀시켰다가, 헨리 8세의 다른 딸 엘리자베스 때 완전히 국교회로 회귀한다. 그런데 엘리자베스 여왕은 후손을 남기지 못한다. 그러자 헨리 7세의 딸의 아들인 스코틀랜드 제임스 6세를 스코틀랜드와 잉글랜드를 합병한 대영제국 제임스 1세로 왕을 삼는다.

제임스 1세는 개인적으로 왕권신수설을 믿었고, 스코틀랜드 장로교 배경에서 성장하였으나, 그의 신앙은 종교 혼합주의일 뿐 그리스도인이 아니었다. 그런데 청교도 신학자요 케임브리지의 학장인 레이놀즈(John Rainoldes: 1549~1607)가 제임스 왕에게 청교도 신앙을 기대하고 성경 번역을 요청한다. 이에 제임스 1세의 묵인 허락으로 성경 번역 위원들이 구성된다.

이때 성경 번역 위원 54명 중 실제 참여자는 47명이었다. 이 번역자들은 성공회 신학자, 청교도 신학자로 칼빈주의자, 가톨릭 예수회 신부, 평신도 중 신학 조예가 등 다양한 번역가들이 참여했다. 이렇게 6개 그룹이 나누어 번역한 것을 서로 교차해서 다시 검토했다.

흠정역 번역위원 47명은 여러 그룹으로 나누어 번역을 진행했다.[8)]

- 제1 웨스트민스터 그룹(창세기~열왕기하)

이 그룹의 대표자는 앤드류스(H. Andrewes: 1555~1626)로 그를 비롯한 10명의 학자, 교수, 연구원들이 참여했다.

- 제2 캠브리지 그룹(역대상~아가서)

케임브리지 신학과 교수들과 청교도 대표와 연구원 등 9명이 참여했다.

- 제3 옥스퍼드 그룹(이사야~말라기)

청교도 대표 신학자인 레이놀즈와 함께 연구원, 대주교 등 8명이 참여했다.

- 제4 캠브리지 그룹(구약 외경)

케임브리지 학장, 연구원 등이 구약 외정 번역에 참여한다.

- 제5 옥스퍼드 그룹(복음서, 사도행전, 요한계시록)

---

8) 권동우, 킹제임스 성경 유일주의의 망상, CLC, 2016, pp.110~133.

성공회 주교나 궁정 목사들 10명이 참여했다.

- 제6 웨스트민스터 그룹(신약성경 서신서들)

대학 연구원들이 참여했다.

흠정역은 전문가들 다수가 참석했다는 장점이 있으나, 각각 다른 배경의 신학자들의 각각 다른 신앙이 반영되는 단점이 따랐다. 그같은 근거로 초판(1611)에 예수회 신부의 고집으로 외경이 포함되어 출판된다. 그 후 전 세계 유통되는 흠정역은 초판대로가 아닌 각각의 편의대로 제작되어 나갔다. 그러자 그로부터 200년 후(1885) 영국인 학자 65명이 흠정역을 개역한 개정성경이 Revised Version이다.

3) 흠정역의 계속된 개정판

흠정역이 200년간 큰 인기를 계속 유지한다. 그러나 새로운 사본들의 출현과 흠정역의 오류들의 발견으로 새로운 개정판들이 뒤따라 출판된다.

① 개정역(R.V, 1885)

② 미국 표준역(ASV, 1901)

③ 영어 개역 표준판(RSV, 1952)

④ 새 영어 성경(NEB, 1961)

⑤ 새 국제 영어 성경(NIV, 1978)

이 외에도 수십 가지의 영어 성경이 있다.

4) 한글 성경

최초의 한글 성경은 1937년의 개역성경이다. 개역성경 번역은 선교사들에 의해 해방 전에 이뤄졌고, 해방 후 1956년 한글 맞춤법을 적용해 사용해 왔다. 그 후 1961년 한국인들이 직접 성경을 번역하면서 1967년 새번역, 1977년 신구교 공동번역, 1993년 표준새번역, 2000년 개역개정까지 나왔다.

둘째, 번역 성경들의 한계점

번역 성경은 복음 전파와 선교에 지대한 공헌을 했다. 그러나 번역 과정에서 오역으로 혼란을 주기도 했다. 여기서는 가장 유명한 번역 성경 세 가지를 예를 들어 살펴보려 한다.

(1) 최초의 구약 히브리어 성경을 헬라어로 번역한 70인역

70인역은 BC 250~150년에 이뤄졌다. 구약의 많은 곳에 '회중'(會衆)이라는 뜻의 히브리어 '카할'(קָהָל)이 사용되었다(출 12:3). "이스라엘 자손의 온 회중"(출 16:1), "이스라엘 자손의 온 회중"(레 19:2) 등 30여 회 정도 등장한다. 그런데 이 단어를 헬라어로 번역할 때 각각 다르게 번역했다.

신약성경 중 히브리 원문 성경이 아닌 70인역 번역 성경을 참조한 성경은 사도행전, 히브리서, 로마서 일부다. 사도행전은 70인역을 참조한 결과 '회중'의 번역이 각각 달라진다. "광야 교회"(행 7:38), 이때 쓰인 단어가 ἐκκλησία인데, 똑같은 단어가 사도행전 안에 "모인 무리"(헤 에클레시아, 행 19:32), "민회"(행 19:39), "모임"(행 19:41)으로 각각 달라진다.

즉 구약 히브리어 '카할'이 헬라어로 번역되면서 '회중'이 교회, 모인 무리, 민회, 모임으로 다 각각 다르게 번역됐다. 이렇게 헬라어 번역 성경의 혼란이 그 후 시정되지 않고 영어 성경, 한글 성경에 그대로 계승되었다.

⑵ 영어 성경 중 가장 권위 있는 킹제임스 성경(1611)

사도행전 7장 38절의 "the church in the wilderness"(광야에 있던 교회)는 그대로 70인역을 따랐다. 사도행전 19장 32절의 원문은 '헤 에클레시아'(교회)인데 KJV 성경은 'the assembly'(모인 무리)로, 사도행전 19장 39절의 원문은 '에클레시아'(교회)인데 KJV 성경은 'assembly'(집회)로, 사도행전 19장 41절의 원문은 '에클레시아'(교회)인데 KJV는 'assembly'(모임)으로 번역했다. 한글 성경은 킹제임스의 오역을 그대로 계승해 온다.

또 이사야 14장 12절의 "너 아침의 아들 계명성이여"는 히브리 원문에서 '헬렐'(הֵילֵל)로 '계명성'이란 뜻이다. 그런데 이것을 405년 라틴어 불가타 성경에서 "루시퍼"(Lucifer)라는 이스라엘 신화로 번역한 것을 킹제임스가 채용한다(1611). 그러나 200년 후(1885) 영국의 학자 65명이 개정 성경에서 '루시퍼'를 '계명성'으로 고친다. 그러나 킹제임스는 고대 성경을 고수한다.

또 신약성경 사도행전 12장 3절의 "때는 무교절이라"에서 '무교절'의 원문은 '아주모스'(ἄζυμος)다. 똑같은 무교절이라는 표현이 마태복음 26장 17절에서는 "무교절 첫날에", 마가복음 14장 12절에서는 "무교절의 첫날", 누가복음 22장 1절에서는 "유월절이라 하는 무교절", 사도행전 20장 6절에서는 "무교절 후에"로 쓰였다. 그런데 흠정역은 사도행전 12장 3절의 '무교절'을 'Easter'라고 번역했다. 'Easter'는 앗수르의 여신 '이슈타르'를 뜻한다.

흠정역 성경은 영국인 학자 47명이 함께 번역했다. 이 47명은 성공회, 청교도, 예수회 신부 등 다양한 신앙 배경으로 구성되었다. 그렇기에 청교도들만이 아니라 가톨릭의 예수회, 영국 성공회 등 다양한 신학과 신앙이 그대로 반영되었다. 그와 같은 결정적 증거가 예수회 신부의 고집으로 외경도 첨부됐다는 사실이다.

(3) 한글 성경

한글 성경은 중국 한문 성경을 본받아 번역했다. 그래서 한문 성경의 영향을 그대로 받았다. 태초에 히브리 원문은 '빼레쉬트'(בְּרֵאשִׁית)로 '최초의 시간에'라는 뜻이다. '사사기'의 원문은 '쇼페팀'(שֹׁפטם)으로 군사·사법 지도자란 뜻이다. 그러나 우리말 성경의 '사사'(士師)는 중국의 법령과 형벌을 맡은 재판관이란 뜻이다. 그래서 신구교 공동번역은 '판관기'라고 번역했다. '시편'의 원문은 '테힐림'(תהילים)으로 찬양이란 뜻인데, 고대시를 편찬한 중국 《시경》과 같은 의미의 '시편'이 되었다.

한글 번역 성경들은 원문보다 영역을 따라 문제투성이다. 그중에서 두 곳만 살펴보자.

사도행전 2장 38절의 헬라어 원문은 "회개하여 각각 예수 그리스도의 이름으로 침례를 받고 죄 사함을 받고 성령을 선물로 받으라"다. 그런데 영어 흠정역과 개역개정 성경은 "회개하고 침례를 받아 죄들의 사면을 얻으라. 그리하면 너희가 성령님을 선물로 받으리니"라고 되어 있다. 원문의 뜻은 회개하고 침례를 받고 죄 사함을 얻으라는 명령형과 장차 성령을 선물로 받게 될 것을 예고해 주는 표현이다. 그리고 실제로 우리는 성령의 역사로 회개가 이뤄지고, 그 회개로 죄 사함 받은 확증으로 침례를 받는다. 그러나 흠정역, 개역개정 모두 예수를 믿고 세례를 받으면 죄가 용서된다는 가톨릭, 성공회, 개신교들의 '세례 구원론'이 반영되었다.

데살로니가전서 5장 19절의 "성령을 소멸하지 말며"의 원문은 '프뉴마 메 스벤뉘테'(πνεῦμα μὴ σβέννυτε)다. 여기서 원문은 내재된 연약한 성령의 불을 끄지 말라는 뜻이다. 성령은 내재해 계시면서 연약해도 역사가 따른다. 그런데 '소멸'이라는 단어를 사용함으로 성령이 완전히 사라져 없어진다는 오역이 됐다.

과거 역사에서 교회는 선교와 함께 성경 번역으로 교회를 굳건하게 일으켰다. 성경 번역들은 시대마다 위대한 공헌을 했다. 그러나 성경 번역은 번역 당시의 시대적 사고와 번역자들의 배경이 작용하여 일종의 '찌꺼기'가 담겨 있다는 취약점이 있다. 이제 좀 더 건강한 미래 교회 발전을 위해 취약점을 깨달은 자들이 이를 개선해 나가도록 힘을 모아야 한다.

제8장

성경 해석의 역사

성경은 하나님의 말씀이다. 그런데 하나님의 말씀을 해석하고 설명하는 것은 인간들이다. 그러다 보니 똑같은 성경을 갖고도 해석은 천차만별이다. 왜 성경 해석이 서로 다른 것인가? 성경을 해석하는 이들의 지식의 차이 때문인가? 기도가 부족한 영성 때문인가? 말씀을 실천하지 않고 지식적으로 해석하려 하기 때문인가? 많은 의문점이 따르는 것이 사실이다.

여기서 뚜렷한 해답을 제시하기 전에 먼저 과거 2천 년 교회 역사에서 우리 선조들은 성경을 어떻게 해석했는지 알아보고 과거의 성경 해석의 역사를 통해 배울 점과 경계할 점을 살펴보려 한다. 그리고 우리 주님과 사도들의 성경 해석의 모범을 깨달음으로 착하고 신실한 종으로 인정받을 수 있는 길을 알아보고자 한다.

첫째, 교부 시대의 성경 해석

교부란 예수님과 사도들이 모두 세상을 떠난 후 AD 100년부터 500년경까지 교회를 이끌어 갔던 2세대 교회 지도자들을 뜻한다. 이 2세대의 교회는 대단히 중요하다. 어느 교회나 단체, 국가, 기관이든 시작은 잘할 수 있다. 그러나 2세대가 전임자의 뜻을 잘 받들어 계승, 발전시키지 못하면 개척자의 공적이 모두 허무하게 무너지고 만다.

이제 교회 2세대 지도자인 교부들은 성경을 어떻게 해석했는지 수백 명의 지도자 중에서 두 사람을 통해 살펴보자.

(1) 오리겐(180~254)[9]

오리겐은 아프리카 이집트 알렉산드리아에서 출생했다. 18세에 알렉산드리아 교회 부설 성경교리학교의 교장이 된 그는 6개 언어에 통달했고 생활이 매우 경건했다. 그는 성경을 가르칠 때 여신도의 유혹을 차단하려고 마태복음 19장 12절에 근거해 스스로 고자가 되어 평생 독신으로 지냈고, 주님의 삶을 닮겠다고 맨바닥에서 자며, 계속 글을 쓰고 아라비아, 아테네, 안디옥 등 대도시에 초청받아 가르치며 성경 강사로 이름을 날렸다. 그처럼 박식하고 경건하고 금욕적이었던 오리겐 장로는 그의 박식한 학문을 근거로 성경의 단어 하나하나에 신령한 뜻을 부여하는 우화적인(Allegorical) 해석을 했다.

예를 들어, 누가복음 10장 25-37절의 선한 사마리아인 비유에 대한 그의 해석은 다음과 같다. 어떤 사람이 예루살렘에서 여리고로 내려가다가 강도를 만났다. 여기서 예루살렘은 천국을 뜻하고, 여리고는 이 세상을 뜻하고, 강도는 사탄을 뜻한다. 그때 한 제사장이 그

---

9) 정수영, 교부시대사, 쿰란출판사, 2014, pp.378~413.

냥 지나가고 레위인도 그냥 지나쳐 갔는데 사마리아인이 그를 돌본다. 여기서 제사장은 종교 지도자, 레위인은 유대인, 사마리아인은 그리스도를 뜻한다. 사마리아인은 강도 만난 자를 주막에 데리고 가서 돌보아 주고, 이튿날 두 데나리온을 주면서 경비가 더 들면 돌아올 때 주겠다고 말한다. 여기서 주막은 교회를 뜻하고, 두 데나리온은 구약과 신약이며, 다시 돌아온다는 것은 주님의 재림을 뜻한다.

참으로 구절마다 성경적인 것처럼 보인다. 그러나 이렇게 단어마다 문장 전체의 흐름과 관계없는 신령한 뜻을 부여하는 것은 성경의 올바른 해석이 아니다. 주님은 율법사가 예수를 시험하기 위해 던진 "내 이웃이 누구입니까?"라는 질문에 선한 사마리아인의 비유를 말씀하셨다. 우리는 '이웃' 하면 옆집에 사는 사람이나, 매일 자주 만나는 경비 아저씨, 거리의 단골 상인 등을 떠올린다. 그러나 주님은 거리나 관계가 이웃을 정하는 게 아니라 누구든지 나의 도움을 필요로 한다면 다 이웃이라는 것이다. 따라서 내 도움이 꼭 필요한 사람이라면 다 이웃이 된다는 가르침이다.

(2) 아우구스티누스(354~430)

지금도 전 세계의 대표적인 사상가 100명을 선정할 때 빠지지 않는 사람이 아우구스티누스(어거스틴)이다. 그는 《신국론》이라는 책 22권을 12년 동안 저술해 세상 사람들에게 많이 알려졌으나 그의 성경 해석은 기독교에 가장 큰 해독이 되었다.

아우구스티누스는 철학자 플라톤의 '신비' 사상을 기독교에 도입했다. 성경에는 '신비' 사상이 없다. 성경에서 '비밀'이라는 단어가 '무스테리온'(μυστήριον)으로 쓰였다. 마태복음 13장 11절, 마가복음 4장 11절, 로마서 11장 25절, 16장 26절, 고린도전서 2장 7절, 4장 1절, 13장

2절, 14장 2절, 에베소서 1장 9절, 3장 3절, 9절, 5장 32절, 6장 19절, 골로새서 1장 26-27절, 2장 2절, 4장 3절, 데살로니가후서 2장 7절, 디모데전서 3장 9절 등 신약성경에 28회 쓰였다.

이와 같은 '무스테리온'이라는 개념이 구약에는 나오지 않는다. 그런데 바울 사도와 이방인들이 잘 아는 개념을 성경에 응용시킨다. 그래서 바울 사도는 처음 입교한 초신자들은 기독교 진리를 제대로 잘 알지 못하다가 신앙이 커지면 점점 더 알아진다는 의미로 '비밀'이라는 말을 사용했다. 그런데 성경과 전혀 다르게 아우구스티누스는 '비밀'이라는 개념을 플라톤의 철학에서 '신비'라는 의미로 쓴 'mystery'로 바꿔놓았다. 성경의 '비밀'이란 숨겨져 있어 정확하게 알려지지 않은 일을 뜻하지만 헬라 철학의 '신비'란 보통의 이론과 인식을 초월한 불가사의한 것을 뜻한다. 플라톤은 인간의 이성이 영원한 '이데아'의 경지에 도달하는 것은 신비에 속한다고 했다.

아우구스티누스는 어린 유아에게 유아세례를 주면 우리가 알 수 없는 신비한 힘으로 원죄가 해결돼 구원을 얻는다고 설명했다. 죄가 무엇인지, 구세주가 무엇인지, 대속주가 무슨 뜻인지도 모르는 어린 아이가 유아세례만 받으면 구원을 얻는다는 것은 완전히 이단적인 사상이다. 그런데 아우구스티누스 같은 대학자의 주장이라고 가톨릭교회에서는 그대로 받아들여 '세례 구원론' 교리로 발전시켰고, 나아가 가톨릭의 유아세례는 개신교에도 그대로 적용되고 있다. 그러나 이는 매우 잘못된 성경 해석으로, 구원받지 못한 사람도 세례만 받으면 교인이 되게 함으로 기독교 진리를 무너뜨린 것이다.

둘째, 중세 시대(500~1500)의 성경 해석

중세 시대 천 년 동안을 지배한 것이 스콜라 철학이다. 그런데 이

스콜라 철학은 철저하게 가톨릭교회 옹호에만 전력투구한 학문이었다. 그래서 중세기 천 년 동안은 오로지 교황을 예수 그리스도의 대리자로 믿었고, 교황의 말이 곧 예수님의 말씀과 같았다. 과학이든, 문학이든, 예술이든, 법률이든 모든 분야가 오로지 가톨릭교회와 교황을 옹호하는 데만 주력했다.

여기서 중세 시대의 상황을 알 수 있는 두 가지만 살펴보자.

(1) 교황의 부도덕한 역사

현 교황 레오 14세는 제267대 교황이다. 제214대 교황은 500년 전 알렉산데르 6세(1492~1503)다. 스페인 사람인 그는 제209대 교황 칼리스투스 3세의 조카로, 25세에 추기경이 되어 교황청 부상서원장으로 37년간 지내다 61세에 교황이 됐다. 그는 교황청 추기경으로 37년을 지내면서 교황 선출 방식이 '콘클라베'라고는 하지만 실제로는 전부 돈으로 이뤄지는 것을 목격한다. 그래서 추기경은 독신이어야 한다는 규정을 어기고 3명의 비공식인 아내를 두고 여러 명의 자녀를 낳았다. 교황이 된 뒤에는 자기 자식이라고 말하지 못하고 집안 조카들이라고 거짓말을 하며 교황청을 드나들게 했다. 그때 사람들이 자기 자식을 '조카'(nephew)라고 속이는 교황이라고 야유하며 만든 용어가 'nepotism'인데, 지금은 이 말이 정실주의, 친족 중용주의라는 의미로 쓰이고 있다.

다음은 교황청 전례처장 요하네스 부르크하트의 일기장에 기록된 내용이다. "교황의 아들 체사레와 딸 루크체이나가 1501년 10월 30일 일요일 저녁에 교황청 전례장에서 시내 창녀 50여 명을 불러 나체춤을 추게 한 후 거기 참석한 남자들과 성행위를 많이 하는 창녀에게 상급을 주었다." 이 추악한 행사를 교황 알렉산데르 6세는 처음부터 끝까지 즐기고 있었다. 이 엽기적인 사실이 "교황의 연인"이라는 영화로 세상에 공개되었다. 채널 003번 "벌거벗은 세계사" 123회에 이 내용이 방영됐다. 꼭 시청하기 바란다.

이야기는 이것으로 끝나지 않는다. 사람들이 계속 추태를 발설하고 보도하자, 가톨릭 최고 지성인이라는 당대 학자들은 그 모든 비난을 이렇게 옹호했다. "그가 비록 존경할 가치가 없는 인격이지만 그의 가르침만은 주님께서 허락하신 베드로의 권좌(마 16:19)로 순종해야 한다." 또 다른 이는 이렇게 옹호하기도 했다. "받침대가 나쁘다고 해서 보석의 가치가 떨어지는 것이 아니다. 사제에게 죄가 있다고 해서 그가 분배하는 성찬이 무의미한 것은 아니다."

중세기는 이처럼 유명한 학자라는 사람들조차 교황주의에 사로잡혀 세상의 도덕과 윤리도 다 무시하고 오로지 교황 절대주의에 헌신한 암흑시대였다. 중세 시대의 문학 중 가장 정직한 작품이 단테의 《신곡》이었는데, 신곡에서 교황들 중 여러 교황이 천국에 못 가고 지옥에 갔을 것으로 설명했다. 그로 인해 그는 고향에 돌아가지 못하고 평생 피난 생활을 하다가 죽었다.

(2) 중세기 최고의 성서학자 아퀴나스(1224~1274)[10]

중세기 천 년 중 최고의 신학자로 추앙받는 이가 아퀴나스다. 아퀴나스는 무엇 때문에 최고 신학자로 존경을 받는가? 그가 아리스토텔레스 철학 이론으로 가톨릭의 대표적 신학인 화체론(化體論)을 만들었기 때문이다.

우리가 아는 바와 같이 대표적인 두 헬라 철학자가 있다. 한 명은

---

10) 정수영, 중세교회사 Ⅱ, 쿰란출판사, 2017, pp.499~517.

소크라테스 철학을 계승한 플라톤이다. 그 플라톤 철학을 신학에 도입한 것이 아우구스티누스의 세례중심론이다. 다른 한 명은 유명한 철학자 아리스토텔레스다. 아리스토텔레스는 플라톤의 제자지만 스승의 주장을 부정하고 자기 나름의 새로운 주장을 펼쳤다. 아리스토텔레스의 철학을 중세기 신학에 도입한 것이 아퀴나스다. 아리스토텔레스의 주장에 의하면, 이 세상에 존재하는 모든 것에는 겉으로 나타나 보이는 '형상'인 모양, 꼴, 겉모습이 있다. 그러나 그 겉모습인 형상 이면에는 보이지 않는 그 형상을 구성하는 '질료'가 있다는 것이다. 아퀴나스는 아리스토텔레스의 '형상'과 '질료' 이론을 '주의 만찬'에 대입한다. 아퀴나스의 설명에 따르면, 주의 만찬 때 나누는 '떡'은 눈으로 볼 수 있는 '형상'이다. 그 떡의 형상은 여전히 똑같은 '꼴'을 유지하지만 사제의 축복에 의해 2천 년 전 예수님의 살과 피로 변한다는 것이다. 이 같은 이론을 '화체설'(化體說)이라고 한다. 즉 떡과 포도주가 사제의 축복으로 예수님의 살과 피로 변한다는 이론이다. 이것은 완전히 미신일 뿐 신앙이라고 할 수 없다. 신앙은 하나님께서 모든 인간에게 보편적으로 주신 이성과 양심도 동의하는 것이다. 그러나 가톨릭의 화체설은 가톨릭 교리에 중독된 사람이 아니고서는 믿을 수 없는 미신이다. 지금 가톨릭이 믿는 '7성사'(영세, 견진, 미사, 고해, 결혼, 종유, 서품)가 다 이런 미신에 기초한다. 이 같은 가톨릭 신도가 전 세계에 12억이나 있다. 누가 이들을 참된 신앙으로 깨우쳐 줄 수 있겠는가?

셋째, 종교 개혁자들

(1) 독일의 루터

루터는 사제이면서 비텐베르크 대학에서 성경을 가르치는 교수였다. 성경을 연구해 신학박사가 된 그는 성경 원문을 통달한 최고의 지식인이었다. 그는 라틴어 성경만 사용되던 때에 신약과 구약을 각각 1522년과 1534년에 독일어로 번역한 대학자로 가톨릭 7성사를 둘로 줄였고, 그가 주창한 이신득의, 만인제사장 등의 진리는 지금까지도 모든 개신교 신앙의 기초가 되고 있다. 그런데 루터에게도 결점이 있었다.

① 그도 가톨릭 사제였기에 주의 만찬에 대해 화체설과 비슷한 '동체설', '공제설'을 주장했다.

② 정교분리의 원칙을 가르쳤다. 그는 "하나님의 두 개의 손"이라는 논문에서 로마서 13장 1-7절을 본문으로 하나님의 한 손에는 교회가 있고, 다른 한 손에는 국가가 있다고 했다. 그러나 로마서 13장은 모든 권세는 다 하나님으로부터 비롯된 것으로 공직자, 국가 지도자도 더 높은 권세자인 하나님께 복종하고, 자식은 부모에게, 학생은 스승에게, 졸병은 상급자에게, 공무원은 지도자에게 복종하라는 내용이다. 루터는 로마서 13장을 잘못 해석해 루터교를 독일의 국교로 만들어 종교와 정치의 분리 원칙을 위배해 놓았다.

루터의 잘못된 성서 해석에 기초한 정교분리 이론으로 지금도 전 세계가 계속 시끄럽다. 지도자 한 사람의 잘못된 성서 해석은 몇백 년, 몇천 년 동안 많은 사람에게 영향을 끼치기에 모든 신학을 가르치는 자는 지도자의 자질 문제를 심각하게 여기고 책임 있는 지도를 해야 한다.

(2) 스위스의 칼빈

칼빈은 사제는 아니었지만 사제들만 받는 성직록을 장학금 명목으로 12년간 받았다. 칼빈의 전공은 법학으로 그는 법학박사가 됐다.

이에 그는 '제네바 헌법'(1541)을 만들어 헌법으로 제네바 도시를 개혁하려고 독재 정치를 했다. 그의 이상은 과거 구약 때처럼 제네바에서 하나님의 법이 도시를 다스리는 신정 정치를 실현하는 것이었다. 그래서 '제네바 헌법'에 위배되는 자들을 색출했다. 4개 교구로 나눈 교구의 장로들이 한 달 동안 색출한 뒤 칼빈은 당회장으로 장로들이 한 달간 위법 행위를 한 자들을 심의한 뒤 처벌은 시의회가 집행케 했다. 그렇게 해서 제네바 목회 초기 4년에 제네바 시민 58명을 사형시키고 76명을 추방했다. 제네바 시의회가 4년 후 그 법을 개정함으로 이 상황은 끝났으나, 만약 계속 유지되었다면 얼마나 더 많은 사람이 죽었을지는 아무도 알 수 없다.[11)]

칼빈의 성경 해석인 《기독교강요》와 주석 등 그가 쓴 많은 책이 지금도 계승되고 있다. 그중 《기독교강요》에서 가장 문제 되는 점이 로마서 9장에 근거한 이중예정 교리다. 로마서는 바울 사도가 멀리 떨어져 있던 로마 교회 성도들에게 기독교 진리를 편지로 설명하는 내용이다. 로마서는 전체가 16장이며 크게 세 부분으로 구성됐다. 첫 부분은 1-8장으로 하나님의 의가 나타났다는 내용이다. 여기서 죄, 구원, 성화를 설명한다. 둘째 부분은 9-11장으로 하나님의 의가 이스라엘에 어떻게 적용됐는가 하는 부분에서 하나님의 단독적인 주권을 설명한다. 셋째 부분은 12-16장으로 하나님의 의를 따르는 그리스도인의 실천적 의무인 섬김의 삶을 설명한다.

로마서 전체는 이처럼 크게 교리적 부분인 1-11장과 실천적 부분인 12-16장으로 구성되어 있다. 바울은 1-8장의 교리 설명 후 9-11장에서 이스라엘 민족에 관한 교리 적용의 내용을 세 가지로 설명한

11) 정수영, 종교개혁사, 쿰란출판사, 2012, pp.313~322.

다. 즉 하나님께서 과거에 이스라엘을 선택하셨는데(9장), 현재 이스라엘은 하나님을 거부하고 있지만(10장), 하나님께서는 미래의 이스라엘을 회복하실 것(11장)이라고 말한다. 이처럼 9-11장 내용은 하나님의 의가 이스라엘 민족에게 어떻게 적용됐는가를 설명해 준다. 그렇기에 로마서 9장은 과거 이스라엘 민족의 선택받음을 깨닫게 해주는 과거 역사의 교훈이다.

그런데 칼빈은 로마서 9장의 과거 하나님께서 이스라엘 민족을 선택하신 내용을 현재와 미래의 모든 사람에게 적용한다. 그래서 하나님은 절대적 주권을 가진 분으로 과거의 이스라엘 민족만이 아니라 모든 인류에게 어떤 이는 구원으로 예정하고, 어떤 이는 유기(포기)로 예정한다는 것이다. 하나님이 누구를 구원으로 예정했는지, 누구를 유기로 예정했는지는 알 수 없다. 그것은 하나님의 절대주권이므로 죽어봐야 알 수 있다는 것이다. 칼빈의 이 같은 이중예정론은 지금까지도 장로교 핵심 교리로 계승되고 있다.

종교개혁은 500년 전의 일이다. 그러나 500년 전이나 지금이나 세상은 루터의 성경 해석과 칼빈의 성경 해석에 갇혀 그대로 답습하고 있다. 이 얼마나 참담한 비극인가?

우리는 1,500년 전 어거스틴의 세례 구원론, 1,000년 전 아퀴나스의 화체설, 500년 전 루터의 '국가와 종교의 두 개의 손' 이론, 칼빈의 이중예정론에 근거한 성경 해석을 지금도 그대로 따르고 있다. 이런 주장과 조금 다른 주장을 한 현대 신학자들 중 신정통주의자들은 성경의 절반은 계시로 인정하고 절반은 역사적, 지리적, 과학적 오류가 있다고 주장한다.

이처럼 지금 교계의 보수주의자들은 과거 500년 전 주장을 고집하고, 자유주의자들은 성경의 일부만 믿고 있다. 이런 복잡한 상황에서 우리는 무엇을 기준으로 삼아야 하는가? 우리 주님과 사도들은 인간들의 신학에 관심이 없었다. 오로지 성경에 기록된 모든 내용은 일점일획도 변경될 수 없음을 믿었다(마 5:17-20).

우리 주님이나 사도들이 믿었던 성경 신앙대로 신앙을 가져야만 인간들이 해석해 놓은 각종 교리들에서 벗어날 수 있다. 이 같은 각성이 생길 때 특정 교파만을 맹신하는 무지에서 벗어날 수 있다. 그래서 좀 더 올바른 성경 진리로 자유할 수 있기를 바란다.

제2부

창세기

제9장

창세기 이해

그리스도인이라면 성경에 기록된 창조론을 믿을 뿐 아니라 창조론을 붕괴시키는 진화론에 철저히 맞서야 한다. 그럼에도 창조론은 종교이고 진화론은 과학이며, 창조론은 무식한 자들의 종교적 편견이라고 매도하는 그리스도인들이 있다.

그러나 성경에 맨 처음 기록된 창조론을 믿지 못한다면 그의 신앙과 인생은 헛된 것이다. 인간은 타락으로 이처럼 허무한 것을 추구하며 살게 되었다. 하나님께서는 인간이 이처럼 무가치하게 살아갈 것을 아셨다. 그렇기에 성경의 맨 처음에 창조 기사를 기록하게 하셨다.

중세기 천 년 로마가톨릭이 지배하던 때는 모두 창조론을 믿었다. 그러나 근대 시대에 접어든 1800년대부터는 진화론이 모든 학문과 인생의 영역을 지배해 가고 있다.

지금은 창세기 1-2장을 강해한 나의 저서 《창조신앙》(2014)이라는 책을 토대로 창세기 1장의 첫 내용을 살펴보려고 한다. 나는 이 책에

서 과학자들의 주장과 성경의 진리를 서로 비교 설명했다.[12)]

첫째, '창세기'라는 말의 뜻

우리말 성경의 맨 처음 책을 '창세기'라고 한다. '창세기'는 '비롯할 창(創)', '인간 세(世)', '기록할 기(記)' 자를 사용한다. 그래서 우리는 '창세기'를 인간들이 세상 물질을 처음 경험하며 기록한 것이라는 뜻으로 이해한다. 그러나 우리가 오랫동안 써온 '창세기'라는 말이 성경 본래의 뜻과는 전혀 다르게 사용되고 있다는 사실을 지적하고자 한다.

그렇다면 성경 원문의 뜻은 무엇인가? 히브리 성경에서 '창세기'는 '빼레쉬트'(בְּרֵאשִׁית)다. 이 말은 단순하게 '시작'이라는 뜻이다. 무엇의 시작이란 말인가? 시간의 시작이란 말이다. 즉 '빼레쉬트'는 '시간이 시작한 때'(The Time In the beginning)라는 뜻이다.

그런데 히브리어 성경 원문이 다른 나라 말로 번역되면서 이 단어 본래의 의미에서 점점 멀어지기 시작한다. 히브리어 원문 성경의 '창세기'의 뜻은 '시작'이다. 그런데 히브리어 성경을 헬라어로 번역한 70인역(BC 250~150)은 '창세기'를 '기원'이라는 뜻의 '게네시스'(γένεσις)라고 번역한다. 헬라어로 번역된 70인역을 다시 영어로 번역하면서 '기원', '근원'이라는 '제네시스'(Genesis)가 된다. 그리고 영어 '제네시스'를 한문으로 번역하면서 '창세기'가 되었다. 한문 '창세기'는 인간들이 세상의 물질을 처음 경험한 것에 관한 기록이라는 뜻이다.

이처럼 최초의 히브리 원문은 '시작'이라는 뜻인데 헬라어, 영어, 한문 번역을 거쳐오면서 본래의 뜻과 다르게 인간들이 처음 물질

---

12) 정수영, 창조신앙, 쿰란출판사, 2014, pp.27~43.

을 경험한 것에 관한 기록이라는 뜻으로 와전했다. '창세기'는 시간의 시간, 우주의 시작, 만물의 시작이라는 '시작'의 의미임을 바로 알아야 한다.

둘째, '태초'(太初)라는 말의 뜻

창세기 1장 1절에 "태초에"라는 말이 나온다. 히브리 성경의 첫 단어는 '빼레쉬트'(בְּרֵאשִׁית)다. 이 말은 단지 '시작'이라는 뜻이다. 그런데 KJV는 "In the beginning" 곧 '처음에'로, 공동번역도 "한 처음에"로 번역했는데, 개역개정 성경과 표준새번역은 "태초에"라고 번역했다. 이 번역 성경들 중 KJV가 적절히 번역했음을 알 수 있다.

개역개정 성경의 '태초'(太初)라는 말은 중국 《주역》(周易)에 나오는 말이다. 우리가 잘 아는 바와 같이 주역은 BC 2000년경 중국 주(周)나라 때 발달한 점괘에 관한 하나의 통일된 점술 학문이다. 주나라 때는 점치는 점술학이었으나 공자가 《주역》을 유교 경전으로 선택한 후에는 주역이 크게 부상한다. 이것이 송(宋)나라 때는 주자학(朱子學)이 되고, 조선 왕조 때는 성리학(性理學)으로 발전되어 하나의 우주학이 된다. 조선 왕조 때 가장 번창했던 학문이 성리학이다.

《주역》은 천체가 주기적으로 변천하는 것을 연구해 통계를 만들어 놓은 통계학이라 할 수 있다. 태양을 근거로 이 통계학을 만들었기에 '태역'(太易)이라고도 한다. '태역'에서는 태양계가 최초로 시작된 때를 '태초'(太初)라 하고, 우주 만물을 만든 시간을 '태시'(太時), 우주 만물의 구성 요소가 태양과 달과 8개의 행성으로 구성된 것을 '태극'(太極)이라고 한다. 우리나라의 태극기는 《주역》에서 말하는 만물의 구성 요소라는 '태극' 사상을 요약한 것이다. 곧 태극기의 빨강은 양(陽), 파랑은 음(陰), 네 귀의 검은빛은 '하늘 건(乾)', '땅 곤(坤)', '구덩이

감(坎)', '곧을 태(兌)'를 의미한다.

즉 '태초'라는 용어는 성경에서 비롯된 뜻이 아니라, 중국 《주역》의 '우주 만물이 시작된 때'라는 뜻을 성경에 대치시킨 잘못된 번역이라는 것이다. 히브리어 원문에서 이에 해당하는 말은 단지 '시작'이라는 뜻이다. 한국 교회가 잘못된 번역 성경에서 벗어나 성경 본래의 뜻을 되찾아야 교회의 신앙을 바로 세울 수 있는 것이다.

셋째, 하나님이 무엇으로 창조하셨는가?

"하나님이 이르시되", 즉 말씀으로 창조하셨다. '이르시되'라는 말은 히브리어로 '와요메르'(ויאמר)다. 이 말은 '말씀하셨다'는 뜻이다. 이 '와요메르'(ויאמר)라는 단어는 성경에 2,250회 나오고, 창세기 1장에만 32회 반복됐다. 이 말을 표준새번역 성경에서는 "말씀하시기를"이라고 번역했다.

요한복음 1장 1절의 "태초에 말씀이 계시니라 이 말씀이 하나님과 함께 계셨으니 이 말씀은 곧 하나님이시니라"라는 말씀에 따르면, 예수님이 말씀이시고, 하나님도 말씀이시다. 그래서 예수님과 하나님이 다 같은 말씀으로 함께 계셨다. 그리고 그 말씀으로 우주 만물을 만드셨다. 그뿐 아니라 장차 말씀으로 우주 만물을 심판하시고, 말씀으로 대적자 사탄의 세력을 정복하시고, 말씀으로 세상을 끝내신다.

하나님, 예수님, 성령님은 말씀으로 역사를 시작하셨고, 그 말씀을 사역자들에게 위임하셔서 세상을 이끌어 가도록 권세를 주셨다. 사역자들에게서 당연히 하나님의 권세가 드러나게 하셨다. 예수님은 " 하늘과 땅의 모든 권세를 내게 주셨으니 너희는 가서 모든 민족을 제자로 삼아 아버지와 아들과 성령의 이름으로 침례를 베풀고 내가 너희에게 분부한 모든 것을 가르쳐 지키게 하라"고 명령하셨다. 그렇게 말씀을 가르치고 지키게 할 때에는 세상 끝날까지 우리와 항상 함께 있으리라고 하셨다. 그런데 오늘날 사역자들은 선포만 할 뿐 가르치고 지키는 일은 하지 않는다. 그러니 당연히 말씀에 능력이 따르지 않고 그 말씀은 울리는 꽹과리가 되고 만다.

넷째, 무엇을 창조하셨는가?

우리말 성경에서는 '천지'를 창조했다고 해서 마치 하늘과 땅을 창조했다는 의미로 들린다. 이 같은 이해는 영어 성경들의 "God created the heaven and the earth"를 번역한 결과다.

그런데 히브리 원문에서 '하늘'은 '핫솨마임'(השׁמים)으로 'the heavens', 즉 '하늘들'이라는 뜻이다. '땅'은 '하아레츠'(הארץ)라는 단수를 썼으나 '하늘'은 '하늘들'이라는 복수를 썼다. 즉 하나님은 최초에 우리가 다 알지 못하는 '하늘들'을 창조하셨다.

여기서 '하늘들'이라는 말이 잘 이해되는가? 우리는 '하늘들'이라고 하면, 대기권, 대기권 밖의 태양계, 태양계 밖의 은하계 정도로 알고 있다. 일반적으로 사람이 살아갈 수 있는 지표에서 20km까지를 대기권이라고 하고, 그 밖의 세계를 태양계라고 부른다. 그리고 태양계에 가까운 수성, 금성, 지구, 화성에는 생물이 살 수 있을 것이라는 가능성을 전제로 열심히 탐사하고 있다. 그러나 현재까지 지구 외에 다른 행성들에는 물이 있을 가능성이 희박하다는 것이 정론이다. 태양계에는 목성, 토성, 천왕성, 해왕성 등이 더 있다. 태양계에서는 이 8개의 행성이 태양을 중심으로 주기적으로 운행하고 있을 뿐 아니라, 50개의 위성과 약 6천 개의 소행성, 약 170개의 혜성이 충돌을 일으키지 않고 정확하게 자기 궤도를 돌고 있다.

그런데 이 태양계보다 몇천만 배나 더 크고 그 끝을 헤아릴 수 없는 공간이 있는데 그것이 바로 은하계다. 수십 개의 은하 군단이 성운단을 이루는 은하계는 측량이 불가하다. 그리고 이 같은 은하 군단들 속에는 그 끝을 알 수 없는 블랙홀(Black Hole)들이 있다.

2017년부터 2019년까지 2년 동안 칠레, 하와이, 스페인, 멕시코, 미국, 남극 등에서 8대의 망원경으로 이 블랙홀 사진을 찍었다. 이때 사용된 필름은 영화 17만 4천 편을 담을 수 있는 분량이었다. 그렇게 찍은 사진으로 네덜란드 천체 물리학 교수 하이노 팔케가 《이것이 최초의 블랙홀 사진입니다》라는 책을 출간했다.[13)]

이 책에서 팔케 교수는 기독교 신앙인으로서 블랙홀이 마치 지옥의 문과 같다고 했다. 우리는 현대 천문학의 최고 권위자가 은하계에 존재하는 측정이 불가한 블랙홀이 마치 지옥문과 같다고 말한 사실을 기억할 필요가 있다.

하나님께서는 최초의 '하늘들'과 '땅'을 창조하셨다. 인류는 하나님께서 최초에 창조하신 하늘들 중 대기권, 태양계, 은하계, 그리고 블랙홀까지 발견해 냈다. 전 세계 천문학자들이 이 블랙홀을 지옥의 문으로 추정한다. 우리는 성경을 통해 천국에 대해서는 많이 알고 있다. 그러나 지옥에 관한 정보는 매우 제한적이다. 그런데 현대 최첨단의 천문학자들이 미궁 속에 있는 블랙홀이 지옥일 가능성이 있다고 추정하고 있다.

많은 사람이 천국에 가기를 소망한다. 그리고 성경에는 천국 복음이 가득하다. 그에 반해 지옥에 관한 내용은 매우 제한적이다. 그래서 사람들이 지옥에 대한 공포심이 적다. 그러나 전 세계 최고의 천

---

13) 하이노 팔케, 외르크 뢰머, 이것이 최초의 블랙홀 사진입니다, 김용기, 정정숙 역, (에코리브르, 2023).

문학자들이 몇 년에 걸쳐 탐사한 영원한 암흑의 블랙홀이 지옥일 것으로 추측하고 있다. 블랙홀이 어떤 곳인가? 암흑과 끝없는 나락으로 떨어지는 밑바닥이 없는 구렁텅이다. 성경도 지옥을 밑바닥이 없는 구렁텅이인 무저갱이요, 유황 불못이라고 말씀한다. 우리는 이 사실을 반드시 기억하여 지옥이 아닌 천국에 가는 자가 되어야 할 것이다.

제10장

첫째 날의 빛과 넷째 날의 광명체

나는 1960년 3월에 한신대학에 입학했다. 그리고 한 달이 지나 4월에 4·19 혁명이 일어났다. 이때 수백 명의 학생이 죽었다. 그 같은 참상을 겪은 학교에서는 정상적인 수업이 이뤄지지 않았다. 나는 그때 돈암동에서 종각까지 이르던 시위 행렬에 섞여 시위를 응원했다. 그렇게 뒤숭숭한 한 해가 지나고 다음 해 1961년에는 5·16 군사정변으로 또다시 시련을 겪어야 했다. 이때는 군인들이 시내 곳곳에 탱크를 앞세우고 포진하고 있어서 감히 시위할 엄두도 못 내고 쥐 죽은 듯 지내야 했다. 바로 그 무렵에 대학교 도서관에서 열심히 읽은 소설이 있다. 러시아 작가 도스토옙스키(1821~1881)가 쓴 《카라마조프가의 형제들》이다. 그 내용은 이러하다.

카라마조프가의 장남은 현실주의자이고, 차남 이반은 무신론자이며 허무주의적 지식인이다. 반면 삼남 알료샤는 종교에 심취한 열광주의자다. 그래서 당시 러시아 사회에서 종교계 지도자로 존경받던 조시마 장로와 자주 토론을 벌인다. 이때 차남 이반이 조시마 장로에게 묻는다. "창세기 1장 3-5절을 보면 하나님께서 첫째 날 빛을 만들었다고 했다. 그런데 이어 14-19절을 보면 넷째 날에 해와 달을 만들어 하늘에 두 광명체를 두었다고 했다. 그렇다면 첫째 날 만든 빛은 지금 어디 있는가?" 이에 대해 조시마 장로가 시원한 대답을 하지 못한다. 무신론자인 이반은 성경이 처음부터 거짓말을 했다고 흥분하며 계속 이 문제로 기독교를 공박한다. 나는 당시 이 이반의 질문에 크게 심취해 오랫동안 이 문제로 고민했다.

오늘날도 똑같은 질문을 던질 수 있다. '창세기 1장 3-5절의 첫째 날 만든 빛은 지금 어디 있는가? 창세기 1장 14-19절의 넷째 날 만든 하늘의 두 광명체가 태양과 달이라면 첫째 날의 빛은 어디에 있다는 말인가?' 우리는 빛이라고 하면 저 하늘의 밝은 태양만 떠올린다. 그렇기에 태양 빛 이외의 빛이란 전깃불 정도만 알 뿐 태양 이외의 다른 빛이란 생각해 볼 여지가 없다. 그래서 무신론자 이반이 성경의 맨 처음이 거짓말과 공갈로 시작한다는 말에 이의를 제기하지 못한다.

여기서는 이에 관해 크게 두 가지를 살펴보고자 한다. 첫째로 성경에 기록된 빛 개념의 변천사를 알아보고, 둘째로 세상 사람들이 알고 있는 빛에 대한 고정적인 개념을 알아보려 한다.

첫째, 성경에 기록된 빛 개념의 변천사[14)]

창세기 1장 3, 5절을 보면 하나님께서 첫째 날 빛을 창조하신다. 이때 쓰인 '빛'이라는 단어가 히브리어로 '오르'(אוֹר)다. 이 '오르'는 스스로 빛을 내는 발광체라는 뜻이다. 바로 이 첫째 날 만드신 빛이 둘째

14) 정수영, 창조신앙, 쿰란출판사, 2014, pp.49~62.

날 궁창을 만드실 때도 작용했고, 셋째 날 땅과 바다를 만드실 때도 작용했다. 그런데 넷째 날 하나님은 궁창에 두 큰 광명체를 만드신다. 이때 만드신 두 광명체를 히브리어로 '메오로트'(מארת)라고 한다. 단어적 의미는 '빛을 내는 도구'다. 그러므로 첫째 날 만든 빛 자체인 '오르'의 빛을 넷째 날 두 광명체에 이관하시고, 그 광명체들이 '빛을 내는 도구'로 활용되게 하신 것이다. 그러므로 엄밀한 의미에서 첫째 날 만드신 '오르'는 발광체이고, 넷째 날 만드신 두 광명체는 첫째 날의 빛을 받아 되비추는 역광체 기능을 한다.

이렇게 첫째 날의 빛은 이면으로 사라지고, 넷째 날 만든 두 광명체가 오늘날까지 빛의 대행 노릇을 해 오고 있다. 그렇다면 첫째 날 만든 빛의 본체인 '오르'는 어디로 갔는가? 사람들은 하늘의 두 큰 광명체인 태양과 달을 발광체로 알고 있는데 태양과 달이 역광체라는 황당한 논리는 무슨 내용에 근거하는가?

이에 대한 성경적 결론을 얻기 위해 우주 창조의 기원인 창세기를 떠나 성경의 맨 마지막이자 우주의 맨 마지막을 기록한 성경 두 곳을 보자. 먼저 베드로후서 3장 8-13절 중에서 10절의 "그러나 주의 날이 도둑같이 오리니 그날에는 하늘이 큰 소리로 떠나가고 물질이 뜨거운 불에 풀어지고 땅과 그중에 있는 모든 일이 드러나리로다"라는 구절을 살펴보자.

"주의 날이 도둑같이 오리니" 이 구절은 데살로니가전서 5장 2, 4절, 요한계시록 3장 3절, 16장 15절에도 나온다.

"그날에는 하늘이 큰 소리로 떠나가고." 여기서 '큰 소리'에 해당하는 원어는 '로이제돈'(ῥοιζηδόν)이다. 즉, 그날에는 천둥 치는 소리, 불꽃 튀는 소리, 화살이 날아가는 소리처럼 하늘이 괴성을 내며 떠나가고 없어진다.

"물질이 뜨거운 불에 풀어지고." 우주 만물은 다 각각의 원소들이 결합되어 현재의 상태를 유지한다. 흙은 산소 45%, 규소 27%, 알루미늄 8%, 칼슘 5%, 마그네슘 2.8%, 나트륨 2.3% 등 22가지 원소로 결합되고 굳어져 지반을 형성하고 있다. 인간 신체의 구성 요소도, 생물들의 구성 요소도 흙의 요소와 똑같다. 이 22가지 원소가 결합되어 있기에 지구는 단단하다. 그런데 장차 세상의 종말에는 이 모든 원소가 해체된다. 그것을 '물질이 뜨거운 불에 풀어진다'고 표현했다.

"땅과 그중에 있는 모든 일이 드러나리로다." 땅에 존재하는 건물과 기타 존재물들이 지진 때처럼 무너져 버리고 불타게 된다는 것이다.

이어지는 12-13절에서는 하늘이 불에 타서 풀어지고 물질이 뜨거운 불에 녹으면서 '새 하늘과 새 땅'을 바라보게 된다고 말한다.

그리고 요한계시록 21장 1절에서 '새 하늘과 새 땅'이 생겨난다. 이 새 하늘과 새 땅에 대해 "그 성은 해나 달의 비침이 쓸데없으니 이는 하나님의 영광이 비치고 어린 양이 그 등불이 되심이라"(계 21:23), "거기에는 밤이 없음이라"(계 21:35), "다시 밤이 없겠고 등불과 햇빛이 쓸데없으니 이는 주 하나님이 그들에게 비치심이라"(계 22:5)라고 설명한다.

여기서 말하는 성경의 진리는 무엇인가? 사람들이 영원불변하리라고 믿는 저 태양과 달도 새 하늘과 새 땅에서는 필요 없게 된다는 것이다. 그 누가 상상을 하겠는가? 저 이글거리는 태양은 영원무궁토록 존재할 것이고, 우리가 발 딛고 살아가는 이 지구도 영원히 존재할 것으로 믿고 이 땅 위에 열심히 건축물을 지어 가고 있다. 그런데 미래에는 저 태양과 달이 없어지고, 또 우리가 살고 있는 이 지구도,

바다도 다 없어진다는 것이다. 이 같은 성경의 진리가 믿어지는 자는 이 세상 것에 연연하고 아등바등 투쟁할 필요를 못 느낀다.

이 같은 성경 내용을 통해 무엇을 배울 수 있는가? 창조의 첫날에 만드신 빛은 '오르'로 영원한 하나님의 속성을 의미한다. 그 빛을 넷째 날 두 광명체인 태양과 달에 이양했다. 그러므로 우리는 지금 눈에 보이는 태양과 달을 발광체라고 오해하고 있으나, 사실 저 태양과 달은 장차 불타 소멸할 역광체에 불과하다. 우리가 소망하는 새 하늘과 새 땅의 천국에서는 빛의 본체이신 하나님과 주님 자신이 빛이시다. 그러므로 인간들이 숭배하는 태양계는 과도기의 일시적 사용물에 불과하다는 결론에 이를 수 있다.

둘째, 세상 사람들이 알고 있는 잘못된 태양신 숭배 유산

(1) 올림픽 경기

'올림픽'이라는 말은 고대 그리스 역사에 나오는 말이다. 그리스 북동부 마케도니아 경계에 높이 우뚝 솟은 높이 2,918m(백두산보다 200m 더 높다)의 산이 올림포스산이다. 이 산은 매년 9월부터 4월까지 흰 눈으로 덮여 있다. 호메로스 이후 올림포스산은 제우스 신을 비롯한 많은 신들이 사는 곳으로 전해져 온다.

고대 그리스는 그리스 최대의 주신인 제우스를 경배했고, 필로폰네소스반도 서부인 고린도 지역에서 제우스 경배 제사가 있었다. 그리스는 제우스 경배 제사를 거국적으로 지내기 위한 수단으로 4년에 한 번씩 올림픽 경기와 함께 태양신 숭배 제사를 했다. 그렇게 시작된 고대 올림픽은 BC 431년 부터서 AD 393년까지 계속되었다. 그 후 동로마제국 부제였던 데오도시우스 2세(Thecdosius Ⅱ: 408~450)가 부제 때인 393년에 기독교를 로마 국교로 인정하면서 고대 올림픽을 우상 숭배로 보고 폐지시켰다.

그 후 1892년 프랑스 쿠베르탕 남작이 근대 올림픽 경기를 다시 복원했다. 이렇게 시작된 근대 올림픽은 과거 그리스의 우상 숭배 제전을 다시 복원한 것이다. 그리고 문화유산이라는 명분으로 과거 제우스에게 제사 지내던 그 방법을 올림픽에서 그대로 답습한다. 지금도 그리스 고린도만에서 그리스 성녀 12명이 선발돼 하늘로부터 불을 받는 성화 채화식이 거행되고, 성화를 고린도에서 아덴까지 봉송한 후 전 세계로 성화가 옮겨진다. 이어 성화 봉송식이 전 국토를 누비고, 성화단에 채화되어 경기가 진행되는 동안 계속 불꽃을 태운다.

태양신 숭배는 과거에만 있었던 것이 아니다. 현대에도 문화라는 이름으로 돈벌이 도구가 되어 올림픽 경기로 이어지고 있다. 전 세계 각국은 각종 로비를 동원해 올림픽을 유치하려고 혈안이 되어 있다. 그러나 엄밀히 말해 올림픽은 고대 태양신 숭배의 계승이다.

(2) 동양에서 발달한 주역(周易)

《주역》의 핵심이 무엇인가? 쉽게 얘기해서 사주팔자(四柱八字)다. '사주'(四柱)는 네 개의 기둥 곧 출생한 연도, 출생한 달, 출생한 날, 출생한 시간이다. '팔자'(八字)는 사람의 한평생 운수가 갑·을·병·정·무·기·경·신·임·계의 십간과 자·축·인·묘·진·사·오·미·신·유·술·해의 십이지에 어떻게 걸리느냐에 따라 운명, 일진, 미래가 정해져 있다는 것이다. 이 같은 사주팔자도 내용인즉 해, 달, 별을 통해 운명을 측정하는 태양신 숭배의 잔재다.

(3) 현대인들의 빛의 개념

현대인들은 빛을 돈벌이 도구로 이해한다. 적외선, 자외선, 감마선, X선 등을 이용해 신체 구조와 뼈대를 알아내고, 광학이 금속 광학, 기상 광학, 우주 광학, 생리 광학 등 문명의 도구로 활용되고 있다.

성경의 빛은 하나님께서 만드신 첫째 날의 어둠을 물리치는 광명의 도구였다. 창조 첫째 날의 빛은 광명의 빛이었으나, 넷째 날 하늘의 두 광명체에 이 빛을 이양하고 난 후에는 두 광명체가 하나님의 빛을 대행하게 되었다. 그 후 빛은 세상 사람들을 진리로 인도하는 진리의 등대 역할을 하고 있다(요 1:4, 3:21, 8:12). 그런데 우리 어리석은 인간들은 한시적으로 활용되는 태양계를 영원한 것인 양 숭배하고 있다. 우리는 참빛은 오직 예수님뿐이고, 저 태양은 인간이 살아가는 동안 도움을 주는 한낱 피조물로서 장차 없어지고 말 것임을 기억해야 한다.

하나님께서 창조 첫째 날 만든 참빛은 예수님과 진리의 복음으로 작용하다가 장차 미래에는 하나님의 영광의 빛이 천국에서 태양 없는 세상을 다스릴 것이다.

제11장

둘째 날 만드신 궁창과 노아 홍수

오늘날 이 세상을 지배하는 원리는 과학적 사고다. 과학이 첨단을 걸으며 우주과학, 통신과학, 의료과학, 식품과학 등 획기적인 변혁을 일으킨 것은 사실이다. 이와 같은 과학은 앞으로도 계속 더 발전될 것이다. 그러나 그와 동시에 과학자들의 주장이라면 무엇이든지 다 옳다는 편파적 생각이 생긴 것도 부정할 수 없다.

과학자들이 말하는 지구의 나이는 몇 살인가? 과학자들은 지구가 약 46억 년이 되었다고 말한다. 그런데 성경이 말하는 지구는 불과 7~8천 년 정도밖에 되지 않는 것으로 보인다. 이처럼 과학자들의 주장과 성경의 주장이 너무 격차가 커서 대화가 어렵다. 그러나 우리는 성경 말씀을 믿는 그리스도인이다. 성경과 과학이 너무 상반된 주장을 하여 혼란을 일으킬 때 우리는 어떤 입장에 서야 하는가?

이런 경우 과학자들의 주장을 따르는 사람도 있고, 과학자들의 주장도 성경의 주장도 모두 반신반의하는 사람도 있으며, 과학자들의 주장을 거부하고 성경의 진리를 믿는 사람도 있다. 나는 성경의 진리를 믿는 편에서 창세기 말씀을 다시 보고자 한다.

여기서는 과학자들의 추상적, 상상적 주장이 아닌 5천 년 동안 지속되어 오고 있는 성경의 진리를 살펴보려 한다. 창세기 1장 6-8절에 기록된 하나님께서 창조 둘째 날에 만드신 하늘의 '궁창'에 관한 내용이다. 앞서 창세기 1장 1절 말씀을 다루었고, 창세기 1장 3-5절에 기록된 첫째 날의 빛과 14-19절의 넷째 날의 두 광명체가 완벽하게 다르다는 사실을 살펴보았다. 이제는 창세기 1장 6-8절에 기록된 '궁창'에 대해 알아보자.[15)]

첫째, 둘째 날 하늘에 만드신 궁창

과거에는 우주에 대한 두 가지 이론이 있었다. 하나는 히브리 민족이 BC 1500년경부터 모세가 기록한 내용에 근거해 믿었던 하나님이 천지 우주 만물을 만드셨다는 창조론이고, 다른 하나는 헬라의 과학자 아리스토텔레스가 BC 500년경 주장한 내용으로 세계의 근원을 물, 공기, 흙, 불로 보는 4대 원소론이다. 그 후 중세기 가톨릭의 천동설이 코페르니쿠스의 지동설로 바뀌었고, 영국 물리학자 뉴턴의 만유인력설로 태양계 중심의 우주관이 등장했으며, 현대 들어 1960년대부터는 G. 가모프(1904~1968)의 대폭발 이론, 즉 빅뱅(Big Bang) 이론으로 커다란 불덩어리가 폭발해 태양계와 지구가 만들어졌다는 주장이 대두되었다. 앞으로 또 다른 이론이 나올 가능성은 얼마든지 가능하다. 이처럼 세상의 우주론은 계속 시대마다 달라져 왔다. 그러나 창조론은 3,500년 동안 한 번도 바뀌지 않고 앞으로도 영원히 바

---

15) 정수영, 앞의 책, pp.69~81.

뀌지 않는 성경의 진리로 계승될 것이다.

이 같은 성경이 말하는 둘째 날 창조된 '궁창'에 관한 내용을 과학자들과 세상은 전혀 이해하지 못한다. 현대 과학이 설명해 내지 못하는 '궁창'에 관한 내용을 성경을 믿는 신앙인으로서 한번 살펴보자.

창세기 1장 3-4절에 따르면 하나님께서 창조 첫째 날에 빛을 만드셨다. 첫째 날 만든 빛은 태양계 없이도 낮과 밤을 나누었고, 태양계 없이도 셋째 날의 각종 풀과 씨 맺는 채소와 열매 맺는 나무를 자라게 했다.

이제는 하나님께서 둘째 날 만드신 궁창에 관한 내용을 알아보자. 창세기 1장 6-8절에 기록된 궁창이 무엇인가? '궁창'은 히브리어로 '라키아'(רָקִיעַ)인데, '두들겨 넓게 펼친 판'이라는 뜻이다. 하나님께서는 창조 둘째 날 넓게 펼쳐진 판인 궁창을 만드시고, 그 궁창을 사이에 두고 '궁창 위의 물'과 '궁창 아래 물'로 물을 나누어 놓으셨다. 궁창 아래 물은 창세기 1장 10절에 따르면 바다를 뜻한다. 그런데 궁창 위에도 바다만큼의 물이 있었는데 이를 '궁창 위의 물'이라고 했다.

우리가 보는 저 하늘 위에 궁창이라는 넓게 펼쳐진 판이 있고, 또 그 위에는 바다만큼의 물이 있었다는 성경의 기록이 믿어지는가? 성경에 이렇게 기록되었음에도 과학적 지식으로 세뇌가 된 현대인들은 이 내용이 하나의 소설처럼 느껴진다. 그렇다면 진리를 기록한 성경의 내용을 과학 시대를 살아가는 이 현대인들에게 어떻게 믿게 할 것인가? 성경은 성경으로 풀어야 답이 나오고 인간들이 말하는 과학으로는 답을 얻을 수 없다.

둘째, 궁창 위의 물에 대한 해답으로서의 노아 홍수 사건

하나님께서는 하늘, 곧 궁창을 만드시고 그 위에 바다만큼의 물을 두셨다. 이 내용을 성경이 증명한다. 그것이 창세기 6-9장에 기록된 노아의 홍수 사건이다.

노아의 홍수 사건이 성경에 기록되어 있음에도 자유주의 신학자들은 이를 신화나 전설, 설화일 뿐 역사적 사실은 아니라고 말한다. 반면 정통 보수주의자들은 노아의 홍수가 역사적 사실이라고 주장은 하면서도 이를 합리적으로 설명하지는 못한다.

이제 창조과학자들이 주장하는 궁창 위의 물에 대해 알아보자. 하나님께서 둘째 날 만드신 궁창 위에는 바다만큼의 물이 존재했다. 이렇게 궁창 위에 바다만큼의 물이 존재했던 때가 원 창조의 모습이었다. 원래 창조된 지구의 모습은 어떠했는가?

태양과 지구 사이에 궁창이 있었다. 그 궁창 위에는 바다만큼의 물이 있어서 태양이 내리쬐는 여러 가지 유해 광선이 차단되었다. 태양은 동식물을 자라게 하는 빛과 열을 주지만 동시에 자외선, 감마선, 단파 광선, X-Ray 등 해로운 빛도 발산한다. 그런데 하나님께서 태양과 지구 중간에 궁창을 만드시고 그 사이에 바다만큼의 물을 만들어 놓으셨다. 그러자 궁창 위의 물이 햇빛에서 쏟아지는 유해 광선인 자외선, 감마선, 전자파 같은 단파 광선들을 차단해 주었다. 그리고 궁창의 물이 태양이 주는 유익한 열만 받아서 지구에 전달해 줌으로 밤낮의 기온 차이도 없고, 계절적 기온의 변화도 없고, 언제나 상온이 유지되는 아열대 지구를 만들어 주었다.

이에 대한 적절한 비유가 식물원이다. 서울대공원이나 미국 플로리다주 디즈니월드 같은 곳에 가보면 거대한 식물원이 있다. 식물원은 사계절의 계절적 변화에 영향을 받지 않고 1년 내내 태양이 주는 따

뜻한 열만 받는다. 이와 같은 것을 캐노피(Canopy) 현상이라고 한다.

최초에 만든 우주인 원 창조 세계는 지구 전체에 춘하추동도 없고, 기후의 변화도 없었다. 그래서 에덴동산에서 아담과 하와가 벌거벗고 사는 것이 가능했고, 노아 이전 사람들의 평균 수명이 900세 이상인 것이 가능했다. 노아 홍수 이전의 지구는 하늘 중간의 궁창으로 인해 지구 전체가 아열대 기후처럼 살기 좋고 사람과 동물이 적대적이지 않은 서로가 공생하는 살기 좋은 세상이었다.

그런데 이와 같은 원 창조의 지구가 노아의 홍수로 깨져 버린다. 다시 말하면 둘째 날 만들어 놓으신 궁창 위의 바다만큼의 물이 노아 홍수 때 다 쏟아져 내려와 지구의 형태를 바꿔 놓는다. 그 근거가 창세기 7장 11-12절 말씀이다. 이 본문은 두 가지 중요한 사실을 설명한다.

첫째로 11절에서 "그날에 큰 깊음의 샘들이 터지며"라고 말씀한다. 과학자들의 주장에 의하면 땅 아래와 바다 아래에서 바닷물보다 더 많은 물이 서로 움직이다가 충돌을 일으켜 지표를 깨뜨리고 터져 나오는 것이 지진이고, 또 땅속 지핵이 충돌을 일으켜 터져 나오는 것이 화산이라고 한다. 11절은 이처럼 땅속 큰 깊음의 샘들이 지진을 일으키고 터져 올라왔다고 말씀한다. 둘째로 11-12절에서 하늘의 창문들이 열려 40주야를 비가 땅에 쏟아졌다고 말씀한다. 여기서 말하는 '하늘의 창문들'이란 둘째 날 하늘에 만들어 놓은 궁창의 문을 의미하며, 이 문이 열려 하늘 위에 있던 바다만큼의 물이 비의 형태로 40주야를 땅에 쏟아졌다는 것이다.

우리는 여기서 12절의 '비'라는 단어가 '학게쉠'(הגשם)이라는 정관사가 붙어 있는, 단 한 번의 노아 홍수 때의 비를 뜻하는 단어임에 주목해야 한다. 노아 홍수 이후 우리가 지금 경험하고 있는 비는 '마타르'(מטר)라는 일반 명사다. 노아 홍수 때 40주야로 내린 '학게쉠' 비는 전무후무한, 그때 딱 한 번 있었던 홍수다.

세계 최고의 강수량은 인도의 마우신람(Mawsynram)인데 이곳의 연 평균 강수량은 1만 2천mm(약 1m 20cm)이다. 그런데 1861년 6월 15~16일 48시간 동안 인도 동북부 아삼주 서남쪽의 체라푼지(Cherrapumji)에 온 비가 역사상 최대의 강수량으로 2,493mm이다. 우리나라 연간 강수량은 800~1,000mm로 이 정도의 비는 100년을 쏟아져도 해발 5,160m의 아라랏산이 잠길 수가 없다.

이렇게 땅 아래 큰 깊음의 샘물들이 터져 나오고 하늘 위 궁창의 물이 지구에 쏟아짐으로 현재는 육지와 바닷물의 비가 3:7로 유지되고 있으나, 노아 홍수 때는 바닷물과 똑같은 양의 궁창의 물이 쏟아지고 또 땅속의 지하수까지 터져 나와 육지와 물의 비가 3:21로 증가한다. 그래서 처음에 창조된 지구가 1년여 동안 물에 잠겼다가 물이 빠져 북극과 남극의 빙하가 이뤄지고, 또 물이 시속 1,600km로 급격하게 빠져나가며 지축이 23.5°로 기울어진다. 그리고 하나의 땅, 하나의 바다였던 최초로 창조된 지구가 현재처럼 5대양 6대주로 개편되어 오늘에 이르렀다.

셋째, 노아 홍수 후의 변화

① 따뜻한 아열대 기후가 추위와 더위가 있는 사계절로 바뀌었다(창 8:22).

② 동물과 인간 사이에 투쟁이 생겼다(창 9:3).

③ 더는 홍수 심판이 없음을 상징하는 무지개가 생겼다(창 9:11-16).

④ 인간의 평균 수명이 900세에서 500세, 120세, 100세로 줄어들었다.

⑤ 이 같은 노아 홍수가 역사적 사실임을 알려 주는 것이 전 세계

각처에 산재한 어패류와 척추동물의 화석, 홍수 후 흙더미에 파묻혀 흙과 함께 썩은 석탄, 바다의 해초류가 흙에 파묻혀 된 석유와 가스다.

오늘은 과학자들이 믿지 않는, 하나님이 둘째 날 창조하신 궁창에 관한 내용을 살펴보았다. 세상 사람들은 계속 변해 가는 과학자들의 가정적 주장은 과학이라고 쉽게 믿는 반면, 영원히 변치 않는 성경의 진리는 외면한다. 그러나 성경의 진리는 과학적으로 증명되지 않아도 5천 년을 유지해 오고 있는 한결같은 진리다. 그리스도인으로서 우리는 불변하는 성경의 진리를 믿을 것인가, 시대마다 달라지는 과학자들의 가설을 믿을 것인가? 무엇을 선택하냐에 따라 그 운명도 달라진다. 우리는 하나님께서 창조 둘째 날 만드신 궁창과 노아 홍수 사건의 역사적 사실성을 믿고 세상 풍조를 따르는 것이 아니라 진리에 근거한 신앙인이 되어야 할 것이다.

제12장

종류대로 창조하심

인간이 살아온 과거를 다음과 같이 단순하게 표현해 볼 수 있다.

첫째, 고대에는 군왕이 세상을 지배하던 시대가 있었다.

둘째, 중세 시대 천 년간은 교황이 세상을 지배했다. 유럽의 모든 군왕은 교황의 지시대로 세상을 이끌어나갔다. 그 단적인 예가 200년(1096~1291) 동안 교황이 주도하는 대로 유럽의 군왕들이 십자군 전쟁에 참여한 것이다.

셋째, 현대 사회는 민주주의라는 허울 아래 다수당이 국가와 국제 정세를 이끌어 가고 있다. 다수당이 정권을 잡고 정치를 이끌어 가는 것은 세계적인 현상이다. 이렇게 다수당의 횡포와 함께 다수 세력의 옹호자들이 세상을 지배해 가고 있는 것도 부인할 수 없다.

현대 사회에서 마치 다수가 진리인 것처럼 곡해된 것 중 하나가 진화론이라는 학문적 가설이다. 진화론은 누구나 다 실험해 볼 수 있는 과학이 아니라 이런저런 사례를 근거로 하는 추상적인 가설이다.

그런데 지금 진화론은 과학이고 창조론은 종교적 신념으로 여겨진다. 오늘은 이 같은 거짓된 주장에 대해 알아보자.

첫째, 진화론의 주장[16)]

진화론은 생물의 기원이 간단한 것으로부터 복잡한 것으로 발전됐고, 하등 동물에서 고등 동물로 발전됐으며, 같은 종류에서 다른 종류로 체계가 변화됐다는 것이 그 핵심이다. 이 진화론은 모두 과거에 생겼던 것에 대해 말하는데, 과거는 실험해 볼 수 있는 것도 아니고 관찰할 수 있는 것도 아니다. 따라서 진화론이란 모든 생물은 진화한다는 가정을 전제로 생물의 진화를 합리적으로 설명할 수 있는 다수의 사례를 여러 가지로 제시하고 증명하려는 학문의 일종이다.

이 같은 진화론의 최초 주창자가 찰스 다윈이다. 다윈은 영국인이다. 그의 할아버지가 의사였고 아버지도 의사였다. 다윈은 케임브리지대학에서 신학을 공부했으나, 학창 시절 신학 과목에는 전혀 관심이 없었고 동식물의 야외 채집에만 주력했다. 동식물에 관심이 많았던 그는 대학을 졸업하던 해에 영국 해군의 측량선 비글호에 승선해 5년간 남아메리카와 남태평양 여러 섬을 답사했다. 이때 그는 남태평양 갈라파고스제도에서 남미의 섬마다 약간씩 다른 생물들의 변화의 모습을 채취한다. 그리고 다 같은 기후 조건에서 어떤 종자는 다산과 과잉 번식을 하는데 왜 다른 종자는 변종이 되거나 소멸하는지에 의문을 품는다. 그러면서 생존 경쟁에서 환경에 유리한 것은 살아남고, 불리한 것은 소멸하고 변종이 된다는 '적자생존의 원리'를 만들어 낸다. 그리고 1859년 《종의 기원》에서 생물은 한 종류에서 환경

16) 정수영, 앞의 책, 2014, pp.85~96.

에 따라 적자생존의 법칙으로 진화한다는 진화론을 발표한다. 그뿐 아니라 1871년에는 《인간의 유래》라는 책에서 인간은 창조주에 의해 탄생한 것이 아니라 지극히 작은 미생물이 점진적으로 진화되어 만들어졌다는 인간 진화론도 주장한다.

이때 독일의 동물학자 에른스트 헤겔(Ernst Haekel, 1834~1919)도 모든 동물은 지극히 원시적인 세포가 태양열을 받아 핵분열을 일으켜 진화했다는 도표를 만들어 발표한다.

이렇게 19세기에 영국과 독일에서 진화론이 등장했다. 이때 영국 성공회 대주교가 창조론을 옹호하며 진화론 저지 투쟁을 벌인다. 창조론과 진화론의 의견 대립은 결국 양자 공개토론으로 발전된다. 이때 다윈의 대학 동창이자 5년간 비글호에 동행했던 진화론자 T. H. 헉슬리와 대주교 간의 공개토론이 벌어졌다. 이때 대주교는 성경만 가지고 공격하고 헉슬리는 물증을 제시함으로 논쟁은 헉슬리의 대승으로 끝난다.

진화론 논쟁은 미국에서도 벌어졌다. 1925년 미국 남부, 일명 '바이블 벨트'(Bible Belt)라는 테네시주는 정통주의(Fundamentalism)가 압도적 대세였다. 그래서 테네시주는 학교에서 창조신앙만 가르치고 진화론을 가르치지 못하도록 법을 정했다. 그런데 데이턴 고등학교 교사 J. T. 스코프스(J. T. Scopes)가 법을 어기고 진화론을 가르쳤다. 이로 인해 소송이 제기됐다. 이때 전 미국의 교육위원회는 이 문제가 테네시주만의 문제가 아니라 전 미국의 교육 정책과도 관련된다며 나서서 그를 옹호했다. 이에 테네시주는 전 미국 교육위원회와 싸우려고 세 번이나 대통령 후보 지명을 받은 국무장관 출신 W. J. 브라이언을 검사역으로 내세워 스코프스를 심리케 했다. 그러자 전 미국 교육위원회는 당대 최고의 변호사 C. S. 다로를 스코프스의 변호인으로 선임했다. 싸움은 테네시주와 다로의 싸움이 됐다. 이때 전 미국의 모든 신문이 미국 교육위원회 편에서 매일 재판 과정을 뉴스로 전국에 알렸다. 이 유명한 재판이 1925년 한 해 동안 '몽키 재판'이라는 이름으로 전 미국 신문에 오르내렸다. 1년여 진행된 이 재판의 결과는 테네시주의 승소였고, 스코프스는 벌금 100불과 근신 처분을 받았다. 이 내용을 소재로 "몽키 재판"이라는 영화가 나왔다.

앞서 말했듯 기독교는 영국에서 성공회 대주교와 헉슬리의 공개 토론에서 참패했고, 또 미국에서는 원숭이 재판으로 기독교가 조롱의 대상이 됐다. 그 후 케네디 대통령은 미국의 모든 사립 학교에서 조회 때 기도나 찬송을 하지 못하도록 법으로 규제했다. 과거에도 미국이 기독교 국가는 아니었지만, 지금은 종교적으로 기독교, 이슬람, 불교, 신흥 종교가 다 허용된다. 그래서 하버드대학 신과대학에서 이슬람이나 불교 신자가 공부하기도 한다. 아울러 21세기에는 창조신앙이 빛을 잃은 고전으로 몰락했다.

둘째, 성경의 진리[17)]

우리는 세상 사람들의 여론과 풍조를 따르는 사람이 아니다. 우리는 3,500년 동안 한결같은 성경의 진리를 신앙의 기준으로 삼고 성경 말씀을 믿는 하나님의 백성이다.

지금 세상은 진화론이 대세다. 생물의 진화만이 아니라 인간의 진화, 지구의 진화, 생명의 진화도 주장한다. 이 모든 진화론과 달리 성경은 무엇이라고 말씀하는가?

오늘은 창세기 1장의 말씀을 살펴보고자 한다.

---

17) 정수영, 앞의 책, pp.97~117.

창세기 1장은 31절로 되어 있는데, 다음과 같이 그중 10회에 걸쳐 '종류대로'라는 말이 반복되고 있다.

11절: 땅은 풀과 씨 맺는 채소와 각기 종류대로

12절: 땅이 풀과 각기 종류대로 씨 맺는 채소와 각기 종류대로

21절: 모든 생물을 그 종류대로, 날개 있는 모든 새를 그 종류대로

24절: 땅은 생물을 그 종류대로 내되 가축과 기는 것과 땅의 짐승을 종류대로

25절: 땅의 짐승을 그 종류대로, 가축을 그 종류대로, 땅에 기는 모든 것을 그 종류대로

여기서 10회나 반복되고 있는 '종류대로'라는 말은 히브리어로 '레미네후'(למינה)다. 이 말은 '그의 종류에 따라서'(according to his kind)라는 뜻이다. 왜 하나님께서는 창세기 첫 장에 이 말을 열 번이나 반복해서 사용하셨을까? 하나님께서는 이 세상의 말세가 되면 창조신앙을 부인하고 진화론이 등장할 것을 아셨기 때문이 아닐까 하고 추측해 본다. 그렇지 않고서는 이렇게 똑같은 말을 반복해서 사용할 이유가 없을 듯하다.

또 하나 우리가 꼭 기억해야 할 구절이 있다. 창세기 1장 20절의 "하나님이 이르시되 물들은 생물을 번성하게 하라"라는 말씀이다. 하나님은 '물들'로 생물의 근원이 되어 생물을 번성케 하라고 하셨다.

'물'은 히브리어로 '함마임'(המים)이다. '물'이 무엇인가? 물은 수소 2, 산소 1의 화합물로 무색, 무미, 무취의 액체다. 인간이 생존할 수 있는 것은 물 때문이고, 지구에 존재하는 모든 생물 역시 물이 존재해야 살 수 있다. '생물'은 히브리어로 '네페쉬 하야'(נפש חיה)다. '네페쉬'는 '혼', '목숨', '생기', '호흡'이라는 뜻이고, '하야'는 '살아 있다', '생활하

다', '활발하다'의 뜻이다. 즉 이 말씀은 호흡하는 생물은 물로 살아가게 하라는 뜻이다. 사람은 음식을 안 먹고도 40일을 살 수 있다고 한다. 그러나 물을 안 먹고는 10일을 넘길 수가 없고, 공기를 마시지 않고는 단 3분도 살 수가 없다. 아울러 우리 그리스도인은 하나님의 은혜 없이는 단 1초도 살아갈 수 없다. 성경은 모든 생물을 번성하게 하는 기초적 자원이 물이라고 말씀한다.

그런데 진화론자들은 생명체가 살아가는 원동력이 햇빛이라고 한다. 햇빛을 받아 화학 작용을 일으킴으로 생명체들의 생존이 가능하다는 것이다. 그래서 발가락 사이의 무좀 같은 세균의 번식은 화학 작용에 의해 더 크게 일어난다고 한다. 이처럼 성경은 생물의 근원을 물이라고 말씀하고, 과학자들은 생물의 번성이 햇빛에 의한 화학 작용이라고 말한다. 성경의 진리가 더 과학적이고 더 확실함을 알 수 있다.

성경은 진리의 말씀이다. 성경의 진리는 최대 3,500년 전에 의해 기록되었다. 그리고 그 기간에 한 번도 변경되거나 취소된 일이 없다. 그러나 과학은 인류 문명사에 따라 그 주장하는 바가 계속 달라진다. 고대 헬라 철인들이 말하는 우주 생성 요소가 다르고, 동양과 서양의 종교가들이 말하는 우주의 구성 요소가 다르다. 이처럼 주장하는 내용이 시대마다 다르다. 천동설, 지동설, 만유인력설에 근거한 태양계 이론, 상대성 이론에 근거한 돌연변이 이론, 빅뱅 이론 등이 그렇다.

오늘날 세계인의 영혼을 좀 먹고 병들게 하는 것이 진화론이다. 진화론을 주장한 찰스 다윈은 적자생존의 원칙을 적용해 생물과 인간의 진화를 주장했다. 공산당 이론을 만든 카를 마르크스(1818~1883)

는 다윈의 적자생존 원칙을 활용해 소수의 부르주아를 쳐부수고 다수의 프롤레타리아를 잘살게 해야 한다고 주장했다. 600만 유태인을 학살한 히틀러 역시 우수한 아리안 민족이 살아남으려면 기생충 같은 유태인을 박멸해야 한다고 했다.

진화론이라는 가설은 적자생존의 원리에서 시작되었다. 진화론의 결과, 인간은 하나님의 창조물이 아니라 원숭이의 후손이 됐다. 그리고 적자생존의 원리는 가진 자를 증오하고 다 똑같이 잘살아야 한다는 공산주의, 사회주의를 만들어 냈다. 또 유태인 600만을 학살한 아리안주의를 만들었다.

이 같은 진화론이 말세에 하나님을 떠나게 하는 최대의 사탄의 이론이 될 것임을 하나님께서는 이미 알고 계셨다. 그래서 3,500년 전에 모든 창조물을 각기 '종류대로' 만드시고, '물들'로 생물을 번성하게 하셨음을 기록해 놓으셨다. 우리 그리스도인은 소수의 정예군으로 창조론의 수호자가 되어야 할 것이다.

제13장

하나님의 형상과 모양의 곡해

우리가 복음을 받아들인 데는 외국 선교사들의 도움이 컸다. 외국 선교사들은 문화적, 환경적, 언어적 온갖 장애를 감수하면서 우리 조상들에게 복음을 전해 주었다. 외국 선교사들의 희생과 헌신과 수고는 영원히 빛날 것이다.

그런데 선교사들도 인간인지라 그들이 뿌린 씨앗 중에 몇백 년이 흘러 취약점이 드러나는 경우가 있다. 그 취약점 중에 가장 큰 것이 성경 번역의 오역이다. 그런 문제가 있는 부분이 한두 곳이 아니다. 신약성경에는 주님께서 공중으로 강림(降臨)하신다는 '파루시아'(παρουσία)가 많은 곳에 쓰였다. 고린도전서 15장 23절, 데살로니가전서 2장 19절, 4장 15절, 5장 23절, 데살로니가후서 2장 8절, 야고보서 5장 7-8절, 베드로후서 1장 16절, 3장 4절, 요한일서 2장 28절 등에서 전부가 주님의 공중 강림을 기록했다. 고린도전서 3장 16-17절의 '하나님의 성소'(나오스 ναός)를 '성전'(temple)으로, 데살로니가전서 5장 19절의 '성령을 억누르다, 불을 끄다'라는 뜻의 헬라어 '스벤뉘미'(σβέννυμι)를

'소멸'로, 그에 반해 재림(再臨)이라는 단어는 없고 요한복음 14장 3절, 21장 23절, 고린도전서 15장 23-28절 등을 근거로 만든 신학 용어다. 그런데 한글 성경은 주님의 '강림'과 '재림'을 구별하지 않고 전부 '강림'으로 번역한 것 등 수많은 성경 오역이 몇백 년이 지난 지금까지 그대로 이어져 오고 있다.

오늘은 그 많은 성경의 오역 중 창세기 1장의 오역을 살펴보고자 한다. 창세기 1장 중에 대표적인 오역은 하나님이 인간을 창조하실 때 하나님의 '형상'과 '모양'대로 창조했다는 내용이다.

한번 상식적으로 생각해 보자. 하나님은 영이시다. 영이신 하나님이 형상과 모양이 있는가? 하나님은 영이시므로 형상과 모양이 없다. 그런데 왜 성경에는 하나님의 '형상'과 '모양'이라고 기록되어 있는가? 그 답은 간단하다. 구약성경 히브리어 원문을 400년 전 최초로 번역한 KJV 영어 성경이 '형상'과 '모양'으로 오역했기 때문이다. 400년 전 오역이 오랫동안 시정되지 않다가, 1977년 신구교 공동번역 성경이 최초로 '형상'이 아닌 '모습'으로 교정했다. 그러나 과거 400년 전 흠정역의 오역을 계승하고 있는 개역개정은 여전히 '형상'과 '모양'을 계승해 가고 있다. 참으로 개탄스러운 사실이다.

오늘은 '하나님의 형상과 모양'이라는 곡해를 풀어보자.

첫째, '형상'이라는 곡해[18)]

구약성경 히브리어 원문은 '형상'을 '첼렘'(צֶלֶם)이라고 했다. '첼렘'은 '그림자'라는 뜻이다. 그런데 1611년 KJV 성경이 '첼렘'을 'image'(형상)로 오역했다. 하나님은 어떤 형태로든 형상을 가진 분이 아니시다.

---

18) 정수영, 앞의 책, pp.185~198.

출애굽기 3장에서 모세가 호렙산에서 처음 만난 하나님은 떨기나무 가운데 불꽃으로 나타나셨고 모양이 없었다. 그리고 출애굽기 전체에 모세와 하나님의 수많은 대화가 기록됐으나 하나님의 형상은 단 한 번도 나타나지 않았다.

그렇다면 인간을 하나님의 '그림자'를 따라 창조했다는 말은 무슨 의미인가? 지극히 상식적으로 이해해 보면 다음과 같이 설명할 수 있다.

(1) 그림자는 빛이 있어야 생긴다

낮에 태양이 있으면 모든 물체에 그림자가 생긴다. 밤의 달빛 아래서도 그림자가 생긴다. 전깃불 아래서도 그림자가 생긴다. 이 세상에 존재하는 모든 빛에는 자동적으로 모든 물체에 그림자가 생긴다. 이 같은 빛의 근원이 하나님이시다. 아울러 여기에는 이 세상에 존재하는 모든 존재가 빛이 있어야 그림자가 생기는 것처럼, 이 세상의 모든 존재는 하나님을 떠나서는 존재할 수 없다는 영적 진리가 담겨 있다. 즉 인간들이 존재하는 순간은 빛이신 하나님의 존재를 항상 의식해야 자기 존재가 드러난다는 의미가 있는 것이다. 인간의 가치가 언제 드러나는가? 인간은 하나님 없이는 그림자도 생길 수 없는 철저한 하나님 의존적인 존재라는 사실을 깨닫도록 하나님께서는 하나님의 그림자대로 인간을 창조하셨다.

(2) 빛은 실체이고, 그림자는 허상이다

하나님만이 영원히 존재하시는 실체다. 그림자에 불과한 인간은 80년이나 길어야 100년 후에는 다 사라진다. 시편 39편 5-6절은 "주께서 나의 날을 한 뼘 길이만큼 되게 하시매 나의 일생이 주 앞에는 없는 것 같사오니 사람은 그가 든든히 서 있는 때에도 진실로 모두가 허사뿐이니이다 진실로 각 사람은 그림자같이 다니고 헛된 일로 소란하며 재물을 쌓으나 누가 거둘는지 알지 못하나이다"라고 말씀한다. 다윗은 평생 재산을 모아 놓은 뒤 죽었고, 그 재산은 솔로몬이 흥청망청 낭비했다.

(3) 빛은 능동적이지만, 그림자는 피동적이다

빛은 자주적으로 아무 때든지 나타날 수 있다. 그러나 그림자는 빛이 없으면 존재하지 못한다. 그림자는 빛이 움직이는 대로 피동적으로 따라다닐 뿐이다. 인생의 운명이 그렇다. 살아 있는 동안에는 큰일을 해내는 것 같다. 그러나 그림자의 미래는 빛이신 하나님의 주권에 따라 언제든지 달라질 수 있다.

왜 하나님께서는 자신의 '그림자'를 따라 인간을 창조하셨는가? '빛과 그림자'의 관계를 깊이 묵상할수록 무궁무진한 진리가 계속 나올 수 있다. '하나님의 형상대로'라는 말에는 인간의 모습이 곧 하나님의 모습이라는 심각한 신학적 오해를 불러들일 수 있는 곡해의 요소가 많다.

한 가지 참으로 안타까운 사실이 있다. 오늘날에는 성경의 히브리 원문을 아는 이들이 수없이 많이 있다. 그리고 이들은 히브리 원문대로라면 '하나님 형상'이라는 번역이 오역임을 잘 알고 있다. 그러나 지난 400년 동안 KJV 성경이 지켜온 전통에 도전하고 나서는 용기 있는 사람이 없었다는 것이다. 그러나 다행히도 공동번역 성경이 이 같은 오역을 바로잡았다.

둘째, '모양대로'라는 곡해

우리나라 성경 대부분이 '하나님의 형상대로'와 '하나님의 모양대로'로 번역되어 있다. 그러나 앞서 언급했듯 '형상'의 히브리 원문은 '첼렘'(צֶלֶם), 즉 그림자라는 뜻이고, '모양'의 원문인 '떼무트'(דְּמוּת)는 '닮다', '유사하다'의 뜻이다. 그런데 히브리 원문의 뜻을 곡해해 'image'(형상)과 'likeness'(모양)으로 오역했다. 그러므로 두 번째 오역인 '모양'은 '닮은'(similarity)으로 교정해야 한다.

여기서 우리는 또다시 신론이라는 신학적 문제에 직면한다. 조직신학의 신론에서는 하나님의 속성을 두 가지로 설명한다.

첫째로, 변하지 않는 절대적 속성이 있다.

① 전지전능(모든 것을 아시고 어떤 것에도 제한받지 않으신다)

② 무소부재(우주 만물 전체에 편만하게 계신다)

③ 영원불변(처음부터 끝까지 변함이 없으시다)

이 같은 속성을 하나님의 절대적 속성이라고 말한다.

둘째로, 융통성을 가진 상대적 속성이 있다.

하나님의 절대적 속성은 하나님만 소유하셨기에 그 어느 것도 흉내 낼 수 없다. 그러나 하나님께서 인간과 교제하실 때는 융통성을 가지신다. 그 같은 상대적 속성도 세 가지가 있다.

(1) 영적 속성–거룩성

하나님은 영이시다. 아울러 인간에게도 하나님의 영적 속성을 불어넣어 주셨다. 하나님께서는 모든 인간에게 보편적인 영적 속성을 주셨다. 그 영적 속성으로 하나님을 만남으로 하나님과 부단한 교제를 추구하는 자는 끝없는 영적 성장을 할 수 있다. 반면 하나님을 만난 체험이 없거나 하나님과의 교제를 단절하는 자는 짐승처럼 전락할 수 있다.

하나님은 영적 속성을 모든 인간에게 다 똑같이 주셨다. 그러나 그 영적 속성을 어떻게 관리하는지에 따라 사람마다 각양각색의 양상으로 나타난다. 인간이 하나님을 닮은 것 중에서 가장 대표적인 것이, 하나님이 영이신 것처럼 인간도 똑같은 영적 속성을 갖고 있다는 것이다. 이것을 하나님을 닮았다는 말로 상징적으로 표현한다.

(2) 도덕적 속성-사랑

하나님은 영이시면서 동시에 선을 실행하시고 악을 증오하시는 도덕적 속성을 갖고 계신다. 이에 하나님은 인류를 사랑하시는 것과 함께 악을 미워하시는 도덕적 기준을 갖고 계신다. 하나님의 사랑은 악을 용납하는 무원칙의 사랑이 아니다. 하나님은 하나님을 더 잘 섬기려 하는 선인들에게는 사랑과 기쁨으로 응답하시지만, 하나님을 무시하고 인간이 지켜야 할 도덕과 윤리를 무너뜨리는 자에게는 징벌과 심판을 결행하신다.

하나님의 속성으로 있는 도덕성의 원칙은 사랑을 하되 공의라는 원칙에 근거한 도덕성을 행사하신다는 것이다. 인간도 마찬가지다. 인간이 하나님의 공의의 기준에서 사랑을 실천하면 한없는 하나님의 영광을 드러내게 되지만, 공의의 기준을 무너뜨리면 사탄으로 전락하고 하나님과 원수가 되는 극적 상태가 된다.

(3) 통찰력의 속성-진리

하나님은 영원불변한 진리이시다. 인간도 자신이 가진 진리의 속성을 잘 계발하면 하나님이 가지신 비밀을 많이 깨달을 수 있다. 인간에게는 하나님께서 가지신 통찰력의 속성이 있다.

사람은 배움을 통해 지식을 얻는다. 그러나 배움만이 아니라 직관(intuition), 오관(시각, 청각, 후각, 미각, 촉각), 본능(instinct)으로도 깨닫는다. 똑같은 것을 볼 때 시인, 조각가, 과학자, 발명가 등은 다른 사람보다 더 많은 것을 본다. 마치 그림을 정면만이 아닌 측면이나 후면에서도 보는 안목과 같은 관찰력이 있다. 이것은 영적 세계에서도 마찬가지다. 성령 충만한 자, 하나님 말씀을 갈구하는 자에게는 남이 깨닫지 못하는 영감(inspiration)이 작용한다.

오늘은 성경의 오역으로 말미암아 성경의 진리를 정확하게 깨닫지 못하고 왜곡된 전통이 계승되고 있는 모순을 살펴보았다. 우리는 그동안 인간이 '하나님의 형상대로', '하나님의 모양대로' 창조되었다는 성경 전체 진리와 배척되는 창세기의 오역을 간과해 왔다. 하나님께서 최초로 주신 성경의 원문은 '형상'과 '모양'이 아니다. 히브리어 원문은 하나님께서 '하나님의 그림자'를 따라 '하나님을 닮은' 인간을 만드셨다고 말씀한다. 우리 모든 그리스도인이 이 사실을 깨닫고 잘못된 성경 번역으로 인한 오류에서 벗어나야 할 것이다.

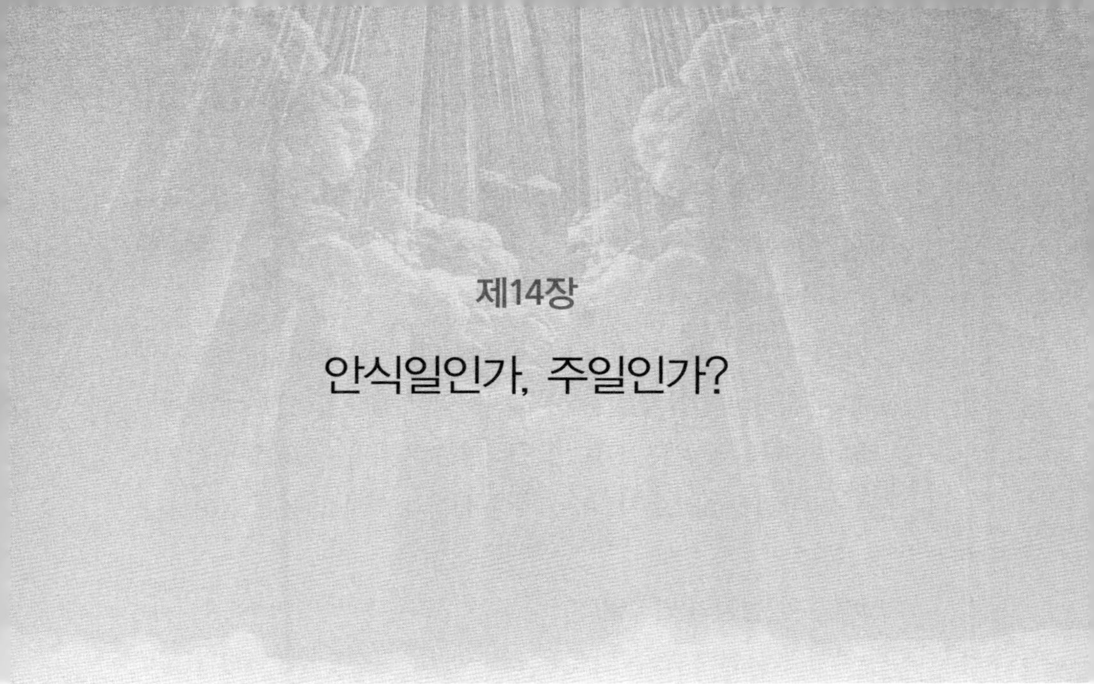

제14장

안식일인가, 주일인가?

창세기 2장 1-3절을 보면 하나님께서는 창조 일곱째 날에 안식하신다. 그래서 구약성경을 믿는 유대교도들은 제7일을 안식일로 지킨다. 즉 유대교에서는 금요일 일몰부터 토요일 일몰까지가 안식일이다. 유대교만이 아니라 개신교의 교파 중 하나인 안식교에서도 이 같은 구약성경에 근거해 토요일을 안식일로 지킨다. 그런데 기독교는 토요일 안식일이 아닌 일요일을 주일로 지킨다.

한편 7세기경에 이슬람교가 만들어졌다. 이슬람교를 처음 창시한 마호메트는 유대교를 존중해 이슬람교와 유대교를 하나의 종교로 만들려고 했다. 그래서 예루살렘을 향해 기도하며 안식일을 지켰다. 그러나 유대교도들이 마호메트를 받아들이지 않았다. 그러자 마호메트는 유대교를 배척하고 예루살렘을 향한 기도를 메카로 바꾼다. 그리고 토요일 안식일을 금요일로 바꾼다.

그래서 현재는 세 종교의 안식일이 각각 다르다. 이슬람교는 금요일이 안식일이고, 유대교와 안식교는 토요일이 안식일, 기독교는 일요일이 안식일이다. 안식일의 원조는 유대교의 토요일이고, 기독교의 일요일 안식일은 AD 321년 로마제국 콘스탄티누스 황제가 도입한 이래 오늘에 이르고 있다.

그렇다면 셋 중 어떤 날이 정확한 안식일인가? 사실상 구약성경에 따르면 유대교의 일곱째 날 토요일 안식일이 맞다. 그런데 왜 기독교는 하나님께서 제정하신 토요일 안식일을 지키지 않고 로마 황제가 제정한 일요일을 따르는가? 이에 대해 성경과 역사를 통해 살펴보자.

첫째, 구약성경의 안식일[19)]

구약성경은 천지 우주 만물을 창조한 BC 5000~6000년경의 창조기사로부터 시작해 BC 4000년경의 아담, BC 3000년경의 노아, BC 2000년경의 아브라함, BC 1500년경의 모세, BC 1000년경의 다윗, BC 700년경의 이사야, BC 600년경의 예레미야, BC 400년경의 말라기 등 4~5천 년의 역사가 기록된 책이다. 이와 비슷하게 4~5천 년의 역사를 가진 우리나라도 시대마다 굴곡이 많았다. 이스라엘 민족도 마찬가지다. 우리는 4~5천 년의 이스라엘 민족 역사를 성경으로 믿고 있다.

4~5천 년의 역사를 가진 이스라엘 민족 역사에서 안식일 제도는 여러 우여곡절과 변화무쌍한 변천을 겪게 된다. 오늘날 현존하는 안식일 제도가 이스라엘 민족의 대표적 특징이 되기까지는 성경 자체에서 수많은 변화가 있었다. 여기서는 구약성경에 기록된 안식일의 변천사를 정리해 보고자 한다.

---

19) 정수영, 앞의 책, 2014, pp.214~223.

(1) 최초의 안식일(BC 5000~6000년경)

창세기 2장 1-3절에 기록된 내용으로, 하나님께서 6일 동안의 창조 사역을 마치신 뒤 제7일에 안식하신다.

(2) 노아 때(BC 3000년경)와 아브라함 때(BC 2000년경)

이때는 안식일이라는 개념이 없었다. 노아는 홍수 멸망 때 인류와 동물을 보존하는 사역을 했고, 아브라함은 히브리 민족의 조상으로 할례를 시작한다. 이때 안식일을 지켰다는 기록은 없다.

(3) 모세 때(BC 1500년경)

시내산에서 안식일을 율법으로 제정한다. 그것이 레위기(23장, 25장)과 신명기에(3장, 5장) 나타난다.

(4) 사사 시대(BC 1400~1050년)

350년 동안 율법, 안식일이 유명무실했다. 사사시대에 안식일 주장이 있을 뿐이다(수 1장, 21장).

(5) 왕정 시대(BC 1050~586-약 460년간)

BC 1050년경: 사울 왕 때는 사무엘이 제사장, 선지자, 통치자였음

BC 1000년경: 다윗 왕 때는 성막을 되찾아 시온산에서 제사를 드림

BC 900년경: 솔로몬 왕 때는 성전 건축 후 제사 제도는 중요시했으나 안식일은 소홀히 함

BC 740년경: 이사야 때는 제사 제도가 형식적이었음(사 1:11-17)

BC 710년경: 호세아 선지자도 형식적 제사를 비판함(호 4:6-14)

BC 580년경: 예레미야 선지자(렘 17:21-27)

안식일이 있었으나 형식적이었다.

(6) 바벨론 포로 시대(BC 605~535, 약 70년간)

BC 590~570년에 활동한 에스겔의 에스겔서의 내용은 다음과 같다.

첫 부분(1-24장): 유다 멸망을 선포

둘째 부분(25-32장): 주변 국가 심판 선포

셋째 부분(33-48장): 이스라엘 회복을 예언함으로 격려

- 33-39장: 곡과 마곡의 전쟁으로 승리 후 회복
- 40-48장: 성전 회복 예언(이스라엘 포로민 위로 격려)

(7) 포로 귀환 시대(BC 535~400)

에스라서(BC 538~400)의 내용으로, 포로 귀환 후부터 율법(회당 운동)과 안식일을 중시한다. 에스라가 스룹바벨 성전 재건 후 느헤미야를 돕는다. 포로 귀환 이후 안식일이 제도화된다(대상 9장, 23장; 대하 23장, 31장; 느헤미야 9장, 10장).

① 스룹바벨 1차 귀환(BC 538)

② 에스라 2차 귀환(BC 458)

- 느헤미야(BC 444~425): 느헤미야 8장 8-12절 등에서 안식일이 제도화되는 내용이 소개된다.

둘째, 헬라, 로마제국 시대(BC 330~AD 638)의 안식일

(1) 헬라 제국 시대(BC 330~BC 63)

이 무렵에 유대교가 헬라 제국과 문화에 동화될 것인가, 거부할 것인가 하는 이스라엘 민족의 정체성을 놓고 균열이 생긴다. 아울러 외

경들의 거짓 선동과 국제 정세로 민족 정체성에 혼란이 발생한다. 그러면서 헬라화를 주장하는 사두개파와 이스라엘 국수주의를 주장하는 바리새파로 분열된다. 이 무렵 성전 대신 회당 중심의 유대교가 율법주의, 안식일 엄수 등으로 보수화된다. 아울러 '장로들의 유전'이 많이 도입된다.

(2) 로마제국 시대(BC 63~AD 638)

1) 예수님과 안식일[20)]

· 율법과 장로들의 유전으로 강화된 바리새인들과 많은 충돌

· 유대인들과 안식일 문제로 여섯 차례나 충돌

① 한쪽 손 마른 자를 안식일에 고치심(막 3:1-6)

② 18년 동안 귀신 들려 꼬부라진 병자를 안식일에 고치심(눅 13:10-17)

③ 베데스다 연못가의 병자를 안식일에 고치심(요 5:1-18)

④ 날 때부터 맹인 된 자를 안식일에 고치심(요 9:1-41)

- 주님은 충돌 때마다 안식일이 사람을 위한 안식일이 되어야 함을 강조하셨다.

2) 사도들의 안식일

· 주님 부활하신 날이 안식 후 첫날인 일요일이었음(사복음서)

· 사도들이 유대교 안식일이 아닌 주님이 부활하신 날을 기념하는 관습을 시작함

"그 주간의 첫날[일요일]에 우리가 떡을 떼려 하여 모였더니"(행 20:7).

---

20) 정수영, 앞의 책, 2014, pp.223~225.

"매주 첫날[일요일]에 너희 각 사람이 수입에 따라 모아 두어서"(고전 16:2).

"주의 날[예수님께서 부활하신 날]에 내가 성령에 감동되어"(계 1:10).

사도들은 주님께서 부활하신 일요일에 따로 모였다. 이 같은 사도들의 전승이 321년 로마 황제 때까지 계속됐다.

3) 로마 황제 콘스탄티누스의 일요일 제정

로마 황제 콘스탄티누스(274~337)는 기독교에 큰 공헌을 한다. 즉 기독교를 로마 국교화(313년)하고, 사도 때부터 이미 시행해 오던 일요일을 예배일로 제정한다(321년).

콘스탄티누스 황제는 신학자가 아니다. 단지 그는 사도 때부터 유대교는 안식일 토요일을 지키고 기독교는 일요일 주일을 지켜 오던 관행을, 기독교 입장에서 일요일을 법적 공휴일이자 기독교의 예배일로 선포한다. 콘스탄티누스 황제는 이원화된 예배일을 하나로 만들었을 뿐이다. 그렇기에 일요일이 예배일이 된 것에는 다음과 같은 배경이 있다.

① 주님이 부활하신 날이다.

② 사도들과 초대교회가 유대교와 구별하기 위해 지킨 날이다.

③ 초대교회가 새롭게 시작한 예배일이다.

④ 콘스탄티누스 황제가 이미 실시되어 오던 전통을 법제화했다.

셋째, 역사 속의 일요일 숭배[21]

(1) 청교도들의 성수 주일

---

21) 정수영, 앞의 책, pp.227~229.

청교도(Puritans)는 영국의 엘리자베스 여왕(1559~1593년) 때 영국 성공회 국교를 반대하고 제네바 칼빈주의로 종교개혁을 하자며 일어난 무리다. 이들은 영국 국교회가 가톨릭교회를 따라 행하는 인위적인 의식들을 배척했다. 그리고 교회 장식이나 사제복, 십자가나 오르간 사용 등을 거부했다. 나아가 예배당에 강대상을 설치하고 주일 성수와 금주, 금연 운동을 전개했다. 이 청교도들이 영국에서 호응을 얻지 못하자 신대륙으로 간다. 거기서 성수 주일과 계약 신학을 강조하게 된다. 이 같은 청교도들의 성수 주일이 미국에서는 크게 호응을 얻는다. 19세기 미국은 청교도들의 성수 주일의 영향을 받아 일요일에는 열차 운행을 중지하고, 박물관, 도서관, 은행 등의 개관을 금지하기도 한다. 한국 초기 선교사들 모두가 청교도 정신으로 한국 개신교 선교를 시작했다. 그러나 지금은 형식화된 이중적 신앙 형태로 변질되고 말았다.

(2) 19세기 안식교의 등장

미국 남북전쟁 때 링컨을 도와주어 유명해진 밀러(W. Miller: 1782~1849)라는 장교가 있었다. 남북전쟁 전 군(郡) 보안관 겸 치안판사였다가 남북전쟁 때 링컨을 도와 유명인이 되었다. 그는 남북전쟁 후 14년 동안 성경을 공부한 다음 1833년(41세) 침례교 설교자 자격증을 얻는다. 그리고 침례교 목사로서 예수님의 재림일을 예언한다(1843년). 그러나 그 예언이 빗나가면서 침례교 설교자 자격을 박탈당하자 1845년 63세 때 안식교라는 교파를 만든다. 현재는 '제7일 안식일 예수 재림교회'라는 교단이 되었다.

안식교는 토요일 안식일이 하나님께서 제정한 예배일이고, 일요일은 로마 황제가 태양신 숭배를 배척하기 위해 제정한 인본적인 날이라고 주장한다. 그러면서 출판사로 문서 선교, 학교와 병원으로 간접 선교, 요양원과 건강 관리 전문 기관으로 금주, 금연, 극장 출입 금지, 커피 금지 등 건강에 관련된 일에 적극적으로 참여한다. 이들은 유대교와 똑같이 토요일 안식일을 지킨다.

현재 안식일은 종파마다 여러 날로 분리되어 있다. 유대교와 안식교는 토요일 안식일을 지키고, 이슬람교는 금요일, 기독교는 일요일을 주일로 지킨다. 기독교는 주님께서 부활하신 날을 기념하는 사도들의 전통을 따라 일요일을 예배일로 지키고 있다. 그러나 한편으로 일요일도 청교도들에 의해 형식적, 의식적, 제도적으로 관습화된 것이 현실이다. 우리는 안식일이 사람을 위한 날이라는 주님의 말씀을 근거로, 주일에 사람을 살리고 사람에게 유익을 주어야 한다는 것을 깨닫고 말씀대로 실천할 때 진정한 주일의 의미를 실천하는 것이다.

제15장

자유의지인가, 노예의지인가?

오늘은 창세기 3장에 기록된 아담과 하와의 타락 기사를 살펴보고자 한다. 이 기록에 대해 유대교, 기독교, 이슬람의 세 종교가 각각 다르게 해석한다. 이 세 종교의 창세기 3장의 다른 해석과 또 과거에 기독교 내에서도 창세기 3장을 각각 다르게 해석했던 전례를 살펴보자.

첫째, 유대교, 이슬람교, 기독교의 원죄 사상

(1) 유대교

창세기 3장에 기록된 아담과 하와의 불순종이 죄라는 것은 인정한다. 그러나 그 죄가 인류 전체에게 대대로 이어져 온다는 원죄 사상은 없다. 유대인들은 과거가 현재에 영향을 미치지만 현재가 과거에 얽매여 과거 때문에 현재가 구속된다고 생각하지는 않는다. 유대인들의 죄에 대한 개념은 현재에 집중한다. 유대인들은 과거 아담과 하와의 죄가 현재 나에게 아무런 영향을 주지 않는다고 믿는다. 유대인들에게는 현재의 삶에서 하나님의 자녀로 합당하게 살지 않고 게으르고 무능력하며 주어진 기회에 최선을 다하지 않는 것이 죄다. 인간은 하나님의 형상대로 지음을 받았기에 하나님은 인간들에 대한 기대가 있다. 그렇기에 각 사람은 자기 안에 하나님이 주신 달란트가 무엇인가를 찾아내 힘을 다해 성취해 나가야 한다. 그런데 그렇게 최선을 다하지 않는 것이 죄라는 것이다.

(2) 이슬람교

이슬람교의 경전은 코란이다. 코란은 ① 아라비아 토착 종교, ② 유대교 구약, ③ 기독교의 신약성경 등을 자기들 편한 대로 혼합한 경전이다. 이슬람교에도 원죄 사상이 없다. 선악과를 따 먹은 아담을 하나님께서는 크게 꾸짖으신다. 그러자 아담이 자기들의 죄를 용서하시고 자비를 베풀지 않으면 자기들은 유리하는 자가 된다고 용서를 구했다. 이에 하나님은 아담을 용서해 주셨다. 이들은 아담의 죄가 용서받았으므로 속죄를 위한 제3자인 예수가 필요 없다고 말한다.

(3) 기독교

기독교는 바울 사도의 로마서 5장 12-21절에 근거해 원죄 사상이 확립됐다.

기독교는 2천 년의 역사를 지나오며 원죄 사상에 따른 인간의 자유의지와 노예 의지를 두고 수많은 신학적 논쟁을 해 왔다. 여기서는 그중에서도 가장 치열했던 세 번의 논쟁을 살펴보자.

둘째, 기독교 2천 년 역사 속의 논쟁들

(1) 최초의 교부 시대

창세기 3장에 기록된 아담의 타락 기사를 근거로, AD 418년경에 북아프리카 카르타고에서 영국 수도사 펠라기우스와 카르타고 히포의 감독이었던 아우구스티누스(350~430) 간에 치열한 논쟁이 벌어졌다.

1) 펠라기우스의 주장[22)]

아담이 타락하기 전에는 인간이 하나님의 형상(그림자)대로 창조되었다. '하나님의 형상대로'란 죄 없는 무죄 상태를 뜻한다. 하나님은 인간을 멸하지 않는 영혼과 멸하는 육체로 창조하셨다. 이와 같은 아담은 하나님의 영혼의 속성인 이성으로 피조물을 다스렸다. 또 아담은 하나님의 속성인 자유의지로는 자기에게 영혼을 주신 하나님을 섬겼다. 하나님이 아담에게 주신 자유의지는 선을 택하든 악을 택하든 개인의 자유였고, 그 선택을 올바로 사용하면 낙원에 계속 살 수 있었고, 반면 잘못 사용하면 낙원에서 추방돼 죽음과 고통을 당해야 했다.

이렇게 자유의지란 선을 택하든 악을 택하든 그 선택을 자유롭게 행사할 수 있는 의지였다. 그런데 아담은 악을 선택했다. 그 결과 낙원에서 추방당했다. 추방된 아담과 그 후손들에게 죄의 경향성(tendency)은 있을 수 있으나, 아담의 죄가 모든 인류에게 전가된다는 원죄란 있을 수 없다. 갓 태어난 아이는 죄 없는 무죄 상태다. 죄는 자유의지를 남용함으로 후천적으로 생긴 결과다.

---

22) 정수영, 교부시대사, 쿰란출판사, 2014, pp.840~846.

펠라기우스는 이처럼 다분히 유대교적인 주장을 펼쳤으며, 타락한 인류에게 자유의지가 계승됨을 주장했다.

2) 아우구스티누스의 주장[23]

인간이 최초로 하나님의 형상대로 창조되었을 때는 완전한 존재였다. 그러나 그가 자유의지를 남용함으로 범죄한 후에는 하나님의 형상을 잃어버렸다. 아담의 타락 후 하나님 형상을 잃어버린 아담에게는 원죄가 생겼다. 원죄를 해결하는 길이 유아세례다.

하나님의 은혜에는 다음과 같은 4단계가 있다.

① 출생의 은혜: 모든 인류가 구속을 갈망하는 보편적 은혜

② 작용하는 은혜: 그리스도에게로 연합하고자 하는 자유의지의 은혜

③ 협력 은혜: 악을 거부하고 선을 추구하는 은혜(세례 중생론)

④ 완성의 은혜: 더는 죄를 짓지 않는 견인의 은혜

이 같은 아우구스티누스의 4단계 은혜 이론이 트렌트 공의회(1545~1563)에서 다음과 같은 3단계 은총론으로 교리화된다.

① 충족 은혜: 모든 인류가 자연적, 보편적으로 받을 수 있는 보편적 은총

② 주입 은혜: 영세, 견진, 미사, 고해 등으로 하나님의 은총이 기계적으로 주입되는 은혜

③ 협력 은혜: 주입 은혜가 상존은총으로 머물러 있도록 통회, 보상, 공적 등으로 협력해서 회복할 수 있는 은혜

---

23) 정수영, 앞의 책, 2014, pp.861~886.

(2) 종교개혁 시대

최초의 종교개혁은 루터(1483~1546)가 시작했다. 이때 에라스무스(1466~1536)가 "자유의지"(1524)라는 논문을 발표했다.

1) 에라스무스의 주장

에라스무스는 창세기 2장 16-17절의 "여호와 하나님이 그 사람에게 명하여 이르시되 동산 각종 나무의 열매는 네가 임의로 먹되 선악을 알게 하는 나무의 열매는 먹지 말라 네가 먹는 날에는 반드시 죽으리라 하시니라"라는 말씀을 근거로, 아담은 임의로 선택할 자유의지가 주어진 상태로 창조되었다고 말했다. 아담은 그 자유의지로 선악과를 따 먹고 반드시 죽으리라 했는데도 살아서 후손을 남겼으므로 아담의 후손들에게도 자유의지가 계승된다고 주장했다.

2) 루터의 주장

루터는 그리스도인의 자유는 방임의 자유가 아니라 하나님께 예속되는 자유이며, 하나님을 벗어나면 죽게 되는 노예 의지만 있을 뿐이라고 주장했다.

에라스무스의 자유의지 이론은 펠라기우스의 이론과 비슷하고, 루터의 노예 의지 이론은 아우구스티누스의 이론과 비슷하다.

(3) 17세기 네덜란드

아담의 타락과 원죄 논쟁은 17세기 네덜란드에서 또다시 벌어졌다. 이때의 논쟁은 아르미니안주의와 칼빈주의의 논쟁이었다.

칼빈주의의 주장과 아르미니우스의 주장[24]

1) 인간의 타락 상태

① 칼빈주의: 전적 타락(Total Depravity)

아담의 타락 이후 모든 인류에게는 원죄와 함께 전적 타락으로 구원의 길이 완전히 단절됐다.

② 아르미니안주의: 자연적 무능력(Natural Inability)

아담의 타락으로 인간은 자연적 무능력 상태로 전락했으나 하나님의 형상의 부스러기가 남아 있다.

2) 선택과 예정

① 칼빈주의: 무조건적 선택(Unconditional Election)

타락한 인간 중 하나님의 무조건적 선택에 따라 선택된 자가 회개한다.

② 아르미니안주의: 조건적 선택(Conditional Election)

타락한 인간에게는 자유의지가 잔존해 있다. 그 자유의지로 하나님의 선물을 받아들이는 자는 구원받고 거부하는 자는 유기로 결정된다.

3) 구원과 속죄

① 칼빈주의: 제한적 속죄(Limited Atonement)

예수 그리스도는 구원받기로 예정되고 선택된 사람들만을 위해서 죽으셨다. 만일 선택받지도 못한 자들을 위해서도 그리스도가 죽으

---

24) 정수영, 근세교회사, 쿰란출판사, 2022, pp.254~266.

셨다면 그리스도의 보혈은 무가치하게 되는 결론에 이른다.

② 아르미니안주의: 보편 속죄(Universal Atonement)

누구든지 예수님을 믿기만 하면 다 구원을 받는다.

칼빈주의가 가장 모순되고 비성경적인 주장을 했다.

4) 은혜, 은총

① 칼빈주의: 불가항력적인 은혜(Irresistible Grace)

하나님의 은혜가 임하면 누구도 그 은혜를 거역할 수 없다.

② 아르미니안주의: 조건적 은혜(Conditional Grace)

하나님이 이미 베풀어 놓으신 은혜는 사람의 수용 여부에 따라 달라진다.

5) 견인

① 칼빈주의: 성도의 견인(Perseverance of the Saints)

한 번 구원받은 사람은 하나님의 은혜로부터 결코 떨어져 나가지 않는다.

② 아르미니안주의: 조건적 견인(Conditional Perseverance of the Saints)

구원받은 사람도 하나님의 은혜 안에 머물기 위한 노력을 하지 않으면 중간에 은혜를 상실할 수 있다. 한 번 구원은 영원하지 않다.

이처럼 현대는 유대교, 이슬람교, 기독교가 다 각각 다른 입장의 신앙을 유지해 가고 있다. 정리해 보면, 유대교와 이슬람은 원죄를 인정하지 않는다. 기독교는 원죄에 따른 자유의지 이해로 교파가 서로 입장을 달리한다. 한 가지 안타까운 것은 원죄나 자유의지 문제가 500년 전 논쟁 이후 더는 발전하지 못하고 그 상태를 그대로 유지해 오고 있다는 것이다. 이제라도 칼빈주의의 오류가 시정되고 아르미니안주의의 약점이 보완되는 성경적 결론이 나오기를 희망한다.

제16장

창세기에서의 예정론 진리들

창세기는 기독교의 수많은 교리의 기본이 되는 책이다. 창세기에서 비롯된 교리가 수없이 많다.

창세기 1장에 창조론이 있고, 2장에서 안식일에 관한 내용을 알 수 있다. 3장에서는 아담과 하와의 타락에 근거한 원죄 교리가 나타나고 자유의지와 노예 의지의 신학적 분리가 생겼고, 5장에서는 아담의 족보를 통해 인류 연대를 약 4천 년 전으로 알게 됐다. 그리고 6-9장의 노아 홍수 기록으로 처음 하늘과 땅이 현재처럼 재편되고 재구성되었음을 알 수 있다.

그리고 12장부터 50장에는 히브리 민족의 족장 4명의 역사가 기록됐다. 이 4명의 족장을 통해 기독교 신앙의 핵심 진리들이 주어졌다.

먼저 아브라함을 통해 믿음이 무엇인지를 알려 준다. 믿음은 하나님 부름을 받고 자기가 있던 곳에서 떠나는 분리를 실행하는 것이고, 믿음을 지키기 위해서는 갖가지 시련을 겪어야 하지만 최후로 모리아산의 아브라함처럼 하나님의 인정을 받는 승리가 있어야 함을 알 수 있다.

창세기 25-28장에서는 두 번째 히브리 민족의 족장인 이삭의 생애를 통해 교훈으로 주고 있다. 특별히 창세기 25장은 바울과 칼빈이 예정론 교리를 만들게 된 중요한 내용이다.

창세기 29-35장에서는 야곱을 통해 하나님의 축복을 소중히 여기는 자의 삶을 가르쳐준다.

그리고 창세기 37-50장에 기록된 요셉의 생애를 통해 성경에 기록된 예정론 교리는 절대적 주권 예정인가, 과거사를 믿음으로 해석하는 은혜적 간증인가에 대해 알려 준다. 즉 성경적 예정론의 참된 성경적 개념이 무엇인가를 가르쳐 주고 있다.

오늘은 이삭과 요셉의 생애를 통해 예정론 교리의 핵심을 살펴보고자 한다.

첫째, 이삭과 리브가 후손들의 교훈[25)]

우리가 잘 아는 대로 신약성경 로마서는 기독교의 핵심인 구원론의 진리를 정리해 놓은 책이다. 바울 사도는 AD 57년경 고린도에서 자기가 동경하는 로마 교회 성도들에게 기독교 구원론의 핵심을 이 서신에 기록해 보냈다.

1부인 1-8장에서는 죄, 구원, 성화를 설명한다. 구체적으로 1-3장에서는 이방인과 유대인 모두가 죄인임을 역설한다. 4-5장에서는 믿음으로 하나님의 성품인 의에 미치는 '이신득의'(以信稱義)의 진리를 설명한다. 그리고 6-8장은 구원받은 자로서 그리스도와 연합된 성화의 생애를 설명한다.

---

25) 정수영, 창세기의 인물들, 쿰란출판사, 2014, pp.287~313.

그런데 2부인 9-11장에서는 내용이 확 달라진다. 즉 3장의 하나님의 주권을 다룬다. 바울 사도는 하나님의 주권의 완벽함을 설명하기 위해 이스라엘 민족의 과거사(선택), 현재(하나님 거절), 미래(이스라엘의 회복)를 설명한다. 이 같은 이스라엘 민족의 과거의 영광스러운 선택과 현재의 메시아를 거부하는 불순종을 설명하면서, 바울 사도는 창세기 25장에 기록된 이삭과 리브가의 태중에 있던 두 국민의 내용을 로마서 9장 12-13절에서 인용한다.

바울은 이 본문에서 하나님께서 이스라엘 민족을 과거 구약 때는 선택하셨으나 신약 때는 유기하셨다는 이스라엘 민족의 선택과 유기를 설명한다. 그런데 이에 대해 칼빈은 이스라엘 민족이 아닌 개인의 운명을 하나님께서 절대 주권으로 선택과 유기를 행사하신다는 비성경적인 주장을 한다.

창세기 25장의 리브가 태중의 두 국민에 관한 내용이나 로마서 9장 12-13절의 내용은 모두 하나님께서 자신의 주권대로 이스라엘 민족을 선택하기도 하고 유기하기도 한다는 내용으로 성경의 핵심이다. 하나님의 선택과 유기는 이스라엘 민족을 향한 하나님의 사역일 뿐 선택과 유기가 각 개인에게도 적용된다는 칼빈의 이중예정론은 완전히 성경을 떠난 개인적 사견에 불과하다.

칼빈의 로마서 9장 11-16절의 해석은 바울 사도의 의도를 완전히 벗어난 성경 해석임이 분명하다. 여기서 그는 로마서 9장 13절의 "에서는 미워하였다"를 유기로 확대했다. 그러나 '미워하다'의 원문은 '에미세사'(ἐμίσησα)다. 이 말은 '덜 사랑했다', '사랑이 부족했다'는 뜻일 뿐, 에서가 저주받아 지옥에 갔다는 의미가 아니다. 성경을 보면, 에서는 장남이지만 야곱만큼 사랑을 덜 받아 축복권이 차남에게로 넘어갔다. 그렇게 사랑을 덜 받았을 뿐, 에서의 후손이 저주받아 없어지지는 않았다. 에서의 후손인 에돔인은 훗날 동생 야곱의 후손인 이스라엘 민족을 섬기는 종이 되었다(삼하 8:14; 왕하 14:7 등). '에서를 미워했다'는 구절을 지나치게 확대 해석해 에서의 후손이 저주받은 후손인 것처럼 오도한 것이 이중예정 교리의 결과다.

다시금 정리해 보자. 창세기 25장의 리브가 태중의 두 국민 내용은 야곱이 선택받은 내용이다. 또 로마서 9장 12-13절의 "에서는 미워하였다"는 구절은, 하나님의 주권은 과거 노아의 세 아들 중 셈족을 선택하시고, 셈족 후손 중에서도 차자인 아브라함을 선택하시고, 아브라함의 두 아들 중 이삭을 선택하시고, 이삭의 두 아들 중 출생하기도 전에 야곱을 선택했다는 이야기다. 하나님은 이처럼 자신의 주권대로 선택도 하시고 유기도 하신다. 하나님의 이러한 주권적 선택이 현재 이스라엘 민족에게는 유기로 결정되어 메시아를 거부함으로 구원이 이방인에게로 옮겨 갔다. 그러나 이방인의 충만한 수가 채워지면 하나님께서는 이스라엘을 회복하실 것이다.

바울 사도가 로마서 9장 12-13절에서 창세기 25장의 내용을 사용한 것은 이스라엘 민족의 선택과 유기를 설명하기 위함이다. 이것을 칼빈이 개인의 구원에 대한 선택과 유기로 해석한 것은 성경적 탈선이다.

둘째, 창세기 37-50장에 기록된 요셉의 교훈[26)]

창세기에서 아브라함에 관한 내용은 총 15장(12-25장), 이삭은 총 4장(25-28장), 야곱은 총 7장(29-35장)인 데 비해 요셉에 관한 내용은

26) 정수영, 앞의 책, pp.411~449.

14장(37-50장)에 이른다. 창세기에서 히브리 민족의 네 족장 중 1위는 단연 아브라함이고, 2위가 요셉이다.

우리는 이 요셉에게서 무엇을 배울 수 있는가? 대략 세 가지의 진리를 배울 수 있다.

(1) 꿈을 가지라

소년 시절에 가장 중요한 것은 미래를 향한 꿈을 갖는 것이다. 요셉은 그 이름의 뜻이 '더 주옵소서'다. 그는 그 이름이 담고 있는 뜻대로 현실에 안주하지 않고 더 큰 꿈을 꾸었다. 그 같은 꿈은 그대로 드러났다. 그래서 10명의 형이 자기에게 절하는 꿈을 형들에게 얘기했다. 이로 인해 형들로부터 미움을 사고 불행해지기도 했으나 그는 그 꿈을 헛된 꿈으로 흘려버리지 않았다. 요셉의 꿈은 계속 발전해 해와 달이 자기에게 절하는 꿈까지 꾸었다. 요셉의 꿈은 형들과 부모를 놀라게 했다. 형들은 시기 질투했고, 부모는 놀라면서도 기특하게 여기며 기억해 두었다.

미래에 대한 꿈과 비전이 없는 아이는 사람들의 관심을 받지 못한다. 소년 시절에는 미래에 대한 꿈을 계속 키워가는 것이 성공하는 인생의 기본이 되는 것이다.

(2) 하나님 면전 의식

청장년 시대에 가장 중요한 것은 모든 현실에서 항상 하나님의 면전 의식을 갖고 살아가는 것이다. 요셉은 청년의 몸으로 부모, 형제, 고향을 떠나 낯선 타국 땅에서 살게 됐다. 청년의 젊음이 마음껏 약동하는 때 그가 가장 쉽게 유혹받을 수 있는 부분은 정욕의 본능이었다.

예나 지금이나 앞으로도 청년기의 최대 약점은 정욕이다. 청년의 때 부모 곁을 떠나 객지에서 공부를 하든, 군대 생활을 하든, 직장 생활을 하든 감시의 눈길이 없는 환경에 처하게 되는 것은 자기 몸을 어떻게 지켜가는지에 대한 매우 중요한 시험 기간이다. 요셉에게도 청년의 때 정욕의 유혹이 찾아왔다. 그것은 보디발의 아내의 끈질긴 유혹이었다. 요셉은 청년의 때 가장 참기 어려운 정욕의 유혹을 하나님께서 모든 현장을 보고 계신다는 하나님 면전 의식으로 돌파하고 나간다.

요셉은 이처럼 여자의 유혹을 이겨 냈다. 그런데 이번에는 높은 자, 권세 있는 자의 세력 앞에서 억울한 누명을 쓰고 감옥 생활을 하게 됐다. 그때 참기 어려운 분노와 억울한 현실에 저항하는 무모한 투쟁을 벌이지 않고 여전히 하나님께서 모든 일을 다 지켜보신다는 하나님 면전 의식을 갖고 현실적 고난을 극복한다.

청장년 때는 무한한 가능성을 믿고 무모하게 날뛰는 것이 아니라, 모든 역사를 집행하시는 하나님의 능력을 믿고 하나님만 바라보는 하나님 면전 의식으로 청장년을 원숙하게 넘겨야 한다.

(3) 하나님 중심의 시각과 해석

요셉은 장년과 노년기 때 모든 과거를 창조적, 건설적, 섭리적 과거사로 여기며 만사를 하나님 뜻으로 해석한다. 우리는 창세기 45장 4-8절에서 요셉이 과거의 쓰라림을 하나님의 창조적, 섭리적 과거사로 해석해 내는 위대한 모습을 보며 예정사상가의 면모를 발견하게 된다. 요셉은 자기를 애굽에 판 형들, 그리고 자기의 청춘을 타국에서 소진하게 만든 형들의 죄악을 똑똑히 기억한다. 그러나 요셉은 그 원수 같은 형들에게 이렇게 말한다. "당신들이 나를 이곳에 팔았다고 해서 근심하지 마소서 한탄하지 마소서 하나님이 생명을 구원하시려고 나를 당신들보다 먼저 보내셨나이다." 여기서 '먼저 보내셨다'의 히브리말은 '쉘라하니'(שְׁלָחַנִי)다. 이 말을 헬라어로 번역하면 사도(使徒)라는 뜻의 '아포스텔로'(ἀποστέλλω)가 된다.

요셉은 형들이 자기를 애굽에 팔아넘긴 것은 형들의 의도와 다르게 하나님께서 가족들을 위기에서 건져 내시려고 먼저 보낸 사도와 같은 하나님의 신성한 사역의 일환이었다고 해석한다. 사실 요셉의 형들이 요셉을 애굽에 판 것은 잔인한 살인보다는 조금 나은 편인 악의가 가득한 행위였다. 그러나 그는 그 같은 악의에 찬 악행까지도 합력하여 선을 이루시는 신묘막측한 하나님의 역사의 개입 과정이었다고 해석한다. 이 같은 요셉 한 사람의 성공으로 그의 부모, 형제 75명이 애굽에 내려가 450년 만에 200만 명의 대민족을 이루게 된다. 노후의 요셉은 자기가 지난 과거에 비록 삼키기 어려운 쓰라린 고난과 역경을 겪었으나 그렇게 하신 분은 하나님이었다는 과거사의 신앙적인 해석을 한다.

우리는 이 장면에서 가장 성경적인 예정 사상의 진수를 발견하게 된다. 우리말의 '예정'이라는 말은 '먼저 예(豫)'에 '정할 정(定)' 자를 써서 미리 내다보고 정했다는 뜻이다. 그런데 신약성경에 쓰인 '예정'은 '프로오리조'(προορίζω)로 하나님께서 앞날을 미리 아시고 실패라는 과정 등을 통해 창조적인 새 역사를 이루도록 미리 손쓰셨다는 의미로 해석한다. 이렇게 지나간 불행한 과거사도 다 지내고 보면 그 모든 것이 하나님께서 하신 일이라고 해석해 내는 것이 창세기 25장의 내용이고, 로마서 9장의 내용이며 에베소서 1장과 3장의 내용이다.

창세기에는 히브리 민족 네 족장의 생애에 관한 교훈이 있다.

아브라함을 통해 참된 믿음의 성격이 분리, 시련, 승리임을 배우고, 이삭을 통해 리브가 배 속의 두 국민에 대한 진리를, 야곱을 통해 에서의 후덕한 인심보다는 간교한 야곱이지만 하나님 축복을 소중히 여기는 자의 인생 경로를 배우게 된다. 또 요셉을 통해 어려서는 꿈이 중요하고, 청년의 때에는 하나님 앞의 면전 의식이 필요하며, 늙어서는 과거의 쓰라림을 창조적, 섭리적 역사로 해석하는 예정의 진리를 배운다.

제17장

천지 창조[27)]

창세기 1장에는 모든 인간이 기본적으로 알아야 하는 천지 창조와 인간 창조에 대한 기초적인 내용이 기록되어 있다. 이는 매우 중요한 내용이므로 두 번에 나눠 살펴보고자 한다.

먼저 확실히 염두에 두어야 하는 것은, 창세기 1장 3절부터 시작되는 첫째 날 창조된 '빛'의 내용을 알기 전에 창조의 전체 역사를 개략적으로 선언한 1장 1-2절의 내용을 제대로 파악해야 한다는 것이다. 다시 말해, 창세기 1장 1-2절의 서론을 제대로 알아야 1장 3절 이하의 본론을 제대로 이해할 수 있다.

창세기 1장 전체가 천지 창조에 관한 내용인데 그중 서론인 1-2절이 무엇을 의미하는지 먼저 살펴보자.

"태초에 하나님이 천지를 창조하시니라"(창 1:1). 우리는 이 구절에

---

27) 정수영, 창조신앙, 쿰란출판사, 2014, pp.27~198.

서 ① 태초, ② 천지, ③ 창조 이 세 가지 내용을 제대로 알아야 그다음의 본론을 이해할 수 있다.

① 구약의 창세기 1장 1절의 '태초'라는 말은 신약의 요한복음 1장 1절에서도 사용된다. 그런데 이 '태초'라는 단어가 성경 원래의 뜻과 거리가 먼 《주역》에서 쓰인 말이기에 문제가 된다. 창세기 1장 1절에 쓰인 '태초'의 원문은 '빼레쉬트'(בְּרֵאשִׁית)로 '시간이 흐르기 시작한 그 때'라는 뜻이다. 그리고 요한복음 1장 1절에 쓰인 '태초'는 원어로 '엔 아르케'(ἐν ἀρχῆ)로 '시간이 흐르기 이전의 영원한 때'라는 뜻이다. 다시 말하면, 창세기 1장 1절의 '태초'는 우주 만물 시작 이전의 영원한 때로 우주 만물 시작 훨씬 이전을 말한다.

이렇게 '태초'라는 말로 쓰이기는 했으나 중국 번역 성경은 성경에 담긴 진리를 제대로 밝혀내지 못했다. 그렇다면 '태초'라는 말은 어디서 비롯된 것인가? 이것은 《주역》이라는 중국 역서에서 비롯된 말이다. 《주역》에서는 우주 만물을 이렇게 설명한다. 우주 만물의 원재료는 '태역'(太易)이다. 그 원재료가 우주 만물의 시작의 기초로 형성된 때가 '태초'(太初), 그 재료가 우주 만물을 만드는 시간이 '태시'(太始), 우주 만물의 핵심 요소를 구성하고 있는 음양 5행이 '태극'(太極)이다. 우리말 성경은 원문의 뜻과 거리가 있는 《주역》의 '태초' 사상을 성경에 반영해 놓았다. 더 놀라운 것은 우리나라 국기인 태극기에도 《주역》의 음양 5행의 '태극' 사상이 요약되어 있다는 것이다. 그래서 중국의 영향을 받은 동남아의 여러 나라에 가면 곳곳에서 태극 마크를 볼 수 있다. 우리는 《주역》의 '태초' 사상을 뛰어넘어야 성경의 진리를 제대로 이해할 수 있다.

② '천지'는 '하늘과 땅'이란 뜻이다. 그러나 이에 해당하는 원문은 '에트 핫솨마임 웨에트 하이레츠'(אֵת הַשָּׁמַיִם וְאֵת הָאָרֶץ)로, 이 말은 '하늘들과 땅들'이라는 뜻이다. 우리는 '하늘'이라고 하면 새가 날아다니는 대기권, 그 밖의 태양계, 은하계의 미궁들 정도만 알고 있다. 그런데 바울 사도는 고린도후서 12장 2절에서 '셋째 하늘'인 3층천의 낙원 세계에 대한 경험을 말한다. 바울 사도가 경험한 3층천은 천사들, 구원받은 성도들, 그리고 하나님이 계시는 천상 세계를 말한다.

창세기 1장 1절의 '하늘들과 땅들'이라는 표현은 하나님께서 구원받은 성도들이 살아갈 천국도 창조하셨고, 현재 인간들이 사는 땅만이 아니라 지하의 암흑세계도 창조하셨다는 뜻이다. 따라서 한글 성경으로는 창세기 1장을 제대로 이해하는 데 어려움이 있다.

③ 창세기 1장 2절의 진리도 알아야 한다. 하나님께서 우주 만물의 태양계, 은하계를 다 만드셨다. 그러나 그 많은 창조물 중에 유독 지구에만 모든 동식물과 인간이 살 수 있게 하셨다. 태양계는 태양에 가까운 수성, 금성, 지구, 화성, 목성, 토성 등이 있으나 오직 지구에만 인간이 산다. 하나님께서 인간이 유일하게 살 수 있게 하신 최초의 땅의 상태가 어떠했는가를 창세기 1장 2절이 설명한다. "땅이 혼돈하고 공허하며 흑암이 깊음 위에 있고." 여기의 '땅'은 앞서 1장 1절의 '하늘들과 땅들'에서 사용된 바로 그 단어인 '웨하아레츠'(וְהָאָרֶץ)다. 이 말은 곧 지구를 뜻한다.

창조 셋째 날 땅과 바다로 구분되기 이전에 지구는 땅인지 바다인지 구별이 되지 않게 혼돈하고 공허했다. '혼돈'은 원어로 '토후'(תֹהוּ)로 '버려진 땅'이라는 뜻이고, '공허'는 '보우'(בֹהוּ)로 '가치가 없는', '허망한'이란 의미다. 결국 땅과 바다로 분리되기 이전의 땅은 혼돈되고 무가치하고 거대한 액체 상태에 캄캄한 암흑만 지속됐다. 그런 상태 위를 하나님께서 운행하시면서 창조 질서를 구현하셨다는 뜻이다.

그런데 과거 역사에서 이 창세기 1장 2절에 대한 오해가 있었고, 이는 여러 혼란을 가져왔다.

· 미국의 스코필드(Cyrus Ingerson Scofield, 1843~1921)는 변호사였다가 무디의 전도로 목사가 됐다. 그는 사업가의 후원으로 스코필드 성경을 편찬해 전 미국 교회에 배포했다. 그 성경에서 창세기 1장 1절과 2절 사이에 정확한 연대를 알 수 없는 많은 세월의 '간격'(gap)이 있었다고 주장한다. 이 주장은 진화론과 타협한 'Gap Theory'라고 배척됐다.

· 한국의 베뢰아 운동가 김기동: 창세기 1장 1절의 원 창조, 2절의 사탄의 반역에 의한 혼돈, 3절의 재창조의 회복을 주장했다. 그리고 아담은 재창조의 후손이고, 사탄과 귀신은 원 창조의 후손이라고 설명했다. 이 주장도 사탄론의 무지로 사라졌다.

이제 전혀 아무것도 없는 데서 완전히 새로운 것으로 만드시는 하나님의 창조 역사를 살펴보자. 그것이 창세기 1장의 천지 만물의 창조 역사다.

(1) 첫째 날 – 빛 창조(창 1:3–5)

하나님께서 창조 첫째 날 만드신 것이 빛이다. 이 '빛'의 원어는 '오르'(אוֹר)다. 하나님께서 만드신 이 빛은 아직 하늘의 두 큰 광명체가 만들어지기 이전인 셋째 날에 이미 땅과 바다가 분리되어 존재하게 된 땅 위의 풀과 씨 맺는 채소와 씨 가진 열매들을 자라게 했다. 모든 식물은 태양 빛에 의해 자란다. 그런데 여기서 태양은 넷째 날 만들어졌고, 첫째 날 만든 빛이 식물들을 자라게 했다고 말씀한다. 그렇다면 이 '빛'은 무엇이고, 지금 이 '빛'은 어디에 있는가?

이에 대한 답은 창세기에서는 알 수 없고, 성경의 맨 마지막 책인 요한계시록의 내용에 근거한 종말론에서 찾을 수 있다. "그 성은 해나 달의 비침이 쓸데없으니 이는 하나님의 영광이 비치고 어린 양이 그 등불이 되심이라"(계 21:23). "다시 밤이 없겠고 등불과 햇빛이 쓸데없으니"(계 22:5). 즉, 창세기 1장 3-5절의 빛은 첫째 날 만들어져 둘째 날과 셋째 날까지는 태양과 같은 기능을 하다가, 넷째 날 하늘의 두 큰 광명체인 해와 달로 그 기능이 위임되고, 그 빛은 진리로 역사하다가 장차 천국에서 태양과 달은 없어지고 첫째 날의 빛이 회복된다. 이 엄청난 창조 신앙과 종말 신앙이 완벽하게 조화되어야 제대로 된 신앙을 갖게 된다.

(2) 둘째 날 – 궁창 창조(1:6–8)

창세기 1장 6-8절에 따르면, 하나님이 둘째 날에 하늘이라 부르는 궁창을 만드시고, 하늘 위의 물과 하늘 아래 물로 나누어 놓으셨다. 즉 오늘 우리가 아는 저 하늘에 궁창을 만드신 후에 궁창 위의 물과 궁창 아래 물로 두 개의 물을 비슷하게 나누어 놓으셨다는 것이다.

여기서 말하는 '궁창'은 원어로 '라키아'(רָקִיעַ)다. 이 말은 '두들겨 펴서 넓게 펼친 판'이란 뜻이다. 지금 우리는 알 수 없으나 하나님은 하늘 저 중간에 두들겨 펴서 넓게 펼친 판 같은 궁창을 만드셨다. 그리고 그 궁창을 가운데 두고 궁창 아래의 바다와 궁창 위의 바다만큼의 물을 만들어 놓으셨다는 것이다. 그렇다면 그렇게 만든 궁창이 지금 어디 있는가?

앞서 첫째 날 만드신 '빛'을 마지막 성경인 요한계시록을 알아야 제대로 이해할 수 있는 것처럼, 여기서 둘째 날 만드신 '궁창'을 이해하려면 창세기 6-9장의 노아 홍수가 오늘날과 같은 홍수의 강우량이 아니었다는 사실을 알아야 한다. 이 내용을 제대로 알려면 둘째 날 만든 '궁창' 위에 바다에 맞먹는 물이 있었다는 사실을 이해해야 '궁창'을 이해할 수 있다. 노아 홍수 이전에는 사람들이 900세까지 살았는데 왜 홍수 후에는 500세로, 120세로 줄어들었는가? 그것은 이 '궁창'의 내용을 제대로 알아야 이해된다. 이에 대한 설명은 '노아 홍수' 부분에서 다루고자 한다.

(3) 셋째 날 – 땅과 바다를 분리한 후 식물이 자라게 함(창 1:9–13)

앞서 2절에서 살펴본 대로 지구가 땅과 바다로 분리되기 전에는 혼돈하고 공허했다. 그런데 하나님은 셋째 날 물을 한곳으로 모이게 하고 뭍인 땅이 드러나게 하셨다. 그래서 물이 한곳에 모인 것을 바다, 물이 빠진 뭍을 땅이라고 하셨다. 그리고 땅에 풀과 씨 가진 채소와 각종 열매의 나무들이 열매를 내게 하셨다. 성경은 땅과 바다가 구별되자 곧바로 채소와 과실수들을 얻게 되었다고 기록하고 있다.

과학자들은 태양계에서 떨어진 불덩어리가 점점 식어서 6억만 년 전의 고생대, 2억 5천만 년 전의 중생대, 6,500만 년 전의 신생대에 와서야 식물이 생겼다는 소설을 만들었다. 참으로 개탄스러운 사실이다.

(4) 넷째 날 – 하늘의 두 큰 광명체 창조(창 1:14–19)

앞서 첫째 날 만든 '빛'은 원어로 '오르'(אוֹר)다. 여기서 넷째 날 만든 '광명체'란 말은 '메오르트'(מְאֹרֹת)다. 이 '광명체'의 어근은 앞서 '빛'이라는 단어인 '오르'에 장소 혹은 도구라는 뜻의 히브리어 '마'(מ)가 붙어 '메오르트'(מְאֹרֹת)가 됐다. 이것은 첫째 날 만든 빛의 본체인 '오르'를 넷째 날의 두 광명체에게 빛을 내는 도구로 기능하도록 이양해 주었다는 뜻이다. 즉 첫째 날은 빛 자체를 창조하셨으나, 넷째 날에는 빛을 내는 도구들을 만드셔서 하늘 위에 배치해 놓으셨다는 것이다. 여기서 말하는 '두 큰 광명체'는 단어 자체가 빛의 본체가 아닌 빛을 내는 도구이며, 그 외의 수많은 별도 역시 빛을 내는 도구인 것이다.

우리는 지금 저 하늘의 두 큰 광명체인 해와 달은 빛의 본체가 아닌 한시적으로 빛의 역할을 하는 빛의 도구임을 분명히 알아야 한다. 해, 달, 별은 장차 다 없어질 한시적 대용품이다. 해가 장차 소멸될 것임은 과학자들도 말하는 내용이다. 태양은 지구보다 109배 큰 5,780k(켈빈)의 고열을 가진 가스 덩어리다. 그런데 태양이 약 45억 년이 지나서 앞으로 50억 년 후에는 사라져 없어진다고 한다.

하나님은 왜 태양계를 만드셔서 그것들이 낮과 밤을 나누시고 징조, 계절, 날과 해를 이루게 하셨는가? 하나님은 낮과 밤의 반복으로 출생, 성장, 활동, 쇠퇴, 소멸을 깨닫게 하시고, 계절의 변화에 따라 식물들이 해마다 열매를 맺듯이 인간도 계절이 바뀌고 해가 바뀜에 따라 인간으로서 남길 만한 열매들을 맺어야 함을 깨닫게 하시기 위해 절기를 주셨다. 나이가 들고, 해가 바뀌고 계절이 바뀌는데도 아무것도 깨닫지 못하고 세월만 낭비하다 죽는 것은 하나님 창조 원리에 위배되는 것이다.

사람들은 이 광명체들을 연구해 인류에게 유익을 주기도 했다. 그것은 곧 달력을 만들어 1년의 지나감을 알게 해준 일이다. 반대로 광명체의 본질을 깨닫지 못한 자들은 태양을 신으로 섬기는 태양신 숭배를 만들었다. 이 태양신 숭배는 고대에만 있었던 일이 아니다. 4년마다 열리는 올림픽을 위해 매년 시행되는 성화 봉송과 성화단의 불은 태양신 숭배를 계승한 것이다. 이처럼 징조를 깨닫게 해준 광명체가 신으로 둔갑한 것이 오늘날의 현실이다.

(5) 다섯째 날 – 물고기와 새들을 만드심(창 1:20-23)

여기서 또 놀라운 진리가 발견된다. "하나님이 이르시되 물들은 생물을 번성하게 하라"(창 1:20). 여기서 '물들'은 원어로 '함마임'(הַמַּיִם) 이고, '생물'은 '쉐레츠'(שֶׁרֶץ)로 땅에 기어다니는 것, 파충류, 수중 동물을 뜻한다. 그런데 하나님께서는 물에서 살아가는 모든 어류에게 직접적으로 종족 번성을 명령하지 않고 물들에게 그것들을 번성하게 하라고 하신다.

대구는 한 번에 900만 개의 알을 낳는다. 가자미는 약 150만 개, 고등어는 50만 개의 알을 낳는다. 그런데 그렇게 많이 낳은 알은 곧 다른 물고기들과 파충류의 먹이가 된다. 전부 먹이가 된다면 종족 보전을 할 수 없다. 그런데 다른 것들의 먹이가 되고 남은 것들이 물 위에 떠다니다가 대구가 되고, 가자미가 되고, 고등어가 된다. 하나님께서 "물들은 생물을 번성하게 하라"라고 하신 말씀을 제대로 이해하면 창조주 하나님의 신비를 더욱 깊이 알 수 있게 된다.

또 연어는 바다에서 산다. 그런데 산란기인 9~11월이 되면 반드시 자기의 고향인 바닷가와 연결된 하천으로 올라간다. 죽기 살기로 하천으로 올라가 자갈이 깔린 바닥에 웅덩이를 파고 산란한다. 그렇게 산란한 연어 알은 물속에서 출렁거리면서 부화돼 4cm 정도로 자랄 때까지 하천에서 산다. 그리고 4cm로 크면 저절로 바다로 내려간다. 연어는 수천 년 동안 계속해서 이와 같은 방법으로 종족 보전을 해나간다.

청어도 마찬가지다. 청어는 북극 가까운 곳에서 겨울을 보낸다. 그리고 여름철을 앞둔 4월이 되면 따뜻한 남쪽으로 내려가 산란한다. 그렇게 산란한 청어알은 다른 물고기들의 먹이로 많이 사라진다. 그런데 남아 있는 청어알들을 출렁거리는 바다가 청어로 만들어 낸다. 하나님께서 "물들은 생물을 번성하게 하라" 하신 명령대로 물들이 바다 어족들을 번성하게 하고 있다.

또 하나님께서는 땅 위 하늘의 궁창에 날개 있는 모든 새를 그 종류대로 창조하셨다. 공중에 날아다니는 새들을 보라. 새들은 먹이를 찾아 먹고 때 되면 알을 부화해서 새끼를 낳는다. 이 일을 누가 가르쳐 준 적이 없다. 창조된 처음부터 각 새의 특성에 따라 지금까지 자기 후손들을 계승해 오고 있다. 지극히 약한 참새도 제 살길을 잘 안다. 황새는 중국 본토, 한국 중부, 가끔 일본까지도 정확히 오가는 철새다. 산비둘기, 두루미, 제비도 어김없이 따뜻한 봄에 찾아왔다가 가을이 되기 전에 돌아간다. 철새들에게 지도나 나침반이나 이정표가 있는 것도 아니다. 그러나 모든 새가 각각의 특징대로 질서 있게 살아간다.

물고기나 새들이 왜 각각 자기들의 특징을 변경시키지 않고 그대로 고수하며 살아가는가? 하나님께서 각각 그 종류대로 창조하셨기 때문이다. 창세기 1장 11-25절에서 '종류대로'라는 말이 10회나 반복되고 있다. 하나님은 식물도, 채소도, 물고기도, 새도, 짐승도 다 각각 그 종류대로 창조하셨다. 다 각각 그 종류대로 창조했기 때문에 종족들의 특징이 계승되는 것이다.

진화론자들은 열등한 것이 진화해서 고등 동물로 발전됐다고 주장하지만, 물고기나 새, 동물, 식물이 진화됐다면 현재 그 모습이 다 비슷해야 하는데 왜 이렇게 다른 특성들을 계승하고 있는가? 진화론자들은 자기들이 과학적이라고 하지만 그들이야말로 가장 비과학적이고, 알고 보면 성경이 가장 과학적이다.

하나님의 천지 창조는 완벽한 과학적 진리다. 어떤 이는 성경은 신앙에 관한 책일 뿐 비과학적이라고 말한다. 그러니 이는 몰라도 너무 모르는 소리다.

첫째 날 만드신 빛과 둘째 날 만드신 궁창 등은 성경 전체를 알아야 이해되는 어려운 부분이 있다. 둘째 날 만드신 궁창 위의 물은 창세기 7장 11절의 하늘의 창문들이 열렸다는 내용으로 이해가 가능하다. 셋째 날 만드신 풀과 채소와 씨 가진 열매와 채소는 태양계가 만들어지기 전에 있었던 첫째 날의 빛(창 1:3~57)에 의해서 자랐다.

그렇기에 태양계가 없으면 식물이 자랄 수 없다는 고정관념은 계시록 21장 23절에 해와 달이 없어도 살 수 있는 세상이 있음을 증명하는 내용에서 충분히 이해된다.

그리고 넷째 날의 태양계는 첫째 날 만드신 빛을 대행해 주는 역광체다. 이 태양계는 장차 사라진다(벧후 3:10~13; 계 21:17). 또 다섯 째 날 바다 짐승과 모든 생물들은 물들로 번성한다. 생물의 번성이 햇빛이라는 진화론자들의 주장은 틀린 주장이다. 이렇게 성경을 제대로 알게 되면 신비할 정도로 정확한 내용이다.

제18장

인간 창조[28)]

창세기 1-2장에는 인간 창조에 대한 매우 귀중한 진리들이 소개되고 있다. 이 말씀을 통해 ① 성 삼위의 공동 창조로 만들어진 인간, ② 인간 창조의 목적, ③ 인간의 구성 요소에 관한 내용을 살펴보고자 한다.

(1) 성 삼위의 공동 창조로 만들어진 인간

창조 사역 자체가 성 삼위의 공동 사역이었다. 동물 창조까지는 하나님께서 주역이었다. 그런데 창세기 1장 26절에서 하나님이 "우리의 형상을 따라 우리의 모양대로 우리가 사람을 만들고"라고 하셨다. 여기서 '형상'은 원어로 '베찰르메누'(בְּצַלְמֵנוּ)이며 '하나님 안에'라는 뜻이다. '모양'은 '키드무테누'(כִּדְמוּתֵנוּ)로 '하나님처럼'이란 뜻이다. 따라서 우리말 성경의 '형상', '모양'은 외양을 뜻하는 말이므로 성경

28) 정수영, 앞의 책, pp.250~261.

적 표현이 아니다.

하나님이 형상이 있고 모양이 있는가? 그런데 왜 이렇게 오역됐는가? 그것은 1611년 흠정역인 KJV 성경이 'image'(형상), 'likeness'(모양)으로 오역한 것을 그대로 따랐기 때문이다. 공동번역도 '하나님의 모습'이라고 번역했으나 이것도 하나님의 외양을 뜻하기에 불완전한 번역이다. 흠정역은 왜 오역을 하게 됐는가?

"우리의 형상을 따라"라는 말은 "뻬찰르메누"(בְּצַלְמֵנוּ)다. '형상'이라는 단어의 원형은 '첼렘'(צֶלֶם)이다. 이 단어의 원뜻은 '그림자'라는 뜻이다. 이 단어가 제대로 번역된 것이 시편 39편 6절의 "뻬첼렘"(בְּצֶלֶם)이라는 단어다. 그런데 왜 창세기 1장 26절은 '형상'이고 시편 39편 6절은 '그림자'인가? 그 결정적 해답은 흠정역 번역 위원이 54명으로 시작해 44명이 완성하면서 가톨릭, 성공회, 청교도 등 다양한 신학 배경자들이 서로 다르게 번역했기 때문이다.

그렇다면 원문의 뜻은 무엇인가? 원문은 '하나님 안에', '하나님의 그림자 따라', '하나님처럼'이란 뜻으로 '하나님의 성품을 따라', '하나님의 속성을 따라'라는 의미를 갖는다. 인간은 하나님의 속성과 성품에 따라 창조됐다는 것이다. 죄 많은 인간이 하나님의 속성과 성품에 따라 창조됐다니 이것이 무슨 말인가? 에덴동산에서 추방당하기 전까지 최초의 인간은 벌거벗었어도 부끄러워하지 않는 순수한 인간이었다. 우리는 최초의 인간을 자기 기준으로 상상하기에 이 말을 잘 이해하지 못한다.

그렇다면 인간이 어떤 면에서 하나님의 속성과 성품을 닮았는가? 세 가지 면에서 생각해 보자.

1) 영적 특성

우리가 아는 대로 동물 중 개는 굉장히 영악하다. 주인의 마음을 가장 빠르게 포착하고 또 주인에게 충성을 다하기에 혼자 사는 이들이 개를 많이 키운다. 그런데 이런 동물들에게 영혼이 있을까, 없을까? 매우 지능적이고 감정 표현은 잘하지만 동물에게는 영혼이 없다.

"인생들의 혼은 위로 올라가고 짐승의 혼은 아래 곧 땅으로 내려가는 줄을 누가 알랴"(전 3:21). 이 구절의 '인생의 혼', '짐승의 혼'을 KJV 성경은 '사람의 영', '짐승의 영'으로 번역했고, NIV 성경은 '인생의 혼', '짐승의 혼'으로 번역했다. 짐승에게 영이 있는가? 짐승에게 혼이 있는가? 모두 문제가 있는 번역이다.

원문의 "인생의 혼"은 "루아흐 빼네 하아담"(רוּחַ בני האדם)으로 이때 혼으로 쓰인 '루아흐'(רוּחַ)는 '사람의 영혼'이라고 해야 맞고 "짐승의 혼"은 '웨루아흐 합바헤마'(וְרוּחַ הַבְּהֵמָה)로, '짐승의 숨결'이라고 해야 성경 신학에 맞다. 이 구절은 사람이 죽으면 인생의 영혼은 위로 올라가지만, 짐승은 숨결이 끊어지면 땅으로 내려간다는 뜻이다.

짐승과 동물은 아무리 영리해도 동물의 삶으로서 끝난다. 모든 동물 중 인간만이 하나님의 성품인 영적 특성을 가졌다. 그렇기에 한 생명이 천하보다 귀한 것이다. 요즘은 자본주의 세상의 병폐로 걸핏하면 문제를 회피하려고 자살을 하는데, 자살은 하나님 주신 생명을 제 것으로 착각하는 중대한 범죄 행위다. 자살자의 심정은 이해하나 용납해서는 안 될 일이다.

2) 도덕적 특성

여기서 말하는 도덕성은 인간의 도덕성이 아니라 하나님만 가진 도덕성이다. 인간의 도덕성은 인류 역사에서 꾸준히 변천하고 발전해 왔다.

하버드대학 법학 교수인 마이클 샌델은 《정의란 무엇인가?》라는 책에서 인류 역사에서 발전되어 온 고대부터 현대까지의 정의의 개념을 정리하고 있다. 그에 의하면 정의, 도덕이란 인류 경험에 의해 실증되고, 부분보다는 다수가 동의하는 것, 하위보다는 상위 목적을 실현하려는 것이다. 그것이 곧 민주주의라고 했다. 동양의 중국에서는 인의예지가 도덕이었다. 그러나 인간이 최고의 도덕이라고 말하는 민주주의가 얼마나 많은 죄악을 만들어가고 있는가? 대통령 선거에서 다수표만 얻으면 그것이 정의인가? 다수의 국회의원 석을 차지하면 그것이 도덕이고 정의인가? 인류 역사에서 다수당이 정의라는 거짓된 개념으로 얼마나 많은 죄악을 저질러 오고 있는가?

하나님의 도덕성이란 인간들이 생각하는 인륜이나 도덕이 아니다. 하나님의 도덕성은 영혼이 성령으로 거듭난 후 하나님의 자녀답게 구별되게 살아가는 것을 뜻한다. 참된 그리스도인은 세상의 도덕, 정치, 윤리, 관습을 따라가는 것이 아니라 어두운 세상에 빛으로 영향력을 끼치고 살아가야 한다. 나도 깨끗하게 살아갈 뿐 아니라, 내 주위에 있는 이들에게 하나님의 자녀답게 영향력을 끼치는 것이 하나님의 성품을 닮은 특성이다.

3) 통찰력

하나님의 성품을 닮은 사람은 직관이나 지식, 오래 축적된 경험, 계시의 말씀을 깨달음 등을 통해 종합적이고 거시적인 통찰력이 있어야 한다. 하나님의 성품과 역행되는 사람일수록 눈앞에 보이는 현실적인 것, 바로 앞엣것만 생각한다. 그러나 참된 신앙인으로 하나님의 성품을 가진 자는 항상 현재보다 미래를 생각하되 아주 먼 미래를 생각한다.

하나님은 모든 인간에게 각기 70~80년 동안 살아갈 인생만 생각하지 말고 죽고 난 이후의 영원한 것을 생각하라고 말씀하신다. 그와 같은 '영원한 생각'이 곧 '영생'에 대한 생각이다. 사람이 이 땅에서 아무리 잘 살아도 영생을 얻지 못하면 헛사는 것이다. 하나님은 모든 인생에게 한 가지만 보지 않고 총체적으로 또 영원한 것으로 판단할 수 있는 통찰력을 주셨다.

(2) 인간을 창조하신 목적

하나님께서 창조하신 모든 창조물에는 저마다의 목적이 부여된다. 첫째 날의 빛은 낮과 밤의 구분에 목적이 있고, 둘째 날의 궁창은 땅의 보온의 목적이 있고, 셋째 날의 땅과 바다로 구별한 땅에는 채소와 과실의 목적이 있고, 넷째 날의 광명체들은 낮과 밤, 계절, 날과 해를 이루는 목적이 있고, 다섯째 날의 물고기와 새는 번성하여 땅을 충만케 하는 데 목적이 있다. 그렇다면 인간 창조의 목적은 무엇인가? 그 목적은 닷새 동안 만드신 모든 창조물을 다스리게 하는 것이다.

"우리가 사람을 만들고 그들로 바다의 물고기와 하늘의 새와 가축과 온 땅과 땅에 기는 모든 것을 다스리게 하자"(창 1:26). "하나님이 그들에게 이르시되 생육하고 번성하여 땅에 충만하라, 땅을 정복하라, 바다의 물고기와 하늘의 새와 땅에 움직이는 모든 생물을 다스리라 하시니라"(창 1:28). 이 두 구절에 나타난 인간 창조의 목적은 하늘, 땅, 바다 모든 것을 다스리게 하려는 것이다. 여기서 '다스린다'는 말은 '웨이르뚜'(וְיִרְדּוּ)다. 이 말은 '치리하다', '거느린다', '다스린다'의 다양한 뜻이 있다. 하나님께서는 닷새 동안 하나님께서 만드신 창조물을 하나님 대신 다스리는 치리권을 주시려고 인간을 창조하셨다는 것이다.

즉 하나님께서 창조하신 우주 만물을 하나님의 성품을 따라, 하나님의 뜻에 맞도록, 하나님이 원하시는 방향으로 다스리게 하려는 것이 인간 창조의 목적이다.

이것은 '문화 명령'이라고 할 수도 있다. 그런데 인간들은 하나님의 이 문화 명령의 취지를 무시해 버리고 자신들의 이익을 추구하며 모든 창조물을 파괴해 왔다. 인간들이 파괴한 일차적 대상은 땅이었다. 인간들은 땅을 소유하고 정복하는 일을 수천 년 동안 계속해 왔다. 그래서 도로, 통신, 상수도, 하수도, 폐기물, 위생, 재해 등 수많은 것을 해결하면서 땅을 정복했다. 땅을 정복한 인간들은 이제 바다로 눈길을 돌렸다. 섬들을 개발하다가 이제는 인공 섬들까지 만든다. 그리고 이제는 하늘을 정복하겠다고 우주선을 개발해 달, 화성으로 보내며 기염을 토하고 있다.

하나님께서 인간에게 하나님의 창조물을 하나님 뜻대로 관리하고 다스리라는 청지기 사명을 주셨다. 그러나 인간은 하나님의 창조물을 자기 소유인 양 제멋대로 파헤치고, 뜯어고치고, 산을 깎아 주택을 만들고, 강을 막아 댐을 만들고, 바다를 오염물의 집산지로 퇴락시켰다. 이렇게 하나님의 창조물을 인간이 오만하게 바꾼다고 해서 하나님의 창조물이 바뀌는가? 결코 그렇지 않다.

'열역학 제1의 법칙'이라는 것이 있다. 수학자나 물리학자들이 사용하는 말이다. 인간들은 과학이라는 이름으로 수많은 창조물을 인간의 유익을 위해 전용해 놓았다. 북한의 압록강 물은 백두산에서 발원해 790km로 이어진다. 해방 전인 1943년 일본이 이 압록강 물로 60만kw의 수풍댐 수력발전소를 만들었다. 수풍댐을 만들어 발전소, 관광자원 등 많은 유익을 가져오게 만들고는 하나님이 만드신 물로 발전소를 만든 경비로 전기료를 받았다. 그렇게 인간들은 물을 제2

의 에너지인 '열역학 제2의 법칙'으로 사용하며 문명의 발전을 자랑했다. 그런데 그렇게 만든 수풍댐 발전소의 60만kw는 북한 주민들의 전기 소모 필요량에 비해 절대적으로 부족했다. 그래서 또다시 화력발전소를 만들어야 했다. 이처럼 인간이 만들어 내는 수력발전소, 화력발전소, 원자력발전소는 계속 만들어도 계속 부족한 것이 '열역학 제2의 법칙'이고 '엔트로피(entropy) 증가의 법칙'이다.

그러나 하나님께서 최초로 만드신 압록강의 수량은 4천 년 전이나 후인 지금이나 앞으로도 영원히 똑같은 '열역학 제1의 법칙'을 고수해 가고 있다.

물뿐 아니라 땅, 바다, 하늘 그 속의 자원들도 하나님께서 최초에 창조하신 원초적 재료는 계속 똑같은 양을 지속해 갈 따름이다. 하나님께서 인간을 만드신 후 이 세상의 땅, 바다, 생물, 물고기, 새를 다스리라고 하셨다. 그런데 인간들은 하나님의 뜻을 거역함으로 하나님이 원하지 않는 온갖 재앙을 겪고 있다. 우리가 겪은 코로나19 재앙도 인간이 하나님의 창조물을 남용한 오만한 죄에 대한 보응이다.

인간이 제아무리 창조물을 남용해 변개시켜도 하나님께서 최초로 창조하신 땅, 바다, 생물, 공기, 동물은 처음부터 영원까지 늘 똑같음을 유지해 나갈 것이다.

인간들은 문명 개발이라는 명분으로 창조물을 훼손해 가고 있다. 그러나 인간들이 창조물을 다스리지 않고 착취를 반복해도 하나님은 절대로 변치 않고 하나님의 뜻대로 우주 만물을 다스려가고 계신다. 그러므로 우리는 인류가 하나님께서 인간을 창조하신 본래의 목적을 제대로 깨달아야 이 세상이 평안해질 것이라는 사실을 기억해야 한다.

⑶ 인간의 구성 요소

하나님께서는 인간이 얼마나 고상한 존재인지를 깨닫도록 하나님의 속성과 성품대로 인간을 창조하셨다. 하나님은 또 인생이 살아가는 동안 그 생애가 얼마나 귀중한지를 깨닫도록 세상 만물을 다스리는 특권을 주셨다. 그뿐 아니다. 인간이 얼마나 보잘것없는 존재인지를 깨닫도록 인간의 구성 요소가 무엇인지 알려 주셨다. 그것이 창세기 2장 7절의 내용이다. 이 내용을 제대로 알아야 성경적 인간 존재를 바로 깨달을 수 있고, 철학자들의 헛된 주장에 휩쓸리지 않을 수 있다. 이제 창세기 2장 4-7절의 내용을 살펴보자.

앞서 창세기 1장 27-30절에서는 인간의 창조물 중 최상의 걸작품임을 설명했다. 그러나 창세기 2장 4-7절은 인간이 그렇게 고귀한 존재지만 하나님을 거역할 때 뒤따르는 참혹함이란 흙으로 되돌아가는 지극히 초라한 존재가 되는 것임을 말해 준다.

7절은 사람이 세 가지로 구성됐음을 말해준다.

① 땅의 흙으로 사람을 지으시고 - 흙

② 생기를 그 코에 불어넣으시니 - 생기

③ 사람이 생령이 되니라 - 생령

1) 흙

첫째 요소는 흙이다. '흙'을 뜻하는 히브리어 '아파르'(עָפָר)는 '티끌', '재', '진토', '가루'라는 뜻이다. 인간을 구성하는 형체는 흙과 똑같은 요소들이다. 흙을 구성하는 원소는 산소(O) 45%, 규소(Si) 27%, 알루미늄(Al) 8%, 철(Fe) 6%, 칼슘(Ca) 5%, 마그네슘 2.8%, 나트륨 2.3%와 그 외에 칼륨, 수소, 인, 구리, 크롬, 니켈 등 22가지 요소다. 인간을 구성하는 원소나 동물을 구성하는 원소가 흙 성분과 거의 같은 산소(O) 62%, 탄소(C) 20%, 수소(H) 10%, 질소(N) 3.3%, 칼슘(Ca) 2.5%, 인(P) 1%, 황(S) 0.25%, 칼륨(K) 0.25%, 염소(Ci) 0.2%, 나트륨(Na) 0.1%, 마그네슘(Mg) 0.07%, 요오드(I) 0.01%, 철(Fe) 0.01%, 구리(Cu) 미량, 망간(Mn) 미량, 몰리 브덴(Mo) 미량, 붕소(B) 미량, 아연(Zn) 미량, 플루오드(F) 미량, 셀레늄(Se) 미량, 크롬(Cr) 미량 등이다.[29]

하나님께서 흙 중에서 바람에 날아갈 수 있는 티끌로 인간 형체를 구성하셨다. 사람의 시체를 땅에 파묻으면 몇십 년 후에는 뼈만 남고, 몇백 년 후에는 뼈도 사라지고 흙이 돼 버린다. 하나님께서는 모든 인생의 구성 요소가 흙에 불과하다는 진리를 깨닫게 하시려고 땅의 흙으로 신체를 구성케 했다. 따라서 살아 있을 때는 제아무리 잘났어도 죽으면 모든 인간이 그저 한 줌의 흙임을 깨우쳐 주셨다.

2) 하나님의 생기

두 번째 요소는 하나님의 생기다. 여기서 '생기'(生氣)는 히브리어로 '니쉬마트 하임'(נִשְׁמַת חַיִּים)이다. 이 단어는 숨, 호흡, 기운, 영혼, 생명 등 다양한 의미로 쓰인다. 좀더 알기 쉽게 설명하면 '생명들의 기운', '생명력'이라는 뜻이다. 하나님이 갖고 계시던 이 생기를 흙덩어리의 코에 불어넣어 주셨다.

여기서 중요한 사실이 하나 있다. 인간의 생명이 신체 어느 부위에 들어 있는가? 인간의 생명이 심장에 들어 있는가? 뇌에 들어 있는가? 배에 들어 있는가? 사람들은 사람의 생명이 담긴 부위에 대해 제각각 의견이 분분하다. 그러나 창세기 2장 7절은 생기를 코에 불어넣었

29) 정수영, 앞의 책, p.171.

다고 말한다. “너희는 인생을 의지하지 말라 그의 호흡은 코에 있나니”(사 2:22). 여기서의 ‘호흡’이 창세기 2장 7절의 ‘생기’와 같은 단어인 ‘네솨마’(נְשָׁמָה)다. 아무리 힘센 삼손이나 골리앗도 그 코에서 생기를 뽑아가면 시체에 불과하다.

3) 생령

인간의 세 번째 구성 요소는 생령이다. 여기서 ‘생령’은 히브리어로 ‘네페쉬 하야’(נֶפֶשׁ חַיָּה)다. 앞서 말했듯 ‘생기’는 ‘네페쉬’인데, 그 ‘네페쉬’를 하나님께서 흙덩어리의 코에 불어넣으니 흙덩어리가 움직이며 활동하는 살아 있는 영인 ‘생령’의 작용을 일으켰다는 것이다. 사람을 구성하는 겉모습은 흙덩어리다. 그런데 하나님의 생기가 그 흙덩어리 속으로 들어가자 흙덩어리가 움직여 활동하는 생령이 되었다. 그리고 하나님께서 콧속의 생기를 뽑아가시면 이제까지 활동하던 생령의 기능이 끝나고 도로 흙이 된다.

이처럼 인간을 구성하는 요소는 세 가지다.

① 흙으로 시작됐다가 다시 흙으로 돌아가는 흙의 요소

② 하나님의 생기가 흙 속에 들어갔다가 때가 되면 흙에서 빠져나오는 하나님 소관인 생기

③ 하나님의 생기가 흙덩어리 속에 머물러 있는 동안에만 활동하게 하는 생령

이렇게 인간이 명확한 세 요소를 가진 것으로 보는 것을 ‘삼분설’이라고 한다. 인간이 영혼과 육체로만 구성됐다는 주장은 영혼 불멸설을 합리화하려는 플라톤의 인간 철학적 사상이다.

우리는 창세기를 통해 인생의 기본적인 것을 알아야 한다.

첫째, 인간은 성부, 성자, 성령 성 삼위의 공동 창조물이다. 인간은 하나님의 속성과 성품대로 창조된 존재다. 인간은 하나님의 영성, 고차원의 도덕성, 세상을 꿰뚫어 보는 통찰력을 가지고 살아가야 참인간다운 인간이다.

둘째, 인간은 하나님의 창조물을 하나님의 뜻대로 다스리게 하려는 고귀한 목적을 위해 창조되었다.

셋째, 인간은 흙처럼 무가치하나 하나님의 영이 제대로 작동하면 하나님의 사람으로 살아갈 수 있다. 반면 하나님의 영이 없는 자는 무가치하게 살다가 흙처럼 사라질 뿐이다.

제19장

에덴동산[30)]

'에덴동산' 하면 무엇이 떠오르는가? 에덴동산에 대해 긍정적인 생각을 가진 사람은 일 안 해도 먹고 살아갈 수 있는 최상의 복지가 갖춰진 곳, 또 모든 그리스도인이 장차 돌아갈 곳 등이 떠오를 것이다. 반면 에덴동산에 대해 부정적인 생각을 가진 이는 선악과가 있는 위험한 곳, 사탄이 유혹할 수 있는 무방비의 위험한 곳 등을 떠올릴 수 있다. 에덴동산에 대한 생각은 이처럼 매우 다양할 수 있다. 그래서 똑같은 에덴동산을 놓고 청교도 문학가 밀턴은 《실락원》도 썼고 《복락원》도 썼다.

오늘은 하나님께서 천지 창조 후에 왜 에덴동산을 만드셨고, 최초의 에덴동산은 어디이며, 에덴동산과 천국은 같은 곳인지에 대해 살펴보고자 한다.

---

30) 정수영, 앞의 책, pp.231~248.

첫째, 하나님은 에덴동산을 왜 만드셨을까?

우리는 창세기 1장에서 하나님께서 천지 만물을 창조하시는 엿새 동안의 치밀한 사역을 살펴봤다. 하나님은 인간에게 꼭 필요한 것이 무엇인가를 아시고 하나씩 차례대로 만들어 가신다. 즉 인간에게 꼭 필요한 빛, 궁창, 땅과 바다, 하늘의 두 큰 광명체, 물고기와 새, 동물을 창조하시고, 최후로 하나님의 성품을 닮은 인간을 창조하신다. 그래서 첫째 날부터 다섯째 날까지는 "좋았더라"만 반복하시다가 여섯째 날 인간 창조 후에는 "심히 좋았더라"고 하셨다.

하나님은 이렇게 '심히 좋은' 인간과 함께 에덴동산을 가운데 두고 더 좋은 관계를 누리고자 하셨다. 자기 성품과 닮은 인간과 함께 에덴동산 안에서 참된 행복을 나누기를 원하셨다. 하나님은 비록 자기가 만든 인간이지만 그 인간과 영적으로 성숙한 관계를 맺고자 하셨다.

사실 이 세상에 존재하는 모든 것은 그것을 존재케 한 생산자에게 보람을 느끼게 해줘야 존재 가치가 있는 것이다. 자식이 자기를 낳아 길러 준 부모에게 보답하려고 노력할 때 부모는 보람을 느낀다. 제자가 스승의 가르침을 실현하려고 노력할 때 스승은 보람을 느끼게 된다. 교인들이 목회자의 중심을 이해하고 협력하려고 할 때 목회자는 보람을 느끼게 된다.

그런데 세상은 수고해서 만든 이의 기대와 정반대로 수고자의 진심을 배신하는 일이 다반사다. 노벨(1833~1896)은 자신이 발명한 다이너마이트가 인류의 평화와 과학 진보에 도움이 되기를 바랐다. 그래서 많은 돈을 내놓아 노벨상까지 만들었다. 그러나 인간은 다이너마이트를 평화가 아닌 전쟁의 살상 무기로 악용했다. 아인슈타인(1879~1955)은 자기가 제조에 영향을 끼친 원자폭탄이 국제적 평화의 도구가 되기를 바랐다. 그러나 원자폭탄은 전 세계 인류를 위협하는 공포가 되고 말았다.

하나님은 에덴동산을 만들고 인간들과 더 좋은 관계를 맺기를 바랐지만 결과적으로는 에덴동산은 인간을 타락하게 만들고 말았다. 여기서 우리가 궁금한 점은, 하나님은 왜 인간이 타락할 줄 알면서도 에덴동산을 만드셨을까 하는 것이다. 하나님은 인간이 타락할 줄 이미 아셨다. 그럼에도 에덴동산을 만드셨다. 왜 타락할 것을 아시면서 에덴동산을 만드셨는가? 그것이 곧 부모의 마음이기 때문이다.

이 세상에서 나를 가장 잘 아는 사람이 누구일까? 함께 살아가는 배우자일까? 흉금을 털어놓는 죽마고우일까? 나를 가장 잘 아는 이는 나를 낳아서 키워 준 부모다. 부모는 자식의 모습을 통해 부모 자신이 가진 특성들이 그대로 노출되는 것을 느끼면서 자식의 실상을 가장 잘 안다.

인간도 마찬가지다. 하나님께서는 자기 성품과 속성대로 인간을 만드셨기에 인간의 내면을 너무나 잘 아신다. 부모는 자식이 서울의 좋은 대학에 갈 실력이 없는 줄 알면서도 서울의 어느 대학이든 가라고 하지, 저 멀리 지방대학으로 가라고 하지 않는다.

하나님은 인간이 선악과를 따 먹고 타락할 것을 아셨지만, '너는 별 볼일 없으니 되는 대로 살아라' 하지 않으시고 최상의 에덴동산에서 살게 해주셨다. 아버지는 자식이 자기 몫의 재산을 달라고 할 때 그 자식이 타락하고 망할 것을 알지만 재산을 나눠 준다. 그러고는 그 자식이 깨닫고 돌아오기를 애타게 기다린다. 이것이 진정한 하나님의 마음이다.

'인간이 타락할 것을 아시면서 왜 에덴동산을 만드셨는가?' 이렇게 항변하는 것은 부모 된 경험이 없는 자의 말이다. 하나님은 인간이 타락할 것을 아셨지만 그래도 그 인간과 좋은 관계를 희망하면서 속아 주신 것이다. 이것은 비단 최초의 인간 아담과 하와에게만 국한된 내용이 아니다. 모든 그리스도인이라는 신자들이 번번이 하나님을 배반하고 실망시킬 것을 아시면서도 한결같이 인간을 믿어 주고 기대를 거시는 것이 하나님의 마음이다.

둘째, 에덴동산은 어디에 만들어졌는가?

이것도 꽤 흥미로운 주제다. 미국 컬럼비아대학 출신의 브룩 웰렌스키 랜포드가 《에덴의 추적자들》이라는 논픽션 작품을 발표했다. 그는 과거 인간들이 성경 창세기 2장의 내용을 근거로 전 세계에서 에덴동산으로 여겨지는 곳들을 찾아다닌 내용을 소개했다. 그들은 저마다 다음과 같은 곳에서 에덴동산을 찾았다고 말했다.

① 북극 땅

② 미국 인디언들의 유적지

③ 몽골 사막

④ 플로리다의 가장 오래된 지질층

⑤ 미주리 땅 몰몬교 성지

⑥ 페르시아 바다 밑

⑦ 이라크 남부 쿠르나

이렇게 기독교 신앙이 없음에도 여행, 고고학, 역사에 관심이 많은 이들이 에덴동산의 위치를 찾으려고 노력했다. 그뿐 아니라 소위 유대교도나 기독교도로 성경을 믿는다는 사람들도 에덴동산을 연구해서 각각 다른 주장을 했다.

유대인 역사가 요세푸스(37~100)는 창세기 2장 11절의 첫째 강 비손을 인도의 갠지스강, 둘째 강 기혼을 애굽의 나일강, 셋째 강 힛데겔을 티그리스강, 넷째 강 유브라데를 유프라데스강이라고 주장했다.

아우구스티누스(354~430)는 에덴동산의 네 강은 실제 강이거나 은유적인 표현일 것이라고 말했다.

콜럼버스(1451~1506)는 남아메리카 지금의 베네수엘라에 있는 길이 2,700km가 넘는 오리노코강의 끝이 과거 에덴동산일 것이라고 주장했다. 지구 전체가 젖가슴처럼 불룩한데, 오리노코강이 유두처럼 생겼기 때문이라는 것이다.

종교 개혁자 칼빈(1509~1564)은 창세기 주석 중에 메소포타미아 남부의 Y자형의 티그리스강과 유프라데스강의 모습을 근거로 바벨론이 옛 에덴의 시원지였을 것이라고 추정한다.

아프리카 선교사 리빙스턴(1813~1873)은 아프리카 잠비아의 빙웨울루호가 에덴이라고 말했다.

에덴동산은 정말 어디에 있었을까? 많은 사람이 이러한 궁금증으로 많은 시간과 돈, 정열을 소모해 가며 연구를 거듭해 왔다. 그러나 이 모든 노력은 성경을 제대로 모르는 이들의 헛된 노력이다. 왜 그런가? 하나님께서 최초로 창조하신 처음 땅과 바다는 단지 땅과 바다 둘로만 나누어져 있었고(창 1:9-13), 지금과 같은 5대양 6대주가 아니었다. 최초의 지구는 땅과 바다뿐이었다. 그런데 노아의 홍수로 땅과 바다가 재편되어 오늘날과 같은 5대양 6대주가 되었다. 그 근거로 아프리카 땅과 남아메리카 땅을 합쳐 놓으면 정확한 하나의 땅이 된다. 과거 역사에서 노아 홍수로 인해 전 지구가 물에 잠겼다가 물이 빠지면서 일어난 대격변의 결과로 오늘날의 5대양 6대주가 형성되었다. 그렇기에 노아 홍수 이전 시기에 만들어진 에덴동산을 노아 홍수 이후에 형성된 현 지구상에서 찾는다는 것은 창세기 6-9장의 내용을 모르기 때문에 하는 말이다.

결론적으로 현 지구상에서 에덴동산 유적지를 찾으려는 노력은 성경의 무지에서 비롯된 발상이다.

셋째, 에덴동산과 미래의 천국은 같은 곳인가, 다른 곳인가?

밀턴의 《실락원》과 《복락원》은 하나의 문학 소설이다. 그러나 밀턴은 성경에 대해 너무 무지했다. 왜냐하면 예수 믿는 이들이 죽은 후에 가는 천국을 과거 아담과 하와가 잃어버린 낙원을 다시 회복하는 것으로 오해했기 때문이다. 지금도 어떤 이들은 미래 성도들이 가게 될 천국을 아담과 하와가 쫓겨난 낙원을 다시 회복하는 것으로 착각하고 있다.

그러니 창세기 2-3장에 기록된 에덴동산과 요한계시록 21-22장에 기록된 천국은 완전히 다르다. 어떻게 다른지 비교해 보면 다음과 같다.

① 에덴동산에는 생명나무와 선악과가 함께 있었다. 그러나 천국은 생명나무만 있고, 구원받은 성도만 가기 때문에 선악과가 존재하지 않는다.

② 에덴동산의 생명나무는 기타 다른 각종 나무 중 하나이지만, 천국의 생명나무는 한 가지만 있다.

③ 에덴동산의 생명나무는 오로지 한 나무에서 한 종류의 열매만 맺으나, 천국의 생명나무는 한 나무가 열두 가지 열매를 달마다 맺는다.

④ 에덴동산은 경작을 위한 노동이 필수 조건이나, 천국은 노동이 필요 없다.

⑤ 에덴동산에는 각종 들짐승과 공중의 새가 있으나 천국에는 짐승도 새도 없다.

⑥ 에덴동산에서는 남녀가 부부로 지내지만, 천국에는 부부가 없고 모두가 형제자매다.

⑦ 에덴동산은 사탄이 근접해서 유혹이 가능한 곳이나, 천국은 사탄이 멸망당해 없고 성도들과 주님만 있는 곳이다.

⑧ 에덴동산의 선악과는 선악을 알게 하는 지식의 나무였으나, 천국은 지식이 필요 없고 생명만 있는 곳이다.

⑨ 에덴동산은 부부의 윤리, 도덕, 예의가 필요한 곳이나, 천국은 성령의 지배로 윤리, 도덕, 예의가 필요치 않다.

⑩ 에덴동산은 누군가가 접근하지 못하도록 그룹들과 두루 도는 불칼이 지키는 곳이지만, 천국은 하나님, 주님, 성도들이 주인이고 천사가 성도들의 수종을 드는 곳이다.

이 모든 내용을 비교해 볼 때 우리가 잃어버린 옛 에덴동산은 동경할 만한 것이 되지 못한다. 옛 에덴동산을 그리워하고 사모하는 신앙은 창세기 신앙만 알고 요한계시록의 신앙은 모르는 종말론 신앙의 무지에서 비롯된 반쪽짜리 신앙에 불과한 것이다.

그러면 에덴동산에 관한 사실을 통해 우리가 배울 수 있는 교훈은 무엇인가?

첫째로, 영적 피조물인 인간은 영적 가치를 최우선 순위로 삼아야 미래의 희망이 있다. 하나님께서 인간을 흙으로 만드시고 그 코에 하나님의 생기를 불어넣음으로 흙덩어리가 살아 꿈틀거리는 생령이 되었다. 우리는 마치 현재 내가 스스로 살아 움직이고 활동하니까 살아있는 것으로 착각한다. 그러나 하나님께서 어느 순간 그 생기를 뽑아가시면 우리는 곧바로 혐오스러운 시신이 되고 만다. 우리가 살아가는 동안 최고의 가치로 삼아야 하는 것은 영적인 가치다.

둘째로, 인간의 완벽한 환경은 인간을 구원하지 못한다. 에덴동산은 4대 강이 있고, 생명나무가 있고, 선악과가 있고, 각종 들짐승과 공중의 새들이 있었다. 그곳은 동산을 경작하고 지키기만 하면 영원히 살 수 있는, 최상의 복지 환경이 조성된 곳이었다. 그러나 인간은 그렇게 좋은 복지 환경에도 만족할 줄을 몰랐다.

인간들은 사회보장제도, 연금제도, 복지정책 등 경제적 환경만 조성되면 행복할 것이라고 착각한다. 그러나 전 세계에서 복지정책이 가장 잘 실행되고 있는 스웨덴, 핀란드, 노르웨이 등은 전 세계적으로 자살률, 동성애 비율이 제일 높다. 모두가 좋은 환경을 동경하지만 영혼의 심령이 하나님과 일치되지 않는 한 불행은 계속 되풀이된다.

셋째로, 과거 에덴동산에서 경험한 실패의 교훈은 신약의 요한복음 3장 16절에서 새로운 길을 제시해 주었다. 그 길이 무엇인가? 하나님께서 우리 인간을 끝없이 사랑하는 하나님의 사랑, 그 하나님의 사랑이 독생자 예수 그리스도의 희생의 죽음으로 실현됐다는 대속의 진리다. 주님을 영접하는 자는 영원한 천국에서 영생한다는 진리, 그 영원한 천국은 죽어서 가는 것이 아니라 이 땅에 있는 동안 심령 속에 그리스도를 모시는 심령의 천국에서 시작된다는 진리를 깨닫는 것이다.

과거의 에덴동산은 더는 바라볼 희망 사항이 아니다. 에덴동산보다 더 완전하고 영원한 천국의 소망만이 모든 문제의 답이다.

제20장

타락과 원죄[31]

오늘은 창세기 3장에 기록된 내용을 근거로 크게 타락의 원인과 결과를 살펴보고자 한다.

첫째, 타락의 원인

(1) 사탄의 유혹

가장 큰 원인은 사탄의 유혹이다. 여기서 먼저 사탄의 기원에 대해 알아보자. 창세기 1-2장에는 사탄의 활동에 대한 내용이 전혀 없다. 그런데 갑자기 창세기 3장에서 사탄의 조상인 뱀의 유혹이 나온다. 여기서 뱀은 창세기 1장 24절에서 하나님께서 땅의 짐승들을 창조하실 때 가축과 땅에 기는 것으로 만드신 창조물 중 하나다. 그런데 그런 창조물 중 하나인 뱀이 어떻게 사탄의 도구가 되었는가? 이것은 사

---

31) 정수영, 창세기의 인물들, 쿰란출판사, 2014, pp.15~41.

탄의 기원이 창조물들보다 앞선다는 논리가 성립되게 한다. 그렇다면 우주 만물이 창조되기 이전에 사탄이 창조됐다는 이런 해괴한 논리가 도대체 어디 있으며, 또 성경적 근거가 어디 있는가? 이에 대해 사탄의 기원을 설명하는 성경학자들의 설명을 살펴보자.

욥기 38장 4-7절을 보면 하나님께서 욥에게 질문하시는 내용이 나온다. 4절에서 하나님께서 "내가 땅의 기초를 놓을 때에"라고 하며 창세기 1장에 기록된 하나님께서 천지 우주 만물을 창조하시려고 기초를 놓을 때를 말씀하신다. 그리고 7절에서 "그때에 새벽별들이 기뻐 노래하며 하나님의 아들들이 다 기뻐 소리를 질렀느니라"라고 말씀하신다. 이 표현을 보면 우주 만물을 창조하시려고 기초를 놓을 때 새벽별과 하나님의 아들들로 표현된 천사들이 크게 소리를 질렀다. 이는 곧 하나님께서 우주 만물의 창조물을 만드시기 이전에 이미 영적 존재인 천사들을 먼저 창조해 놓으신 것으로 추정하게 한다.

그런데 에스겔 28장 13-19절의 두로 왕이 받을 심판을 예언하는 내용 중에 옛날 에덴동산에서 추방당하는 천사에 관한 이야기가 나온다.

13절 옛적에 하나님의 동산 에덴에 있어서

14절 너는 기름 부음을 받고 지키는 그룹[천사 중 한 계급]임이여…하나님의 성산에 있어서 불타는 돌들 사이에 왕래하였도다

15절 마침내 네게서 불의가 드러났도다

16절 너 지키는 그룹아…하나님의 산에서 쫓아냈고

18절 너를 땅 위에 재가 되게 하였도다

이 본문을 보면 우주 만물 창조 전에 천사가 창조됐고, 그 천사가 에덴동산에서 화려하게 살던 나머지 교만해져 하나님의 진노로 하늘에 추방당한다. 에덴동산의 그 완벽한 곳에서 영적 존재였던 천사가 교만함으로 추방을 당해 사탄이 된 것이다. 이 사탄이 에덴동산에 사는 뱀을 이용해 아담과 하와를 유혹하게 만든다.

사탄은 천사가 타락한 영적 존재다. 사탄은 에덴동산에서 인류의 조상을 타락하게 거짓말로 유혹한 영적 존재다. 그 사탄이 에덴동산에서 쫓겨나 현재는 "하늘에 있는 악의 영들"(엡 6:12)로 공중 권세를 장악하고 있다. 이 사탄을 요한계시록 12장 9절에서는 "큰 용이 내쫓기니 옛 뱀 곧 마귀라고도 하고 사탄이라고도 하며 온 천하를 꾀는 자라"라고 했다. 사탄은 과거 에덴동산의 아담과 하와뿐이라 인류 역사에 큰 불행을 가져온 모든 악인 속에 들어가 세상에 큰 비극들을 가져왔다. 과거의 타락한 교황들, 부패한 군주들, 세계 인류를 비극으로 몰아간 스탈린, 히틀러, 무솔리니, 김일성 등이며 지금은 러시아 푸틴이 사탄에 사로잡혀 있다.

사탄의 유혹은 가장 가까운 사람들을 통해 접근해 온다. 마태복음 16장 18절에서 예수님은 "너는 베드로라 내가 이 반석 위에 내 교회를 세우리니"라고 하시며 베드로를 극찬해 주신다. 그런데 곧이어 16장 23절에서 "사탄아 내 뒤로 물러가라 너는 나를 넘어지게 하는 자로다"고 준엄하게 책망하신다. 사탄은 부부 사이든 형제 사이든 가장 가깝게 지내는 사람을 통해 끼어들어 교활하게 유혹한다. 인류의 시조인 아담과 하와는 사탄 때문에 망한다.

(2) 말씀불신

타락은 하나님 말씀의 불신에 비롯된다.

3장의 말씀을 자세히 살펴보자. "뱀이 여자에게 물어 이르되 하나님이 참으로 너희에게 동산 모든 나무의 열매를 먹지 말라 하시더냐"(1절). 이 얼마나 교활한 거짓말인가? 창세기 2장 16절에서 하나님은 "동산 각종 나무의 열매는 네가 임의로 먹되"라고 하셨다. 그런데 뱀은 "동산 모든 나무의 열매를 먹지 말라고 했단 말이냐? 그것이 참으로 사실이냐?" 하며 사실일 리가 없다는 생각을 할 수 있도록 반어법적으로 질문한다. 이때 여자가 뱀에게 "동산 중앙에 있는 나무의 열매는 하나님의 말씀에 너희는 먹지도 말고 만지지도 말라 너희가 죽을까 하노라 하셨느니라"(창 3:3)라고 대답한다. 여기서 보면 여자는 하나님의 말씀에 내용을 덧붙이고, '반드시 죽으리라'는 경고를 '죽을까 하노라'로 약화시킨다.

아담과 하와가 왜 타락했는가? 이들이 하나님 말씀만 듣고 한눈팔지 않았을 때는 에덴동산의 주인공으로 지상 낙원을 누리며 살아갔다. 그런데 하나님 말씀만 듣는 것이 아니라 사탄의 말도 듣고 하나님의 말씀과 사탄의 말을 비교하면서 타락하게 되었다.

이것은 기독교 2천 년 역사에서 계속 반복된다. 과거 아담과 하와가 하나님의 말씀을 불신하고 사탄의 말을 들은 것처럼, 2천 년 교회 역사에서도 교회가 하나님 말씀대로 하나님과의 관계를 유지하지 않고 사람들의 말, 철학자들의 말, 신학자들의 말, 유명한 사람의 말을 들으면서 교회에서 영성이 떠나가고 형식적인 종교 껍데기만 계승되고 있다. 이제 타락의 결과를 계승하는 교회 역사를 살펴보자.

둘째, 타락의 결과

(1) 아담과 하와에게 따른 결과

우리는 최초의 인간인 아담과 하와의 후손들이다. 그렇기에 아담과 하와가 범죄함으로 어떤 결과를 가져왔는지 이에 대해 정확히 이해해야 인간의 본성을 바로 깨닫게 되고, 아울러 수다한 궤변에 흔들리지 않을 수 있다.

아담과 하와의 타락은 어떤 결과를 가져왔는가? 한마디로 최초에 창조된 하나님의 성품대로의 창조가 완전히 균형이 깨져 버렸다. 하나님께서 창조하신 최초의 창조물은 세 가지 속성으로 구성됐다.

① 흙이라는 본능적 요소 - 먹고, 살고, 후손을 번식하려는 본능적 요소

② 하나님의 생기라는 영적 요소

③ 하나님의 생기가 생명을 유지하는 동안 활동하게 하는 생령이라는 지성적 요소

이 세 가지 요소가 약 33%씩 결합된 균형 잡힌 인간이었다.

그런데 아담과 하와의 타락으로 상황이 바뀌었다.

① 흙의 본능은 그대로 유지됐으나

② 하나님의 생기인 영적 요소가 33%에서 10%로 줄어들고

③ 살아서 활동하는 지적 요소가 33%에서 50%로 증가했다.

인간에게서 하나님의 성품이 축소되는 이것이 타락의 결과다.

이 같은 정확한 성경 인식이 타락한 두 사람에게 적용된다. 아담과 하와가 타락했을 때 현상을 보라.

① 흙의 본능은 그대로 유지되는데 남편의 다스림을 받게 되고, 임신의 고통을 거쳐야 후손을 이을 수 있으며, 땀을 흘려야 먹을 수 있

다. 최후에는 흙으로 환원된다.

② 타락 전에는 하나님과 소통하는 영적인 인간이었으나 타락 후 영성이 급격하게 줄어듦으로 하나님 앞에서 숨게 된다. 33%의 영성이 10%로 줄어든다.

③ 영성이 건강할 때는 벌거벗었으나 수치를 몰랐다. 그러나 타락 후 선악을 아는 지성이 33%에서 50%로 상승하자 수치를 알게 되고 눈이 밝아져 무화과나무 잎으로 수치를 가리려는 지능이 더 크게 발달됐다.

즉 타락의 결과로 흙의 본능인 육체는 그대로 유지됐으나, 영적 요소는 급격하게 줄어들고, 지적 요소는 거대하게 증가됐다.

이렇게 영적 본성이 줄어들고 지적 요소만 높아진 것이 타락한 인간의 현실이었다. 이렇게 영적 본성이 줄어들고 지적 기능만 높아진 인간은 끝없이 타락한 아담과 하와 같은 상태를 유지해 왔다.

그런데 주님께서 대속의 죽음으로 아담의 후손들에게 본질적으로 계승되는 죄의 문제를 해결해 주셨다. 그래서 주님의 영, 하나님의 영, 성령을 모시는 자들에게는 아담 이래 축소된 영성 10%가 40%로 향상되도록 새로운 피조물로 만들어 주셨다. 그렇기에 10%의 영성이 40% 영성으로 회복된 자는 아담의 후손이 아니라 새로운 피조물로 중생한 성도가 되는 것이다. 신약성경 전체의 진리는 과거 구약의 잃어버린 영성을 성령으로 회복해서 영생을 얻으라는 것으로 집약되고 있다. 신약의 핵심은 성령으로 영생을 얻으라는 것이다.

(2) 아담의 타락에 대한 인간들의 해석

예수님께서는 구약에서 약화된 성령을 자신의 희생으로 회복시켜 주셨다. 그러나 인간들은 이 같은 위대한 예수님의 대속의 공로를 믿지 않고, 아담과 하와의 타락에 대한 구구한 억측으로 2천 년 교회 역사에서 쓸모없는 소모전을 계속해 오고 있다. 참으로 불행한 교회 역사다.

2천 년 교회 역사를 보면 창세기 3장에 있는 인간 타락의 참상에만 몰두하고, 요한복음 3장의 예수님의 영성 회복의 진리는 소홀히 해온 것이 사실이다. 이제 과거 2천 년 동안 핵심을 외면하고 껍데기만 추구해 온 서글픈 교회 역사를 살펴보자.

1) 교부 시대(100~500)

교부 시대 때 아담의 타락 상태를 독특하게 설명하여 후세에 영향을 끼친 두 사람이 있다.

① 테르툴리아누스(160~220)

테르툴리아누스는 변호사였다가 기독교도들이 억울하게 죽으면서도 평화롭게 죽어가는 것을 보고 회개해서 그리스도인이 되었다. 이 사람이 법학에서 사용되는 '원죄'(原罪)와 '삼위일체'라는 말을 처음으로 기독교에 도입했다. 또 예레미야 31장 31-34절을 근거로 '새 언약인 신약', '옛 언약인 구약'이라는 말도 그가 최초로 사용했다.

② 히포의 감독 아우구스티누스(350~430)는 영국의 수도사 펠라기우스와 아담의 타락 결과에 대한 논쟁을 했다.

이 두 사람은 원죄가 모든 인류에게 계승되는지, 아니면 아담에게만 적용되는지를 놓고 수년간 격렬한 논쟁을 계속했다. 펠라기우스는 "원죄란 없다. 각 사람은 각각 자기가 지은 죄에 대해서만 책임이 따른다"라고 주장했다. 반면 아우구스티누스는 "아담이 지은 원죄는 그 후손 모두에게 적용된다. 원죄의 해결 방법은 유아세례다"

라고 주장했다.

그러나 로마서 5장 12절의 "그러므로 한 사람으로 말미암아 죄가 세상에 들어오고"라는 말씀과 5장 19절의 "한 사람이 순종하지 아니함으로 많은 사람이 죄인 된 것같이"라는 말씀처럼 원죄를 인정하는 것이 성경의 진리다. 이후 원죄는 기독교 진리로 정착된다.

2) 종교개혁 시대(1500년경)

1516년 최초로 헬라어 신약성경을 번역한 성경학자인 에라스무스는 창세기 3장을 근거로 자유의지를 주장한다. 에라스무스는 아담과 하와가 꼭두각시나 로봇이 아니라 선악과를 따 먹을 수도 있고, 따 먹지 않을 수도 있는 자유의지를 가졌으며, 아담의 후손들이 타락했어도 자유의지는 남아 있다고 설명했다. 그러자 루터가 에라스무스의 자유의지와 반대되는 노예의지로 에라스무스를 공격했다. "인간이 스스로 선택할 자유의지가 있다면 인간이 하나님의 역사와 사역에 협동이 가능하다는 신인협동설의 모순이 뒤따를 수 있다. 인간의 자유의지 인정은 신성 모독의 위험성이 있는 이론이다. 인간은 하나님께 순종할 노예의지만 있다." 이 같은 루터의 강경한 주장으로 에라스무스의 자유의지론은 빛을 보지 못한다.

3) 근대 시대(1600년경)

종교개혁 후 100여 년이 흘렀다. 종교개혁자 칼빈의 이중예정 사상은 100여 년 후 네덜란드에서 커다란 논쟁으로 확대된다. 그 논쟁은 칼빈의 이중예정 사상을 반대하는 아르미니우스의 주장으로 시작된다. 아르미니우스(1560~1609) 추종자들이 1610년 칼빈주의의 이중예정을 반대하는 집단 항의서를 제기한다. 이에 대응하여 칼빈주의

자들은 도르트 총회(1618~1619)에서 칼빈주의 5대 강령을 채택한다.

칼빈주의와 아르미니안주의의 5대 강령의 차이는 다음과 같다.

① 전적 타락 vs 자연적 무능력

② 무조건 선택 vs 조건적 선택

③ 제한 속죄 vs 보편 속죄

④ 불가항력적 은혜 vs 조건적 은혜

⑤ 성도의 견인 vs 조건적 견인

칼빈주의의 이 5대 강령이 그로부터 500년이 지난 지금까지 그대로 계승되고 있다.

이 중에서 인간의 자유의지에 대한 양쪽의 견해차를 살펴보자.

칼빈주의자들의 주장은 다음과 같다. "아담과 하와의 타락으로 자유의지는 완전히 상실됐다. 그렇기에 하나님의 절대 예정에 의해 무조건적으로 선택된 자만 구원을 얻는다. 아울러 그리스도의 대속의 죽음은 구원받도록 선택된 사람들에게만 적용되는 것일 뿐, 그것이 만인을 위한 대속이라면 그리스도의 희생을 헛되게 하는 잘못된 주장이다."

이에 반해 아르미니안주의자들은 아담이 타락함으로 자유의지가 훼손된 것은 맞지만, 타락한 인간에게 자연적 무능이 왔을 뿐 자유의지가 상실된 것은 아니라고 주장한다. 이와 같은 자유의지에 대한 지나친 강조는 자유의지로 인간 스스로 구원에 이른다는 오류를 만들어 낸다.

교회는 2천 년 역사를 계승해 오고 있다. 그런데 오늘날 교회 지도자들은 교회 내 논쟁이 생길 때마다 성경 말씀 자체에서 답을 찾으려 하지 않고 한낱 인간에 불과한 과거 유명 학자나 교부들의 해석을 따라가며 교회를 무기력하게 만들어 가고 있다.

과연 칼빈주의자들의 주장대로 아담의 타락 이후 인간은 전적으로 타락해서 자유의지가 없고 하나님께 선택된 자만 이 교회를 다니고 그들만이 구원받는가?

로마서 1장 19-20절에 따르면, 하나님께서는 창세로부터 그의 영원하신 능력과 신성을 그의 만드신 만물을 통해 깨닫게 해주셨다. 하나님께 선택받지 못한 일반인도 하나님을 알 수 있다는 것이다. 로마서 5장 8절에서는 "우리가 아직 죄인 되었을 때에 그리스도께서 우리를 위하여 죽으심으로 하나님께서 우리에 대한 자기의 사랑을 확증하셨느니라"라고 말씀한다. 하나님께서는 우리가 죄인인 상태인데도 사랑하고 계신다.

"그를 믿는 자마다 멸망하지 않고 영생을 얻게 하려 하심이라" 했다(요 3:16).

"내 말을 듣고 또 나 보내신 이를 믿는 자는 영생을 얻을 것이고가 아닌 영생을 얻었고 심판에 이르지 아니하나니 사망에서 생명으로 옮겼느니라"(요 5:24).

"내가 하나님의 아들의 이름을 믿는 너희에게 이것을 쓰는 것은 너희로 하여금 너희에게 영생이 있음을 알게 하려 함이라"(요일 5:13).

오늘날 교회는 잘못된 성경 해석으로 혼란을 거듭하고 있다. 그러나 성경 말씀대로만 회복된다면 살 소망이 있다. 타락으로 영성이 상실된 인간이라도 성령으로 거듭나기만 하면 그는 다시금 타락 이전으로 회복될 희망이 있는 것이다. 그 회복은 지상이 아닌 미래에 천국에서 회복될 소망이다.

제21장

가인과 아벨[32)]

창세기 1-2장은 매우 감동적인 내용으로 시작된다. 하나님께서 아무것도 없는 공허와 혼돈의 세계에 빛, 궁창, 땅, 바다, 하늘의 광명체, 바다의 물고기, 공중의 새, 짐승과 인간을 창조하셨다. 그리고 인간에게 그 모든 것을 다스리도록 특권을 주고 그들이 살 수 있는 최상의 낙원 에덴동산을 주셨다.

그런데 창세기 3장 이하부터는 인간의 타락, 가인이 아벨을 죽이는 친족 살해, 그리고 가인의 후손들의 번영과 단절이라는 비극의 역사가 이어진다.

창세기 4장은 가인과 아벨이라는 두 사람의 생애를 설명한다. 그런데 창세기 3장의 아담과 하와의 이야기가 전 인류의 조상에 관한 이야기이듯, 창세기 4장의 가인과 아벨의 이야기도 최초의 인간들의 삶에 대한 하나님의 심판 내용인 것이다. 이제 창세기 4장을 통해 가

32) 정수영, 앞의 책, pp.45~60.

인과 아벨은 곧 모든 인생이 꼭 배워야 할 진리임을 살펴보자.

첫째, 삶의 중간 평가

1절은 아담과 하와가 가인과 아벨은 낳은 내용이고, 2절은 가인과 아벨이 장성한 후 가인은 농사짓는 자, 아벨은 양치는 자가 된 이야기다. 이어 3절은 "세월이 지난 후에" 두 사람의 삶을 중간 평가하는 내용이 소개된다.

3절의 '세월이 지난 후에'의 원문은 '와예히 믹케츠 야밈'(וַיְהִי מִקֵּץ יָמִים)으로, '지금까지 살아온 삶을 정리한다', '심사받는다'는 뜻이 있다.

가인과 아벨은 성인이 되어 각각 다른 직업을 가지고 자기에게 맞는 인생을 살아갔다. 그런데 세월이 흐른 후에 각자의 삶을 심사받는 중간 평가라는 매우 귀중한 기회가 찾아왔다. 우리나라와 달리 미국은 대통령 선거 2년 후 대통령의 능력을 중간 평가하는 의미로 전국 많은 곳에서 주지사 선거가 있다. 미국 주지사 선거는 단지 해당 주와만 관련된 것이 아니라 대통령의 중간 평가의 기회다. 이처럼 미국 대통령들은 임기 내 중간 평가를 받는다.

가인과 아벨도 그런 중간 평가의 기회가 왔다. 평가 방법은 하나님께 제물을 바치고 평가를 받는 것이었다. 이렇게 중요한 때 가인은 농사짓는 자였기에 땅의 소산물을 드렸고, 아벨은 양 치는 자였기에 양의 첫 새끼와 기름으로 제물을 드렸다. 이에 관한 창세기 4장 3-4절의 내용만으로는 두 사람이 드린 제물의 차이를 쉽게 깨닫기 어렵다. 그런데 신약성경 히브리서 11장 믿음 장에서 제일 처음으로 아벨을 소개하며 "믿음으로 아벨은 가인보다 더 나은 제사를 하나님께 드림으로 의로운 자라 하시는 증거를 얻었으니"라고 말씀한다.

아벨의 '더 나은 제사'가 무엇인가? 그에 대한 설명이 창세기 4장

4절의 “양의 첫 새끼와 그 기름”이다. ‘양의 첫 새끼’라는 우리말 성경 번역은 ‘새끼 양’이라는 뉘앙스를 풍기나, 원문 ‘밉베코로트’(מִבְּכֹרות)는 복수형으로 양 여러 마리라는 뜻이고, 또 ‘첫’이라는 ‘뻬코라’(בכורה)라는 말은 ‘가장 뛰어난 것’, ‘우두머리’란 뜻이다. 따라서 원문은 아벨은 자기가 기르는 양 중에서 가장 뛰어나고 우수한 양 여러 마리를 바쳤다는 뜻이다. 그리고 기름으로 드렸다는 말은 양의 고기들 중에서 가장 값나가는 부위가 많은 양을 바쳤다는 의미다.

가인이나 아벨이 인생의 중간 평가를 받는 중요한 시기가 됐을 때, 가인은 농사꾼이었기에 농산물 중에서 일부분을 구별해서 하나님께 바쳤을 것이다. 반면 아벨은 양 치는 자였기에 양을 바쳐야 하는데 양들 중에서 아무거나 닥치는 대로 바치지 않고 가장 값비싼 최상의 양들을 골라 한 마리가 아니라 여러 마리를 바쳤다. 이렇게 제물의 형식은 같으나 가인은 정성도, 감사도, 존경도 없이 그저 형식적인 제물을 바쳤다. 그에 반해 아벨은 최대의 감사를 표하기 위해 자기가 가진 것 중에서 제일 좋은 양 여러 마리를 바쳤다.

그뿐 아니다. 하나님께서는 단지 제물만 본 것이 아니라 제물을 바치는 자의 인격도 함께 보셨다. 그 근거가 “여호와께서 아벨과 그의 제물은 받으셨으나 가인과 그의 제물은 받지 아니하신지라”라는 말씀이다. 하나님께서 ‘가인과 그의 제물’을 받지 않으셨다는 것은 가인의 ‘제물’만 받지 않으신 것이 아니라 가인의 인격까지 받지 않으셨다는 뜻이다. 그것이 “아벨과 그의 제물은”라는 표현과 “가인과 그의 제물은”이라는 표현이다.

사람들이 자주 하는 착각과 오해가 있다. 그것은 하나님은 많은 물질, 많은 양을 바쳐야 기뻐하신다고 생각하는 것이다. 그러나 이것은 자본주의 세상의 영향을 받은 비성경적 발상이다. 하나님은 그 사람이 어떤 삶을 살아가는지 그의 인격과 신앙, 정성을 보신다. 삶은 엉망이면서 물질만 많이 바치면 하나님께서 좋아하실 것이라는 생각은 자본주의적 사고다. 하나님은 옛날이나 지금이나 물질이 필요한 분이 아니시다. 천하 우주 만물이 다 하나님의 것이기에 인간이 아무리 많은 것을 바쳐도 하나님은 만족하지 않으신다. 하나님은 그가 정말 성령으로 거듭나 주님의 형상을 닮아 가고 있는지 그 인격 자체에 관심을 가지신다.

둘째, 잘못에 대한 죄인들의 저항

사람은 얼마든지 잘못 판단할 수 있다. 아담과 하와가 사탄의 말을 듣고 하나님 말씀보다 사탄의 말을 더 신뢰할 때 저주가 따랐다. 가인은 부모의 실패를 통해 하나님을 두렵게 여기고 진실하게 살아가야 함에도, 부모가 에덴동산에서 추방당한 후 하나님을 원망하는 것만 보면서 되는 대로 살아갔다. 그래서 형식적인 제물을 드렸다. 이것을 보신 하나님은 가인과 그 제물을 열납하지 않으셨다.

우리가 겪는 재난, 재앙, 불행, 비극, 고난 등 이 모든 것의 원인은 80~90%가 우리 자신의 잘못된 생각, 판단, 결정에서 비롯된다. 아담과 하와의 불행도 자기들의 잘못 때문이었고, 가인의 문제도 자기가 잘못한 데서 발생했다. 그런데도 가인은 자기가 잘못 살아왔고 제물도 성의 없이 바쳤기 때문이라고 생각하지 않고, 그저 자기 제물이 열납되지 않은 것에만 집착한다. 그래서 몹시 분하여 안색이 변한다. 가인이 자기 제물을 열납하지 않은 하나님께 적개심을 갖고 흥분했다는 것이다.

이때 하나님은 가인의 잘못의 심각성을 경고하신다. "네가 선을 행했으면 낯을 들고 살아갈 수 있다. 그러나 선을 행하지 않으면 사탄 마귀가 네 마음의 문턱에서 너를 노리고 있다가 네가 딴생각을 하자마자 득달같이 너를 사로잡을 것이다." 아주 무서운 경고의 말씀을 해주신다. 아마도 하나님은 용렬하고 속 좁은 가인이 그토록 흥분하는 것을 보시고 그가 큰일을 저지를 위험이 있는 사람임을 아셨던 것 같다.

하나님은 "죄가 너를 원하나 너는 죄를 다스릴지니라"라는 무섭고도 위험천만한 말씀으로 경고해 주셨다. 그러나 가인은 이미 마음속에 아벨을 죽여야 자기가 하나님께 인정받을 수 있다는 생각을 가졌다. 그래서 결국 자기 동생 아벨을 쳐 죽이는 살인자가 된다. 가인은 하나님께서 "네 아우 아벨이 어디 있느냐?" 하고 물으시자 동생을 죽여 놓고도 "내가 알지 못한다"라고 거짓말한다. 그때 하나님은 "네 아우의 핏소리가 땅에서부터 내게 호소한다"라고 말씀하신다.

여기서 '피'라는 단어 '떼메'(דְּמֵי)와 '소리'라는 단어 '콜'(קוֹל)은 반대되는 속성의 단어다. 피는 흐르고 난 후 사라지고 마는데, 그것이 소리를 낸다는 말은 논리적 부조화를 나타낸다. 그러나 이는 억울하게 죽은 아벨의 피가 약하고, 보잘것없고, 땅에서 흔적도 없이 사라졌으나 억울한 생령의 한 많은 호소는 하나님께서 결코 외면하시지 않는다는 뜻이다. 과거 초대교회의 순교자들, 중세기 가톨릭교회 시대의 순교자들, 히틀러나 스탈린이나 김일성에 의해 억울하게 죽은 자들의 울부짖음도 하나님께서는 다 듣고 계신다.

하나님께서 가인의 살인죄에 다음과 같은 저주를 선포하신다.

① 땅에서 저주를 받을 것(11-12절)

땅의 저주는 아담의 범죄 때 이미 선포됐다(창 3:17). 그런데 가인 때 땅의 저주는 밭을 갈아도 땅이 효력을 주지 않는 저주로 확대된다.

② 땅에서 피하며 유리하는 자가 될 것(12절)

하나님은 가인이 한곳에 정착하지 못하고 마음에 쉼 없이 불어닥치는 공포, 슬픔으로 부랑자가 될 것을 선언한다. 창세기 4장 17절은 가인이 성을 쌓고 그 성의 이름을 에녹이라고 했다고 말씀한다. 사람들이 성(城)을 쌓고 성문을 열고 닫는 것은 군주가 생겼을 때 하는 일이다. 그런데 인류 최초로 가인이 성을 쌓았다는 것은 평생 성을 만들며 공포 속에 갇혀 살아갔다는 뜻이다. 이때 가인은 자기가 유리하는 자가 되면 만나는 사람마다 자기를 죽일 것이라고 항의한다. 많은 사람이 이 구절을 근거로 당시 아담, 하와, 가인 외에 또 다른 사람이 있었는지 궁금해한다. 이 말은 아담, 하와, 가인 외에 아담의 딸들에 의한 다른 자녀들이 더 있었을 것으로 추측해 볼 수 있다. 분명한 것은 가인은 아우를 죽인 죄의 대가로 평생 공포 속에서 피하고 유리하며 성을 쌓고 염려 속에서 살아갔을 것이라는 점이다.

③ 가인의 자손들의 번성과 단절(창 4:16-24)

가인은 이제 평생 성을 쌓고 성채 안에서 은둔 생활을 해 간다. 그러면서 아담의 딸로 추정되는 아내와의 사이에서 자식들을 많이 생산한다. 가인의 후손이 에녹, 이랏, 므후야엘, 므두사엘, 라멕 등 5대나 계속 대를 이어가며 번창한다(18절). 이렇게 5대를 이어 번창한 가인의 후손 중에는 라멕이 두 아내를 거느리는 축첩 가정을 이루고, 라멕의 아들들 중에는 가축 치는 자의 조상인 야발, 수금과 퉁소를 연주하는 자들의 조상인 유발, 구리와 쇠로 기구를 만드는 공업가의 조상인 두발가인, 또 나아마라는 딸 등이 있다.

이처럼 가인의 후손들이 인류 문명을 창설하는 문명의 창설자로 등장한다. 그러나 이런 자녀들을 둔 아버지 라멕은 두 아내를 거느린 비도덕적인 조상이고, 또 그는 자기가 받은 작은 상처로 인해 소년을 죽이는 살인자가 된다. 이렇게 부도덕한 축첩자요 살인자가 “가인을 위하여는 벌이 칠 배일진대 라멕을 위하여는 벌이 칠십칠 배이리로다”라는 ‘칼의 노래’로 오만방자한 삶을 살아간다.

이 이야기에서 우리는 참으로 무서운 죄악의 폭증 현상을 본다. 가인은 자기 동생 아벨 하나를 죽인 것으로 평생 유리하며 피하는 자로 살아가야 하는 불행을 겪게 된다. 가인이 자기 벌이 너무 크다고 항의하자 하나님은 최초의 인류 보존을 위해 그에게 ‘표’를 줘서 죽임을 면케 하고, 가인을 죽이는 자는 벌을 7배나 받을 것으로 보호를 약속해 주셨다.

그런데 가인의 5대손 라멕은 자녀들이 세상적으로 성공하는 유명인이 된다. 그렇게 가인의 후손들이 세상적으로 크게 성공해 유명해짐으로 그들의 후손의 이름이 드러난다. 그러나 라멕은 죄인 중의 죄인이었다. 먼저 창세기 2장 24절의 한 남자와 한 여자의 결합 원리를 거슬러 아다와 씰라라는 두 여자와 결혼함으로 하나님의 가정 질서를 무너뜨렸다. 그리고 자기에게 작은 상처를 준 소년을 죽였다. 가인은 아벨을 죽인 죄의 대가로 피하고 유리하며 살아가는 참혹한 벌을 받았다. 그런데 라멕은 소년을 죽이고도 기고만장하게 큰소리치고 살아갔다.

이렇게 부도덕하고 사람을 죽이고 뉘우칠 줄 모르는 오만한 자를 하나님께서 어떻게 취급하시는가?

셋째, 죄악에 대한 하나님의 처리

하나님께서는 살인한 가인을 용서해 주셨다. 또 가인의 후손들이 크게 번창하도록 육신의 후손들에게 많은 것을 주셨다. 그런데 대를 거듭할수록 죄의 규모가 커지고 근절되지 않는 죄의 계승을 보신 하나님이 어떻게 이 가인의 후손을 처리하시는가?

그 내용은 죄인의 후손이 아닌 믿음의 후손으로 아담을 통해 아벨 대신 다른 씨로 셋을 주시고, 셋의 후손 에노스 때 비로소 여호와를 부르게 되었다.

이 창세기 4장 26절에서 셋이 비로소 여호와의 이름을 불렀다는 의미를 제대로 파악해야 한다. '그때에 사람들'이라는 말은 셋 당시의 한 사람만이 아니라 사람들 전체라는 뜻이다. 그리고 그때에야 비로소 여호와의 이름을 부르기 시작했다. '이름을 부른다'의 원어 '카라'(קָרָא)는 '하나님께 도움을 청했다', '하나님을 찬양했다', '하나님을 경배했다'의 뜻이다.

인류의 조상 아담과 하와는 하나님의 은혜를 최초로 받은 자들이다. 그러나 이들은 하나님을 경배하지 않고 살아갔다. 아담의 큰아들 가인과 그의 후손은 5대를 이어 가며 세상에서 성공하여 명예와 부귀를 누리며 살아갔다. 그러나 가인의 후손 그 누구도 하나님을 경배한 일이 없다. 그런데 아벨 대신 태어난 셋의 후손 중 에노스 때 최초로 하나님에 대한 찬양과 경배가 시작된다.

가인의 후손이 5대에 걸쳐 세상에서 크게 성공하고 살아갔으나 이 모든 것은 5대 라멕으로 끝난다. 그리고 창세기 5장 3절에 아담의 계승자로 셋의 후손이 기록된다. 가인의 후손은 5대 만에 단절되고, 셋의 후손이 인류를 계승한다.

제22장

하나님과 동행한 에녹[33]

성경에 아주 신비한 인물이 두 사람 있다. 이들은 죽지 않고 산 채로 승천했다. 바로 창세기 5장의 에녹과 열왕기하 2장의 엘리야다. 엘리야는 BC 874~853년경 북왕국 제7대 왕 아합 때 인물인데 구름을 타고 승천했다. 그런데 AD 33년경 변화산에서 BC 1500년의 모세와 BC 850년의 엘리야, AD 33년의 예수님이 만난다(마 17:3-4). 모세와 엘리야 모두 죽은 것으로 알았는데 예수님과 변화된 몸으로 만남으로 살아 있음을 증명했다. 그렇게 신비한 엘리야와 함께 죽지 않고 승천한 또 다른 인물이 에녹이다.

창세기 5장에 기록된 이 에녹을 통해 다음 세 가지를 살펴보자.

① 에녹은 어떻게 하나님과 동행하게 됐는가?

② 에녹이 하나님과 동행했다는 것이 무슨 의미인가?

③ 에녹이 하나님과 300년을 동행한 결과가 무엇인가?

---

33) 정수영, 앞의 책, pp.95~109.

첫째, 에녹은 어떻게 하나님과 동행하게 됐는가?

우리말 '동행'은 '길을 같이 간다'는 뜻이다. 그런데 성경에서 '동행'이라는 말이 사용된 사람은 에녹과 노아뿐이다. 이들에게 사용된 '동행'이라는 말은 원어로 '와이트할레크(וַיִּתְהַלֵּךְ)인데 이는 삶의 방식을 함께한다는 뜻이다. 즉 에녹과 노아가 하나님과 함께하는 삶을 살아갔다는 의미다. 이처럼 우리말의 '동행'과 성경의 '동행'은 그 의미가 크게 다르다.

그렇다면 에녹과 노아는 어떻게 하나님과 동행하게 됐을까? 여기서는 먼저 에녹만 살펴보자. 에녹은 어떻게 하나님과 동행하게 됐는가? 창세기 5장에 기록된 아담의 10대 족보를 보자.

4절에서 아담은 셋을 낳은 후 800년을 지내며 자녀들을 낳았다. 가인과 셋만이 아니라 딸들도 낳았으나 그들이 신앙생활을 했다는 언급은 없다. 6절에서 셋도 에노스를 낳고 죽었다. 9절의 에노스도 역시 게난과 자녀들을 낳고 죽는다. 12절의 게난, 15절의 마할랄렐, 18절의 야렛 등 모든 이가 장수하며 아들딸 낳고 살다가 죽는다. 그런데 22절에서 에녹은 65세에 아들 므두셀라를 낳은 후 300년을 하나님과 동행하면서 자녀들을 낳았다. 그리고 하나님이 데려가심으로 세상에 있지 않게 되었다.

아담의 10대 후손 모두 장수하며 아들딸 낳고 살아갔는데 유독 7대손 에녹만 므두셀라를 낳고 하나님과 동행하다 모든 족장과 다르게 365세에 하나님이 데려가심으로 세상에 있지 않게 된다. 에녹이 하나님과 동행하게 된 결정적인 변화는 65세에 므두셀라를 낳으면서 발생한다. 즉 에녹이 하나님과 동행하게 된 결정적 계기가 65세 때 아들 므두셀라를 낳은 것이라는 말이다.

므두셀라의 출생이 에녹의 인생에 전환점이 된 이유가 무엇일까?

히브리인들만 가지고 있는 이름 속에 뜻을 담는 전통에서 그 이유를 찾을 수 있다. 아담은 '인간', '인류'라는 보통명사와 조상의 고유명사이고, 하와는 '생명' 또는 '여자', 가인은 '얻음', 아벨은 '생기', 에녹은 '순종하는 자' 또는 '봉헌된 자', 노아는 '휴식', '안위', '위로', 아브라함은 '열국의 아비', 사라는 '공주', 모세는 '물에서 건졌다', 여호수아는 '예수'(=여호와는 구원), 베드로는 '반석', 요한은 '여호와는 은혜로우시다'이다.

유대인들은 성은 없고 이름만 있다. 야고보는 세베대의 아들 야고보, 알패오의 아들 야고보, 예수의 형제 야고보 등 야고보라는 이름에 설명이 따른다.

에녹은 순종하는 자, 또는 '봉헌된 자'라는 이름을 가진 자로서 65세에 아들을 낳고 그 이름을 므두셀라라고 했다. '므두셀라'(מְתוּשֶׁלַח)의 뜻이 무엇인가? 성경학자들이 '투창의 사람', '무기 다루는 사람', '창 던지는 자' 등 수많은 해석을 내놓았다. 여러 가지 많은 해석 중에 '그가 죽으면 심판이 온다'는 해석도 있다.

창세기 5장 외에 에녹의 생애를 기록한 유다서 14-15절을 보면, 아담의 7대손 에녹이 사람들에게 예언하기를 뭇사람을 경건한 자와 경건하지 않은 자로 심판한다고 했다는 기록이 있다. 이 기록에 근거해서 이해한다면 에녹이 65세에 아들을 낳은 후 그 이름을 므두셀라, 즉 '그가 죽으면 심판이 온다'로 지었고, 또 그가 사람들에게 예언하기를 장차 하나님께서 경건하게 살아갔는지 아닌지 심판하실 것이라고 말하며 살아갔다는 것이다.

에녹은 어떻게 하나님과 동행하게 됐는가? 그가 65세 때 아들을 낳았는데 그때 하나님께서 에녹을 찾아오셨다. 그리고 하나님은 에녹에게 "네 아들이 죽으면 내가 세상을 심판하겠다"고 선언해 주신다. 이때 에녹은 자기 아들에게 '그가 죽으면 심판이 온다'는 뜻의 이름을 지어 주고 날이면 날마다 세상 사람들에게 하나님의 심판을 선포한다. 이렇게 에녹의 인생 변화는 하나님과의 만남에서 시작된다.

우리는 과거 인생과 전혀 달라졌다는 확실한 체험이 있는가? 자기 자신이 달라졌다는 확신과 증거가 없는 자는 여전히 과거에 속한 구시대의 죄인이요, 종교적 습관에 익숙한 종교인일 뿐이다. "나는 과거 죄인이었으나 어느날 완전한 새사람이 되었다"라고 확고한 간증을 일생 동안 계속 거듭할 수 있는 자만이 거듭난 그리스도인인 것이다.

둘째, 에녹이 하나님과 동행했다는 것의 의미

찬송가 430장은 "옛 선지자 에녹같이 우리들도 천국에 들려올라갈 때까지 주와 같이 걷겠네 한 걸음 한 걸음 주 예수와 함께 날마다 날마다 우리 걸어가리"라는 가사로 에녹의 하나님과의 동행을 소개한다.

그런데 우리말의 '동행'이나 영어에서 '동행'이라는 말인 'going together' 'traveling together'는 같은 뜻이다. 그러나 이에 해당하는 원어 '와이트할레크'(וַיִּתְהַלֵּךְ)는 이 단어는 할라크(הָלַךְ)라는 단어가 함께 걷다라는 뜻과 함께 삶의 방식을 따르다라는 뜻의 두 가지 뜻이 포함되어 있다(시 26:3; 잠 20:7 참조). 그리고 전치사 에트(אֵת)와 함께 쓰일 때는 '성관계를 갖다'(욥 34:8; 잠 13:20)라는 의미를 가질 수 있다. 그러므로 에녹은 '하나님과 함께'라는 것은 하나님은 함께 삶의 방식을 함께했다는 뜻으로 한국말이나 영어와 전혀 다르다.

이 세상에 부자지간이면 삶의 방식이 같은가? 부부지간이면 삶의 방식이 같은가? 세상에서는 부부지간에도 경제적인 문제가 개입되면 완전히 갈라지기도 한다. 그에 반해 신실한 믿음 안에서 평생 같은 믿음, 같은 가치관, 같은 삶의 목표로 아름답게 살아가는 부부도 있다.

여기서 에녹은 300년 동안 자기 생각, 자기 목표, 자기 소원대로 살아가지 않고 철저하게 하나님의 뜻에 자기의 모든 것을 맞춰 나가며 삶의 방식 자체가 하나님 중심이었다는 것이다. 과거 종교개혁자 칼빈은 삶의 구호로 철저하게 하나님 중심으로 살아간다고 외쳤다. 그러나 실제로는 자기 사상, 자기주장, 자기 뜻에 따르지 않는 자를 하나님의 이름을 빌려 다 죽이고 추방했다. 그렇기에 그는 입의 말로는 하나님 섬긴다고 외치면서, 행동으로는 자기 반대자들을 죽이고, 추방하고, 증오하는 철저한 위선자였다.

과거 마르크스는 전 세계 노동자들을 위한 공평과 정의를 위해 투쟁해야 한다고 했다. 그런데 전 세계 노동자들이 각 나라에서 공평하고 정의롭게 살아가고 있는가? 전 세계 모든 나라의 노동자 기구는 그들의 단결력으로 정치, 경제, 사회의 주인공으로 살아가고 있다. 그 증거가 한국의 민주노총이고 전 세계 각 나라들의 노조(勞組)들이다.

인류의 비극이 왜 단절되지 않는가? 인간이 하나님의 뜻에 복종하는 삶의 실천이 따르지 않고, 말하는 것과 다르게 자기 스스로 하나님 노릇을 하겠다며 하나님을 거역하고 추방하며 욕망의 삶의 방식을 주장할 때, 그것은 이미 반역의 삶을 살아가는 것이다. 그러나 에녹은 자기의 삶의 방식을 포기하고 하나님의 삶의 방식에 철저하게 복종함으로 300년의 세월 동안 하나님을 기쁘게 해드리고 만족하게 해드렸다.

요즘도 우리 주변에 보면 자기 뜻을 하나님 뜻에 복종시키지 않고 오히려 자기 뜻이 곧 하나님의 뜻이라 왜곡하는 교회 지도자, 자기 뜻이 곧 국가와 민족을 위하는 것이라고 착각하는 정치 지도자, 자기 뜻대로 해야 잘된다는 독선적 운동가 등이 많이 있다. 더구나 지금 세상은 하나님을 제쳐 놓은 인간들의 신학, 철학, 정치, 경제 등이 하나님 자리에 군림함으로 점점 더 암흑 세상이 되어 가고 있다. 어서 속히 인간들의 요소를 추방하고 하나님께서 원하시는 삶으로 하나님을 중심에 모셔야 한다.

셋째, 에녹이 300년간 하나님과 동행한 결과

(1) 에녹 자신의 승천

창세기 5장 24절은 "에녹이 하나님과 동행하더니 하나님이 그를 데려가시므로 세상에 있지 아니하였더라"라고 말씀한다. 여기서 '데려가시므로'는 원어로 '키 라카흐'(כִּי־לָקַח)다. 똑같은 단어가 열왕기하 2장 9-10절에서 엘리야가 자기가 승천하는 것에 대해 엘리사에게 말할 때 사용되었다. '세상에 있지 아니하였더라'라는 말은 죽은 것이 아니라 사람들의 눈에 보이지 않게 되었다는 뜻이다. 결국 에녹이 300년 동안 하나님과 동행한 것은 그가 죽지 않고 산 채로 승천하는 결과를 가져왔다.

이로써 성경에 죽지 않고 산 채로 승천한 사람이 에녹, 엘리야, 그리스도 예수 이렇게 셋이 된다. 에녹이나 엘리야는 죽지 않고 승천했다. 모세는 120세를 살고 벳브올 맞은편 모압 땅에서 죽어 장사됐는데 그가 묻힌 곳을 알지 못한다고 했다(신 34:5-6). 그런데 마태복음 17장 3-4절의 기록에 따르면, 변화산상에서 모세, 엘리야, 예수님 세 사람이 만난다. 모세는 BC 1500년경에 죽었고, 엘리야는 BC 850년경 죽지 않고 승천했다. 인간의 시간 개념으로는 이 셋이 함께 만날 수가 없다. 우리나라 역사로 비유한다면 단군 조선의 단군과 위만조선 때 인물과 고구려의 고주몽이 함께 만났다는 말이다. 이 내용은 주님이 십자가에서 회개하는 강도에게 "네가 나와 함께 낙원에 있으리라"(눅 23:43)라고 하실 때 언급된 '낙원'에 대한 종말론적 이해가 있을 때 알 수 있다. 종말론적 신앙이 결여된 종교인들에게는 이 내용이 이해되지 않는 거리끼는 내용에 불과하다.

(2) 에녹의 심판 선포의 성취

에녹이 65세에 하나님을 만나고 난 후 아들 이름을 '그가 죽으면 심판이 온다'는 뜻으로 '므두셀라'(מְתוּשֶׁלַח)라고 지었다. 과연 므두셀라가 죽은 후에 심판이 왔는가? 창세기 5장 25절에 따르면, 므두셀라는 187세에 라멕을 낳는다. 이어 28절에서는 라멕이 182세에 노아를 낳는다. 노아가 태어났을 때 할아버지 므두셀라는 369세가 된다. 노아라는 손자가 1세 때 할아버지 므두셀라는 369세였다. 노아가 600세가 되면 할아버지 므두셀라는 969세가 된다. 창세기 5장 27절에서 므두셀라는 969세를 살고 죽었다고 했다. 므두셀라가 969세로 죽은 그해가 노아가 600세 되는 해다. 창세기 7장 6절은 "홍수가 땅에 있을 때에 노아가 육백 세라"라고 말씀한다. 앞서 말했듯 '므두셀라'라는 이름은 '그가 죽으면 심판이 온다'라는 뜻이다. 그런데 므두셀라가 969세로 죽던 그 해가 노아가 600세 되던 해로 모든 짐승과 인간이 대 심판을 받는 노아의 홍수가 결행되었다. '므두셀라'라는 이름의 뜻 그대로 노아 홍수의 심판이 이루어진 것이다.

이 얼마나 철저하고 완벽한 하나님의 섭리인가? 에녹은 65세에 아들을 낳았을 때 하나님을 만난다. 하나님을 만난 에녹은 자기 아들이 죽으면 세상을 심판하시겠다는 하나님의 비밀을 알게 된다. 하나님의 비밀을 안 에녹은 주야장천 아무 때든지 만나는 사람들에게 심판을 선포한다. 그뿐 아니라 자기의 삶 전체를 하나님의 말씀에 맞추어 나간다. 그래서 말과 행동과 의식구조는 물론이고 생활 전체를 하나님께 초점을 맞추며 자아를 완전히 잊어버린다. 이렇게 진지하고 철저하고 완벽한 에녹을 하나님께서는 더는 세상에 두지 않고 데려가신다.

반면 므두셀라는 어떤가? 므두셀라는 아버지로부터 자기 이름의 뜻을 알았을 것이다. 그러나 아버지가 365세로 일찍 죽는 것을 보고 하나님을 불신하고 세상 흘러가는 대로 속 편하게 살아간다. '므두셀라'라는 자기 이름에 담긴 하나님의 비밀을 소홀히 여기고 되는 대로 남들처럼 안일하게 살아간다. 므두셀라는 자기가 969세라는 인류 최고의 장수자로 장수의 복을 받은 것으로 착각하며 살아갔을 것이다.

므두셀라의 아버지 에녹은 365세로 짧게 살다 갔으나 그의 이름은 만대에 빛나는 이름이 되었다. 그렇게 훌륭한 아버지를 둔 므두셀라는 자기가 왜 그토록 장수하는지도 모르고 최장수자라는 허황된 명예만을 자랑 삼고 헛되게 살다가 헛되게 죽는다.

히브리서 11장에서 믿음의 거장들을 설명할 때 가장 먼저 억울하게 죽은 아벨이 나오고, 이어 짧게 살다 간 에녹이 나온 다음 바로 노아로 건너뛴다. 그리고 아브라함으로 이어진다.

창세기 5장에는 아담의 계보 10대손이 나온다. 이 10대손이 모두 800~900세를 살다 갔으나 그중 천국에 간 사람은 아마 에녹과 노아뿐일 것이다. 창세기 5장에서 제아무리 오래 살았다 해도 천국에 못 가는 인생은 전부 '…살고 죽었더라'로 끝난다. 이 창세기 5장의 아담의 계보는 죽은 사람들의 계보고, 마태복음 1장의 예수 그리스도의 계보는 '낳는' 계보다. "아브라함이 이삭을 낳고 이삭은 야곱을 낳고 야곱은 유다와 그의 형제들을 낳고…." 여기서 구약과 신약의 차이를 알 수 있다.

제23장

노아의 홍수[34)]

우리는 노아의 홍수 내용을 어느 정도로 믿고 있는가? 왜 이 질문이 중요한가? 어려서부터 초등학교, 중고등학교, 대학교 때까지 우리가 평생 배운 세상 지리에 관한 지식은 진화론자들이 만든 지질 연대표를 통해 배운 것이다. 그래서 창조론이든, 에덴동산이든, 노아의 홍수든 듣기는 들어도 가슴에 와닿지 않고 관념적 내용으로 머릿속에서만 맴돌 뿐이다.

그러나 내 경험으로 비추어 볼 때, 노아의 홍수 내용을 확실하게 믿으면 많은 것이 달라진다. 첫째, 진화론이라는 주장의 근거가 거짓으로 가득 차 있다는 사실이 확실하게 믿어진다. 둘째, 지구 곳곳에 있는 기이한 암벽이나 특이한 지층들이 왜 그렇게 조성될 수밖에 없었는지 확실히 알게 된다.

이처럼 노아의 홍수는 신앙인으로서 반드시 알아야 하는 내용이

---

34) 정수영, 앞의 책, pp.115~155.

다. 오늘은 이에 관해 다음 세 가지로 살펴보고자 한다.

① 노아의 홍수는 왜 일어났는가?(원인)

② 노아의 홍수는 어떻게 시작되고 끝났는가?

③ 노아의 홍수를 어떻게 역사적 사실로 믿을 수 있는가?

첫째, 노아 홍수의 원인

노아의 홍수는 아담이 BC 4004년에 창조되고 그 후손들이 10대에 걸쳐 노아 때까지 약 1,500여 년이 지난 뒤 일어났다. 노아가 600세 되던 때는 BC 2500년경이다. 즉 아담 이래 2,500년 동안 홍수 이전의 사람들은 평균 수명 900세로 잘 살아가고 있었다. 그런데 하나님은 1,500년 동안 살아온 인류의 조상들을 홍수로 완전히 멸종시키신다. 하나님께서 왜 이토록 참혹한 일을 행하셨는가? 우리는 창세기 6장 1-8절에서 그 원인을 추측할 수 있다.

노아 홍수의 결정적 원인은 하나님의 인간들에 대한 거듭된 실망에서 비롯되었다. 창세기 3-6장에는 인류의 조상들이 하나님을 실망시킨 부끄러운 내용이 기록되어 있다. 하나님은 자신의 성품과 속성대로 지은 아담과 하와에게 큰 기대를 거셨으나 이들은 불순종으로 하나님을 거역했다. 다음 자손인 가인과 아벨은 은혜를 깨달을 줄 아는 인간이 되기를 기대했으나 인간의 시기와 질투는 형제 살인으로 엇나갔다. 아담이 아벨을 대신하여 셋을 낳은 후 셋이 에노스를 낳았다. 바로 이 에노스 때 최초로 여호와의 이름을 부름으로 이들을 하나님의 아들들이라고 했다. 그런데 하나님의 아들들이라는 셋의 후손들조차도 몇백 년이 흐르자 '사람의 딸들'이라는 가인의 후손들과 결혼함으로 또다시 믿음의 계보가 단절된다.

창세기 6장 1-4절의 하나님의 아들들과 사람의 딸들은 누구를 뜻하는가? '하나님의 아들들'의 원문은 '베네 하엘로힘'(בני האלהים)이다. 이것을 유대인 랍비들은 '지체 높은 집 자녀들'로 오역했고, 요세푸스(F. Josephus, AD 37~100)와 델리취(F. J. Delitzsch, 1813~1890)와 루터(M. Luther, 1483~1546)는 '천사'로 잘못 해석했다. 그러나 마태복음 22장 30절에 의하면 천사는 시집도 장가도 가지 않는 영적 존재다.

창세기 6장의 '하나님의 아들들'은 창세기 4장 26절의 에노스의 후손들로 여호와의 이름을 부르며 살아온 믿음의 후손이었다. 그런데 믿음의 후손들이 믿음이 없는 가인의 후손들의 겉모습의 아름다움만 보고 결혼했다.

결혼에서 가장 중요한 것이 무엇일까? 젊었을 때는 결혼 상대자로 미모를 보고, 경제력을 보고, 가문을 보고, 성격을 보았다. 그러나 80년의 인생을 살고 보니 결혼에서 제일 중요한 것은 신앙이다. 그리스도인으로서 신앙이 없는 여자와 살면 사사건건 마찰이 생기고 다툼이 일어나며 절망감이 생겨난다. 그런데 노아 때 사람들이 신앙 인격은 제외하고 외모만 보고 결혼함으로 하나님이 더는 이들에게 희망을 가질 수 없게 되었다. 하나님은 인류의 조상들에게서 더는 희망을 찾지 못하게 되자 "나의 영이 영원히 사람과 함께하지 아니하리니"라고 말씀하신다. 그래도 120년의 유예 기간을 설정해 놓고 노아를 통해 120년 후에 있을 홍수를 준비케 하신다. 이처럼 노아 홍수의 원인은 거듭된 인류 조상들의 실망스러운 삶에서 비롯되었다.

둘째, 노아 홍수의 시작과 끝

하나님께서는 처음 창조하신 아담 이래 1,500년 동안 인류가 저지른 죄악의 역사를 끝내려 하신다. 그런데 1,500년간 살아온 인류의 범위가 광대한 지구로 번져 있었다. 하나님은 광대하게 번져 간 인류를 종결시키기 위해 처음 창조하신 땅과 바다의 두 세계를 근본적으로 변혁시켜야만 했다. 그래서 처음 창조하신 땅과 바다를 통째로 없애 버릴 계획을 세우신다. 그것이 처음 창조하신 땅과 바다가 홍수로 사라져 버리고 새로운 5대양 6대주의 지구로 개편된 역사다. 이렇게 거대한 변혁을 이룬 후에는 한 사람을 통해 새로운 인류 역사를 시작하게 하려는 계획을 세우신다. 그래서 노아 한 사람을 선택하셔서 ① 홍수를 준비케 하시고, ② 홍수를 진행하시고, ③ 홍수 후 거대한 물을 정리하신다.

(1) 홍수 전 준비(창 6장)

하나님께서는 지구의 대변혁을 혼자 결행하신다. 그러나 지구의 대변혁 자체에 목적이 있는 것이 아니기에 변혁 후에 이루어질 새로운 인류 역사를 위해 적당한 인물을 찾으신다. 그렇게 해서 등장하게 된 인물이 노아였다.

창세기 6장 9절은 노아의 인간성을 세 가지로 표현한다.

① 의인 - '의인'의 원어는 '이쉬 찻디크'(אִישׁ צַדִּיק)로 사심이 없다는 뜻이다.

② 당대에 완전한 자 - '완전하다'의 원어 '타밈 하야'(תָּמִים הָיָה)는 도덕적 완전이 아닌 생애 전체 목표가 하나님을 향해 가는 방향이 확실했다는 뜻이다.

③ 하나님과 동행했다 - 삶의 방식을 하나님께 일치시켰다는 뜻이다.

하나님은 당시 세상 사람들보다는 비교적 두드러진 특징을 가진 노아를 선택하신다. 그리고 그 노아에게 120년 동안 약 4만 톤급에 가까운 배를 건조하도록 명령하신다. 그리고 그 방주 안에 포유류, 조류, 파충류 등 모든 동물을 싣게 하신다.

(2) 홍수의 진행(창 7장)

창세기 7장에는 노아의 홍수가 언제 어떻게 시작되었는지에 대한 내용과 홍수로 인해 전 지구가 물에 잠긴 내용이 기록되어 있다. 홍수가 시작된 때는 노아의 할아버지 므두셀라가 969세로 죽던 해이며(창 5:27), 노아는 600세 되던 해였다. 노아가 600세 되던 해 둘째 달 열이렛날에 홍수가 시작됐다. 이때가 BC 2500년경으로, 달력이 나오기 전이라 정확한 연대 측정은 어려우나 노아 인생으로는 확실한 때다.

여기서 우리가 기억해야 할 중요한 사실이 있다. 지금 우리는 노아 홍수 이후로 개편된 지구에서 살아가고 있다는 것이다. 현재 우리가 살고 있는 지구의 형태로는 몇십 년을 비가 와도 지구가 물에 잠길 수가 없다. 인류가 경험한 최대 강수량은 1861년 6월 15~16일 인도 서남쪽 체라푼지(Cherrapunji)에서 48시간 동안 2,493mm의 비가 내린 것이다. 이 정도로 48시간보다 천 배 더 많은 4,000시간 동안 비가 온다 해도 인도의 작은 섬 하나도 잠기지 않는다.

노아의 홍수를 제대로 이해하려면 창세기 7장 11-12절의 "그날에 큰 깊음의 샘들이 터지며 하늘의 창문들이 열려 사십 주야를 비가 땅에 쏟아졌더라"라는 내용을 잘 알아야 한다. 여기서 '큰 깊음의 샘들이 터지며'라는 말은 바다, 땅, 호수 등 모든 땅 밑의 지하수가 터져 나왔다는 뜻이다. 미국 노스웨스턴대학의 스티브 제이컵슨 교수가 2021년 11월 국제학술지에 이에 관한 연구 논문을 발표했다. 그에 의하면 지하 700km 하부에 맨틀 바다가 있고, 지하 1,000km 아래에는 지구의 모든 바닷물을 합친 양만큼의 물이 있다고 한다. 지하 1,000km 하부의 엄청난 고온과 고압으로 형성된 다이아몬드가 화산 때 폭발되어 나왔는데 그것을 분석해 보니까 그렇다는 것이다.

땅속 깊음의 샘들이 터지고 또 하늘 궁창 윗물이 쏟아졌다. 하늘의 창문들이 열려 40주야를 비가 땅에 쏟아졌다. 창세기 1장 6-8절에 의하면, 하나님은 둘째 날 하늘 위에 궁창을 만드시고 궁창 위에 바닷물 정도의 많은 물을 저장해 놓으셨다. 아담 이래 노아 때까지 1,500여 년 동안은 하늘 위 궁창의 물이 지구의 온도를 추위와 더위로 변화하지 못하도록 적당한 온도를 유지시켜 주는 '덮개 효과'(cover effect)를 내고 있었다. 그로 인해 인간은 추위나 더위 없이 900세까지 장수하며 살아왔다. 그런데 노아 홍수 때 궁창 위의 물이 40주야 동안 다 쏟아져 내렸다.

이렇게 땅속 지하수 분출과 화산 폭발과 지진에 하늘 위 궁창의 물과 바닷물이 합쳐지면서 전 지구상에 대홍수의 격랑으로 산이 무너지고, 강이 바다에 삼켜지고, 지상에 있던 인간과 동물과 생물들이 모두 거대한 물결 속에 흩어지고 무너지고 파묻히는 대격변이 일어난다. 이로 인해 지구의 지축이 오늘날처럼 23.5°로 기울어진다. 그래서 노아의 홍수 이후 사계절이 완연하게 구별된다.

노아 홍수 때의 물결의 시속을 약 1,600km로 추정한다. 우리나라의 최고로 빠른 KTX가 시속 300km다. 노아 홍수 때의 물은 KTX보다 5배 이상 빠른 속도로 전 지구를 뒤바꾸어 놓았다. 이 같은 홍수로 온 세상이 물에 잠겨 있었던 기간이 150일이다. 그때 최고 수위가 창세기 8장 4절에 의하면 아라랏산 꼭대기에 이르렀다. 아라랏산은 튀르키예, 러시아, 이란의 국경지에 위치한 해발 5,160m의 산이다. 우리나라 백두산(2,700m)보다 두 배 높다. 이렇게 높은 5,160m 높이의 산이 물에 잠겼다.

혹자는 아라랏산보다 더 높은 해발 8,848m의 에베레스트산은 어떻게 됐을지 궁금할 것이다. 에베레스트는 1852년 이전까지는 이름이 없었다. 그런데 영국이 인도를 식민 지배할 때 인도 측량국장으로 근무하던 에베레스트 경이 산 높이를 측량해 냈다. 그 후 그의 공적을 기념하기 위해 에베레스트라고 부르게 되었다. 그러므로 창세기 7장 19절의 "천하의 높은 산이 다 잠겼더니"라는 표현에 따르면 에베레스트도 잠겼을 것이다.

(3) 홍수 후 물의 뒤처리(창 8장)

전 지구의 땅덩어리가 지진과 화산 폭발을 일으켜 지하수를 뿜어내고, 하늘 위의 궁창 물이 40주야로 쏟아져 천하의 모든 산이 물에 잠겼다. 그리고 그 안에 살아가던 인간, 동물, 식물들은 모조리 물속에서 죽었다. 그러면 그 후 그 많은 물을 어떻게 처리했을까? 창세기 8장 1-5절에 따르면, 하나님이 바람을 땅 위에 불게 하심으로 물이 줄어들게 하고 결국 일곱째 달에 방주가 아라랏산에 머물게 됐다. 이때 바람으로 물이 줄어들게 해서 남은 흔적이 남극과 북극의 빙하다. 하나님께서는 홍수로 전 지구상의 죄인들을 다 쓸어 버리셨다. 그 후 하나님이 바람으로 습기를 증발시켜 몰아서 얼게 만든 것이 노아 홍수 후 약 100여 년 동안에 이루어진 빙하다.

셋째, 노아 홍수의 결과

노아 홍수로 생긴 지구의 변화와 노아 홍수가 역사적 사실임을 뒷받침하는 과학적인 증거를 살펴보자.

(1) 노아 홍수 후 지구의 변화

① 과거 최초의 지구는 땅과 바다 둘로 구성되어 있었다(창 1:10). 그런데 노아 홍수 이후 현 지금처럼 5대양 6대주로 분리됐다.

② 과거 최초의 지구는 궁창으로 인해 1년 내내 상온 상태였다. 그러나 노아 홍수 이후 추위, 더위와 사계절이 생긴다(창 8:22). 그 증거가 노아 홍수 후에 생긴 무지개다(창 9:13).

③ 과거의 음식물은 채소와 과일 위주였다. 그러나 노아 홍수 이후 동물을 먹게 된다.

④ 노아 홍수 이전의 평균 수명은 900세였으나 홍수 이후 500세, 250세, 120세로 점점 줄어든다.

(2) 노아 홍수의 역사적 사실 증명

① 고산 지대에 남아 있는 어패류 화석들

히말라야산맥 중턱, 안데스산맥 꼭대기 등에 바다 어패류 등 해양 동물의 잔해가 흙과 함께 바위가 된 화석들의 띠가 있다. 사람이 먹고 남은 것이 아니라 홍수로 인해 떠다니다 높은 산 중턱에 커다란 층을 이루게 된 것이다. 캘리포니아 남단, 멕시코 국경이 맞닿은 삼각주만 바다 밑에 길이 10km에 이르는 물고기와 진흙이 엉킨 잔해층이 있다. 그곳에는 길이 15~20cm의 물고기 10억 마리 이상의 잔해가 있다.

② 육상 동물의 잔해

남아프리카 카루(Karoo)고원에 8천억 개의 척추동물이 흙과 함께 화석화된 잔해가 있다. 미국 캘리포니아 라브리아 광산에 수천 개의 동물들의 화석이 있다.

③ 냉동 매머드

북극 빙하 속에 코끼리의 일종인 매머드(mammoth) 사체 수십만 개가 냉동 상태로 존재한다. 옛날에 코끼리가 추위가 없는 북극 지대에 살다가 북극 냉동화로 그렇게 된 것이다.

④ 대규모 화석 연료들

㉠ 석탄 - 식물이 땅속에 매몰돼 흙과 함께 군락을 이룬 것으로 이를 캐내어 연료로 사용

㉡ 석유 - 해저 플랑크톤, 식물들이 지하에 파묻혀 녹은 물

㉢ 가스 - 지하의 유기물을 채굴해 연료화

노아 홍수는 BC 2500년 전에 일어난 역사적 사실이다. 노아 홍수로 변화된 지구, 달라진 최초의 땅에 대한 확신을 가질 때, 지구가 수십억 년 됐다느니, 인류가 원숭이에서 진화됐다느니 하는 허황된 이야기에서 벗어나 창조 신앙을 가질 수 있다. 많은 신앙인이 성경이 하나님의 말씀이라고 말은 하면서 노아 홍수의 역사적 사실을 못 믿기에 진화론 가설을 따르고 있다. 신앙인이라면 성경에 기록된 노아 홍수의 내용을 확실하게 믿어야 한다.

제24장

인류의 기원[35)]

오늘날 우리는 새로운 지식의 홍수 속에서 살아가고 있다. 매일 새롭게 쏟아져 나오는 지식이 매스컴을 장악해 간다. 그래서 현대인과 과거인의 소통이 점점 더 어려워지고 있다.

이런 지식의 홍수 속에서 영원불변한 성경의 진리는 고대의 낡은 유물로 배척당하고, 현대인에게는 성경과 배치되는 새로운 학설들만이 가치 있는 것으로 관심을 받고 있다. 이 같은 현실에서 많은 그리스도인이 성경이 하나님의 말씀이라고 말은 하면서도 성경에 기록된 인류의 기원은 믿지 않고 세상 사람들이 주장하는 학설을 더 신뢰하는 참담한 상황을 맞이하고 있다.

이에 나는 세상 사람들이 말하는 인류의 기원에 관한 몇 가지 학설을 알아보고, 이어서 하나님의 말씀인 성경에 기록된 인류의 기원을 살펴보고자 한다.

---

35) 정수영, 앞의 책, pp.159~184.

첫째, 세상 사람들이 말하는 인류의 기원

세상 사람들은 ① 언어학적 다양성 속에서 인류의 기원을 설명하고, ② 다양한 문화적 형태를 남긴 것을 근거로 인류 기원을 설명하며, ③ 세상 사람들에게 가장 많이 알려진 것으로 전 세계 각지에서 발견된 각종 화석을 측정해 인류가 진화됐다고 말하는 생물학적 이론으로 인류 기원을 설명한다.

(1) 언어학적 이론

이 세상에는 총 몇 개의 언어가 있는가? 국제보조어협회에서 발표한 세계의 언어는 약 2,500~3,500개 정도다.

① 아시아에서 쓰이는 알타이어: 퉁그스어파(만주어), 몽고어, 튀그르어(튀르키예어, 타타르어, 우즈베크어), 구 시베리아어

② 셈어파: 헤브라이어, 아람어, 아라비아어, 인도어, 미얀마, 티베트, 중국어

③ 말레이 폴리네시아: 타이완, 뉴질랜드, 인도네시아, 폴리네시아

④ 유럽의 피노우그리아어: 헝가리, 핀란드, 카스피아어

⑤ 인도 유럽어족: 이탤릭어, 그리스어, 슬라브어, 게르만어(영어, 독일어, 네덜란드, 스웨덴, 덴마크, 노르웨이)

⑥ 북아메리카

⑦ 아프리카 - 50종의 언어

인류는 이렇게 다양한 언어로 혼란과 혼돈을 겪다가 통일을 이루고, 또 분화를 거듭하며 변천되어 왔다는 이론이다.

(2) 문화적 집단 이론

이 이론은 영국의 토인비가 그의 나이 40세(1929) 때부터 72세(1961) 때까지 32년에 걸쳐 저술한 《역사의 연구》 12권에서 비롯된 이론이다. 토인비는 세계에서 '세계국가'를 이룬 18개의 문명이 있었고, '고등종교'를 이룬 32개의 문명이 있었다고 말한다.

① 세계국가를 이룬 18개 문명

수메르, 바벨론, 인도, 중국, 헬라, 이집트, 그리스, 동아시아(일본), 서유럽, 안데스 문명

② 고등 종교를 이룬 32개 문명

수메르(타무즈 숭배), 이집트(오시리스 숭배), 중국(대승불교), 인도(힌두교), 시리아(이슬람교), 헬라스 문명(그리스도교, 마니교, 신플라톤 철학), 바빌로니아 문명(유대교, 조로아스터교), 동아시아 문명(가톨릭교, 정토종, 일련존, 선종), 힌두 문명(시크교, 브라마사마즈교)

그는 이 같은 많은 문명을 이룬 문화 집단들을 소개한다. 그러면서 역사상에 나타난 여러 문명이 생성되고 발전되었다가 어느 때에 붕괴되는 과정을 설명한다. 인류의 역사란 성장, 쇠퇴, 해체라는 과정이 짧게는 400년 길게는 800~1,000년 주기를 반복한다는 것이다. 그런데 문명이 붕괴되는 원인은 자연법칙 응용에만 몰두하고 신의 법칙을 외면할 때라고 말한다.

(3) 생물학적 진화 이론

생물학적 인류 기원이란, 생물학적 근거로 옛사람의 뼈들을 인종과 결부시켜 인종의 기원을 설명하는 이론이다. 이 이론은 진화론과

결부되어 있다. 진화론자들의 주장에 의하면, 지구는 46억 년 전부터 7억 년 전까지 뜨거운 불덩어리가 식는 선 캄브리아 시대를 지나갔다. 그 후 7억~2억 년대의 고생대, 2억~6천500만 년의 중생대, 지금으로부터 6천500만 년 전의 신생대, 신생대 이후 3천만 년 전의 원숭이와 인간의 공통 조상시대, 200만 년 전의 원숭이 조상에서 분리 시대, 50만 년 전 인간의 조상인 원인(原人)시대, 5만 년 전의 구인, 1만 년 전의 신인(新人)의 시기를 지나왔다는 것이다.

200만 년 전 원숭이 조상의 근거로 아프리카의 오스트랄로피테쿠스 화석, 50만 년 전 구인의 근거로 독일의 네안데르탈인 화석을 제시한다. 이 같은 생물학적 진화 이론의 영향으로 인간을 백인, 흑인, 황인으로 분류하면서 프랑스 인류학자 고비노(1816~1882)는 인간은 인종의 신체적 특색과 정신을 바꿀 수 없다고 말했다. 또 독일의 체임벌린은 게르만 민족이야말로 우수한 '아리안 인종'(Aryan)이라며 그 형질적 특성으로 장신, 장두, 금발머리를 주장했다. 그리고 유태인을 중심한 셈족을 배척해야 한다는 아리안 인종의 우수성과 반유대주의 주장했는데 히틀러가 이를 수용해 유대인 600만을 죽였다.

생물학적 진화 이론은 인간의 기원이 원숭이와 공통 조상에서 비롯됐다는 가설과 함께 특수 인종의 우수성을 주장함으로 전 인류의 투쟁사를 만들어냈다.

그런데 창조과학자들이 수십 년 동안 진화론자들이 주장하는 각종 화석을 다시금 과학적 실험으로 확인했다. 그 결과, 200만 년 전 원숭이와 인간의 공통 조상이라는 아프리카 오스트랄로피테쿠스 화석은 꼬리 없는 일반 원숭이에 불과했다. 또 5만 년 전 네브라스카인 화석은 멧돼지 화석이었고, 5만 년 전 네안데르탈인은 현대인의 뼈였으며, 1만 년 전 크로마뇽인 화석 역시 현대인의 뼈였다.

지구상에 진화론이 등장한 것은 지금으로부터 160년 전인 1859년의 일이다. 지금 전 세계에 160년 만에 이 진화론이 만연돼 있다. 그러나 창조과학자들의 새로운 주장이 20년 전부터 시작되고 있어 앞으로 50년 후에는 진화론은 폐기될 것이다.

지금 세상은 성경의 진리를 배척하고 인간들이 주장하는 가설들이 학문의 자리에 군림하고 있다. 그래서 인류의 기원을 언어학적으로, 문화 형태로, 생물학적 화석으로 설명한다. 그러나 성경의 진리를 믿는 창조과학자들에 의해 인간들의 주장이 완전히 헛된 사실임이 증명되기 시작했다.

이제 성경에 기록된 영원불변의 진리에 근거해 인류의 기원을 살펴보자. 이 내용이 창세기 10장과 11장에 기록되어 있다.

둘째, 성경에 기록된 인류의 기원

성경이 말하는 인류의 기원은 창세기 10장에 기록되어 있다.

창세기 1장의 창조신앙이 과학자들의 우주 기원과 다른 진리이고, 창세기 2장의 인간 창조가 생물학자들의 주장과 다른 진리이듯, 창세기 10장의 노아 아들들의 족보는 진화론자들이 말하는 인류의 기원과 다른 진리다. 창세기 10장에 기록된 노아의 족보들을 확실하게 믿을 때 진화론의 허무맹랑한 가설을 거부하게 된다.

창세기 10장에는 노아의 세 아들인 셈과 함과 야벳의 후손들이 소개되고 있다. 여기서 소개되는 그 후손들의 이름이 다소 낯설고 생소해 자연스럽게 관심을 갖기가 쉽지 않다. 그러나 우리가 모르는 이름이라고 해서 중요하지 않은 것은 아니다. 하나님께서 창세기 10장을 통해 분명하게 계시해 주시는 진리가 있기에 성경에 기록되어 있는 것이다.

(1) 야벳의 아들들(창 10:2-5)

"야벳의 아들은 고멜과 마곡과 마대와 야완과 두발과 메섹과 디라스요"(창 10:2). 이 야벳의 아들 7명의 후손이 누구인지 알게 되면 유럽인들의 조상을 알 수 있다.

① 고멜

고멜은 누구이며, 고멜의 아들인 아스그나스, 리밧, 도갈마는 누군가? 고멜이라는 이름은 창세기 10장에만 나오는 것이 아니라 BC 590~570년에 활동한 에스겔의 예언에서도 소개된다. 에스겔 38장 6절에 고멜과 그 모든 떼와 북쪽 끝의 도갈마 족속이 로스와 메섹과 두발 왕과 연합해 이스라엘을 공격해 올 것이 예언됐다. 이 고멜과 도갈마족이 누구인가? 구약학자들은 고멜이 남부 러시아 초원지대인 현재 우크라이나 민족(73%)이나 러시아인(21%)과 별개의 민족이라고 주장한다. 현재의 우크라이나는 과거 소련 연방국 중 하나로 스탈린 때 350만 명이 굶어 죽은 처참한 과거를 반복하지 않으려 러시아와 분리 운동을 했고, 인구 1억의 러시아는 인구 500만의 우크라이나를 정복하려 전쟁을 벌였다. 그러나 우크라이나는 자기들의 10배가 넘는 러시아와 맞대결을 하고 있다. 바로 이 우크라이나가 야벳의 장남 고멜, 도갈마족의 후손으로 추정된다.

② 마곡

야벳의 둘째 아들이 마곡이다. 이 마곡은 에스겔 38장 2절에서도 언급된다. 이 마곡의 후손은 아르메니아와 코카서스 지방에 정착한 스키

티안으로 추정된다. 아르메니아는 과거 소련 연방을 구성했던 15개 공화국 중 하나로, 현재는 인구 400만 정도의 독립국가다. 이 나라 북쪽은 크루지아 공화국, 남쪽은 이란이다. 그런데 이 마곡이 요한계시록 20장 8절에서 천년왕국 후 '곡'과 전쟁을 일으킬 것이 예언됐다. 지금 세상 사람들은 마곡 땅을 잘 모른다. 그런데 창세기 10장 2절에서는 야벳의 둘째 아들로, 에스겔 38장에서는 대환난 때 전쟁을 일으키는 나라로, 요한계시록 20장 8절에서는 천년왕국 후 마곡 전쟁을 일으키는 나라로 언급되어 있다. 그러므로 창세기 10장의 야벳의 후손은 우리가 잘 모르고 있을 뿐 세계 역사에서 큰 역할을 할 민족이다.

③ 야벳의 넷째 아들 야완(창 10:4)

'야완'(יָוָן)은 헬라어로 헬렌(Hellen)으로 '이오니아(Ionia) 사람'이다. 이오니아 후손이 헬라인이다. 에스겔 27장 13절에 야완과 두발과 메섹이 상인으로 활약할 것이 예언되어 있다. 우리가 잘 아는 대로 그리스라는 나라는 철학자들이 등장하기 이전에 에게해를 중심으로 해양 도시국가들을 이루고 각 도시국가들이 선박을 건조해 지중해 일대를 장악한 해양 상업국가였다. 현재의 그리스는 수도 아테네를 중심으로 한 인구 1천만의 나라다. 그러나 그리스는 BC 700년경 스파르타와 아테네를 중심으로 한 도시국가의 전성기 때 지중해 전역을 장악했고, BC 400년경에는 소크라테스, 플라톤, 아리스토텔레스의 철학을 꽃피웠으며, BC 300년경에는 알렉산더 대왕이 세계를 재패했다. 그러나 BC 200년경 로마에 정복당한 후 계속 사양길을 걸어오고 있다. 여기서 우리가 기억할 것은 야완의 후손이 현재의 그리스라는 사실이다.

(2) 함의 아들들(창 10:6-20)

창세기 10장 6절에 따르면, 함의 아들은 구스, 미스라임, 붓, 가나안이다. 이와 함께 함의 아들 중 구스의 후손으로 니므롯이 언급되고, 미스라임의 후손으로 갑도림과 블레셋, 가나안의 후손으로 시돈, 헷, 여부스, 아모리, 기르가스, 히위, 알가, 신, 아르왓, 스말, 하맛 족속이 언급된다.

여기서 함의 아들들만 살펴보면 구스가 큰아들이다. '구스'를 히브리어로 '쿠쉬'(כּוּשׁ), 헬라어로 '에이디오피아'(Aἰθιοπά)라고 하는데 이들은 이집트 남부 현 에티오피아다. 모세가 구스 여인과 결혼했고, 에티오피아 간다게 여왕의 내시가 사도행전에 등장한다(행 8장). 또 미스라임(מִצְרַיִם)은 현재의 이집트, 붓은 푸트(פּוּט) 현재의 리비아, 가나안은 가나안족의 조상이다. 이 함의 후손들이 아프리카 흑인들의 조상이 됐음을 알 수 있다. 특히 함의 자손들 중 가나안의 후손이 창세기 10장 15-20절에서 가나안 원주민인 여부스 족속, 아모리 족속, 기르가스 족속, 히위 족속 등이 됐음을 설명한다. 이 가나안 원주민들을 정복하는 내용이 여호수아서에 기록되어 있다.

(3) 셈의 후손(창 10:21-32, 11:10-26)

창세기 10장 마지막 부분은 노아의 세 아들 중 셈의 후손들에서 히브리 민족의 조상인 아브라함이 비롯되었음을 설명한다. 셈의 족보 10대가 이어진 후 아브라함이 출생한다. 창세기 12장부터는 아브라함 후손의 내용이 50장까지 이어진다.

오늘날 세상에 알려진 인류의 기원은 두 가지다. 곧 세상 사람들이 말하는 진화론적 이론과 성경에 기록된 노아의 세 아들로 비롯된 성경적 진리다. 이 두 가지 서로 상반되는 이론 중 우리는 어느 것을 믿어야 하는가? 당연히 성경의 진리를 믿어야 한다. 그러려면 창세기 10장의 내용을 제대로 알아야 한다. 창세기 10장 내용을 다 파악하지 못한다 해도 허황된 진화론보다는 확실하다. 우리는 그 같은 신념으로 창세기 10장에 관심을 가질 필요가 있다.

제3부

시편

제25장

세상의 복과 성경의 복[36)]

시편은 기독교 성도들만이 아니라 모든 철학가, 사상가, 문학가, 타종교들에서까지 많이 알고 있는 은혜로운 성도들의 신앙 고백이다. 나는 2018~2020년에 저술한 《시편 강해서》 5권을 근거로 약 20개의 핵심적 내용을 선별해 살펴보고자 한다.

오늘은 크게 두 가지를 생각해 보려 한다.

첫째, 시편은 어떤 책인가 하는 것이다. '시편'의 히브리 원문은 '테힐림'(תהלים)으로 '찬양의 책'이라는 뜻이다. 그런데 우리가 현재 이 책을 원문의 의미와 동떨어진 '시편'이라고 하는 이유가 무엇인가? 이에 대해 알아보고자 한다.

둘째, 시편 150편 전체를 대표하는 시가 1편이다. 시편 1편은 복 있는 사람에 대해 설명한다. 즉 시편 150편 전체가 복 있는 사람에 대해 말한다는 것이다. 그렇다면 성경에서 말씀하는 복의 개념은 무엇

---

36) 정수영, 여호와는 나의 목자시니, 쿰란출판사, 2018, pp.46~62.

인가? 여기서는 성경적 복의 개념을 살펴보고, 다음으로 이 세상의 타 종교들이 말하는 복은 어떤 내용인지 살펴보려 한다.

첫째, 시편은 어떤 책인가?

이렇게 책명을 살펴보는 데는 분명한 의도가 있다. 신구약 성경의 책명 중에는 번역자들이 개인 의견을 반영해 원문의 책명과 다르게 번역함으로 본래의 뜻을 이해하는 데 혼란을 주는 경우가 있다. 예컨대 '창세기'의 원문은 '빠레쉬트'(בְּרֵאשִׁית)로 '시초에', '시간의 원점에'라는 뜻이다. '창세기'는 중국 《주역》에서 '태초'라는 말을 비롯한 이 세상 우주 만물의 기원이라는 뜻이다. '빠레쉬트'의 '시초', '기원'이란 뜻을 동양식으로 옮긴 말이 '창세기'다.

'시편'의 구약 원어는 '테힐림'(תהלים)으로 '찬양의 책'이라는 뜻이다. 그리고 '찬양'(테힐림)은 구원받은 자가 자기를 구원해 주신 하나님의 은총에 감격하여 하나님을 영화롭게 하는 신성한 기도와 노래라는 뜻이다. 그런데 왜 '찬양의 책'이 '시편'이 되었는가? 그것은 번역자들의 잘못된 번역 때문이다. 시편은 처음부터 단추가 잘못 끼워져 번역이 계속되면서 각각 다른 번역자들의 뜻이 전승되고 있다.

최초의 히브리 원문인 '테힐림'은 '찬양의 책'이라는 뜻이다. 최초의 헬라어 번역 성경인 70인역에서는 이를 '프살모이'(ψαλμόι)로 옮겼는데, 이 말은 '단순한 노래'(눅 20:42)라는 뜻이다. 이것을 영어로 번역할 때는 '삼'(Psalm), 곧 '성시', '성가'라는 뜻으로 옮겨졌다. 그리고 이것이 한문으로 번역되면서 '시편'(詩篇)이 되었다.

시편은 무슨 뜻인가?

중국 유교에는 경전으로 4서(논어, 맹자, 중용, 대학)와 3경(시경, 서경, 주역)이 있다. 이 중 《시경》은 중국 고대 지방의 민속 노래 3천여 종 가운데 공자가 305편을 선별해 편찬해 놓은 책이다. 중국 《시경》이 중국 고대시를 편찬해 놓은 책인 것처럼 구약 시편도 과거 이스라엘 민족의 시들을 편찬해 놓은 것이다. 이렇게 '시편'이란 말은 원문과 동떨어진 번역의 오류가 계승되고 있는, 가장 문제 많은 번역이다.

그럼 이제 우리는 어떻게 해야 하는가? 시편의 '테힐림'이라는 원문의 뜻을 살리려면 교회에서 '성가대', '성가'라는 말을 사용하지 않고 반드시 구원받은 자가 하나님께 영광을 돌린다는 의미인 '찬양', '찬송'이라는 용어를 사용해야 한다고 본다. 또 그렇게 함으로 가톨릭 성례 음악으로 가톨릭 의식 때 부르는 '성가'나 '성가대'라는 말과 구별해야 한다. '찬송', '찬양', '복음송' 등은 구원받은 자의 노래의 헌신이며, 구원받지 않은 자가 교회 음악을 따라 부르는 '성가'와는 다르다.

둘째, 시편 전체를 대표하는 1편

시편은 전체가 150편이다. 이 중에는 저자가 분명한 시도 있지만 그렇지 못한 무명시도 있다. 전체 150편 중 절반인 73편이 다윗의 시다. 다윗은 이 땅에서 70년을 살았다. 그가 쓴 시에는 소년 시절 목동이었을 때 악기를 다루며 쓴 시들이 있고, 청년 시절 사울 왕에게 도망 다닐 때의 시, 30세에 왕이 된 후 자기 부하 우리아의 아내와 간음하고 회개하는 시, 장년 때 아들 압살롬의 반역으로 도망 다니며 절규하는 시, 자기를 배신한 원수들을 저주하는 시, 노년에 인생의 모든 경지를 경험하고 난 후 달관하는 시 등이 있다. 즉 다윗은 70 평생 내내 때마다 시를 썼다. 따라서 시편을 이해하려면 다윗의 생애 전체가 기록된 사무엘서와 열왕기상, 역대기서 내용을 알아야 한다.

시편에는 다윗 이외의 다른 사람들의 시도 있다.

① 아삽: 다윗, 솔로몬 시대의 레위인으로 합창단 악장(대상 16:5; 대하 5:12; 시 50편, 73-83편)

② 고라 자손: 고라는 모세에게 반역하다가 땅속에 파묻힌 후손으로(민 26:10), 그 후손이 성전 문지기로 지내며 음악을 담당함(대하 20:19)

③ 모세(90편)

④ 솔로몬(72, 127편)

⑤ 무명시

여기서 시편 150편 전체를 대표하는 시라 할 수 있는 1편의 '복 있는 사람'은 어떤 사람인가?

성경에는 '복'이라는 단어가 330여 회 기록돼 있다. 그렇기에 성경은 복에 관한 책이라고도 할 수 있다. 성경 66권 전체에서 말하는 복은 무엇인가? 성경적인 복의 개념은 세 가지로 요약된다고 본다. 먼저 성경적인 복의 개념을 살펴본 후에 세상 사람들이 말하는 복과 비교해 보자.

(1) 성경적인 복 세 가지

1) 선택의 복

이 내용을 이해하려면 구약성경 전체 내용을 선별해서 파악할 수 있는 안목을 가져야 한다. 구약성경에 등장하는 인물들은 모두 동시대의 사람들 중 하나님께 선택받은 사람들이다.

창세기 4장에 아담의 아들로 가인, 아벨, 셋이 나오는데 이 중 셋이 선택받는다. 창세기 5장에는 아담의 후손 10대의 계보가 나열되는데 이 중 에녹과 노아만 선택된다. 계속해서 창세기 10장에서는 노아의 세 아들 중 셈이 선택되고, 12장에서는 데라의 세 아들 중 아브라함이 선택받는다. 그리고 아브라함의 아들 중 장남 이스마엘이 아닌 차남 이삭이 선택되고, 이삭의 두 아들 중 차남 야곱이 선택되고, 야곱의 열두 아들 중 넷째 유다가 선택된다. 또 사무엘상 16장 6-13절에서는 이새의 아들 8명 중 막내 다윗이 선택되고, 다윗의 아들 16명 중 열 번째인 솔로몬이 선택된다.

왜 하나님은 이처럼 같은 형제들 중에서 누군가를 따로 선택해서 쓰시는가? 예수님은 당시 서기관, 율법사, 바리새인 중에서 제자를 택하지 않고 어부들을 선택하셨다. 우리도 마찬가지다. 우리가 하나님의 자녀로서 전 세계 75억 중 하나, 대한민국 5천만 인구 중 하나로 '선택'(베라카, בְּרָכָה)받은 것은 축복이다.

2) 관계 유지의 복

시편 1편의 '복'은 히브리말로 '아쉬레'(אַשְׁרֵי)다. 시편 1편은 하나님과의 관계를 유지하는 자가 받는 형통의 복과 하나님과의 관계가 단절된 악인이 받는 심판을 비교하고 있다. 시편 1편에서 말하는 복은 무엇인가? 복 있는 사람은 악인들의 꾀를 따르지 않고, 죄인들의 길에 서지 않으며, 오만한 자의 자리에 앉지 않고, 여호와와의 관계를 유지하려고 율법을 주야로 묵상하는 자다.

일반적으로 사람도 높은 자리에 있는 사람과 좋은 관계를 유지하면 여러모로 도움이 된다. 하물며 천지 우주 만물의 주인이신 하나님을 만나 하나님과 계속 관계를 유지 발전시켜 나간다면 그것보다 더 큰 복이 어디 있겠는가?

3) 심령 변화의 복

사실 구약성경에서 '선택'과 '관계 유지'는 다분히 운명적 요소가 작용한다. 그래서 '선택'과 '관계 유지'는 하나님의 일방적 입장이라는 한계가 있다. 그러나 신약성경의 축복은 보편적이고 대중적인, 매우 얻기 쉬운 복이다. 신약성경에서의 복은 거듭남, 중생, 천국 백성으로 심령이 변화되는 것으로 이것을 '마카리오스'(μακάριος)라고 한다.

이 세상에서 아무리 오래 살고, 재산이 많고, 자녀들을 많이 두어도 거듭나지 못해 천국에 가지 못한다면 모두 헛된 것이다. 심령의 변화는 인격 속에 성령님이 침투해 들어와 죄인이 성령의 사람으로, 육적 인간이 성령의 사람으로 성화되어 마침내 영광의 영화의 몸으로 변화되는 것이며, 이것이 진정한 성경적 복이다.

구약성경에는 '선택'과 '관계 유지'라는 두 조건이 복의 핵심이었으나, 신약성경에서는 누구든지 믿기만 하면 천국 백성이 되는 보편적, 대중적, 우주적 복으로 발전되었으므로 신약의 복이 훨씬 더 큰 복이 된 것이다.

(2) 세상적인 복

불교의 모든 교리는 원인이 있어야 결과가 따른다는 '인과율'(因果律)이라는 철학 원리를 기초로 한다. 그래서 복을 받으려면 복 받을 만한 원인이 선행돼야 한다고 말한다. 불교에서는 복 받을 만한 선행조건으로 네 가지를 말한다. 이를 '사은'(四恩)이라고 하며 그 내용은 다음과 같다. ① 천지 만물의 복을 받으려면 산이나 바다나 짐승이나 모든 천지 만물에 복 받을 만한 선행이 있어야 한다. ② 부모나 선대 조상들에게 봉양을 잘한 공적이 있어야 후손이 복을 받는다. ③ 같은 동포나 동족이나 인류에게 선덕을 베풀어야 그 결과를 되받는다. ④ 불법에서 가르치는 불공, 염불, 예불, 시주 등을 많이 쌓아야 복을 받는다.

불교에서 복받는 비결은 복받을 수 있는 원인을 제공하는 것이다. 그러나 요한복음 9장에서 예수님은 태어나면서 맹인 된 사람이 조상의 죄나 본인의 죄 때문에 맹인이 된 것이 아니라고 원인이 없어도 결과가 있다고 하셨다. 불행에는 불행을 극복하게 하시는 하나님의 섭리가 있다고 하셨다. 불교의 인과율은 과학적 사실 같으나 평범한 상식에 불과할 따름이다.

동양에 가장 많이 보급된 유교에서는 《서경》(書經)이라는 중국의 고대 역사서 모음집에서 다섯 가지 복, 즉 '5복'을 말한다.

① 수(壽): 오래 사는 복. 단명은 저주받은 것으로 보고 이를 횡사, 참사, 고사 등으로 악평하는 것이 동양의 죽음의 문화다.

② 부(富): 재물이 많은 것

③ 강녕(康寧): 건강하고 마음이 편한 것

④ 유호덕(攸好德): 부부간 금실이 좋아 자손을 많이 두는 것

⑤ 고종명(考終命): 죽을 때 아들딸과 온 가족이 지켜보는 가운데 임종하는 것

이 유교의 5복을 예수님에게 대입해 보면 예수님은 가장 복이 없는 사람이다. 그러나 과연 예수님이 복 없는 사람인가?

세상 종교들의 복은 철저히 현 세상에 국한된 개념이다. 이에 반해 성경이 말하는 복은 ① 하나님께 선택받는 '베라카', ② 하나님과의 관계가 계속 발전되는 '관계 유지'의 '아쉬레', ③ 성령으로 거듭나 주님 안에서 살다가 영원한 천국 백성이 되는 '마카리오스'다.

제26장

‘셀라’의 교훈[37)]

‘시편’은 히브리 원어로 ‘테힐림’(תהלים), 즉 ‘찬양의 책’이다. ‘찬양’이란 구원받은 성도가 하나님께 영광 돌리기 위해 부르는 노래라는 뜻이다. 그런데 히브리 원문 단어가 번역 과정을 거치면서 뜻이 달라졌다. 최초로 헬라어로 번역되면서 ‘프살모이’(ψαλμόι), 곧 단순히 ‘노래’가 되었고, 그것이 영어로 번역되면서 ‘삼’(Psalm), 곧 ‘성시’가 되었으며, 한문으로 번역되면서 고대시들을 편찬했다는 의미인 ‘시편’(詩篇)이 되었다.

오늘은 시편이 ‘찬양의 책’, ‘찬송의 노래’라는 성경 원래의 뜻을 다시 한번 확인하고자 한다.

시편이 ‘찬양의 책’, ‘찬송의 노래’라는 사실을 확인할 수 있는 방법이 두 가지 있다.

---

37) 정수영, 앞의 책, pp.124~133.

첫째로 각 시의 표제에 '노래'라는 말이 붙어 있다.

4편: 현악(바이올린, 비올라, 첼로 같은 악기에 줄을 매달아서 소리를 내는 악기)

5편: 관악(나팔, 피리 같은 몸피가 둥근 관을 입으로 바람을 불어 소리내는 악기)

8편: 깃딧(블레셋 땅 깃딧풍의 행진곡 리듬에 맞춘 노래)

이렇게 다양한 악기 이름이 언급되고 그 악기 연주와 함께 노래를 부른 것으로 설명되는 것을 볼 때 시편이 '찬송의 노래'임을 알 수 있다.

또 다음과 같은 것도 있다.

46편: 알라못(여자 고음 소프라노)에 맞춘 노래

47편: 인도자를 따라 부르는 노래

48편: 고라 자손의 시 곧 노래

49편: 인도자를 따라 부르는 노래

53편: 마할랏에 맞춘 노래

55편: 현악에 맞춘 노래

120-134편: 성전에 올라가는 노래, 예루살렘 성전은 해발 700~800m 고지 위에 건설되어 있었으며, 이는 우리나라 북한산 백운대 정도의 높이다. 이렇게 높은 성전에 올라가면서 1~2시간 부른 노래다.

이 모든 내용이 시가 아니라 찬양과 찬송 가사다.

구약에는 '셀라'라는 단어가 다섯 가지로 나온다.

① 창세기 10장 24절(셈의 자손)

② 창세기 38장 11절(유다의 셋째 아들)

③ 여호수아 18장 28절(베냐민 자손 촌락)

④ 열왕기하 14장 7절(에돔 지방의 지명), 역대하 25장 12절, 이사야 42절 11장, 오바댜 1장 3절 페트라로 알려짐.

⑤ 시편에 71회 사용

둘째로 시편에서 사용된 '셀라'(שֶׁלָה)라는 말이 사용된다. 시편 150편 중에서 39편의 시에 '셀라'라는 표현이 71회 사용되었다. 오늘은 우리나라 개역개정 성경이 '셀라'라는 말을 괄호로 처리해서 시편을 읽을 때 '셀라'를 읽지 않고 그냥 넘어가는 잘못된 관행을 시정하기 위해 '셀라'가 주는 교훈 세 가지를 살펴보려 한다. 특히 시편들 중 '셀라'가 사용된 세 편의 시를 통해 이 단어에 담겨 있는 깊은 뜻을 알아보자.

첫째, 시편 3편

시편은 전체가 150편이다. 그중 절반가량인 73편이 다윗의 시다. 성경에는 다윗의 생애에 관한 기록이 매우 많다. 사무엘상 16-30장(총 10장), 사무엘하 1-24장(총 24장), 열왕기상 1-2장(총 2장), 역대기상 11-29장(총 28장)으로 모두 50여 장에 기록되어 있다. 이뿐 아니라 다윗이 70년의 세월을 살아가면서 지은 시들이 시대마다 각각 다르다. 예컨대 시편 19편의 "하늘이 하나님의 영광을 선포하고 궁창이 그의 손으로 하신 일을 나타내는도다" 등의 시는 다윗이 소년 목동 시절에 쓴 시로 추정된다. 22편의 "내 하나님이여 어찌 나를 버리셨나이까"라는 시는 다윗이 사울 왕에 쫓겨 도망 다니던 청년 시절의 시로 추정되고, 51편은 다윗이 밧세바와 간음한 후의 회개시, 3편은 다윗이 그의 아들 압살롬을 피할 때 지은 시, 23편은 다윗이 일생을 다 마치고 편안하게 임종을 앞둔 때 지은 시로 추정되는 등 다윗은 인생 70년의 고

비마다 다른 내용의 시를 썼다. 따라서 시편의 이해를 위해서는 다윗의 생애 전체를 이해할 필요가 있다.

오늘 시편 3편은 다윗이 아들 압살롬의 반역으로 궁궐에서 도망쳐 살기 위해 멀리 피신한 때 지은 시라고 되어 있다. 다윗이 압살롬의 반역으로 궁궐에서 도망친 내용은 사무엘하 15-18장에 기록되어 있다. 시편 3편은 다윗의 아들 압살롬이 아버지를 죽이고 자기가 왕이 되겠다며 쿠데타를 일으킨 처절하고 기가 막힌 극한 상황에서 다윗이 위급한 상황을 모면하고 지은 시로 추정된다. 그런데 이렇게 급박한 상황에서 지은 시 전체 8절 중에 '셀라'가 3회 사용됐다. 이때 쓰인 '셀라'라는 말은 '중지'(中止), '멈춤'이라는 의미가 있다. 시의 내용과 함께 '셀라'의 뜻을 살펴보자.

1-2절에서 다윗은 "여호와여 나의 대적이 어찌 그리 많은지요 일어나 나를 치는 자가 많으니이다 많은 사람이 나를 대적하여 말하기를 그는 하나님께 구원을 받지 못한다 하나이다 (셀라)"라고 고백한다. 사무엘하 15장을 보면 압살롬의 반역에 가담한 젊은 용사가 200명이었다. 다윗은 후궁 10명을 궁궐에 두고 600명의 신하와 궁궐을 탈출했다. 이때 다윗의 친척이요 신뢰하던 부하 아히도벨이 압살롬의 반역에 가담했다. 그가 친구 후새를 남겨 두고 예루살렘에서 탈출할 때 사울 왕 가문의 시므이가 도망가는 다윗 앞에 돌을 던지며 저주하고 모욕했다. 1-2절은 이때의 절망적 현실을 그대로 표현하고 있다. 이때 '멈추고'라는 뜻의 '셀라'가 쓰인다. 왜 아들이 반역했고, 왜 부하 신하가 배신했고, 왜 과거 사울 왕의 후손이 노골적으로 적대감을 표현했는지를 생각하며, 자기가 아무리 옳다고 해도 '셀라', 곧 '멈추고 반성하라', '노래를 끊고 중지하고 깊은 의미를 되새기라'라는 뜻으로 '셀라'가 주어진 것이다.

3-4절에서는 "여호와여 주는 나의 방패시요 나의 영광이시요 나의 머리를 드시는 자이시니이다 내가 나의 목소리로 여호와께 부르짖으니 그의 성산에서 응답하시는도다"라고 노래한다. 그리고 두 번째 '셀라'가 주어진다. 앞의 1-2절의 자기가 하나님께 구원받지 못한다고 말하는 많은 사람의 조롱에서 오는 절망감이 3-4절에서는 여호와께서 자신의 방패가 되기 때문에 자기 기도에 응답하신다는 하나님께 대한 신뢰와 기도 응답으로 바뀐다.

그다음 5-8절에서는 다윗의 강한 신념이 나타난다. "내가 누워 자고 깨었으니 여호와께서 나를 붙드심이로다 천만인이 나를 에워싸 진 친다 하여도 나는 두려워하지 아니하리이다 여호와여 일어나소서 나의 하나님이여 나를 구원하소서 주께서 나의 모든 원수의 뺨을 치시며 악인의 이를 꺾으셨나이다 구원은 여호와께 있사오니 주의 복을 주의 백성에게 내리소서 (셀라)."

아들에게 반역을 당하고, 부하에게 배신당하고, 정적들이 조롱하는 수모를 당한 것을 생각하면 잠이 올 리가 없다. 그러나 다윗은 속 편하게 잘 자고 깨어났다고 태평천하를 노래한다. 그리고 마지막으로 세 번째 '셀라'가 나온다.

이 시편 3편은 세 번의 '셀라'가 주어졌다. 처음의 '셀라'는 2절에서 많은 대적이 자기에게 하나님께 구원받지 못한다고 말하는 절망적 현실 앞에 멈추고 생각하라는 의미로 주어졌고, 두 번째 '셀라'는 4절 끝에서 기도의 응답을 확신하며 멈추고 생각하라는 뜻으로 주어졌다. 그리고 세 번째 '셀라'는 8절 끝에 구원은 여호와께 있다는 확신 가운데 마지막으로 주어졌다. 이렇게 '셀라'는 노래 중간에 멈추고 가사의 의미를 음미하는 찬송의 기법으로 쓰였다. 이때의 '셀라'는

'멈추라', '중지하라'의 의미다. 따라서 '셀라'는 노래 중간에 가사를 멈추고 가사의 의미를 진지하게 되새김질하라는 깊은 의미가 담겨 있음을 알 수 있다.

둘째, 시편 24편

시편 24편은 다윗이 어느 때 무슨 동기로 이 시편을 지었는가? 이 시는 7절의 "문들아 너희 머리를 들지어다 영원한 문들아 들릴지어다 영광의 왕이 들어가시리로다"라는 구절을 근거로 사무엘하 6장에 기록된 언약궤를 블레셋에서 찾아와 예루살렘에 안치한 때 지은 시로 추정한다. 이 행사는 출애굽 후 광야에서 만들어져 300년 동안 사사시대를 지냈던 언약궤를 사울 왕 때 블레셋에게 빼앗겼다가 다윗 때 3만 명의 군사가 되찾아 오게 된, 종교적으로 큰 의미가 있는 행사였다. 이때 다윗이 너무 기뻐서 춤추며 뛰노는 것을 아내 미갈이 보고 방탕한 자가 염치없이 자기 하체를 드러낸다며 야유를 보낸다. 여하튼 이렇게 감격적인 순간에 지은 시가 시편 24편이다.

이 시편 24편에는 '셀라'가 두 번 나온다. 1-6절에서 "여호와의 산에 오를 자가 누구며 그의 거룩한 곳에 설 자가 누구인가"라고 묻고 "이는 여호와를 찾는 족속이요 야곱의 하나님의 얼굴을 구하는 자로다"라는 대답이 이어진다. 그 후 6절 끝에 '셀라'가 주어진다. 이때의 '셀라'는 '영원히'라는 뜻이다. 그리고 7절에서 "문들아 너희 머리를 들지어다 영원한 문들아 들릴지어다 영광의 왕이 들어가시리로다"라고 외친 다음 10절 끝에서 '셀라'가 또 주어진다. 이때 쓰인 '셀라'도 '영원히'라는 뜻이다.

셋째, 시편 46편

시편 46편은 표제를 보면 고라 자손의 시다. 민수기 26장 10절을 보면 고라 자손은 출애굽 이후 모세의 지도력에 반항해서 집단적으로 저항하다가 땅이 갈라져 260명이 한꺼번에 죽었던 적이 있는 수치스러운 조상들의 후손이다. 그런데 그들 중 살아남은 후손은 성전 문지기와 성전 음악 담당자들로 다윗 왕 때 크게 쓰임 받는다(대하 20:19). 이 고라 자손들이 성전 찬양대원으로 봉사하며 42-49편의 여덟 편의 찬송시를 남긴다. 그중의 하나가 이 46편이다. 46편은 “인도자를 따라 알라못에 맞춘 노래”다. 여기서 ‘알라못’(עֲלָמוֹת)은 ‘처녀’라는 뜻으로 여성의 높은음을 내게 하는 소프라노 합창곡이란 뜻이다.

이 46편은 중간에 ‘셀라’라는 말이 세 번 주어졌다. 1-4절의 “하나님은 우리의 피난처시요 힘이시니 환난 중에 만날 큰 도움이시라 그러므로 땅이 변하든지 산이 흔들려 바다 가운데에 빠지든지 바닷물이 솟아나고 뛰놀든지 그것이 넘침으로 산이 흔들릴지라도 우리는 두려워하지 아니하리로다”라는 담대한 신앙 고백 후에 3절 끝에 ‘셀라’가 나온다. 이때의 ‘셀라’는 ‘더욱 강하게’, ‘더욱더 높은 음으로’라는 뜻이다. 악상 기호 중에 ‘더욱 강하게’라는 뜻의 ‘포르티시모’(ff)와 같다. 즉 여기서는 소프라노 음을 한층 더 높여 크게 부르라는 뜻으로 ‘셀라’가 사용됐다.

계속해서 4-7절에서 “하나님이 그 성 중에 계시매 성이 흔들리지 아니할 것이라 새벽에 하나님이 도우시리로다 뭇 나라가 떠들며 왕국이 흔들렸더니 그가 소리를 내시매 땅이 녹았도다 만군의 여호와께서 우리와 함께하시니 야곱의 하나님은 우리의 피난처시로다”라고 외친 다음 또 ‘셀라’가 주어진다. 이때의 ‘셀라’도 더 높은 고음으로 노래 부르라는 뜻이다.

8-11절에서는 "만군의 여호와께서 우리와 함께하시니 야곱의 하나님은 우리의 피난처시로다"라고 선포한 다음 마지막으로 '셀라'가 주어진다. 여기서도 최고의 음으로 마지막을 장식하라는 뜻으로 쓰였다.

시편은 '찬양의 책'이다. 각 시편 표제에 '노래'라는 말이 붙어 있을 뿐 아니라, 총 39편의 시편에 '셀라'라는 말이 71회나 사용됐다. '셀라'는 ① (멈추고) 묵상하라, ② (영원히) 영광 돌리라, ③ (내용을 파악하고) 더욱 높여 강조하라는 세 가지의 뜻으로 시편 곳곳에서 사용되고 있다.

우리는 시편이 운율이나 자수를 맞춘 운문체나 시조가 아니라 하나님을 영화롭게 하려는 구원받은 자들의 찬송가라는 사실을 기억해야 한다. 아울러 찬송과 찬양은 반드시 구원받은 자들이 하나님께 영광을 돌려드리는 구원받은 자들의 특징이다. 따라서 우리가 구원받은 것이 명확하다면 수시로 항상 찬송하는 삶을 살아가야 할 것이다. 그렇기에 구원받은 자의 삶의 특징 중 하나로 외면적으로 나타나는 것이 찬양이다. 이같은 각성으로 구원받은 자답게 더 많은 찬송생활을 하도록 삶 속에서 실천이 되어야 하겠다.

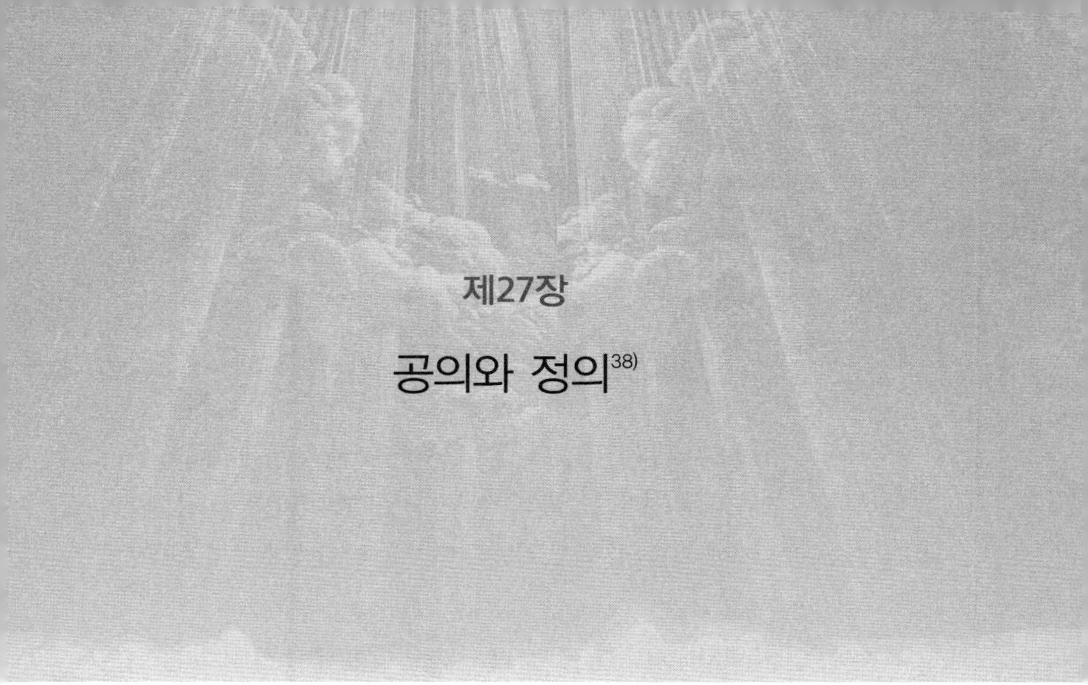

제27장

공의와 정의[38)]

시편 9편은 다윗의 시이며 뭇랍벤(악기의 종류)에 맞춘 노래다. 특히 8절에서 다윗은 하나님께서 공의로 세계를 심판하시고, 정직(정의)으로 만민에게 판결을 내리실 것을 예언하고 있다.

다윗은 비록 자기가 나라를 다스리는 왕이지만 세계와 만민을 이끌어 가시는 하나님의 통치 원칙은 공의와 정의임을 말한다. 이 같은 공의와 정의는 시편 33편 5절을 비롯해 구약성경과 신약성경 전체의 핵심 사상이다.

'공의'는 히브리말로 '미쉬파트'(מִשְׁפָּט) 또는 '체데크'(צֶדֶק)이며, 이 말은 구약성경에서 300여 회 쓰였다. 그리고 신약성경에서는 공의와 정의가 혼용되면서 '디카이오쉬네'(δικαιοσύνη)로 160회 가량 사용되었다.

공의가 무엇인가? 하나님의 성품에 근거한 영원한 심판의 기준을

---

38) 정수영, 앞의 책, pp.237~247.

뜻한다. '정의'란 하나님의 영원한 심판의 기준에 근거한 판단을 인간에게 적용할 때의 명확한 기준이라는 뜻이다. 이 같은 성경적 공의와 정의를 인류 역사에서 인간들이 남용함으로 오늘날에는 정의의 개념이 완전히 왜곡되고 있다.

오늘은 이에 관해 다음의 세 가지를 살펴보고자 한다. 첫째로 인류 역사에서 사용된 '정의'의 개념의 발달사를 알아보고, 둘째로 우리나라에서 '정의'라는 개념이 어떻게 잘못 사용되어 왔는지를 살펴보고, 셋째로 성경에 기록된 '정의' 개념의 맥락을 확인해 보고자 한다.

첫째, 인류 역사에서 사용된 '정의'의 개념의 발달사

2010년경 미국 하버드대학 마이클 샌델 교수가 쓴 《정의란 무엇인가?》라는 책을 근거로 이에 관한 내용을 살펴보자.

(1) 고대인의 '정의' 개념

샌델 교수는 고대인의 '정의' 개념으로 아리스토텔레스(BC 384~322)의 '정의' 개념을 말한다. 아리스토텔레스는 구약성경 맨 마지막 선지서인 말라기(BC 430년대)보다 약 100년 뒤의 사람이다. 그는 정의란 국가와 국민이 다 함께 지켜야 할 공공의 법칙이라고 말한다. 이에 따라 두 가지 정의를 말하는데, 첫째로 국가가 국법에 의해 백성을 바르게 다스리는 배분적 정의가 먼저 있어야 하고, 둘째로 백성이 국가에 보답하는 응보적 정의가 뒤따라야 한다는 것이다. 아리스토텔레스의 정의는 국가의 통치와 백성의 보답이 공정하게 이뤄져야 한다는 정치적 이상으로서의 정의다.

(2) 근대의 '정의' 개념

아리스토텔레스가 주장한 통치자들의 '정의' 개념은 군왕들의 독재로 실현되지 않았다. 이에 군왕들의 독재가 천 년 가까이 계속되고, 이어서 가톨릭의 교황 절대주의가 또다시 천 년 가까이 지속된다. 종교개혁은 교황의 절대주의를 단절시키는 변화를 가져왔으나, 군왕의 독재는 여전히 계속되자 영국의 청교도혁명, 프랑스 혁명이 군왕 절대주의를 흔들었고, 미국의 독립 전쟁과 제1, 2차 세계대전이 민주주의 세상을 만들었다.

이 같은 변화의 소용돌이 속에서 지금으로부터 약 200년 전 독일과 영국에서 정의에 대한 새로운 주장이 등장한다.

1) 독일의 칸트(1724~1804)

칸트는 계몽주의자들이 '이성 만능'을 주장하는 데 반박해 순수이성 비판과 실천이성 비판으로 이성 만능을 비판한다. 그러면서 정의란 군주든 백성이든 어느 한 편에 서 있는 것이 아니라 제3자가 볼 때 양편이 모두 공감할 수 있는 잘 조화된 것이라고 했다.

2) 영국의 벤담(1748~1832)

칸트와 동시대인인 벤담은 각 사람의 공로에 따라 이익이 배분되어야 한다는 공리(公利)주의의 창시자다. 벤담은 모든 사람이 갖고 있는 이기심과 자비심을 어떻게 조화시킬 수 있는지에 대한 보편적 원리로 '최대 다수의 최대 행복'을 정의라고 했다. 즉 소수가 누리는 특혜보다는 더 많은 다수의 행복이 곧 정의라는 논리였다. 이 같은 벤담의 다수의 행복론에 영향을 받은 이론이 마르크스의 공산주의 이론이고, 히틀러의 나치즘이며, 무솔리니의 파쇼주의다.

(3) 현대의 '정의' 개념

미국 하버드대학의 철학 교수 존 롤스(John Rowls, 1921~2002)는 만인에게 공평한 것이 정의라고 말했다.

둘째, 우리나라에서 이루어진 '정의' 개념의 대두

우리나라가 과거 36년간 일제의 식민 지배를 받으며 국권을 잃고 약탈, 굴욕, 지배 속에서 살 때는 '정의'라는 말이 없었다. 해방을 맞고 나라가 정치적으로 격동을 겪으면서 정치적 상황에 맞서는 사회 운동으로서 '정의'라는 개념이 비로소 등장한다.

우리나라에서 '정의'라는 말이 대두된 것은 박정희 정권 때다. 1970년대 당시 박정희 정권이 유신 헌법으로 장기 집권을 획책하자 가톨릭 김수환 추기경이 정권 반대 운동에 앞장서고, 지학순(1921~1993) 주교가 '정의구현사제단'을 만들어 국가 정책들에 반대했다. 그 후 이들은 정권 반대, 정책 반대를 위한 행동으로 제주도 강정마을의 해군기지 건설 반대, 송전탑 건설 반대, 자연환경 파괴하는 터널 공사 반대 등 사회문제에 관한 운동을 했다. 1980년대에 인권 문제를 들고나왔고, 1990년대에는 공명선거를 강조하다가, 2003년 노무현 정권 때는 정부 보조금으로 "백년전쟁"이라는 다큐멘터리를 만들어 이승만과 박정희를 친일파과 매국노로 매도했다. 2014년 4월 '세월호' 사건에서는 법률가들이 정의를 이용해 이익을 추구했고, 이때 문재인은 세월호 사태를 이용해 박근혜를 탄핵시키고 2017년 정권을 잡았다. 문재인 정권은 5년간 반일과 친북 정책으로 과거 역사를 완전히 후퇴시키고, 진보와 보수의 대립이라는 국민 분열을 가져왔다.

2023년 윤석열 정권 집권 1년 한국의 현실은 전 국민이 보수와 진보로 완전히 양분되어 진영에 따라 정의의 개념이 다르게 이해되는 정의 실종 시대다. 문재인, 조국, 박원순, 이재명으로 이어지는 부정, 부패에도 국회의 다수당이면 정부와 사회를 마음대로 이끌어가는, 다수당 중심의 세상은 정의가 사라진 현실을 목격하게 된다.

한편 과거를 밟고 올라서야 한다는 보수 세력의 이론은 다르다. 베트남이 과거 프랑스의 지배를 받고, 일본군에게 시달렸으며, 미국과의 10여 년간의 월남전쟁으로 국민 800만이 희생당했으나 슬픈 과거사에 집착하기보다 미래를 향해 나아가는 것이나, 폴란드가 독일과 러시아의 침공으로 인구 560만을 잃었음에도 독일과 안보 협력을 하는 것, 또 이스라엘이 제2차 세계대전 때 독일에 의해 인구 600만이 희생됐는데도 과거를 잊고 미래로 나아가는 것을 교훈 삼아야 한다며 현실을 중요시한다. 그에 반해 한국의 보수는 과거를 교훈삼아 현실까지도 부정하고 과거에만 몰입하는 데 주력하고 있다.

한국인에게 '정의'의 개념은 과거 '정의구현사제단'에 의해 유치하게 적용되었고, 현재는 진보 세력들이 자기들의 목적을 달성하는 투쟁 구호로 남용되고 있다. 이럴 때 보수는 안정 추구에만 주력하고 있다. 이 같은 현실에서 공의나 정의의 개념은 철저히 상실되고 말았다. 이제 우리는 성경의 '정의' 개념으로 돌아가야 한다.

셋째, 성경의 '정의' 개념

성경에서는 구약성경에 '공의'라는 말이 '미쉬파트'(מִשְׁפָּט) 또는 '체데크'(צֶדֶק)로 약 300회 사용되었고, 신약성경에서는 '디카이오쉬네'(δικαιοσύνη)로 160회가량 쓰였다.

이제 성경에서 말하는 '공의'와 '정의'의 개념을 살펴보자. 성경에서 '공의'와 '정의' 개념은 창세기부터 요한계시록까지 성경 전체의 대표적 사상 중 하나다.

(1) 최초의 아브라함 때(BC 2020년경)

아브라함은 BC 2020년경, 곧 지금으로부터 약 4,000년 전 인물이다. 우리나라는 지금으로부터 약 4,300년 전 단군왕검이 고조선 또는 단군조선을 건국했다고 하나, 그는 역사적 인물이 아니며 그 내용도 신화로 꾸민 역사다. 그러나 성경은 아브라함이 창세기 12장부터 25장까지 총 14장에 걸쳐 기록된 역사적 실존 인물임을 밝히고 있다. 그 아브라함과 관련해 '공의'와 '정의'가 언급된다. 창세기 18장 19절에서 하나님이 아브라함에 대해 "여호와의 도를 지켜 의와 공도를 행하게 하려고 그를 택하였나니"라고 말씀하는데, 여기서 말하는 '의'가 '체데크'(צְדָק)로 '공의'(사 10:22), '정의'(암 5:7)의 뜻이다. 또 '공도'는 '미쉬파트'(מִשְׁפָּט)로 '심판하다'(사 11:4), '다스리다'(왕상 8:20; 왕하 23:22)라는 뜻이다. 세상의 정의는 BC 350년경 아리스토텔레스가 최초로 언급했으나, 성경은 BC 2020년경 아브라함 때 이미 공의와 정의를 말한다.

(2) 욥(BC 2000년경)

아브라함과 거의 동시대 사람인 욥에 관한 이야기에서도 정의가 언급된다(욥 34:12, 17). 전능자의 공의, 정의

(3) 모세(BC 1500년경)

레 19:15-16 - 공의

신 16:18-20 - 공의

(4) 다윗(BC 1000년경)

시 9:8 - 공의

시 33:5 - 공의와 정의

시 37:6 - 공의를 정오의 빛같이

(5) 이사야(BC 740~680), 아모스(BC 760~750)

사 1:16-17, 30:18, 61:8 - 정의

암 5:7, 15, 24 - 정의, 공의

(6) 예레미야(BC 627~580)

렘 5:1, 7:4-7 - 정의

(7) 말라기(BC 430)

말 2:17 - 정의

(8) 신약성경(지금으로부터 2000년 전)

1) 예수님 - 요 7:23-24 - 공의

2) 사도 바울 - 살후 1:4-5 - 공의

3) 베드로 - 벧전 2:22-25 - 공의

4) 사도 요한 - 계 19:11 - 공의

우리 각 사람은 이 땅에서 한 나라의 국민으로 살아가지만, 영적으로는 성령으로 거듭나 하나님 나라의 시민으로 살아간다. 이에 우리는 한 나라의 국민으로서 우리가 속한 세상에서 개인에 국한되지 않고 사회 시민이자 국가 국민으로 살아가면서, 또 한편으로는 하나님의 자녀답게 세상의 빛과 소금이 되어 정의와 공의로 살아가야 한다. 그렇게 이 세상에서는 하나님 속성대로 공의와 정의로 살다가, 죽은 후에는 하나님의 공의와 정의가 완성된 새 하늘과 새 땅에서 영원토록 살아간다. 공의와 정의는 하나님의 속성으로 BC 2000년 전부터 앞으로 천국에까지 계속 적용이 되는 영원한 진리의 기준을 뜻한다.

우리는 그같은 공의와 정의에 입각한 성도로서 이 세상에서 구별되게 살아가야만 하는 선택받은 사명자들이다.

제28장

하나님의 세 가지 계시[39)]

시편 19편은 다윗의 시다. 다윗은 이 시에서 하나님을 깨달을 수 있는 것으로 세 가지를 말한다. 첫째로 1-6절에서 하늘들과 궁창을 말하고, 둘째로 7-11절에서는 여호와의 율법, 셋째로 12-14절에서는 인간의 양심을 말한다.

오늘은 다윗이 깨달은 하나님의 세 가지 계시를 살펴보고자 한다.

첫째, 하늘들을 통한 피조물의 계시(1-6절)

1-6절을 보면 '하늘들'을 여러 가지로 말한다. 1절에서는 하늘과 궁창을 말하고, 2절에서는 날과 밤을 말하며, 5절에서는 해가 신방에서 나오는 신랑 같다고 말하고, 6절에서는 하늘 이 끝과 저 끝을 말한다.

여기서 다윗은 여러 번 '하늘'과 관계된 것들을 말한다. 그런데 우리는 '하늘' 하면 눈에 보이는 푸른 창공의 하늘만 연상한다. 그래

---

39) 정수영, 앞의 책, pp.429~443.

서 개역개정, 공동번역, 표준새번역 등 모든 우리말 성경은 '하늘'이라는 단수로 번역했다. 그러나 이것은 명백한 오역이다. 히브리 원문의 '핫솨마임'(הַשָּׁמַיִם)은 '하늘들'이라는 복수다. 히브리 원문대로 '하늘들'이라는 복수로 번역된 것이 KJV 성경의 "The Heavens"이고, NIV 성경도 "The Heavens"라고 번역했다.

시편 19편 1-6절 전체는 '하늘들'이 하나님의 하신 일을 나타내고 하나님의 영광을 드러낸다고 노래하고 있다. 여기서 우리는 다윗이 '하늘들'을 보고 하나님이 하신 일을 깨닫는다는 말이 얼마나 영적이면서 또 시적인 표현인지를 깨달아야 다윗의 마음을 알 수 있다. 사실 구약성경과 신약성경에는 '하늘들'을 통해 하나님께서 자신을 계시해 주셨다는 기록이 수없이 많이 반복되고 있다.

신명기 10장 14절의 "하늘과 모든 하늘의 하늘과 땅과 그 위의 만물은 본래 네 하나님 여호와께 속한 것이로되"에서 '하늘의 하늘'은 단지 창공만을 의미하지 않는다. 열왕기상 8장 27절에서는 솔로몬이 성전을 봉헌하면서 "하나님이 참으로 땅에 거하시리이까 하늘과 하늘들의 하늘이라도 주를 용납하지 못하겠거든"이라고 말한다. 시편 148편 4절에서는 "하늘의 하늘도 그를 찬양하며 하늘 위에 있는 물들도 그를 찬양할지어다"라고 했다.

신약성경도 하늘이 단지 창공만을 의미하는 것이 아님을 똑같이 주장한다. "진실로 진실로 너희에게 이르노니 하늘이 열리고 하나님의 사자들이 인자 위에 오르락내리락하는 것을 보리라 하시니라"(요 1:51). "하늘에 속한 형체도 있고 땅에 속한 형체도 있으나 하늘에 속한 것의 영광이 따로 있고 땅에 속한 것의 영광이 따로 있으니"(고전 15:40). "또 내가 새 하늘과 새 땅을 보니 처음 하늘과 처음 땅이 없어졌고 바다도 다시 있지 않더라"(계 21:1).

창세기 1장 1절에서 '하늘들'의 창조를 말한 이후 수많은 성경에 '하늘들'에 관한 증언이 반복되고 있다. 이렇게 성경에 기록된 '하늘들'의 비밀스러운 사실을 단편적으로 깨달은 사람들은 인류에게 독특한 감동을 전해 준다.

우리가 잘 아는 찬송가 79장을 보자. 이 찬송의 1절에서는 주 하나님이 지으신 모든 세계 중 하늘의 별, 울려 퍼지는 뇌성의 깨달음을 얻고, 2절에서는 숲속이나 험한 산골짜기나 고요한 시냇물에서 깨달음을 얻으며, 3절에서는 독생자 예수를 아낌없이 보내 주신 것에 대한 믿음을 갖게 되고, 4절에서는 주님 다시 오실 때 저 천국으로 우리를 인도할 미래의 소망으로 이어진다. 이 찬송은 스웨덴 설교가 보베르그(C. G. Boberg, 1859~1940) 목사가 작사한 찬송으로, 빌리 그레이엄 목사가 집회 때마다 즐겨 불렀다.

또 찬송가 69장은 중세의 거지 수도사 프란체스코(1182~1226)가 온 천하 만물에서 나타나는 하나님의 섭리를 노래한 것이다. 프란체스코는 그의 나이 23세 때부터 39세까지 16년간 이루어 놓은 수도회를 야심 많은 정치 지망생 엘리아스에게 뺏기고 몬테 알베르노 암자에 독거한다. 이때 프란체스코는 하나님을 찬양한다. 1절에서 금빛 나는 밝은 해와 은빛 나는 밝은 달을 보고 하나님을 찬양하고, 2절에서는 힘차게 부는 바람과 떠가는 구름을, 3절에서는 흘러가는 맑은 물과 조화 많은 밝은 불을 보고 찬양한다. 프란체스코는 어떻게 이처럼 천지 만물이 하나님을 찬양하는 것을 느낄 수 있었을까? 그가 모든 세상 물욕, 야욕, 희망 등 사심을 버리고 자연환경에 감사하며 살았기 때문이다.

나는 1978년 5월에 서울 공덕교회의 청빙을 받아 10년 군목 생활을 마치고 제대했다. 그런데 초청한 교회에서 벌어진 장로, 집사 간의 분쟁으로 부임이 지연되었다. 이때 우리 부부는 두 아이를 재우고 수원 칠보산기도원에서 100일 철야기도를 했다. 6~8월의 여름 장마철에 산속에서 완전히 물에 빠진 상태로 기도했으나 응답되지 않아 8월 말 미국 유학을 떠났다. 1978년 8월부터 1982년까지 공부한 뒤 미국 몇 곳에서 교포 목회 초청을 받았으나 다 뿌리치고 대책 없이 귀국을 결행했다.

1982년 2월 어느 날 서대문 갈현동 어느 집사 댁에서 순복음 구역장 조장 4~5명과 오후 4시부터 9시까지 질의응답으로 격론을 벌인 뒤 밤 10시경 두툼한 사례비 봉투를 받고 택시를 타려고 큰 길가를 향해 걸을 때였다. 유난히 달이 밝은 겨울 밤, 하늘의 달이 총총히 걷고 있던 나에게 말을 했다. "정 목사! 왜 네가 100일 철야기도를 해도 응답이 없었는지 그 이유를 알겠느냐? 네가 구역장 4~5명과 5시간을 토론해도 대답할 정도가 된 것은 그때의 100일 철야기도대로 응답되지 않고 미국에서 4년간 공부한 것으로 네 부족을 채워주기 위함이었기 때문이다." 이렇게 생생한 달의 소리를 들었다. 이때 내가 달이 들려주는 생생한 음성을 들을 수 있었던 것은 사심이 없이 순수하게 주님 한 분만을 사모했기 때문이다.

하나님의 영인 성령을 모신 사람으로서, 지금으로부터 3천 년 전 다윗은 '하늘들'을 통해 하나님의 활동하심을 깨닫고 시편 19편을 기록했다. 역시 성령을 그 마음에 모신 100년 전 보베르그 목사는 주 하나님이 지으신 모든 세계를 찬양하는 노래를 만들었다. 나도 사심이 없을 때 달의 소리를 들었다.

하나님의 영을 모르는 불쌍한 자들은 태양계가 대폭발인 빅뱅에 의해 구성됐다느니, 은하계가 1천억 개가 있다느니, 블랙홀이 지옥이라느니 별의별 엉뚱한 소리로 사람들의 혼란을 가중하고 있다. 우리는 다윗 같은 성령의 사람이 되어 '하늘들'에서 하나님을 볼 수 있고 하나님의 음성을 들을 수 있어야 한다.

둘째, 율법을 통한 말씀의 계시(7–11절)

다윗은 두 번째로 여호와의 율법을 통해 하나님의 계시를 깨달았음을 말하고 있다. 다윗은 지금으로부터 약 3천 년 전 사람이다. 다윗은 자기가 태어나기 500년 전 모세가 하나님을 만나 하나님의 뜻을 기록한 모세 5경의 율법서를 잘 알고 있었다. 모세 5경은 창세기부터 신명기를 말한다. 모세 5경은 그것이 기록된 지 3,500여 년이 지난 지금도 우리에게 수많은 교훈을 주고 있다.

다윗은 율법을 통해 깨달을 수 있는 몇 가지를 설명한다.

① 7절: 여호와의 율법은 영혼을 소성시킨다(새롭게 각성시킨다).

여호와의 증거는 확실해서 옳고 그른 것, 참된 것과 거짓된 것, 모호하고 불확실한 것, 모든 잘못을 깨닫게 해준다.

현대는 사이비 지식인, 사이비 종교인, 사이비 정치가, 거짓말쟁이들의 거짓된 주장으로 누가 옳고 그른지 판단하기 어려운 혼란기다. 이렇게 혼란한 때 영혼을 새롭게 각성시켜 줌으로 올바른 판단을 하게 해주는 것이 무엇인가? 그것은 사람들의 소리가 아닌 여호와의 율법이다. 이 율법만이 세상 헛된 주장들에 현혹되지 않고 영혼을 소성시켜 바른길로 가게 해준다.

② 8절: 여호와의 교훈(말씀)은 정직하여 마음을 기쁘게 한다.

세상 사람들은 나를 위해 주는 척하지만 사실은 사기꾼이 많다.

위안부 할머니들의 피해를 돌본다던 윤미향은 후원금을 받아 사적으로 유용했다. 세월호 특조위는 민변, 진보 단체, 노동계, 친야 좌파 인사들이 120여 명의 조사단을 꾸며 인건비로 151억 원을 사용하고, 해당자들에게 국고금으로 572억 원을 배상해 주었다. 문재인 정권은 5·18 진상조사위원이 5·18 유공자로 4,500명을 선정해서 그들에게 국가공로자로 지원금을 지급하고 있다. 이 세상의 법으로는 정직한 진실을 밝혀낼 수가 없다. 오직 여호와의 교훈만이 정직한 마음을 갖게 해준다.

③ 9절: 여호와를 경외하는 도는 정결하여 영원까지 이른다.

현재 세상에서는 말세의 징조가 현저하게 나타나고 있다.

정치계의 경우, 국민을 위한다는 정치가들의 배후에는 전부 이권과 결탁된 썩은 경제가들이 있다(돈봉투, 이권 개입, 코인 투자 등). 세상과 달라야 할 종교계 역시 기독교, 천주교, 불교 등 어느 하나 악취가 나지 않는 곳이 없다. 사회도 방송, TV, 교육, 문화 어느 곳이든 모두가 다 썩어 가고 있다. 썩어 가는 세상을 더는 썩지 않게 하려면 정결하고 깨끗한 여호와를 경외하는 도가 소생해야 한다.

이처럼 다윗은 7-11절에서 율법인 성경은 하나님의 계시로 혼란을 극복하는 힘이 된다고 노래한다. 여호와의 율법을 순금보다 더 사모해야 하고(10절), 이것으로 경고를 받고 지켜야 한다고 말한다(11절). 그리고 이것으로 어려움을 극복한 자들에게 주는 상이 크다고 말한다.

셋째, 깨달음을 통한 양심의 계시(12-14절)

다윗은 12절에서 자기 허물을 스스로 깨닫는 양심이 하나님의 계시임을 설명한다. '허물'은 '쉐기오트'(שְׁגִיאוֹת)로 도덕적 실책이나 도덕적, 윤리적으로 범하는 죄를 뜻한다. 하나님께서는 흑인이든 백인이든 황색인이든 도덕적으로나 윤리적으로 잘못된 길을 걸어가는 것을 스스로 깨닫고 돌이킬 수 있는 기본 법을 모든 인간에게 주셨는데 그것이 양심이다.

바울 사도는 로마서 2장 15절에서 율법을 받은 이스라엘은 율법이 심판의 기준이 되지만, 율법이 없는 이방인들에게는 양심이 심판의 기준이 된다고 말한다.

그런데 인간의 양심이 다 똑같지 않다. 바울 사도는 양심에는 "선한 양심"(딤전 1:5)이나 "착한 양심"(딤전 1:19)의 일반적 양심이 있는가 하면, 양심이 깨끗하고 정결해서 느끼는 대로 행동하는 깨끗한 양심(딤전 3:9)이 있고, 또 더러운 양심이나 화인 맞은 양심(딤전 4:2)도 있다고 말한다. 우리는 지금 어떤 양심으로 살아가는가? 일반적 선한 양심에서 깨끗한 양심으로 발전하는 것이 정상이다. 그러나 많은 경우 선한 양심이 더러운 양심으로 추락해 살아간다.

이렇게 더러운 양심으로 추락한 자는 13절 말씀처럼 그것이 죄인 줄 알면서도 죄를 짓는 고의적인 죄 또는 고범죄를 저지르는데, 그렇게 고범죄를 범한 자들은 죄과를 안고 늘 시달리며 살아간다.

14절에서 다윗은 선한 양심을 계속 유지하고 깨끗한 양심으로 향상되려면 어떻게 해야 한다고 하는가? 이에 대해 다윗은 "내 입의 말과 마음의 묵상이 주님 앞에 열납되기를 원하나이다"라고 말한다. 우리는 말 한마디라도 허튼소리나 남에게 상처를 주고 해악을 끼치는 말을 해서는 안 된다.

말이 순결하고 항상 깨끗하려면 어떻게 해야 하는가? 마음의 묵상을 해야 한다. 즉 마음속에 생각하고 구상하고 계획을 세우고, 또 입으로 말하기 전에 '이 생각은 주님이 받으실 만한 생각일까?', '이 계획은 주님이 칭찬하실 만한 일일까?', '이 말은 다른 이에게 유익을 주고 주님이 기뻐하실 말일까?' 등의 생각이 주님 앞에 열납되도록 양심을 조절해야 한다는 것이다.

다윗은 시편 19편에서 ① 하늘들, ② 여호와의 율법, ③ 깨끗한 양심의 세 가지 계시를 말한다. 우리도 다윗처럼 생활에서 하나님의 계시를 발견하며 살아가야 한다.

제29장

어찌 나를 버리셨나이까?[40)]

시편 22편은 다윗의 시다. 이 다윗의 시는 예수님께서 십자가에서 인용하심으로 더욱 유명해졌다. 오늘은 이 시를 통해 다윗, 예수님, 교회 역사의 세 가지 면을 살펴보려 한다.

첫째, 다윗의 경우

다윗이 이스라엘의 숙적 블레셋의 골리앗을 쳐 죽였다(삼상 17장). 이로 인해 다윗의 인기가 사울 왕을 능가해 사울이 죽인 자는 천천이나 다윗은 만만이라는 평판을 얻고(삼상 18장), 사울 왕이 시기심으로 다윗을 죽이려 한다(삼상 19장). 다윗은 위급한 상황에서 가장 먼저 사무엘을 찾아가고, 그다음에는 제사장 아히멜렉을 찾아간다. 여기서 신앙인은 위급해졌을 때 그 도피처를 무엇에서 찾아야 하는지 진정한 신앙인의 위기관리 방법을 배우게 된다. 사울 왕은 자기가 죽

---

40) 정수영, 앞의 책, pp.479~502.

이려는 다윗을 도운 제사장 아히멜렉 등 제사장 85명을 죽인다. 이때 다윗은 사울 왕의 자신에 대한 살인 의도를 확인한다.

그 후 다윗은 10여 년을 전국 벽지로 피신을 다닌다(삼상 21-27장). 처음에는 사울 왕과 적대국인 블레셋으로 도망갔는데 블레셋인들이 다윗을 알아보고 죽이려 했다. 그러자 다윗은 침을 흘리고 미친 척하며 위기에서 탈출한다. 그 후 아둘람 동굴로, 십 황무지로, 광야 하길라로 계속해서 살기 위해 죽을 고비들을 넘기며 도망을 다닌다(삼상 22장). 이 시편 22편은 다윗이 이 같은 도망자로 살아가는 처참한 위기의 상황이 그 배경이 된다.

시편 22편은 두 가지 내용으로 되어 있다.

① 전반부(1-21절): 연약한 인간 다윗의 실상

1절: 내 하나님이여 내 하나님이여 어찌 나를 버리셨나이까

2절: 내가 낮에도 부르짖고 밤에도 잠잠하지 아니하오나 응답하지 아니하시나이다

6절: 나는 벌레요 사람이 아니라

15절: 내 힘이 말라 질그릇 조각 같고 내 혀가 입천장에 붙었나이다

16절: 개들이 나를 에워쌌으며

18절: 내 겉옷을 나누며 속옷을 제비 뽑나이다

이처럼 전반부는 연약한 인간 다윗의 실상을 그대로 드러낸다.

② 후반부(22-31절): 환난 중에도 주님을 찬양하는 신앙인 모습

22절: 주의 이름을 형제에게 선포하고 회중 가운데에서 주를 찬송하리이다

23절: 여호와를 두려워하는…그에게 영광을 돌릴지어다

24절: 그는 곤고한 자의 곤고를…들으셨도다

25절: 나의 서원을 갚으리이다

후반절 내용은 도망자가 아닌 여호와 앞에 감사하는 자로 달라진다.

시편 22편에서 나타나는 다윗의 두 가지 모습은 완벽하게 다르다. 전반부에는 죽음의 고비를 넘나드는 위기 속의 연약한 인간 다윗의 실상이 그대로 반영되었다. 그런데 후반부에는 연약한 인간 다윗이 신앙인 다윗으로 완전히 달라진다. 여기서 다윗의 양면을 깨닫게 된다. 다윗은 우리와 똑같이 위기가 닥치고 환난을 당하자 낙심하고 좌절하고 자기를 괴롭히는 원수를 증오한다. 그러나 그것이 다윗의 전부가 아니다. 다윗의 모든 시는 전반부에서는 처절한 실상을 있는 그대로 수용하고, 후반부에서는 반드시 찬송, 감사, 서원하며 하나님께 문제들을 양도한다.

우리가 다윗의 시편들을 통해 배울 점은 이것이다. 첫째로 현실의 어려움을 사실대로 인정해야 한다. 둘째로 현실의 어려움을 하나님께 맡기고 어려움 속에서도 감사와 찬송과 서원을 다짐해야 한다.

둘째, 예수님의 경우

예수님은 마태복음 27장 46절에서 십자가에 달리신 채 "엘리 엘리 라마 사박다니"(Ἠλί Ἠλί λαμά σαβαχθανί) 곧 "나의 하나님, 나의 하나님, 어찌하여 나를 버리셨나이까"라고 울부짖으신다. 이는 다윗의 시편 22편 1절을 인용하신 것이다.

예수님은 오전 9시에 해당하는 제6시부터 오후 3시에 해당하는 제9시까지 6시간을 십자가에 못 박힌 채 고통을 겪으신다. 그렇게 장시간 십자가에 달리셔서 일곱 마디를 하셨다. 그것을 가상칠언(架上七

言)이라고 한다. 육신의 어머니 마리아에게 요한을 가리키며 "아들입니다"(요 19:27)라고 하며 요한에게 어머니를 부탁하고, "내가 목마르다"(요 19:28)라고 하시고, "아버지여, 저들의 죄를 용서해 주십시오"(눅 23:34) 하고 기도하고, "나의 하나님, 나의 하나님, 어찌하여 나를 버리십니까?"(마 27:46)라고 절규한 후 "다 이루었다"(요 19:30)라고 하시고 운명하신다.

이 예수님의 가상칠언 중 하나가 시편 22편 1절과 같다. 원문상으로 보면 시편 22편 1절은 히브리어로 "엘리 엘리 라마 아자브타니(עֲזַבְתָּנִי)"이고, 신약성경 마태복음 27장 46절의 "엘리 엘리 라마 사박다니(σαβαχθάνι)"는 아람어(수리아)다.

예수님의 이 처참한 울부짖음에는 어떤 영적 뜻이 있는가? 이 내용을 정확히 이해해야 이 말씀에 담긴 진리를 바르게 깨달을 수 있다.

(1) 창조주 예수님

예수님은 하나님과 똑같은 창조주시다. 예수님은 하나님과 함께 모든 피조물을 창조하셨다. 그 모든 피조물 중에는 천사도 있다. 히브리서 1장 14절에 "모든 천사들은 섬기는 영"이라고 했다.

천사는 언제 창조되었는가? 욥기 38장 4-7절에 의하면, 땅의 기초를 놓을 때(창 1:1) 새벽별들과 하나님의 아들들이 다 기뻐 소리를 질렀다. 이 구절들을 보면 하나님 아들들인 천사는 땅의 기초가 놓이기 전에 이미 창조되었음을 알 수 있다. 또 에스겔 28장 13절을 보면 그가 옛적 하나님 동산 에덴에서 화려하게 지내다가 타락해 쫓겨난다. 그렇게 천사가 타락한 것이 사탄의 기원이다. 사탄은 그 후 고난과 사망을 장악해 인간을 괴롭히게 된다. 예수님은 창조주이신데 그가 창조한 피조물에 불과한 사탄에게 지배당하시는 처절함으로 울부짖는다.

(2) 수모를 겪으신 예수님

예수님은 자기가 창조한 천사로서 타락한 존재인 사탄이 지배하는 사망을 당하게 되는 처절한 수모를 겪는다. 예수님의 "엘리 엘리 라마 사박다니"는 하나님의 버림을 받고 사탄의 지배를 받음에 따라 자존심이 붕괴되는 상황을 보여 준다. 이는 영적으로는 하나님과 단절되고, 육신으로는 사탄에게 지배당하는 굴욕적인 이중의 비극이다.

(3) 예수님의 절규에 담긴 처절한 내용

십자가 죽음은 사탄의 지배 아래 놓이는 전락이다. 예수님은 하나님과의 단절 = 영원토록 영생하시는 영원한 존재인 하나님과 단 3일간이나마 단절되는 비참함도 겪으셨다.

십자가의 진정한 의미는 ① 영적으로는 하나님과의 단절이고, ② 육적으로는 사탄의 지배를 당하는 굴욕이다. 그 모든 단절과 굴욕을 인류 구원의 유일한 수단으로 감당하시는 주님의 처절한 절규가 마태복음 27장 46절의 의미다.

우리는 부활의 영광만 사모하지만 주님은 부활의 영광 이전에 십자가의 굴욕, 단절, 처절함을 먼저 겪어야 했다. 이 사실을 노래한 것이 찬송가 144장의 "십자가 십자가 무한 영광일세 요단강을 건넌 후 무한 영광일세"라는 가사다. 십자가의 영광은 요단강을 건너기 이전에 있는 세상고초들을 다 겪고난 후에 요단강인 죽음을 통과한 후에 얻어지는 영광이다.

셋째, 교회사의 경우

2천 년 교회 역사를 보면 굴욕, 창피, 모욕 등의 요단강을 건너는 십자가의 역설적 진리를 제대로 깨달은 자만이 크게 쓰임을 받았다.

오늘날 많은 사람이 십자가를 목걸이 장식품이나 교회 예배당 꼭대기에 세우는 교회의 상징으로 활용한다. 그러나 십자가는 부활의 영광 이전에 골고다에서의 주님처럼 하나님으로부터 단절당하고 사탄 마귀에게 예속당하여 자존심이 처참하게 짓밟히는 것이다. 많은 사람이 십자가의 수난은 외면하고 부활의 영광만 사모하기에 참된 신앙의 진수를 깨닫지 못한다.

2천 년 교회 역사에서 이처럼 부활의 영광 이전에 십자가의 수모를 제대로 깨닫고 실천함으로 널리 알려진 이들이 있다.

(1) 탁발 수도사 프란체스코(1182~1226)

프란체스코는 44년의 짧은 생애를 살면서 병들고 가난한 자들을 전도하기 위해 구걸하는 거지 생활을 하며 약자를 도왔다. 그는 그의 나이 23세 때부터 39세 때까지 이룩한 수도회를 야심 많은 후배에게 뺏기고 암자에서 무소유로 살아가야 했다. 그러나 그가 세상 소유욕을 다 버렸을 때 큰 수도회를 창설하게 된다. 불교에서도 큰 스님들은 무소유를 주장한다. 그러나 오늘날 교회는 소유에 대한 욕망으로 주님처럼 빛을 내지 못하고 있다. 주님은 부활의 영광을 얻기 이전에 "엘리 엘리 라마 사박다니"라고 외치며 하나님과 단절되고 사탄에게 예속되는 십자가 곤욕을 겪으셨다. 우리도 세상에 빛을 드러내려면 부활의 영광 이전에 십자가의 수모와 곤욕을 먼저 겪어야 한다.

(2) 독일의 루터(1483~1546)

루터는 중세 시대에 가장 안정된 직업이 수도사였기에 세상으로 진출하지 않고 수도사가 되었다. 당시 수도원은 무학자, 무능자라도 수도사가 되겠다고 하면 숙식을 제공해 주었고, 수도사는 사람들에게 대접받고 존경받는 직업이었다. 그는 29세 때 대학 교수가 되어 성경을 가르치던 중 시편 22편 1절에서 난관에 봉착했다. 다윗이나 예수님은 처절한 단절, 고독, 버림을 당한 후에 부활의 영광을 얻었는데, 당시 가톨릭교회는 그렇지 않았기 때문이다. 수도원 생활이나 사제들이 누리는 부귀영화, 교황들의 군림 등을 볼 때 이 모든 것이 성경에 위배됨을 깨달은 그는 종교개혁을 시작하게 된다.

(3) 미국의 크로스비(F. Crosby, 1829~1915)

크로스비는 태어난 지 6주 만에 식모가 눈곱 제거를 위해 그녀의 눈에 뜨거운 아주까리 기름을 넣는 바람에 실명하고 말았다. 그녀는 11세 때부터 23세까지 맹인학교에서 수업을 받은 후 맹인학교 선생으로 활동했고, 22곡의 찬송가를 작사했다. 찬송가 240장 "주가 맡긴 모든 역사", 279장 "인애하신 구세주여", 384장 "나의 갈 길 다 가도록" 등이 대표적인 그녀의 찬송시다. 크로스비는 부활의 영광을 깨닫기 전 맹인으로 앞을 못 보는 수난을 겪었고 이후 주님께 크게 쓰임을 받았다.

다윗은 사울 왕의 추격 속에서 사망의 음침한 골짜기를 경험하면서 "나의 하나님, 나의 하나님, 어찌하여 나를 버리시나이까?"라고 절규한다. 예수님도 하나님께 버림받고 사탄에 예속되는 고통에 절규하셨다. 교회 역사에서 위대한 인물들은 먼저 십자가의 고난을 겪은 후 부활의 영광을 누렸다. 우리는 지금 십자가의 고난을 겪고 있는가? 십자가의 고난이 없으면 부활의 영광을 이해하지 못한다.

제30장

여호와는 나의 목자시니[41]

시편 23편은 성경 말씀 중 가장 유명하다. 이 시편 23편은 기독교 신자들만이 아니라 문학가, 음악가, 철학자들까지도 많이 알고 좋아하는 시다.

시편 23편이 모든 인류에게 사랑받는 이유가 무엇인가? 어떤 이는 '푸른 풀밭과 쉴 만한 물가'라는 표현에 매우 아늑한 전원생활의 정서가 가득하기 때문이라고 한다. 또 다른 이는 '사망의 음침한 골짜기를 다닐지라도 해를 받지 않는다'는 고난 속에 안전이 보장된 내용이 감동을 주기 때문이라고 말한다. 또 어떤 이는 '내 평생에 선하심과 인자하심이 나를 따를 것'이라는 고백이 신앙 인생의 진수를 말하기 때문이라고 말한다.

이 모든 설명과 함께 시편 23편은 다윗이 70 평생을 산 노후에 신앙인으로서 자기의 전 생애를 다섯 단계로 회상한 것이라고 할 수 있

41) 정수영, 앞의 책, pp.503~528.

다. 한마디로 시편 23편은 신앙인 모두가 겪어야 하는 신앙생활의 핵심적인 신앙 성장의 다섯 단계가 요약되어 있다는 것이다. 이 다섯 단계를 함께 살펴보자.

첫 단계, 여호와께서 나의 목자가 되시는 단계

이 내용이 1-2절에 기록되어 있다고 본다. 여호와가 누구인가? 여호와는 스스로 존재하시는 분이고, 우주 만물의 창조자이시며, 역사를 섭리해 가시는 전능하신 하나님이다. 그에 반해 '나'는 어떤 존재인가? 나는 들의 양과 같은 존재다. 양은 어떤 동물인가? 양의 생태를 제대로 알아야 내 모습을 바로 깨달을 수 있다. 양은 오목렌즈 같은 눈을 가졌기에 가까운 것만 잘 보고 약간 먼 것은 잘 보지 못하기에 방향 조절이 잘 안 된다. 또 양은 뿔이 있으나 상대방을 공격할 만큼 날카롭지 않아 방어용에 불과하다. 다리가 네 개나 있지만 너무 짧아 빠르게 도망하지도 못한다. 게다가 성격마저 고집스러워 늘 다니던 익숙한 길로만 다닌다. 그리고 매우 이기적이어서 목자가 자기에게만 관심을 가져 주기를 바란다.

이 같은 양을 기르는 목자는 어떠해야 하는가? 목자는 양들 하나하나의 개성을 알아야 하고, 푸른 풀밭이 있는 곳으로 인도해 먹게 한 후에는 물가로 데리고 가 수분을 공급하고 양털을 씻어 줘야 한다. 그런 다음 서늘한 그늘로 데리고 가 쉼을 통해 먹은 것을 소화하게 해주어야 한다. 그리고 밤에는 맹수들의 습격을 생명을 걸고 막아 줘야 한다.

"여호와는 나의 목자시다." 이 고백에는 하나님은 동물 중에서 가장 열악한 조건을 가진 양과 같은 '나'의 사정을 다 아시고 푸른 풀밭, 쉴 만한 물가, 알맞은 쉼의 공간, 야간의 보호 등 이 모든 것을 책임져 주는 분이시라는 의미가 담겨 있다. 그렇기에 나는 부족함이 없는 행복한 자다. 이 같은 신앙 체험은 갓 구원받은 자들의 공통적인 체험이라고 할 수 있다. 구원받은 첫 단계에서는 마치 구름 위를 떠다니는 것 같고, 만사에 감사와 감격으로 눈물이 나고, 만 입이 있다면 그 입으로 다 찬송을 드리고 싶어진다. 1-2절은 그 같은 갓 구원받은 성도들의 마음 상태를 간략하게 요약해 놓았다고 본다.

둘째 단계, 의의 길로 인도하시는 단계

3절은 구원받은 자에게 필수적인 양육과 훈련의 단계를 말한다. 하나님께서는 어느 누구든 구원받은 다음에는 새 생명을 얻은 것으로 끝나게 하지 않으시고 반드시 하나님께서 구원해 주신 목적에 따라 양육과 훈련을 병행하신다.

하나님의 양육에는 먼저 '영혼의 소생'이 전제되어야 한다. 여기서 '영혼'은 '네페쉬'(נֶפֶשׁ)로 인간의 육체만 아닌 정신, 혼 등을 포함한 전 인격체를 뜻한다. 그런데 인간의 영혼은 원죄로 죽은 상태에 있다. 그렇기에 죽은 영혼을 다시 소생시켜야 제대로 된 인간으로 회복된다. 여기서 '소생'은 원어로 '예쇼베브'(יְשׁוֹבֵב)다. 이 말은 '돌이키다', '회복시키다', '새롭게 하다'는 뜻이다. 타락한 후 방향을 잘못 잡고 잘못된 길로 탈선하여 더럽고 누추한 죄악 세상에서 살아가던 자를 완전히 새롭게 인생 방향을 수정시킨다는 뜻이다.

그렇게 하기 위해서는 훈련에 필요한 '의의 길'로 인도함이 있어야 한다. 여기서 '의'는 원어로 '체데크'(צֶדֶק)이며 도덕적, 법적, 윤리적으로 올바름을 뜻한다. 그렇게 의의 길로 인도해서 훈련하는 것은 하나님의 이름이 손상당하지 않게 하기 위함이다. 여기서 다윗은 자기 생애에 수많은 시련과 고난과 핍박과 역경이 있었는데 그것은 자기가 하나님의 자녀로서 하나님 명예를 손상시키지 않게 하기 위한 하나님의 양육, 훈련의 수단이었음을 고백한다.

셋째 단계, 사망의 음침한 골짜기를 헤매게 하는 단계

기복 신앙을 가진 자들은 영혼만 잘되면 범사가 잘되고 강건해진다고 믿는다. 그러나 다윗이 체험한 신앙 성숙의 단계는 하나님을 가까이하면 할수록 점점 더 많은 환난을 겪는다는 것이었다. 초기 신앙자들은 신앙에서 푸른 풀밭과 잔잔한 물가 같은 평안함을 느낀다. 그런데 신앙에는 훈련과 양육이라는 '의의 길'의 인도가 필요하다. 이렇게 '의의 길'의 훈련과 양육은 좀더 심각한 경지까지 발전한다. 그것이 사망의 음침한 골짜기를 다니게 하는 전투적 단계다.

인생이 언제 단단해지고 성숙해지는가? 푸른 풀밭, 잔잔한 물가 같은 환경에서는 강인한 전사가 나올 수 없다. 또 영혼을 소생시키는 거듭남은 갓 낳은 출생에 불과하다. 그리고 의의 길로 인도하는 훈련도 여전히 안전지대 내의 영역이다. 사람이 강해지려면 가난함, 아픔, 외로움, 부족함 등을 체험하면서 죽을 것만 같은 사망의 음침한 골짜기를 몇 번 넘어야 한다.

왜 하나님께서는 성도들에게 사망의 음침한 골짜기를 걸어가게 하시는가? 그와 같은 사망의 음침한 골짜기에서 그 어떤 해도 두려워하지 않는 임마누엘 신앙이 확립되기 때문이다. 여기서 '나와 함께 계시다'의 원어는 '키 앗타 임마디'(כִּי־אַתָּה עִמָּדִי)인데 하나님이 나와 함께 계신다는 '임마누엘'(עִמָּנוּאֵל)과 같은 뜻이다.

우리가 '하나님이 나와 함께 계신다'는 임마누엘을 생생하게 느낄 수 있는 때는 언제인가? 푸른 풀밭, 쉴 만한 물가는 전원적, 목가적 느낌을 줄 뿐이다. 의의 길로 인도하는 양육의 단계도 약간의 부담을 느낄 정도다. 정말 '하나님께서 나와 함께 계신다'는 사실을 체감하는 것은 사망의 음침한 골짜기를 수없이 겪으면서 하나님이 나를 돌보고 계신다는 임마누엘을 느낄 때다.

나 역시 인생에서 최고로 사망의 음침한 골짜기를 겪었던 경험이 있다. 1991년 24년간 함께 산 아내가 당뇨병 합병증으로 심장 마비를 일으켜 사별하는 충격을 겪은 일이다. 갑작스러운 정신적 충격으로 앞니 두 개가 무너지고 고혈압 증상이 나타났다. 두 자녀는 미국 유학 중이었고, 혼자서 낮에는 여기저기 신학교 강사로 다니다가 밤이 되면 텅 빈 집에서 갖가지 불편함과 어려움뿐 아니라 슬픔이 짓눌러 오는 외로움에 몸부림쳐야 했다. 그러나 그때 이미 훈련된 신앙으로 집필을 시작했다. 그래서 1991년 아내와 사별하여 사망의 음침한 골짜기를 걸을 때 10년간 훈련받은 각 신학대학 강사 생활의 경험을 토대로 《새 교회사》 1권을 출판했다. 그리고 1991년 한 해 동안 《히브리서 강해》, 《베드로서 강해》, 《현대 신학》 등 5권의 책을 저술했다.

80여 년의 인생을 회고해 보면 1991년 한 해가 가장 고통스러운 사망의 음침한 골짜기 같은 기간이었다. 그러나 그때가 바로 하나님이 나와 함께 계시는 임마누엘의 때였다. 이렇게 구원받은 영혼, 양육받은 영혼을 한 단계 더 성장시키기 위해서는 사망의 음침한 골짜기가 필수 코스임을 깨달았다. 그 후로도 수많은 역경을 겪었다. 그러나 그 모든 역경이 나를 더 성숙하게 하는 주의 지팡이와 막대기임을 알 수 있었다. 나는 신앙의 영적 투사는 반드시 사망의 음침한 골짜기를 수없이 겪어야 한다고 믿는다.

넷째 단계, 원수의 목전에서 상을 차려 주시는 단계

이 구절은 마치 다윗이 압살롬의 반역으로 궁궐에서 도망쳤을 때의 체험을 간증하는 것 같다. 사무엘하 15-19장에 기록된 압살롬의 반역 사건은 다윗의 자존심과 국왕의 권위를 완전히 꺾어 버린 다윗 최대의 비극이었다. 이때 다윗은 궁궐에서 나와 암몬 족속의 땅이었던 마하나임까지 도망쳐야 했다.

마하나임은 어떤 곳인가? 사무엘하 10장 1-9절을 보면 마하나임은 본래 암몬 족속의 땅이었다. 암몬은 롯의 작은딸이 아버지와의 근친상간을 통해 얻은 아들의 후손이다(창 19:38). 이들은 아르논강에서 얍복강까지 이르는 지역을 점유하고 살아갔다. 이 암몬족이 아람 사람들과 연합군을 형성해 전쟁을 일으켰다. 이들이 살던 곳이 오늘날 요르단 왕국의 수도 암몬이다. 다윗은 암몬족과 아람인의 연합군과의 전쟁에서 연합군을 정복하고 암몬족에게 톱질, 써레질, 도끼질, 벽돌 구이를 하며 살아가게 했다(삼하 12:26-31). 그런데 다윗이 압살롬의 반역으로 인한 위기 때 이스라엘 영지 밖인 마하나임까지 도망을 쳐야 했으므로 꼴이 말이 아니었다. 이때 암몬족들은 아들의 반역으로 쫓겨 온 다윗을 융숭하게 대접해 준다. 이때의 기억을 "주께서 내 원수의 목전에서 상을 차려주고 기름을 머리에 부었다"라고 회고한다.

5절은 다윗이 겪은 인생 승리의 비결을 말한다. 다윗은 평생 수많은 전쟁을 치렀고 전쟁을 통해 많은 사람을 죽였다. 그렇게 전쟁터의 군인들은 죽였으나 후방에 살아가는 평민들에게는 선정을 베풀어 다윗을 왕으로 섬기도록 했다. 그 결과 위급한 상황에서 평소에 자기가 사람들을 어떻게 대했는가의 과거 행적이 자신에게 되돌아옴을 깨닫는다.

다윗은 5절에서 평소의 원수라도 그들에게 인간 대접을 잘 해줘야 그 선행이 원수의 목전에서 상을 차려 주는 대접을 가져옴을 설명한다. 풍성한 삶으로 인한 "내 잔이 넘치나이다"라는 고백은 어느 때 가능한가? 그것은 평소 모든 사람에게 덕을 베풀어 선행을 많이 베푼 후에 돌아오는 때임을 이 구절은 깨우쳐 준다.

다섯째 단계, 평생 선하심과 인자하심이 깨달아지는 단계

6절은 일평생 여러 우여곡절과 파란만장을 겪어 본 경험에 의해 앞으로의 남은 여생은 더 좋을 것을 믿는 것이다. 다윗의 과거 인생은 '선하심과 인자하심이 따르는' 인생이었다. 이제는 '여호와의 집'인 천국과 같은 삶만이 남아 있었다. 이 고백은 평생을 은혜 안에 살았다는 신앙인들의 궁극적 정상을 사모하는 고백이다. 우리가 이 땅에서 살면서도 이 세상을 여호와의 집인 천국처럼, "초막이나 궁궐이나 내 주 예수 모신 곳이 그 어디나 하늘나라"로 살아가는 것이 신앙인의 최상의 경지다.

정리하면, 시편 23편은 신앙인의 다섯 단계를 요약해 주고 있다.

- 첫 단계: 여호와를 나의 목자로 삼은 초기 신앙 단계
- 둘째 단계: 구원받은 후 의의 길로 양육받는 단계
- 셋째 단계: 사망의 음침한 골짜기 같은 시련 속에서 임마누엘 신앙을 확인하는 단계
- 넷째 단계: 원만한 인간관계 속에서 "내 잔이 넘치나이다"라고 고백하는 단계
- 다섯째 단계: 이 땅에서 천국을 맛보는 '여호와의 집'을 체험하는 단계

이 같은 다섯 단계들을 신앙생활 속에 체험해야 되고 그렇게 체험한 자들에게는 이 말씀이 자기 삶의 고백처럼 감정이 교류될 것이다.

제31장

쌓아 두신 은혜, 베푸신 은혜[42)]

시편 31편은 다윗의 시다. 다윗은 어느 때 이 시를 지었을까? 9절을 보면 "내가 고통 중에 있사오니 내게 은혜를 베푸소서"라고 말한다. 11절에서는 "내가 모든 대적들 때문에 욕을 당하고 내 이웃에게서는 심히 당하니 내 친구가 놀라고 길에서 보는 자가 나를 피하였나이다"라고 말하고, 13절에서는 "내가 무리의 비방을 들었으므로 사방이 두려움으로 감싸였나이다"라고 말한다. 이 같은 표현을 보면 다윗이 노년에 아들 압살롬의 반역을 피해 궁궐을 도망쳐 나간 때 지은 시로 추정된다.

다윗이 자기 셋째 아들 압살롬의 반역을 피해 궁궐을 도망친 내용은 사무엘하 15-18장에 기록되어 있다. 이때 압살롬의 반역에 가담한 젊은이가 200여 명이 넘었고, 또 다윗의 친척이며 크게 신임했던 부하 아히도벨도 압살롬 편에 가담한 것을 알고 다윗은 크게 절망한다.

---

42) 정수영, 여호와는 나의 목자시니, 쿰란출판사, 2018, pp.646~668.

다윗이 아들 압살롬의 반역으로 궁궐에서 도망을 치는 처절한 위기 상황에서 고통을 호소하고 있는 이 시에는 몇 가지 두드러진 특색이 있다. 31편 전체는 24절로 구성됐다. 전반부 1-18절에서는 위기에서 절망과 좌절과 안타까운 울부짖음을 계속한다. 그래서 전반부에서는 나약한 인간 다윗의 모습이 그대로 나타난다. 그런데 후반부 19-24절에서는 내용이 완전히 달라진다. 전반부 내용과 너무 대조적이다. 왜 똑같은 상황, 똑같은 환경인데 내용이 완전히 달라지는가? 오늘은 다윗이 결정적 위기의 순간인데도 신앙 내용에 따라 그의 의식 구조가 완전히 달라지는 이 시를 통해 영적 진리를 살펴보자.

첫째, 전반부의 처절한 애원(1-18절)

시 전반부에서는 처절한 애원이 계속 이어진다. 다윗은 자기 아들 압살롬이 아버지를 죽이고 자기가 왕이 되겠다고 반역을 일으켰을 때 목숨을 구하기 위해 궁궐을 도망쳐야 했다. 참으로 기막힌 일이었다.

조선 왕조 개국 때 일이다. 고려의 무능을 이유로 정도전은 고려를 멸망시킨다. 이때 이성계의 아들 이방원은 정몽주를 죽이고 자기 아버지를 왕으로 추대한다. 조선 왕조가 성공했기에 그의 역모는 역사 속에 묻혀 버린다.

다윗 때도 압살롬의 반역이 성공했다면 성경의 기록은 달라졌을 것이다. 다윗은 자식에게 죽게 될 위험 앞에서 살기 위해 도망을 친다. 그때의 심정이 1절 이하에 잘 나타나 있다. "내가 주께 피하오니 나를 영원히 부끄럽게 하지 마시고 주의 공의로 나를 건지소서."

그렇다. 이때 압살롬의 반역이 성공해 아버지를 죽이고 압살롬이 왕이 되었다면 다윗은 영원히 부끄러운 군주로 남았을 것이다. 다윗은 아들의 반역이 영원한 역사 속의 부끄러운 수치로 기억될 것을 두려워하고 자기를 부끄럽게 하지 말아 달라고 애원한다.

> "내게 귀를 기울여 속히 건지시고 내게 견고한 바위와 구원하는 산성이 되소서"(2절).

견고한 바위는 천 년 만 년 변하지 않고 항상 굳건하게 자기 자리를 지키는 것처럼 자기 위치도 견고케 해달라고 간구한다.

> "주는 나의 반석과 산성이시니 그러므로 주의 이름을 생각하셔서 나를 인도하시고 지도하소서"(3절).

이렇게 아들 압살롬의 반역이라는 불효막심하고 천인공노할 패륜적 사건 앞에서 자식의 반역이 성공할 수 없도록 해 달라는 기도가 18절까지 계속 이어진다. 이와 같은 울부짖음은 자연인 다윗, 신앙인 다윗, 부모인 다윗, 인간 다윗의 진실한 면을 그대로 드러낸다.

다윗은 과거 자기보다 막강한 골리앗을 이긴 사람이다. 다윗은 또 블레셋, 암몬 등과의 기타 수많은 전쟁의 영웅이다. 그러나 자기가 사랑하는 아들에게 아버지를 죽이고 왕이 되겠다는 반역을 당하였을 때 자식을 증오하는 마음과 사랑하는 마음이 뒤섞여 어찌할 바를 판단하지 못한다. 그래서 하나님께 문제도 수습되고 자식도 살아남기를 바라는 염원으로 처절하게 기도를 계속한다.

둘째, 급반전되는 계기(19–24절)

이 시의 후반부는 내용이 급반전된다. 19절을 보자. "주를 두려워하는 자를 위하여 쌓아 두신 은혜 곧 주께 피하는 자를 위하여 인생 앞에 베푸신 은혜가 어찌 그리 큰지요." 시편 31편의 핵심 구절이 이 19절이다.

다윗은 아들 압살롬의 반역을 당했을 때 압살롬의 반역이라는 현실적 문제에만 몰두하고 집착해 있었다. 그러다 다윗은 자기 과거의 인생 여정을 되돌아본다. 압살롬의 반역이라는 현실 문제에만 매달리는 것이 아니라 자기가 살아온 과거의 인생 여정을 되돌아본다. 그때 '주를 두려워하는 자를 위하여 쌓아 두는 은혜'와 '주께 피하는 자에게 베푸신 은혜'가 너무나 지대함을 깨닫게 된다. 여기서 다윗은 위기의 현실에만 고착되어 고심만 거듭하는 게 아니라, 잠시 눈을 돌려 과거의 은혜를 떠올렸다. 과거에 받은 은혜는 쌓아 두신 은혜였고, 베푸신 은혜의 생애였음을 생각해 낸다.

다윗이 이때 '쌓아 두신 은혜'와 '베푸신 은혜'를 말하며 무엇을 떠올렸을까? 이는 다윗의 과거 생애를 통해 추측해 볼 수 있다.

다윗이 말한 이 '쌓아 두신 은혜'나 '베푸신 은혜'는 두 번이나 죽일 수 있었던 사울 왕을 두 번 다 살려 준 때를 염두에 둔 것이 아닐까? 다윗은 청년 때 사울 왕의 질투로 죽음의 고비를 넘나들며 10여 년을 도망자로 살아간다. 그때 다윗은 사울 왕을 죽일 수 있는 기회가 두 번이나 있었다. 한 번은 다윗이 엔게디 동굴에 숨어 있을 때였다(삼상 24장). 사울 왕은 군대 3천 명을 거느리고 엔게디 동굴을 포위했다. 그때 사울 왕이 동굴 입구에서 용변을 보는 중에 다윗이 그를 칼로 쳐 죽일 수 있었는데도 그의 겉옷자락만 베고 살려 줬다.

두 번째는 사무엘상 26장에 기록된 내용으로, 다윗의 무리가 십 광야에 숨어 있을 때 이번에도 사울 왕이 3천 명의 군사를 거느리고 다윗을 잡으러 왔다. 그때 다윗의 부하들이 사울 왕의 침소에 들어가 죽이려 하는 것을 다윗은 여호와께서 기름 부은 자는 여호와가

쳐야 한다며 살려 준다.

다윗은 과거에 사울 왕에게 '쌓은 은혜'를 베풀었다. 그랬더니 그 후 자기가 죽을 위기 때마다 하나님이 은혜를 베풀어 주시는 것을 체험했다. 다윗이 사울 왕을 피해 블레셋 적군에게로 피신했다. 이때 다윗은 침을 흘리며 다리를 어기적거리고 미친 체하며 살아남았다.

다윗은 자기 앞에 닥친 압살롬의 반역이라는 현실을 바라볼 때 낙심되고 좌절되어 살려 달라고 아우성을 친다. 그러다 자기가 과거에 받은 은혜를 떠올리자 그의 의식 구조가 완전히 달라지며 여호와를 찬송하라고 외치는 등 태도가 돌변한다.

> 21절: 여호와를 찬송할지어다…그의 놀라운 사랑을 내게 보이셨음이로다
>
> 22절: 주의 목전에서 끊어졌다 하였사오나…주께서 나의 간구하는 소리를 들으셨나이다
>
> 23절: 너희 모든 성도들아 여호와를 사랑하라 여호와께서 진실한 자를 보호하시고 교만하게 행하는 자에게 엄중히 갚으시느니라

이처럼 후반부 내용이 완전히 달라진다.

우리는 시편 31편에서 다윗의 두 마음을 읽을 수 있다. 다윗의 첫 마음은 1-18절의 전반부에 나타나는 것처럼 위기를 당했을 때 안절부절못하고 자기가 죽은 자 같고 깨진 그릇과 같은 초라함을 느끼는 것이다. 그런데 19절 후반부부터는 내용이 완전히 달라진다. 다윗의 의식 구조가 달라지는 결정적 원인이 무엇인가? 그것은 19절의 '쌓아 두신 은혜'와 '베푸신 은혜'를 떠올리는 은혜에 대한 회고다.

'은혜'가 무슨 뜻인가? 이 말은 히브리말로 '헨'(חֵן)이고, 헬라말로 '카리스'(χάρις)다. 은혜는 받을 만한 가치가 없는 사람에게 주어지는

친절, 자비, 호의를 깨닫고 모든 환경 속에서도 기쁨, 즐거움을 회복하는 것을 뜻한다.

다윗은 이새의 여덟째 막내아들이다. 사무엘상 16장을 보면 이새의 장남 엘리압은 매우 준수한 미남이었고, 둘째 아들 아비나답도 용감한 사나이였으며, 셋째 아들 삼마도 출중한 남자였다. 그런데 하나님께서는 준수한 미남이나 용감한 자가 아닌 막내로서 들에 나가 양이나 치던 다윗을 선택하셨다. 다윗은 자기가 형들보다 특별한 은혜를 받았다는 감격을 일생 간직하고 살아갔다.

우리가 은혜 받는 비결이 무엇인가? 바울 사도는 빌립보 교회에 보낸 편지에서 은혜를 유지하는 비결에 대해 이렇게 말했다.

> "내가 궁핍하므로 말하는 것이 아니니라 어떠한 형편에든지 나는 자족하기를 배웠노니 나는 비천에 처할 줄도 알고 풍부에 처할 줄도 알아 모든 일 곧 배부름과 배고픔과 풍부와 궁핍에도 처할 줄 아는 일체의 비결을 배웠노라"(빌 4:11-12).

그렇다.

"항상 기뻐하라."

"쉬지 말고 기도하라."

"범사에 감사하라."

이 세 가지는 "그리스도 예수 안에서 너희를 향하신 하나님의 뜻이니라"(살전 5:16-18).

하나님의 뜻이 세 가지의 실천에 있다. 하나님의 뜻은 막연한 것이 아니라 가장 쉬운 것 세 가지의 실천 속에 담겨 있음을 알 수 있다.

제32장

죄로 인한 질병[43]

시편 38편은 '다윗의 기념시'라고 되어 있다. 다윗의 무엇을 기념한다는 말인가? 아마도 이스라엘 백성들이 예배 의식 때 과거 유대인들의 여러 왕 중에서 가장 이상적이고 모범적인 왕으로 다윗을 기념했던 것이 아닐까? 우리나라가 과거 역사에서 가장 존경하는 왕으로 세종대왕을 기념하여 광화문에 동상을 세우고, 세종시를 만들어 정치적 이상향을 추구하는 것과 비슷한 것으로 추정된다.

이스라엘이 다윗을 기념한다는 취지는 충분히 이해가 되지만, 38편 내용을 보면 기념시와는 걸맞지 않은 면이 있다. 그 이유는 이러하다. 시편 150편 중 다윗의 시가 73편으로 그 절반이다. 그렇게 많은 다윗의 시는 그가 70 평생을 살아가며 여러 가지 다른 환경에서 쓴 각각 다른 내용으로 되어 있다. 그렇기에 각 시의 장르가 다르다. 이 38편은 다윗이 그의 나이 40대 장년기에 통일 이스라엘의 왕이

43) 정수영, 앞의 책, pp.792~817.

되어 밧세바와 간음한 후 참회하며 쓴 네 편의 참회시(6, 32, 38, 51편) 중 하나다.

38편의 내용을 보자.

> 3절: 나의 죄로 말미암아 내 뼈에 평안함이 없나이다
>
> 4절: 내 죄악이 내 머리에 넘쳐서 무거운 짐 같으니
>
> 5절: 내 상처가 썩어 악취가 나오니
>
> 6절: 내가 아프고 심히 구부러졌으며 종일토록 슬픔 중에 다니나이다
>
> 7절: 내 허리에 열기가 가득하고 내 살에 성한 곳이 없나이다
>
> 8절: 마음이 불안하여 신음하나이다
>
> 10절: 내 심장이 뛰고 내 기력이 쇠하여 내 눈의 빛도 나를 떠났나이다
>
> 11절: 내가 사랑하는 자와 내 친구들이 내 상처를 멀리하고 내 친척들도 멀리 섰나이다

다윗은 시 전체에서 죄로 인한 육체적 질병의 고통을 호소하고 있다. 과연 죄로 인해 육체적 질병이 오는가? 현대 의학은 정신적 요소인 각종 스트레스로 병이 오거나, 육체적 요소로 좋지 못한 음식, 좋지 못한 환경, 예상치 못한 사고 등으로 병이 온다는 것은 인정한다. 그러나 영적인 요소인 죄로 인해 병이 온다는 데는 부정적인 것 같다.

오늘은 이에 관해 크게 두 가지를 살펴보고자 하다. 첫째로 다윗을 비롯한 과거 고대인들은 병의 원인을 무엇이라고 믿었는가 하는 것이다. 이를 위해 이집트인, 바벨론인, 그리스인, 중국인, 한국인들의 병에 대한 이해를 알아보려 한다. 둘째로 성경은 병의 원인을 무엇이라고 하는가 하는 것이다. 구약성경의 욥, 다윗, 나아만 장군, 히스기야 왕과 신약성경의 나면서 맹인 된 자 등을 통해 이에 관해 살

펴보고자 한다.

첫째, 고대인들의 병의 원인 이해

(1) 이집트 사람들

구약성경에서 애굽으로 소개되는 이집트는 당시 가장 문명국이었다. 모세 이전에 이미 세계 4대 문명 발상지로 애굽의 나일강이 소개되고 있다. 또 이 민족은 나일강이 정기적으로 범람하는 재난을 막기 위해 태양력 달력을 발명했으며, 태양신 숭배 결과 자기들의 조상이 태양이 된다는 의미를 담은 미라도 만들었다. 애굽은 고대인들 중 가장 앞서가는 민족이었다. 그런데 AD 640년경 이슬람 국가가 되고 1,500년이 지난 현재는 인구 6천만 중 국민 90%가 이슬람교 수니파이고, 10% 정도가 그리스 정교회와 비슷한 콥틱(Coptic) 정교회 교인이다. 이집트인들은 태양신 숭배와 조상신 숭배가 혼합된 피라미드와 미라를 만든 것 외에는 세계의 문명 발달에 공헌한 것이 없다. 이들은 사람의 질병에 관해 외부의 악마가 체내로 들어와 병을 일으킨다는 악마설을 믿었다.

(2) 바벨론 사람들

창세기 10장 11절에 함의 후손으로 앗수르가 나오고, 창세기 11장에는 바벨탑 기사가 나온다.

이들이 현재의 시리아에 앗수르 제국을 건설하고, 현재의 이라크와 이란 땅에 바벨론 제국을 건설한다. 앗수르는 BC 721년에 북왕국 이스라엘을 멸망시키고, 바벨론은 BC 612년에 앗수르, BC 586년에는 남왕국 유다를 멸망시킨다.

이렇게 이스라엘과 유다를 멸망시킨 앗수르와 바벨론은 구약성경 여러 곳에서 등장하며 이스라엘에 많은 영향을 끼친다. 가나안 원주민의 바알(בַּעַל) 신은 땅의 생산을 관장하는 농업 신이며, 여자가 땅의 생산물을 생산하는 기능을 한다고 하여 성창(거룩한 창기)을 믿는 음란한 종교였다. 앗수르의 주신은 아세라(אֲשֵׁרָה)로 처녀이며 음탕한 성교와 전쟁의 신이었다. 이 같은 아세라가 바벨론, 그리스, 로마, 영국으로 건너간 것이 영국인들의 봄의 여신으로 이스타르(Easter)이고, 그것이 KJV 성경의 사도행전 12장 3절의 'Easter'다. 그러나 사도행전 13장 3절의 무교절의 원문은 아쥐몬(ἄζυμον)이다. 무교절은 히브리 달력으로 니산월(태양력 3~4월) 15~21일의 한 주간을 지키는 유대인의 명절이다. 유월절 다음날로부터 7일간 무교병을 먹으며 고난을 상기하기에 무교절이라 한다(출 12:17, 레 23:6). 구약의 무교절이 신약에서는 유월절과 결합되어 표현되고(눅 22:1) 바울 사도는 깨끗한 생활의 상징으로 이해했다(고전 5:8).

이렇게 신약 성경의 원문은 무교절을 '아쥐몬' 또는 '아쥐모스'(ἄζυμος)라고 했다.

그런데 1611년의 흠정역은 성경 원문의 뜻을 따르지 않고 영국인들의 봄 축제인 Easter라고 왜곡해 놓았다. 그와 같은 왜곡으로 지금 전세계는 부활절을 Easter day라고 한다. 이것은 바벨론 신화의 계승이다. 바벨론의 주신은 '마르두크'(Marduk) 또는 '벨'(Bel)이며, 이들은 태양신을 섬겼다. 이들 앗수르의 이스타르 여신이나 바벨론의 태양신 숭배자들 역시 모든 병은 악마가 가져온다는 악마설을 믿었다.

(3) 그리스 사람들

주전 400년경 히포크라테스(Hippokrates: BC 460~370)는 사람의 장

기에 따른 인체 성향에 대해 '4액체설'을 주장했다.

① 답즙질: 쓸개가 큰 사람은 소화량이 왕성하므로 활동성이 강하다.

② 다혈질: 폐가 큰 사람은 혈액 순환이 빨라 성급하고 인내력이 부족하다.

③ 점액질: 비장, 지라가 큰 사람은 가래 같은 점액이 많아 모험심이 부족하고 항상 안전을 추구하며 살아간다.

④ 우울질: 콩팥인 신장이 큰 사람은 상대방의 단점 지적하기를 잘하고 매사에 꼼꼼하고 정확한 것을 추구한다.

이렇게 체내 장기의 특징으로 사람의 인체 성향을 설명한 히포크라테스를 의학의 아버지라고 부른다.

(4) 중국 사람들

중국인들은 천지 우주 만물이 2기[(양(陽)기와 음(陰)기)], 5행(金·木·水·火·土)의 조화 여부에 따라 나라 운도 개인 운도 좌우된다고 생각했다. 이에 땅의 음지, 양지가 좌청룡, 우백호로 갈라지고 인체도 음기, 양기가 조화를 이루지 못하면 병이 생긴다고 보았다. 그래서 음기가 너무 강하면 침으로 음기를 약화해 주고, 몸이 약하면 양기를 추가하기 위해 보약으로 기를 돋아 주었다. 이 같은 2기, 5행설은 동양인의 보편적인 상식이 되고 대중화되었다.

(5) 한국 사람들

과거 한국의 식자층은 중국 사상을 답습했다. 일반 서민층은 악귀가 몸에 들어옴으로 탈이 나고, 악귀를 쫓아내려면 굿, 푸닥거리, 살풀이 등을 해야 한다고 믿는다.

이렇게 고대인들의 병의 원인에 대한 이해는 다양하다. 그러나 현대에는 전 세계 모든 사람이 똑같은 지식과 정보로 살아간다. 그래서 전 세계가 평균화된 의학적 지식을 가지고 있다. 그 내용은 우리가 다 아는 상식에 해당한다.

이제는 고대인들과 동시대를 살아간 성경에 기록된 인물들은 병의 원인이 무엇이라고 믿었는지 살펴보자.

둘째, 성경 인물들의 병의 원인 이해

(1) 주전 2000년경의 욥

욥이 어느 시대 인물인가? 이에 대한 신학자들의 견해는 다양하다. 그러나 욥기의 내용을 보면 이스라엘 역사나 율법에 관한 언급이 없고, 욥이 100세 넘게 살았으며(욥 42:16), 욥이 가족들을 대신해 제사장 역할을 했던 사실(욥 1:5) 등으로 보아 아브라함과 동시대 인물로 추정한다.

성경의 기록에 따르면 욥은 하나님을 경외하는 악에서 떠난 자였다. 그런데 하나님의 허락하에 사탄이 욥의 재산을 빼앗고, 자녀들도 죽이고, 심지어 욥에게 감당할 수 없는 병까지 주었다. 이렇게 극한 불행을 당한 욥을 위로하기 위해 친구들이 찾아왔다. 그런데 그들은 욥이 불행을 당한 것에는 원인이 있을 것이라며 오히려 그를 공박한다. 원인이 있기에 결과가 있다는 것은 불교 철학과 현대 과학의 기본이다. 욥의 친구들은 철저하게 인과율 법칙으로 욥을 공박한다. 그러나 욥은 끝까지 자기가 고난당할 만한 죄가 없다고 항변한다.

마지막(38-41장)에 욥은 비로소 인간의 고통에 대한 하나님의 주권에서 답을 찾는다. 즉 선하신 하나님이 왜 인간으로 하여금 고통을 겪게 하는지에 대한 완전한 답은 얻지 못한다. 인간의 지식으로는 하나님의 본질과 권능을 다 깨달을 수 없기 때문이다. 그래서 욥은 자기가 재앙을 당한 이유와 하나님의 본질을 다 이해하지 못한 채, 원인을 깨닫지 못한다 해도 하나님의 본질과 권능은 창조세계를 넘어서고 인간의 지식을 넘어서는 것이다. 따라서 인간의 지식으로 이해되지 않는다 해도 다만 하나님을 항상 신뢰해야 함에도 불구하고 하나님께 불신했음을 깨닫고 회개한다. 이는 곧 인간은 그 이유를 잘 알 수 없어도 하나님에 의해 재앙을 당할 수 있고, 병이 올 수도 있다는 것을 보여 준다.

(2) 주전 1000년경의 다윗

오늘 시편 38편은 다윗이 자기 죄 때문에 병이 찾아왔다고 고백하는 내용이다. 또 다른 시편에서도 그는 죄 때문에 병이 왔다고 말한다.

시 25:7 - 내 젊은 시절의 죄와 허물

시 32:5 - 내 죄악을 숨기지 아니하였더니

시 51:2-3 - 나의 죄를 깨끗이 제하소서

이처럼 다윗은 죄가 병이나 고통의 원인임을 말한다.

(3) 주전 700년경의 남왕국 유다 왕 히스기야(BC 715~686)

히스기야는 등창으로 추정되는 병에 걸려 죽게 되었으나 열정적인 기도의 응답으로 15년의 생명을 연장받았다(왕하 20장). 그는 기도를 통해 앗수르 군대 18만 5천 명이 전염병으로 죽는 기적도 경험하였다(대하 32:1-23). 히스기야에 따르면, 사람은 병의 원인을 모를 수 있으나, 하나님은 병을 낫게도 하시고 그대로 두기도 하신다.

⑷ 아람(수리아)의 군대 장관 나아만

열왕기하 5장을 보면 아람의 군대 장관 나아만이 불치병인 나병에 걸렸다. 그런데 선지자 엘리사를 찾아가 요단강에서 일곱 번 몸을 씻으라는 지시를 받고 순종했더니 하나님의 능력으로 치유를 받았다.

⑸ 날 때부터 맹인 된 병자

요한복음 9장 1-12절을 보면 제자들이 날 때부터 맹인 된 병자를 놓고, 사람의 불행이 그 부모의 죄 때문인지 아니면 본인의 죄 때문인지 예수님께 묻는다. 예수님은 그의 병이 부모나 그의 죄 때문이 아니라 그에게서 하나님의 하시는 일을 나타내고자 하심이라고 하셨다. 예수님은 병은 죄 때문이 아니며, 그것을 통해 하나님이 하시고자 하는 역사가 있다고 하셨다.

⑹ 야고보 사도

신약성경의 야고보 사도는 병든 자가 있는 경우 교회 장로들을 청해 주의 이름으로 기름을 바르며 기도해 주라고 권면하고, 믿음의 기도는 병든 자를 구원한다고 말했다(약 5:14-18).

이 모든 성경에 따르면 병의 원인은 하나가 아니다. 병은 사탄의 시험으로 올 수도 있고, 다윗처럼 죄로 인해 올 수도 있으며, 날 때부터 맹인 된 자처럼 하나님을 드러내기 위한 이유로 올 수도 있다.

고대의 사람들은 병의 원인을 매우 원시적으로 악마라고 이해했으나, 성경은 병의 원인이 사탄이든 부모든 환경이든 그 질병에는 사람들이 미처 깨닫지 못하는 하나님의 뜻이 있다고 말씀한다. 이처럼 질병에 담겨 있는 하나님의 뜻을 찾으려는 성도에게는 질병이 불행의 원인이 아니라 원인은 알 수 없으나 병을 통해 하나님의 숨겨진 섭리가 있음을 믿고 하나님을 찬양하는 소재가 되는 것이다(고후 12:7-10).

따라서 우리 그리스도인들에게도 병이 올 수 있다. 그 병이 하나님의 뜻을 드러내는 소재가 되느냐? 아니면 병에 매몰당해 초라한 인간으로 끝나느냐? 문제의 관건은 만사의 주관자이신 하나님에 대한 신앙 내용에 따라 해석이 달라지고 태도도 달라진다는 사실이다.

제33장

시온 개념의 변천사[44)]

시편 48편은 고라 자손들이 지은 시, 곧 노래다. 고라 자손은 다윗왕 때 성전 문지기와 성전 내 찬양대원들로 헌신한 사람들이다. 이들의 찬양의 대상은 시온산이었다.

1절에서 "여호와는 위대하시니 우리 하나님의 성, 거룩한 산에서 극진히 찬양 받으시리로다"라고 시온산이 하나님의 성임을 노래하고, 2절에서는 시온산에 대해 "터가 높고 아름다워 온 세계가 즐거워함이여"라고 말한다. 이어 11절에서는 "주의 심판으로 말미암아 시온산은 기뻐하고"라고 말하고, 12-13절에서는 "시온을 돌면서 그곳을 둘러보고 그 망대들을 세어 보라 그의 성벽을 자세히 보고 그의 궁전을 살펴서 후대에 전하라"라고 노래한다.

구약성경에는 '시온산' 또는 '시온성'에 관한 내용이 가득하다. 이스라엘 민족에게 시온산은 우리나라 백두산만큼이나 익숙하고 그와

44) 정수영, 앞의 책, pp.138~147.

관련한 수많은 전설과 역사가 있다.

오늘은 먼저 구약성경에 기록된 시온산의 장소적 개념을 살펴보고, 이어 신약성경에서 시온산이 영적 개념으로 달라지고, 오늘날 교회 시대에는 '시온'의 개념이 미래의 천년왕국의 소망으로 달라졌음을 확인해 보고자 한다. 즉, 구약성경의 '땅' 개념, 신약성경의 '구원자' 개념, 교회 시대의 '천년왕국' 개념 등 세 가지 '시온' 개념의 변천사를 살펴보자.

첫째, 구약성경에 기록된 '시온'의 땅의 개념

구약성경에서 '시온'의 개념을 이해하려면 다윗 이후부터 시작된 '시온산' 개념과 이를 구별해야 한다. 그에 대한 결정적 근거가 되는 두 곳을 살펴보자.

사무엘하 5장 6-10절을 보면 다윗이 예루살렘의 원주민 여부스 사람들의 시온산성을 빼앗고 그 성을 다시 쌓아 '다윗성'이라고 불렀다. 즉 다윗이 여부스족의 시온성을 빼앗아 다윗성으로 개명한다. 이처럼 시온성은 다윗이 정복하기 이전에 이미 여부스족의 산성이었다.

그렇다면 여부스족은 언제부터 있었는가? 노아 때 함의 아들 가나안의 아들로 '여부스'가 나온다(창 10:15-18). 또 창세기 15장에는 하나님께서 아브라함에게 이삭을 주겠다고 약속하는 내용이 기록되어 있으며, 그중 21절에서 가나안 족속, 기르가스 족속, 여부스 족속이 사는 곳에 아브라함을 살게 하며 그들의 땅을 아브라함에게 주겠다고 약속하신다. 이렇게 보면 여부스족은 노아의 후손들로 아브라함 이전에 있던 부족이다.

창세기 22장은 아브라함이 여부스족이 살고 있던 땅의 모리아산에 가서 이삭을 제물로 바치려 했다가 중단된 사건을 전해 준다. 여부스족은 계속해서 모리아산을 지키며 살아갔다. 그런데 야곱 때 이스라엘 가족 75명이 애굽으로 이민을 가서 430년을 살다가 모세 때 출애굽한 후 여호수아가 가나안을 다시 정복한다. 그때 여호수아는 여전히 여부스족이 살고 있던 땅을 잇사갈 지파에게 분배해 주면서(수 19:19) 그들을 정복하라고 했으나 그렇게 하지 못한다. 그 상태로 350년 동안의 사사 시대가 지나간다. 이렇게 사사 시대 때 여부스족이 살던 도성이 예루살렘이었다(삿 19:10).

이 예루살렘을 다윗 왕 때 정복한다. 역대상 11장 4-9절을 보면, 다윗 왕 때 수백 년 동안 정복하지 못하던 여부스족의 요새인 시온성을 정복하고, 여부스족이 살던 예루살렘을 이스라엘의 수도로 정한다. 이렇게 다윗이 여부스족의 시온성을 정복한 후부터 시온성이 이스라엘의 성지로 발전한다. 그 후 역대상 21장을 보면 다윗이 인구 조사를 한 죄로 인해 7만 명의 백성이 죽는다. 이때 다윗은 여부스 사람 오르난(아라우나와 동일인)의 타작마당을 금 600세겔을 주고 사 제단을 쌓음으로 재앙이 멈춘다(삼하 24:21-25).

왜 다윗은 여부스족 오르난의 타작마당을 600세겔의 금을 주고 매입하는가? 그 답이 역대하 3장 1절에 나온다. 오르난의 타작마당이 과거 아브라함이 이삭을 제물로 바치려 한 모리아산이었기 때문이라는 것이다. 다윗은 오르난의 타작마당을 금 600세겔을 주고 산 다음 그곳에 성전을 짓기로 작정했고, 다윗의 아들 솔로몬은 아버지가 정해 놓은 곳에 예루살렘 성전을 건축했다.

이렇게 다윗 시대에 여부스족이 살던 모리아산이 오르난의 타작마당으로 변모한 곳에 솔로몬이 성전을 지었다. 이렇게 시작된 시온산은 예루살렘 동편 언덕에 위치했으나, 다윗과 솔로몬 시대 이후부터 '시온'은 예루살렘 전체를 지칭하는 것으로 발전된다.

시온성, 다윗성, 예루살렘성은 모두가 같은 뜻으로, 다윗 이후 이스라엘 모든 국민의 정신적, 영적, 신앙적, 민족적 상징이 된다. 마치 우리나라 애국가에서 '동해물과 백두산'이 한반도의 대표적 상징물이 된 것과 흡사하다. 시온은 다윗 이후 고라 자손과 아삽의 시들에서 예찬되며, 이사야, 예레미야, 에스겔, 요엘, 오바댜, 미가, 스가랴, 말라기 등 모든 선지자 역시 시온을 예찬한다. 이 같은 시온 예찬은 다윗 이후 모든 구약 사람의 한결같은 흐름이다. 시온은 다윗 이전에는 여부스족이 노아 때부터 수천 년을 요새로 사용했던 곳이었다. 그러나 이방인의 요새가 하나님의 사람 다윗에 의해 성지로 바뀜으로 새로운 이미지를 얻게 되었다.

둘째, 신약성경에 기록된 '시온'의 변화된 개념

구약성경에서 시온은 최초로 여부스족이 살던 모리아산, 여부스족이 요새로 삼은 시온성, 오르난(아라우나)이 타작마당으로 사용했던 곳을 다윗이 돈을 주고 사서 다윗성이라 개명하고 솔로몬이 성전을 건축함으로 성지가 된 '땅'이었다.

그런데 신약성경에서는 구약성경의 땅의 개념, 장소적 개념이 달라진다. 신약 시대의 사도들은 구약성경의 선지자들이 썼던 땅의 개념인 '시온'을 영적 개념으로 전환한다.

마태복음 21장 5절의 "시온 딸에게 이르기를 네 왕이 네게 임하나니 그는 겸손하여 나귀, 곧 멍에 메는 짐승의 새끼를 탔도다 하라 하였느니라"라는 내용은 스가랴 9장 9절 내용을 인용한 것으로 예수님의 예루살렘 입성을 설명한다. 요한복음 12장 15절도 역시 스가랴 9장 9절을 인용해 같은 상황을 설명한다.

로마서 9장 33절에서 바울은 이사야 28장 16절을 인용해 걸림돌과

거치는 바위인 시온을 설명한다. 또 로마서 11장 26절에서는 구원자가 시온에서 올 것이라는 이스라엘의 미래 희망을 설명한다. 요한계시록 14장 1절에서 사도 요한은 장차 7년 대환난 때 이스라엘의 14만 4천이 시온산에 서게 될 것이라며 바울의 예언을 확인한다.

앞서 살펴보았듯 구약성경에서 시온은 예루살렘 도성의 한쪽 땅이었다. 그런데 신약성경에서는 '시온'의 개념이 땅이 아니다. 복음서에서는 예루살렘 사람들 중 메시아를 환영하는 시민들로 설명하고, 바울은 이를 사용해 장차 7년 대환난 때 구원받을 이스라엘의 미래를 예언하고, 사도 요한은 7년 대환난 때 구원받을 14만 4천을 예언한다. 즉 신약성경에서 시온은 땅이 아니라 성령으로 구원받을 세계만방과 이스라엘의 미래를 말한다.

다 똑같은 시온을 말하는데 구약은 땅을 뜻하지만, 신약은 구원받을 자들을 뜻한다. 시온이 구약성경에서는 예루살렘성을 말하지만, 신약성경에서는 구원받을 영혼들을 말한다.

셋째, 교회 시대에 사용된 '시온' 개념

우리는 구약성경을 하나님 말씀으로 믿는다. 그러나 구약성경에는 성령님께서 감동받은 사람들이 제한되어 있다. 그래서 성령님께서 제사장, 왕, 선지자 등 특수한 사람들을 통해 제한된 사역을 하신다. 반면에 신약에서는 남종이나 여종이나 젊은이가 환상을 보고, 늙은이가 꿈을 꾸며, 자녀들이 예언한다(행 2:17).

이렇게 달라진 신약 시대의 성령님은 누구나 사모하고 갈구하는 자에게 은혜를 베풀어 주시는 보편적 성령님이시다. 신약 시대 이후 구약의 모든 개념이 달라진다. 구약에서 성전은 예루살렘 수도 시온산 위에 세워진 건물이었다. 그러나 신약 시대에는 예수님을 믿고 성령님을 그 마음에 모신 자는 누구나 다 그 개인이 성전이다(고전 3:16-17). 구약의 메시아는 이스라엘 민족과 함께 땅을 지배하는 지배자다. 그러나 신약의 메시아는 인류 구원을 위해 고난받는 종이다.

그런데 예수님의 새로운 '시온' 개념을 다시금 옛 구약성경의 땅의 개념으로 되돌려 놓은 집단이 있다. 이슬람교도들이 바로 그들이다. 그들은 AD 691년에 옛 솔로몬의 성전 터 위에 바위사원, 곧 황금사원을 건축했다. 나는 1980년 이스라엘에 갔을 때 이 거대한 황금사원을 보았다. 옛날 아브라함이 이삭을 제물로 바치려 했던 정상은 넓은 바위로 되어 있는데, 바위 아래 이삭이 묶여 있던 곳은 지하처럼 낮고 높은 위에서 아래까지 구멍이 뚫려 있었다. 참 특이한 바윗덩어리를 황금사원 건물 전체가 보호하고 있는데, 그들은 그곳을 마호메트가 승천한 곳이라고 믿고 있다.

이렇게 옛 솔로몬 성전 터가 이슬람의 황금사원이 되고 1,500여 년이 지났을 때였다. 이에 분개한 유대인 지도자 벤구리온(1886~1973)이 옛 시온 땅을 회복하자는 시오니즘을 주창하며 영토 회복 운동에 뛰어들어 평생 이를 위해 노력했다. 그 결과 1945년 이스라엘이 독립하여 오늘에 이르고 있다. 구약의 땅의 개념인 시온을 신약의 예수님께서 영적 개념으로 바꾸어 놓으신 것을 이슬람이 다시금 황금사원으로 되돌려 놓았고, 다시 벤구리온이 이스라엘 독립으로 큰 성과를 거두었다. 그러나 현재의 이스라엘은 끊이지 않는 팔레스타인과의 전쟁으로 평화가 없는 전쟁터의 상태가 지속되고 있다.

이런 때 시온을 다시 영적 개념으로 회복시킨 교회 지도자들이 있다. 찬송가 210장 "시온성과 같은 교회"의 가사는 이렇다. "시온성과 같은 교회 그의 영광 한없다 허락하신 말씀대로 주가 친히 세웠다

반석 위에 세운 교회 흔들 자가 누구랴 모든 원수 에워싸도 아무 근심 없도다." 이 찬송은 영국의 뉴턴(J. Newton, 1725~1807)이라는 성공회 신부가 작사했다. 찬송가 305장 "나 같은 죄인 살리신 주 은혜 놀라워"도 그가 작사한 것이다. 뉴턴 목사는 구약의 땅에 불과한 시온을 영적인 교회 개념으로 바꾸어 놓았다.

또한 찬송가 550장의 "시온의 영광이 빛나는 아침"은 "시온의 영광이 빛나는 아침 어둡던 이 땅이 밝아 오네 슬픔과 애통이 기쁨이 되니 시온의 영광이 비쳐 오네 / 시온의 영광이 빛나는 아침 매였던 종들이 돌아오네 오래전 선지자 꿈꾸던 복을 만민이 다 같이 누리겠네 / 보아라 광야에 화초가 피고 말랐던 시냇물이 흘러오네 이 산과 저 산이 마주쳐 울려 주 예수 은총을 노래하네 / 땅들아 바다야 많은 섬들아 찬양을 주님께 드리어라 싸움과 죄악이 가득한 땅에 찬송이 하늘에 사무치네"라고 노래하며 천년왕국을 소망한다.

구약이든 신약이든 '시온'이라는 단어는 똑같이 사용한다. 구약 사람들은 시온을 예루살렘 성전이 있는 땅의 개념으로 생각했다. 그러나 신약에서 시온은 구원받은 성령의 사람으로 달라진다. 그리고 교회 시대에는 '시온성과 같은 교회'의 개념으로 달라지면서 장차 천년왕국 시대에 선지자들이 꿈꾸던 이상이 현실로 변하는 것을 뜻하게 되었다. 똑같은 시온임에도 그것을 받아들이는 시대와 사람에 따라 이처럼 개념이 달라졌다.

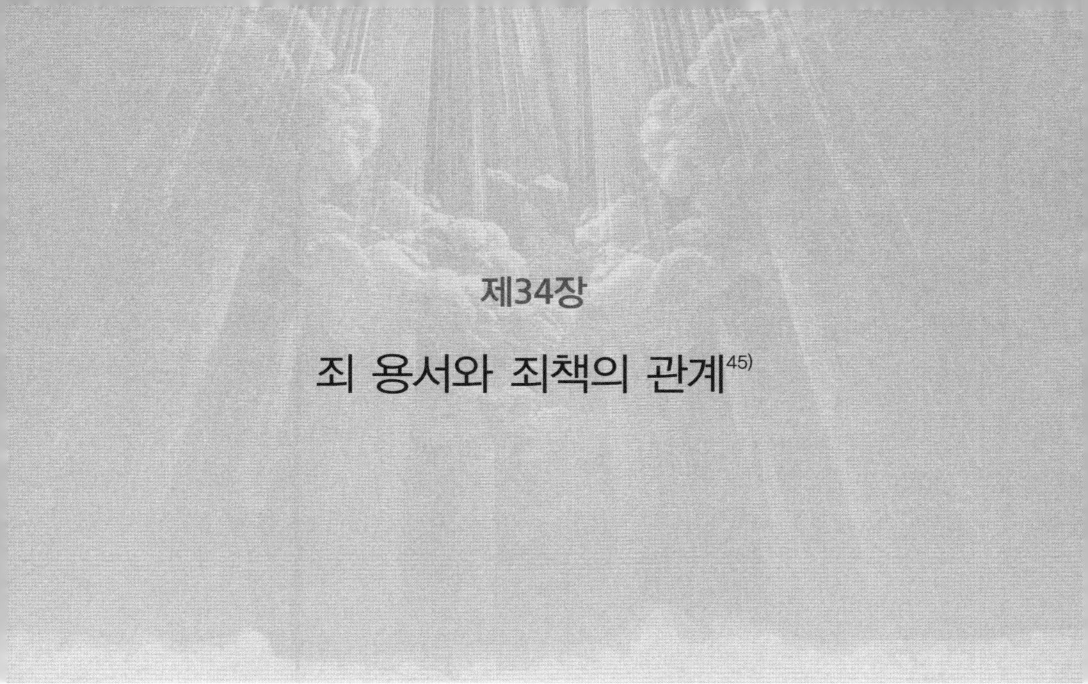

제34장

죄 용서와 죄책의 관계[45)]

시편 51편은 다윗의 참회시다. 다윗이 밧세바와 간음한 후 나단 선지자의 책망을 듣고 참회하며 지은 시로, 그 내용은 사무엘하 11-12장에 기록되어 있다.

우리는 이 시편 51편에서 다윗이 얼마나 철저하고 진지하게 죄를 뉘우치는지를 볼 수 있다. 전체 19절 중 죄라는 표현이 12회나 반복된다(1절-죄악, 2절-죄악, 죄, 3절-죄과, 죄, 4절-범죄, 5절-죄악과 죄, 7절-죄, 9절-죄와 죄악, 13절-범죄자와 죄인들 등).

사람들은 보통 죄를 회개한다고 하면서 '내 모든 죄'라는 말로 뭉뚱그려 말하나 다윗은 구구절절 자기의 죄를 인정한다.

51편에서는 '죄'라는 용어가 다양하게 쓰였다.

① 죄[핫타아(חַטָּאָה), 하마르티아(ἁμαρτία)]: 이 말은 과녁을 못 맞혔다는

45) 정수영, 사슴이 시냇물을 찾기에 갈급함같이, 쿰란출판사, 2019, pp.209~221.

뜻이다. 즉 법률로 정해진 과녁이 있는데 그것을 벗어나 법률을 위반함으로 형벌을 면치 못하는 불법 행위를 뜻한다.

② 죄악[페솨(פשע)]: 하나님을 반역했다는 뜻이다.

③ 죄과 또는 죄책[파랍토마(παραπτωμα)]: 죄에 대한 자책감, 곧 저지른 죄에 대한 책임감으로 마음의 고통을 느끼는 것을 말한다.

이렇게 '죄'라는 말에는 다양한 개념이 있다.

다윗은 밧세바와 간음죄를 지었다. 이것은 십계명 중 제7계명을 위반한 것이다. 또 다윗은 자기의 간음죄를 은폐하려고 밧세바의 남편 우리아를 최전선에 내보내 죽게 하는 살인 교사죄를 저질렀다. 이것은 십계명 중 제6계명을 위반한 것이다. 당시 율법의 기준으로 이는 당연히 사형감이었다. 그런데 다윗은 나단 선지자의 책망을 듣고 회개한다. 이를 통해 반드시 죽어야 하는 율법의 적용을 받지 않고 살아남는 변화의 시대가 열린다.

과거 모세 때는 죄를 지으면 다 죽었다. 그런데 다윗은 죄를 지었는데도 살아남는다. 이것은 율법 시대가 선지자 시대로 발전하면서 하나님의 심판이 변화되는 모습을 보여 준다. 이는 신약 시대 때에 또 달라진다. 다윗이 살던 선지자 시대에는 죄를 회개해도 용서의 감격을 못 얻었다. 그러나 사람들이 죄를 짓더라도 회개하기만 하면 용서의 감격을 얻는 것은 신약 시대, 곧 복음에 의한 은혜 시대의 산물이다.

그러나 율법 시대든, 선지자 시대든, 복음의 시대든 공통점이 있다. 그것은 누구든지 죄를 지으면 회개해도 그 부끄러운 죄를 잊지 못하고 기억하게 되는 죄책감이 따라다닌다는 것이다. 구약과 신약 모두 공통적으로 죄책감을 느끼지만, 구약에서는 죄 용서의 확신이 없고,

신약에서는 죄 용서에 대한 확신이 따른다는 차이점이 있다.

오늘은 죄의 기원과 죄 개념의 발전, 죄의 해결책에 대한 성경의 가르침을 살펴보고자 한다.

첫째, 죄의 기원

죄의 기원에는 우주적인 죄의 기원과 인간의 죄의 기원이 있다.

(1) 우주적·세계적 죄의 기원

욥기 38장 4-7절을 보면 "내가 땅의 기초를 놓을 때", 즉 하나님께서 천지 만물을 창조하려고 기초를 닦을 때를 말하는데, 이는 창세기 1장 1절 이전의 때를 뜻한다. 7절에서는 바로 그와 같은 땅의 기초를 놓을 때 새벽별들이 기뻐 노래하며 하나님의 아들들이 다 기뻐 소리를 질렀다고 말한다. 여기서 '하나님의 아들들'은 곧 천사라고 본다. 그렇기에 천지 만물을 창조하시기 이전에 성경에는 기록되어 있지 않으나 하나님께서는 천사들을 이미 창조해 놓으셨던 것으로 추정한다. 그다음으로 에스겔 28장 13-17절을 보자.

> 13절: 네가 옛적에 하나님의 동산 에덴에 있어서 각종 보석 곧…황금으로 단장하였음이여
>
> 14절: 너는 기름 부음을 받고 지키는 그룹임이여

여기서 그룹(כְּרוּב)은 천사들을 의미한다(창 3:24). 출애굽기 25장에 따르면 언약궤에 그룹들을 새겨 놓았는데, 그 그룹들은 하나님을 모시는 천사들을 뜻한다. 여기 에스겔 28장에서는 천사들인 그룹이 하나님의 성산에서 불타는 돌들 사이를 왕래한다.

15절: 네가 지음을 받던 날로부터 네 모든 길에 완전하더니 마침내 네게서 불의가 드러났도다

16절: 너 지키는 그룹아 그러므로 내가 너를 더럽게 여겨 하나님의 산에서 쫓아냈고 불타는 돌들 사이에서 멸하였도다

17절: 네가 아름다우므로 마음이 교만하였으며…내가 너를 땅에 던져 왕들 앞에 두어 그들의 구경거리가 되게 하였도다

요한계시록 12장 7-9절을 보면, 하늘 위에서 미가엘과 그의 사자들이 용과 더불어 싸움이 벌어졌는데 용이 이기지 못하고 하늘에서 내쫓겨 마귀, 뱀, 사탄이 되어 천하를 꾀는 자가 되었다. 이렇게 천사가 타락해 뱀이 되어 아담, 하와를 타락시켰고, 또 타락한 천사인 마귀는 사탄이 되어 천하를 유혹한다. 그렇기에 인류 역사에서 큰 죄악을 저지른 히틀러, 스탈린, 김일성 등은 사탄의 조종을 받고 이용된 우주적, 세계적 죄인이다.

(2) 인간의 죄의 기원

창세기 3장의 기록에 따르면, 인류의 조상인 아담과 하와가 사탄인 뱀의 유혹을 받고 하나님의 명확한 명령을 자유의지로 거역했다. 하나님의 명령을 거역한 아담과 하와는 에덴동산에서 추방되어 사는 동안 육체적 고통을 당해야 했고, 끝내는 죽게 되었다. 이 같은 아담과 하와의 범죄는 로마서 5장 17-19절의 설명처럼 모든 사람에게 죽음과 고통을 가져오는 원죄가 되었다.

이렇게 죄는 우주적 죄인 사탄과 원죄를 지은 아담에게서 비롯되었다.

둘째, 성경에 나타난 죄 개념의 발전

(1) 율법 시대

구약 전체에서 율법은 하나님과 이스라엘 민족 간에 체결된 약속이었다(출 19:5; 20-24장). 이 같은 율법은 개인적이 것이 아니라 집단적, 민족적 법령이었다. 그리고 이 율법을 시행하는 법칙으로 5대 제사법이 생겼다. ① 번제 ② 소제 ③ 화목제 ④ 속건제 ⑤ 속죄제. 이 중 속죄제는 범죄한 자가 다시금 죄 용서를 받는 방법이었다. 따라서 율법 시대의 죄 개념은 집단적 죄 개념이었고, 개인적 회개는 아무런 의미가 없었다. 그 대표적 사례가 이스라엘 백성의 여리고성 정복 때 물건을 도둑질한 아간이 회개했으나 모든 민족이 그를 돌로 쳐 죽인 사건이다(수 7장).

(2) 선지자 시대

사울 왕, 다윗 왕을 세운 사무엘 때부터 왕들과 함께 선지자 시대가 시작된다. 율법이 있으나 선지자인 사무엘, 나단, 이사야, 예레미야, 에스겔 등에게 율법보다 더 생생한 하나님의 직접적 계시가 주어진다. 이 선지자 시대에 죄 형벌에 대한 처리가 달라진다. 다윗은 십계명 중 제6, 7계명을 범했으므로 공개 처형감이었다. 그러나 나단 선지자는 그 생명을 살리고 그 가문에 재앙이 이어질 것을 선언한다. 이렇게 나단 선지자 이후 구약 시대에 개인적 회개를 통한 죄 용서가 통용된다. 대표적으로 히스기야 왕이 병들어 죽게 되었을 때 회개함으로 생명을 15년 더 연장받는다(왕하 20장; 사 38장).

(3) 신약 시대

신약 시대의 죄 개념은 구약과 완전히 다르다. 구약의 민족적, 집단적 죄 개념은 외적 의식이 해결 방법이었다. 그러나 신약 시대에는 죄 개념이 외적 의식이나 율법의 제도가 아니라, 마음에 그리스도의 영인 성령님을 모신 자는 그 어떤 죄도 용서받는다는 마음 중심의 문제로 발전한다. 신약 시대는 율법이 아닌 복음에 의해 그 누구든, 어떤 죄든 성령님께서 다 용서해 주시는 보편적 시대가 된다.

셋째, 죄의 해결책

(1) 율법 시대

전 민족적으로 죄가 적용됐다. 따라서 율법 시대의 죄는 집단적, 민족적으로 해결했다.

(2) 선지자 시대

개인의 회개와 참회가 죄 해결책으로 등장한다. 그러나 참회를 해도 사죄와 용서의 확신을 갖지 못하는 한계점이 계속된다. 오늘 시편 51편에서도 이러한 한계점이 드러난다. 시편 51편은 전반부(1-6절), 후반부(7-12절) 결론부(13-19절)로 구성되어 있다.

전반부: 죄악에 대한 고뇌(1-6절)

1절: 내 죄악을 지워 주소서

2절: 나의 죄악을 말갛게 씻으시며 나의 죄를 깨끗이 제하소서

3절: 내 죄가 항상 내 앞에 있나이다

4절: 내가 주께만 범죄하여 주의 목전에 악을 행하였사오니

5절: 내가 죄악 중에서 출생하였음이여

후반부: 죄 용서를 구하는 부르짖음(7-12절)

7절: 우슬초로 나를 정결하게 하소서

8절: 내게 즐겁고 기쁜 소리를 들려주시사

9절: 내 모든 죄악을 지워 주소서

10절: 내 속에 정한 마음을 창조하시고 내 안에 정직한 영을 새롭게 하소서

11절: 나를 주 앞에서 쫓아내지 마시며 주의 성령을 내게서 거두지 마소서

12절: 주의 구원의 즐거움을 내게 회복시켜 주시고

결론부: '그렇게 해주신다면 내가…하겠다'는 다짐과 서원(13-19절)

13절: 그리하면 내가 범죄자에게 주의 도를 가르치리니

14절: 내 혀가 주의 의를 높이 노래하리이다

17절: 하나님께서 구하시는 제사(제물들이 아님)는 상한 심령이라(여기서 의식 주의가 상한 심령으로 발전함)

19절: 주께서 의로운 제사와 번제와 온전한 번제를 기뻐하시리니

이처럼 시편 51편은 회개가 과거의 율법적, 형식적, 무의식적 제사에서 상하고 통회하는 마음으로 전환되는 분기점을 보여 준다. 구약성경 내용 중 회개의 중심이 율법에서 마음으로 전환되는 것을 알려준다.

(3) 신약 시대의 죄 해결책

신약 시대의 죄 해결책은 완전 무제한으로 개방된다.

1) 그 어떤 죄도 용서가 가능함

· 흉악범으로 주님과 함께 십자가형을 받은 두 강도 중 하나에게 예수님께서 낙원을 약속하심
· 수가성 여인은 남자를 5명이나 바꾼 음란한 여인이었으나 전도자로 바뀜
· 부도덕했던 막달라 마리아도 회개함으로 예수님의 사랑을 받음
· 기독교도 박해자였던 사울이 변화되어 전도자가 됨
· 사람들에게 비난받던 세리 마태가 예수님의 제자가 됨

이처럼 신약성경에서는 모든 죄의 용서가 가능하다. 이에 죄 용서에 대한 확신을 가질 수 있다.

2) 죄 용서는 받으나 죄책은 여전히 남음

신약 시대에도 회개하면 용서의 확신은 얻으나 여전히 지은 죄가 잊히지 않는 죄책감이라는 족쇄가 따른다. 그런데 성경은 그와 같은 죄책감이 매우 긍정적인 유익이 있음을 깨우쳐 준다.

"너희가 누구의 죄든지 사하면 사하여질 것이요 누구의 죄든지 그대로 두면 그대로 있으리라 하시니라"(요 20:23).

"죄가 더한 곳에[죄가 많다고 느낄수록] 은혜가 더욱 넘쳤나니"(롬 5:20).

"죄가 사망 안에서 왕 노릇 한 것같이 은혜도 또한 의로 말미암아 왕 노릇 하여"(롬 5:21).

"또 그리스도께서 너희 안에 계시면…영은 의로 말미암아 살아 있는 것이니라"(롬 8:10).

"여러 계시를 받은 것이 지극히 크므로 너무 자만하지 않게 하시려고 내 육체에 가시 곧 사탄의 사자를 주셨으니"(고후 12:7).

"이는 내 능력이 약한 데서 온전하여짐이라 하신지라"(고후 12:9)

“만일 우리가 우리 죄를 자백하면…우리를 모든 불의에서 깨끗하게 하실 것이요 만일 우리가 범죄하지 아니하였다 하면 하나님을 거짓말하는 이로 만드는 것이니”(요일 3:10).

죄의 기원에는 우주적 죄인 사탄과 인류의 죄인 원죄가 있다. 죄의 해결책은 구약의 율법과 선지자 시대를 거쳐 복음 시대로 발전했다. 오늘 우리는 죄 용서의 확신 속에 살아가지만, 죄는 죄책이 따르는 무서운 것이다. 그러나 그 죄책마저도 은혜 안에서 합력하여 선을 이룬다.

제35장

두 세상의 시각 차이[46)]

시편 73편은 아삽의 시다. 아삽은 다윗 왕 때 성전에서 봉사하던 288명으로 구성된 찬양대의 지휘자였고, 또 악기 연주자였다(대상 16:5; 대하 5:12). 시편에는 아삽과 그 후손들이 지은 것으로 추정되는 시가 모두 열두 편 수록되어 있다(50, 73-83편).

시편 73편은 BC 1000년경 다윗 왕 때 당시 이스라엘 백성들의 신앙 상태가 어떠했는지를 짐작하게 해준다. 당시 이스라엘 백성들은 율법을 따라 정기적으로 절기를 지키고, 절기나 제사 때는 성전에 올라가 습관적으로 종교 생활을 해나갔다. 그런데 찬양대원들 중에도 정기적, 습관적으로 종교 생활을 해나가면서 평소에는 세상 사람과 똑같이 살아가는 사람들이 있었다. 아삽은 이 같은 현실을 지켜보며 생각이 매우 복잡해진다. 그래서 이 시의 전반부에는 당시 이스라엘 백성들의 형식적, 외식적, 습관적 종교 생활에 대한 아삽의 불편한 마

46) 정수영, 하나님의 집 문지기로 있는 것이 더 좋사오니, 쿰란출판사, 2019, pp.20~56.

음이 16절까지 계속 이어진다.

그러다 시 후반부는 내용이 완전히 달라진다. 앞서 전반부에서는 아삽이 자기 동족을 세상적 시각으로 보면서 불평, 불만, 의심, 증오, 영적 갈등을 느꼈다. 반면에 후반부에서는 똑같은 그 동족을 신앙적 시각으로 바라보면서 그들에 대한 판단이 완전히 달라진다. 즉 시편 73편은 동시대 사람들을 세상적 시각으로 볼 때 생기는 각종 불만과 이해되지 않던 점들이 신앙적 시각으로 볼 때 완전히 달라짐을 보여 준다. 오늘은 이 시편 73편을 통해 세상적 시각과 신앙적 시각의 차이가 얼마나 큰지 살펴보고자 한다.

첫째, 세상적 시각을 가질 때(1–16절)

시 전반부는 아삽이 세상적 시각을 가질 때 갖가지 불편하고 이해되지 않는 현실에 대해 큰 불평을 갖고 살아가게 됨을 보여 준다.

이 시는 과거 3천 년 전 다윗 시대의 종교인들의 현상을 주제로 삼는다. 그러나 이 같은 주제가 오늘 우리에게도 깨달음을 주는 것은 3천 년 전 종교인이나 오늘의 종교인이나 종교인들의 현상은 언제나 똑같기 때문이다.

오늘날 우리 주변을 보라. 20년, 30년, 50년, 평생을 교회에 다닌다. 그래서 교회에서 가르치는 대로 기도도 하고, 찬송도 하고, 헌금도 하고, 집사·장로·권사 등의 직분도 받으며 교회의 일꾼으로 살아간다. 그러나 주일과 수요일 등 일주일에 한두 번 교회 예배에 출석하고 나머지 5~6일은 세상 사람들과 다를 바 없이 살기에 신앙의 영향력은 전혀 나타나지 않는다. 신앙인으로서 세상에서 구별되게 사는 것이 아니라, 주일 날만 종교 생활을 하고 나머지는 세상 사람들과 똑같이 살아간다.

이 같은 실상을 아삽은 1-16절에서 여러 모양으로 표현한다. '신앙인' 아삽이 느끼고 깨달은 당시 '종교인'들의 양상을 살펴보자.

1절: 하나님은 이스라엘 백성들에게 마음을 정결하게 하고 살아가는 자에게는 선을 행하겠다고 하셨다.

2절: 그런데 나는 하나님 말씀만 믿고 성전에 나오는 종교인들의 삶의 모습을 보고 크게 실족하여 미끄러질 뻔했다.

3절: 그렇게 큰 실족을 한 것은 악인이 형통하고 오만한 자가 더 잘 살아가는 모순된 현실을 보고 질투가 일어났기 때문이다.

4절: 내가 보기에 그들은 사는 동안 건강하게 잘 살아가고 죽을 때는 아무 고통 없이 편하게 죽는다.

5절: 모든 사람이 다 고난을 당하며 어렵게 살아간다. 그러나 내가 본 악인들은 모든 사람이 다 당하는 재난이나 고난 없이 잘 살아가기만 한다.

6절: 그러므로 그 사람을 장식해서 돋보이게 하는 목걸이라고 할 수 있는 것이 그의 교만이고, 그가 겉에 입은 의복은 강포로 가득해 보인다.

7절: 그들의 외양은 너무 잘 먹고 잘 살아감으로 살이 쪄서 눈이 솟아났고, 그들은 자기가 마음속으로 예상한 것보다 더 많은 소득으로 만족해한다.

8절: 그들의 입은 남을 욕하며, 악한 말과 거만한 말로 하늘에 속한 내용도 다 아는 듯 지껄이고, 땅에 관계된 모든 것도 뭐든지 다 안다고 떠든다.

10절: 그래서 어리석은 자들은 그를 찾아가 그에게 아첨을 떨고, 그의 주변에는 그가 베푼 물을 얻어먹는 아첨꾼들이 득실거린다.

13절: 그렇게 부조리하고 불합리하고 모순된 꼴들을 계속 보게 되니, 내가 마음을 깨끗하게 하며 부패한 사람으로부터 정결하게 살려고 노력한 참된 이스라엘인으로서의 긍지가 다 헛되다고 느껴졌다.

14절: 내가 하나님의 사람으로서 바르게 살려고 하면 할수록 종일 재난을 당하고 아침마다 징벌을 받는 것만 같다.

15절: 내가 이렇게 내 속의 중심으로 느낀 바를 주위 사람들에게 솔직하게 말했더라면 그들로 크게 시험에 빠지게 하는 악행이 되었을 것이다.

16절: 이 원인이 무엇인지 알려고 할수록 내게 심한 고통만 찾아왔다.

여기까지만 보면 아삽이 신앙인으로서 다른 종교인의 추악한 모습을 보고 크게 낙심하고 좌절하고 낙망하는 모습이 역력하다. 적어도 우리는 신앙생활을 제대로 하려고 노력하는 사람들 축에 들어간다. 우리는 종교적인 환경에서 성장했으나 거듭남의 체험이 확실하고 이 땅에 살면서 주님의 뜻을 성취해 보려고 많은 노력을 기울인다. 이렇게 주님을 제대로 섬기려는 올바른 신앙인들에게 변화되지 않는 주변의 종교인들의 모습은 아삽처럼 낙심, 좌절, 낙망을 경험하게 한다. 우리가 알고 있는 일명 종교인들은 교회 생활을 몇십 년 해도 전혀 변하지 않는다. 주일예배에 항상 늦게 참석하는 상습적 지각 교인, 교회는 다니지만 술이나 담배를 다 하는 교인, 주중에 주일날만 교회에 출석하고 1년 중 부활절, 감사절, 성탄절에만 교회에 출석하는 교인, 이런 종교인들을 계속 주목하다 보면 불평, 불만은 물론이고 자신의 신앙적 기쁨마저 점차 사라질 수 있다.

둘째, 신앙적 시각을 가질 때(17-28절)

이 시의 완벽한 전환점이 되는 부분이 17절이다. 앞서 1-16절에서는 아삽이 신앙의 대상인 하나님을 바라보지 않고 주변의 종교인들을 보면서 크게 낙심했다. 그런데 17절에서 그의 시선의 방향이 하나님의 성소로 바뀐다.

여기서 '하나님의 성소'는 히브리어로 '미끄떼쉐'(מִקְדָּשׁ)다. 이 말은 다윗 시대에는 아직 성전이 완성되지 않았기에 '성막'의 의미다. 이것을 후에 솔로몬이 완성한 성전 개념으로 확대해서 살펴보자. 솔로몬 이후, 스룹바벨, 헤롯 성전까지 성전은 세 부분으로 구성되어 있었다.

① 밖에서 제사를 드리는 넓은 광장에는 남자들의 뜰, 여자들의 뜰, 이방인의 뜰이 있었다.

② 성전 건물에는 현관, 물두멍, 분향대, 떡상 등이 있었고, 분향대에서는 향을 태워 연기로 올라가게 했는데 제사장들이 준비를 해놓으면 대제사장이 매일 아침저녁으로 분향했다. 또 번제단에서는 소, 양, 염소의 수컷으로 제물을 불태워 바쳤다.

③ 성막, 성전 중 가장 중요한 곳이 지성소였다. 대제사장만 1년에 한 번 들어가 언약궤 앞에서 백성들을 위한 속죄의식을 행했다. 이곳 지성소 또는 속죄소를 성소라고 하고, 이곳을 하나님이 계심을 뜻하는 상징적 의미로 사용했다. 이 속죄소가 이후 예수 그리스도의 희생으로 없어졌다.

17절에서 아삽은 하나님의 성소, 즉 언약궤가 있는 성소에 들어갈 때 새로운 시각을 갖게 됐다고 말한다. 이 시편의 핵심은 이 구절이다. 아삽이 성전에 드나드는 종교인들을 볼 때는 불평, 불만, 의심으로 가득 차서 말로 할 수 없는 혼란을 겪었다. 그런데 하나님이 임재해 계시는 상징적 장소인 성소에 들어서며 하나님의 시각으로 교정된 후에는 종교인들을 보는 시각이 달라진다. 그때 일어난 놀라운 시각의 변화를 보여 주는 것이 17-28절의 후반부 내용이다.

17절: 앞서 3-12절에서는 악인들의 형통을 보고 크게 낙심하고 절망했다. 그런데 여기서는 그들의 종말을 보고 크게 깨닫는다. 악인들의 형통만 볼 때는 온갖 혼란이 생겼으나, 그들의 종말을 보면서 아삽의 시각이 교정되고 나니 판단이 완전히 달라진다.

18절: 그들을 미끄러운 곳에 두시며 파멸에 던지는 종말을 보게 됐다. 여기서 '미끄러운 곳'의 원문은 '빠할라코트'(בחלקות)다. 이 말은 사람이 제대로 서 있을 수 없는, 순간적으로 넘어지거나 굴러떨어질 수 있는 위험천만한 곳이라는 뜻이다. 또 '파멸'은 '레맛슈오트'(למשואות)로, 이 말은 최후 멸망과 지옥이라는 두 가지 뜻이 있다. 아삽이 영적 시각으로, 하나님의 시각으로 세상에서 형통하게 살아가는 악인들의 미래를 보니 그들이 위험천만한 최후 멸망 앞에 서 있다는 것이다.

세상 사람들과 종교인과 신앙인의 차이가 무엇인가? 세상 사람들은 이 세상에서의 삶이 전부라고 착각하고 자기 마음대로 살아간다. 종교인은 세상적인 삶과 신앙적인 삶을 왔다 갔다 한다. 신앙인은 오직 하나님의 뜻대로 살려고 진충갈력(盡忠竭力) 노력한다. 아삽은 성소에서 시각 교정을 받은 후 완전히 달라진다.

19절: 그들이 어찌하여 그리 갑자기 황폐되었는가? 놀랄 정도로 그들을 전멸시킨 것을 깨닫게 된다.

이렇게 신앙적 시각 교정이 이루어지고 나니 아삽의 의식이 완전 달라진다. 그래서 20절부터 28절까지는 영적 각성을 얻은 자만이 할 수 있는 각오를 열거한다.

20절: 사람이 꿈에서 깬 후 꿈을 무시하듯이 이제 영적 각성 후에는 악인들의 형동을 멸시할 것이다.

21절: 신앙인으로 이중적인 시각을 가졌던 것이 양심에 찔렸다.

22절: 나 자신은 신앙인답지 못하고 주님 보시기에 짐승 같았다.

23절: 그럼에도 주와 함께하려 한 믿음을 보시고 주님께서 내 오른손을 붙잡고 계심을 깨달았다.

24절: 주님은 내가 사는 동안 주의 교훈으로 인도하시고 후에는 영광으로 나를 영접해 주실 것이다.

25절: 하늘에는 주 외에 내가 섬길 분이 없고 땅에서도 주밖에 내가 사모할 자가 없다.

26절: 내 육체와 마음은 이 세상 것에 현혹당하는 연약한 존재이나 하나님은 내 마음의 반석이시요 영원한 분깃이다.

28절: 이 세상의 최상의 복은 하나님께 가까이하는 것이다. 이것을 뒤늦게 깨달았으니 이후로는 주 여호와를 나의 피난처로 삼아 주의 모든 행적을 전파할 것이다.

아삽의 시를 통해 우리가 무엇을 배울 수 있는가? 아삽은 악인들이 세상에서 형통하는 현실만 보면서 처음에는 신앙인으로서 매우 불만스럽고 불평이 가득했다. 그런데 하나님의 성소에서 하나님의 영적 시각으로 악인들을 보게 되자 그 판단이 완전히 달라진다. 즉 처음에 악인들의 형통이 언제까지나 지속될 줄 알고 낙심했으나, 영적 시각으로 교정되고 보니 그들이 미래에 멸망하는 것이 아니라 지금 이 순간 아무 때나 굴러떨어질 수 있는 미끄러운 곳, 파멸에 던져질 수 있는 자리에서 겨우 생명을 부지하고 있음을 깨닫게 되었다.

오늘날 우리도 아삽과 비슷한 경험을 할 수 있다. 우리가 비록 하나님의 백성이긴 하나 이 세상에서 살아가다 보면 갖가지 세상의 영향을 받지 않을 수 없다. 신앙인도 먹어야 하기에 절제가 필요하고, 신앙인도 육체를 가졌기에 질병에 시달릴 수 있고, 신앙인도 사회 구성원이기에 사회의 제약을 받을 수 있다. 그러나 사람은 하나님의 그림자를 따라 만들어진 고상한 존재다. 조개 속에서 진주를 찾아내듯, 커다란 돌덩어리 속에서 금을 캐내듯 우리를 하나님의 자녀로 삼아 주신 하나님의 위대하심을 발견하고 힘든 세상에서 긍지를 회복하고 살아가야 한다.

제36장

눈물을 흘리며 씨를 뿌리는 자[47)]

지금으로부터 2,500년 전 이스라엘 민족은 바벨론 제국에 망해서 포로로 끌려가 70년간 노예 생활을 하다가 고국으로 돌아왔다. 마치 우리나라가 36년간(1910~1945) 일제의 식민 지배를 받다가 해방된 것과 비슷하다. 우리나라는 36년간 식민 지배를 받은 후유증이 80여 년이 지난 지금까지 계속되고 있는데, 우리나라보다 두 배나 긴 70년 동안 포로 생활을 하다 돌아온 이스라엘은 얼마나 많은 어려움이 있었겠는가? 이스라엘 민족의 해방은 BC 535년에 시작됐다. 그런데 70년이나 억류됐던 이스라엘 민족은 한꺼번에 다 해방을 얻은 것이 아니라 3차례에 걸쳐 조금씩 본국으로 귀환했다. 제1차로 BC 535년 스룹바벨의 인도로 약 42,360명이 귀환했다(스 2:64-65; 느 7:66-67). 제1차 귀환 후 77년이 지난 BC 458년에 에스라의 인도로 약 1,800명이 제2차로 귀환한다.

47) 정수영, 눈물을 흘리며 씨를 뿌리는 자는, 쿰란출판사, 2020, pp.441~460.

시편 126편은 BC 535년 제1차 포로 귀환으로 본국으로 돌아온 이스라엘 백성들의 눈물겨운 고백이다. 이스라엘 백성들은 나라를 잃고 바벨론에서 70년 동안 포로로 노역하다 마침내 본국으로 돌아왔다. 그래서 기쁨과 감격으로 이루 말할 수 없이 가슴이 벅차올랐다. 그러나 70년 동안 방치된 조국의 현실은 너무 비참했다. 70년 동안 주인 잃은 땅은 야산으로 방치되었고, 농사지어야 할 땅은 잡초로 우거진 폐허가 되었다.

1절: 여호와께서 시온의 포로를 돌려보내실 때에 우리는 꿈꾸는 것 같았도다

2절: 그때에 우리 입에는 웃음이 가득하고 우리 혀에는 찬양이 찼었도다

3절: 여호와께서 우리를 위하여 큰 일을 행하셨으니 우리는 기쁘도다

여기까지는 잘 이해된다. 그런데 그다음 4-6절은 내용이 완전히 달라진다.

4절: 여호와여 우리의 포로를 남방 시내들같이 돌려보내소서

이것이 무슨 말인가? 1-3절에서 바벨론 포로 생활에서 돌아온 것이 꿈만 같고 자기들의 입에는 웃음과 찬양이 가득하다고 말했다. 그런데 4절의 '우리의 포로를 남방 시내들같이 돌려보내 달라'는 말은 쉽게 이해하기가 어렵다.

이것을 이해하려면 총 3차에 걸쳐 이루어진 이스라엘 민족의 바벨론 포로 귀환의 역사를 알아야 한다.

이제 이 본문을 토대로 다음과 같은 세 가지 주제를 살펴보고자

한다. ① 제1차 포로 귀환으로 돌아온 사람들, ② 이스라엘 민족 역사에서 가장 치욕적이었던 바벨론 포로 생활 70년(BC 605~535)을 겪은 3명의 선지자 다니엘, 에스겔, 예레미야, ③ 시편 127편이 구원받은 성도들에게 주는 교훈에 관해 살펴보자.

첫째, 제1차 포로 귀환으로 돌아온 사람들

이스라엘 민족이 70년 만에 고국에 돌아왔으나 고국 땅은 전국이 모두 야산이 되고 논밭은 폐허가 됐다. 하지만 과거 70년 동안 남의 나라에서도 노동자로 살았기에 이를 악물고 땅을 개간했을 것이다. 그렇게 피 나는 고생으로 논밭을 개간해 놓았다. 이제 논밭에 씨를 뿌리려면 적절한 때에 비가 와야 곡식이 자란다. 그런데 기다리는 비가 오지를 않는다. 팔레스타인에서는 10월부터 이듬해 4월까지 내리는 적당한 비를 '이른 비'라 하고, 다음 해 5월부터 9월까지 가뭄 때 오는 비를 '늦은 비'라고 한다.

본문에서 눈물을 흘리며 씨를 뿌린다는 것은, 10~4월의 이른 비가 오지 않아 파종을 못했는데 5~9월의 늦은 비도 오지 않아 추수를 전혀 기대할 수 없는 상황에서도 씨를 뿌리는 것을 말한다.

과거 우리나라에 보릿고개가 있었다. 오래전부터 우리나라는 봄부터 가을까지 농사를 짓고, 겨울과 봄에는 봄가을에 농사지은 식량을 먹고 살았다. 그리고 봄이 되면 여름에 먹을 밀과 보리를 파종했다. 그런데 여름에 밀과 보리를 거두기 전에 가을 농사로 수확한 식량이 다 떨어져 몹시 허덕이는 때를 '보릿고개'라고 한다.

여기서 시편 기자는 가을에 농사지은 것으로 겨울을 지내고 봄에 파종을 해야 하는데 늦은 비가 오지 않자, 때를 기다리다가 있던 양식을 다 먹고는 마지막 종자로 수확이 보장되지 않는 상태에서 눈물을 머금고 울면서 씨를 뿌리러 나가는 처절한 농부의 입장을 말해 주고 있다. 이 시편 126편은 우리처럼 6·25 같은 전쟁으로 인한 처참한 보릿고개를 겪는 농부의 심정이 그대로 반영되고 있다.

우리나라가 6·25 전쟁, 4·19 혁명, 5·16 군사정변 같은 극한 고난을 겪은 민족으로 소위 '헝그리(hungry) 정신'이 있었기에 지금처럼 나라를 굳게 세웠다는 것은 모두가 다 아는 사실이다. 이 같은 헝그리 정신은 신앙 세계에도 예외가 아니다. 시편 126편이 왜 유명한 시로 기억되고 있는가? 무명의 시인이지만 바벨론 포로 귀환이라는 기쁘고 즐거운 사건만이 아니라, 귀국한 후 척박한 땅을 개간하면서 고통도 겪어야 했던 농부의 진솔한 고백이 이 시에 담겨 있기 때문이다.

우리나라가 헝그리 정신을 가지고 있을 때는 교회가 일주일 세 번의 예배뿐 아니라 매일 새벽 기도회도 부흥했다. 그러나 한국이 세계 경제 대국 10위니 13위니 하면서 잘살게 되자 신앙생활이 형식주의, 의식주의로 변질되어 버렸다. 전 세계 151개국 국민의 행복지수를 보면 1위가 코스타리카, 2위가 베트남, 3위가 콜롬비아고, 일본이 45위, 독일이 46위, 프랑스가 50위이며, 한국은 63위, 미국은 105위다. 나라가 잘살게 되자 영적 헝그리 정신이 사라져 성도들의 신앙이 미지근해졌다.

둘째, 바벨론 포로기를 겪은 3명의 선지자

구약성경에서 이사야서부터 말라기까지를 선지서라고 한다. 그중 분량이 많은 책 5권을 '대선지서'라 하고, 나머지 분량이 적은 책 12권을 '소선지서'라고 한다. 그런데 대선지서 5권 중 이사야서를 제외하고 나머지 4권은 모두 바벨론 포로기에 완성되었다.

먼저 다니엘서는 BC 605~535년에 바벨론 포로기 70년을 그대로 겪은 다니엘의 기록이다. 다니엘은 유다 왕족의 후손으로 유다 왕국에서 큰 벼슬을 할 수 있는 귀족이었다. 그러나 나라가 힘이 없어 10대에 포로로 잡혀갔다. 타국에 가서 그 나라의 혼합 정책을 따라 바벨론 음식과 문화 배우기를 요구받았으나 거절하고 자기 신앙을 지키려다 다니엘의 세 친구가 풀무불에 들어가기도 하고 다니엘은 사자 굴에 던져지기도 했다. 그러면서도 기도의 힘으로 모든 대적의 모함을 이겨 나간다. 그리고 그는 바벨론, 페르시아, 헬라, 로마 제국으로 이어질 세계사를 예언했고, 이스라엘 민족의 미래사를 예언했는데 그것이 요한계시록 6-18장에서도 예언됐다. 다니엘은 70 평생 외국에서 포로로 차별과 무시를 당하면서도 미래의 이스라엘에 대한 예언의 씨를 뿌려 놓았다.

에스겔은 BC 579년 제2차 포로 때 끌려갔다. 에스겔은 개인적으로 아내와 사별해 곤고한 상태로 포로로 잡혀갔다. 그는 자기 동족들과 똑같이 그발 강가에서 선박을 만드는 노예 생활을 하면서 선지자 활동을 한다. 에스겔은 똑같이 포로 신분이었기에 그의 예언 활동이 사람들에게 영향을 미치지 못한다. 그런데도 하나님께서는 쉼 없이 선포하게 하신다. 에스겔은 사람들이 자기 말에 귀를 기울이지 않자 몸으로 상징적으로 표현하는 보디랭귀지(body language)를 사용하며 활동한다. 그렇게 대중에게 무시당하면서 기록해 놓은 책이 에스겔서다.

에스겔서는 전체 내용 중 63%가 미래 종말론 내용이다. 따라서 에스겔서를 모르면 중동과 세계 정치 판도를 제대로 이해할 수 없다. 에스겔이 아내를 잃고 적국에서 포로 생활을 하는 중에도 미래를 위해 이 에스겔서를 기록했기에 오늘날 전 세계인이 에스겔서를 통해 유익을 얻고 있다.

예레미야는 솔로몬 왕에게 미움을 받고 축출당한 자의 후손이다. 열왕기상 2장을 보면 예레미야의 조상 아비아달 제사장이 다윗의 넷째 아들 아도니야를 왕으로 추대함으로 솔로몬의 눈 밖에 난다. 이에 솔로몬은 아비아달을 그의 고향 아나돗으로 추방한다. 그렇게 솔로몬 때 추방당한 아비아달의 후손이 예레미야다.

예레미야는 솔로몬이 죽고 300여 년이 지나 선지자로 부름을 받는다. 하나님은 예레미야에게 결혼해서 가정을 갖지 말고 일생을 독신으로 살게 한다. 예레미야는 47년간(BC 627~580) 선지자 활동을 한다. 그런데 예레미야 47년간 자기 조국 유다가 바벨론에 의해 멸망당했다가 70년 후에 돌아올 것을 예언한다. 당시 왕이 건재한데도 나라가 망한다고 예언하자 왕들에게 미움을 받아 감옥에 가고, 물구덩이에 던져지고, 재산을 몰수당하는 등 천덕꾸러기로 평생을 배척당하며 살면서 쓴 책이 예레미야서다. 인류 역사나 성경의 역사는 고난, 역경, 무시, 천대, 박해를 받으면서도 하나님의 뜻대로 꿋꿋이 살아간 사람들만이 유산을 남긴다는 것을 보여 준다.

셋째, 구원받은 모든 성도에게 주는 교훈

예수님은 시편 126편의 '눈물을 흘리며 씨를 뿌리는 자'의 진리를 요한복음 4장 35-38절에서 영적 진리로 소개하신다. 요한복음 4장은 예수님께서 남편을 다섯 번이나 바꾼 음란한 여인을 회개하게 하신 내용이다. 사마리아 여인은 과거 음란한 여자였다. 그러나 예수님을 만나 참된 생수의 진리와 참된 예배자의 진리를 깨달은 후 전도자로 변화된다.

예수님은 사마리아 여자의 변화를 보신 후 바로 팔레스타인의 농사법을 통해 교훈하신다. "너희는 넉 달이 지나야 추수할 때가 이르겠다 하지 아니하느냐"(요 4:35). 팔레스타인에서는 추수를 4월 이후에 한다. 그러므로 넉 달 전이라면 12월 중순쯤이 된다. 이때는 10월경에 파종한 보리들이 파랗게 새싹이 돋아났을 때다. 자연법칙에 따르면 추수를 하려면 넉 달을 기다려야 한다. 그런데 예수님은 자연의 때를 보면서 기다리기만 할 것이 아니라는 것이다. 그래서 "나는 너희에게 이르노니 너희 눈을 들어 밭을 보라 희어져 추수하게 되었도다"(요 4:35)라고 말씀하신다. 예수님은 파란 싹을 보면서 희어져 있는 밭의 추수를 말씀하신다. 유대인들은 살아가는 현상만 보며 아직도 넉 달을 더 기다려야 한다는 입장이나, 주님은 푸른 싹을 보고 미래의 수확을 연상하신다.

추수의 법칙이 무엇인가? 한 사람이 심고 다른 사람이 거두는 것이다(요 4:37). 우리는 과거 선교사, 선배, 스승, 전도자, 목사, 교사 등 다른 사람들이 노력한 것들을 현재 열매로 거두고 있다. "내가 너희로 노력하지 아니한 것을 거두러 보내었노니 다른 사람들은 노력하였고 너희는 그들이 노력한 것에 참여하였느니라"(요 4:38). 주님은 들판에 돋아난 보리싹을 보고 앞으로 넉 달을 더 기다려야 한다며 여유만만한 제자들에게 지금 당장 추수하라고 하신다.

나는 책을 저술하는 문서 선교 사역을 30여 년간(1991년 이후 현재까지) 계속하면서 40~50권의 책을 출간했다. 그동안 출판비로 수억이 들어갔지만 회수된 것은 없다. 그러나 과거 선지자들이 말할 수 없는 고난 속에서도 성경을 남겼기에 지금 우리가 그 혜택을 누리는 것처럼, 나도 내 저서들이 지금은 인기가 없어도 50년, 100년 후에 참 가치가 드러날 것을 믿는다.

그것이 "눈물을 흘리며 씨를 뿌리는 자"의 신앙적 삶의 태도다. 아울러 그 같은 씨 뿌리는 자는 앞으로 "넉달이 지나야 추수할 때"(요 4:36)라고 미루는 것이 아니라 이미 "희어져 추수하게 되었도다"(요 4:36)라고 믿고 지금 당장에 씨 뿌리는 사역을 해야 한다.

우리가 진정으로 생명을 구원받은 자라면 내 생명이 점점 자라서 나무가 되어 공중의 새들이 와서 그 가지에 깃들일 수 있어야 한다(마 13:32). 그리고 내가 살아가는 집단을 가루 서 말처럼 전부 부풀게 해야만 한다(마 13:33). 그렇지 않고 한 달란트만 되내놓으면 추악한 종으로 바깥 어두운 데 내쫓김을 당할 수 있다(마 25:30). 당신은 지금까지 몇 사람을 구원시켰는가? 신앙 생활 수십 년을 해오면서 아무 열매가 없다면 그것은 죽은 신앙이 아닐까?

제4부

마태복음

제37장

마태복음의 특징

오늘은 마태복음의 특징을 설명하고자 한다. 먼저 신약성경을 기록한 초대교회의 생성 및 발전 과정과 초대교회 구성원이며 사도였던 마태가 복음서를 기록하게 된 과정을 살펴보자.

간혹 마태복음이 신약성경에서 제일 먼저 나오기에 마태복음이 맨 처음 기록된 것으로 생각하는 경우가 있다. 생각은 자유이지만 성경을 바르게 이해하려면 성서학자들의 보편적 견해를 알아 두는 것이 필요하다.

일단 신약성경 전체를 연대별 순서대로 정리해 보자.

예수님이 탄생하신 때가 BC 4년경이라는 것은 학자들의 보편적인 견해다. 예수님은 이 땅에서 33년을 사시다가 십자가에 달려 죽으시고 부활, 승천하셨다. 사도행전 1장에는 예수님이 부활, 승천하신 후 그 제자들이 예루살렘 마가의 다락방에 모여 10여 일간 열심히 기도하는 내용이 나온다. 그리고 예수님이 승천하시고 10여 일 후인 오순절에 성령 강림의 역사가 일어난다. 이때가 AD 33년경이다. 즉 오순절 사건은 예수님 부활 50일 후의 사건이 된다. 이렇게 오순절 성령 강림이 예루살렘 교회의 기원이 된다.

최초의 사도들은 주로 어디에서 모였을까? 아마 오순절 사건을 목격한 사도들과 군중은 성전 뜰 넓은 공간에서 모였을 것이다. 오순절 성령 강림 이후 생겨난 예루살렘 교회는 예배당도 없고 유급 목사도 없었으며 그저 사도들과 성도들이 모이면 기도하고 흩어지면 전도했다. 이렇게 모여드는 군중을 위한 대표 설교자가 베드로다. 주님은 최초의 예루살렘 교회의 문을 여는 지도자로 베드로를 사용하신다. 그때에 베드로가 한 번 설교했을때 3천 명이 회개했다. 그때 나머지 열한 사도는 그 3천 명에게 침례를 주고 교인이 되도록 했다. AD 35년경 또 큰 사건이 터진다. 베드로가 성전 미문의 앉은뱅이를 '나사렛 예수 그리스도의 이름'으로 일으킨다. 이 소문으로 남자만 5천 명이 회개하지만 제사장들과 사두개인들은 베드로에게 부활 설교를 하지 말라고 명령을 내린다(행 3장).

사도행전 5장에서는 아나니아와 삽비라가 베드로에게 거짓말을 했다가 성령을 속인 죄로 즉사한다. 이제는 사도들 앞에 나아오는 큰 무리가 몇만 명에 이른다(행 5:14). 사도행전 7장에서 열두 사도만으로는 폭증하는 성도들이 감당이 안 되자, 교회는 사도들은 말씀을 전하고 기도하는 일에 전념하게 하고, 구제와 봉사, 섬기는 일을 전담할 일곱 집사를 선택했다. 그런데 집사로 선택받은 스데반이나 빌립 집사도 사도들만큼이나 역사를 이룬다. 그러자 사도행전 8장에서 스데반의 순교와 예루살렘 교회에 대한 대대적인 핍박이 일어난다. 그리고 이어지는 9장에서 사울의 회개 사건이 나온다. 여기까지가 AD

47~48년경에 일어난 일이다.

그런데 왜 지금 마태복음 강해를 하면서 사도행전의 내용을 말하는가? 초대 예루살렘 교회의 주인공은 사도들이 아니다. 사도들이 일하도록 격동시키는 진정한 교회의 주인공은 성령님이시다. 이 사실을 명확하게 가르쳐 주는 것이 사도행전이다.

예루살렘 교회가 안착하여 놀랍게 발전해 오던 중에 로마제국이 유대를 정복해 놓고도 예루살렘 성전과 도시를 완전히 파괴해 버릴 것이라는 루머가 생겨난다. 마치 북한의 김정은이 무인 비행기로 남한 전역을 정찰한 후 대도시와 군사 요지를 폭격할 것이라는 루머가 퍼지는 것과 비슷하다. 이런 상황에서 마태는 AD 58~68년경 자기가 경험한 예수님의 생애와 교훈을 아주 세련되게 구성하여 매우 알찬 복음서를 기록하게 된 것으로 보인다.

마태복음은 마가복음 등 다른 복음서와 다른 특징이 있다. 마태가 자기로서는 최선을 다해 마태복음을 기록했을 텐데 훗날 다른 복음서와 비교해 보니 마태복음만의 특징이 발견된 것이다.

오랜 기간 사복음서를 연구한 학자들에 따르면, 마태복음은 유대인을 위한 복음서이다. 마가복음은 로마인, 누가복음은 헬라인을 위한 복음서이고, 요한복음은 전 세계 모든 이를 위한 복음서다. 특히 마태가 유대인을 위해 복음서를 썼다는 학자들의 주장 내용을 간추려 소개하면 다음과 같다.

첫째, 마태는 유대인들이 좋아하는 내용을 도입한다

1) 유대인들이 좋아하는 족보를 도입한다

마태복음 1장 1절에서 16절까지 기록된 예수 그리스도의 계보는 아브라함부터 예수까지다. 반면 누가복음 3장 23절에서 38절까지 기록된 예수님의 족보는 거꾸로 예수의 바로 위 조상부터 올라가 하나님까지다.

유대인들은 계보를 좋아한다. 성경에서 그 사례를 살펴보면, 창세기 5장의 아담과 그의 후손 10대 노아까지의 이야기, 창세기 10장의 야벳과 함의 후손, 창세기 11장의 셈의 후손, 역대상 1장에서 10장까지의 긴 족보 등이 있다. 이처럼 마태와 누가는 유대인들이 좋아하는 족보를 자신의 복음서에 그대로 반영한다.

2) 유대인들이 잘 아는 구약성경을 인용한다

마태복음에 구약성경이 130회 인용되었다. 아울러 마태복음과 누가복음에는 있는데 마가복음에는 없는 내용이 250절이나 있으므로, 공관복음서 중 최초의 복음서는 마가복음이고 그 후에 마태와 누가가 마가복음을 참고했을 것으로 추정한다. 공관복음서에는 예수님이 예루살렘 성전에 가신 내용이 단 한 번 기록되었고, 요한복음에는 세 번 기록되었기에 공생애를 3년으로 본다.

둘째, 마태는 유대인이 싫어하는 것은 절제했다

신약성경 전체, 곧 사복음서를 비롯해 요한계시록까지 '하나님의 나라'(Kingdom of God)란 용어가 총 66회 사용된다. 그런데 마태는 이 용어를 사용하지 않고 마태 특유의 '천국'(Kingdom of Heaven)이란 용어를 32회 사용한다. 그러나 '하나님 나라'와 '천국'은 다 같은 뜻이다. 이에 대한 자세한 내용은 뒷부분에서 다룰 것이다.

그런데 왜 마태는 굳이 '하나님 나라'라는 말을 피하고 '천국'이라는 용어를 사용했는가? 이는 유대인들이 '하나님'이라는 호칭 사용을 금기시했기 때문이다. 유대인들이 왜 '하나님' 호칭 사용을 꺼렸는가? 십계명 중 제3계명인 "너는 네 하나님 여호와의 이름을 망령되게 부르지 말라"에서 '망령'이라는 말은 히브리말로 '세하트'(שהת)다. 헬라어로는 '베베로스'(βεβηλος), 영어로는 '프로페인'(profane)이다. 이 단어는 '모독하다', '더럽히다', '불경스럽다', '세속적이다'라는 뜻이다. 그런데 이 '망령되게 부르지 말라'는 계명은 자칫 잘못하면 저촉되기가 쉬웠다. 큰 소리로 부르거나 횡설수설하며 부르는 것도 여기에 포함될 수 있었다. 이러한 제약으로 인해 유대인들은 하나님의 이름을 직접적으로 부르지 않는 관습이 정착되었다. 대신 맛소라 학파를 따라 'Y.H.W.H'라고 써 놓고 '여호와'로 부르는 것이 통용되다가 1947년 사해사본의 발굴 후에 '야훼'로 개칭되었다. 그래서 1947년 이후 '여호와'는 '야훼'로 통칭되고 있다(공동번역은 '야훼', 표준새번역은 '주'라고 표현했으나 개역개정의 우리말 성경들은 1947년 이전의 것을 계승하고 있다).

이처럼 유대인들은 하나님의 호칭을 직접적으로 부르는 것을 싫어한다. 그 내용을 잘 알고 있던 마태는 '하나님 나라' 대신 똑같은 뜻의 '천국'이라는 용어를 사용함으로 매우 지혜롭게 처신한다.

셋째, 마태는 예수님을 유대인의 왕으로 설명한다

마태복음의 내용 전체 구성이 그렇다. 즉 1장부터 4장까지는 왕의 출현을 설명하면서 그리스도의 족보와 타 복음서에 없는 동방박사 방문 내용을 기록하고, 5장부터 7장까지는 왕의 진리 선포인 산상수훈, 8장에서 11장까지는 왕의 권능을 소개하는 이적 기사들을 기록하고 있다.

특히 사복음서에 기록된 이적 기사의 횟수를 살펴보면 마태복음 21회, 마가복음 19회, 누가복음 22회, 요한복음 8회다. 이처럼 이적 기사는 마태와 누가가 가장 많이 설명하고 있다. 이것은 예수님이 보통 선지자 정도가 아닌 메시아 왕이심을 강조한 것이다. 그리고 마태는 예수님의 십자가 죄패의 죄명이 '유대인의 왕 예수'(마 27:37)임을 밝힌다.

넷째, 마태는 가장 정교한 산상수훈을 기록했다(마 5-7장)

다른 복음서에서는 예수님의 교훈이 산발적으로 기록되어 있고 내용도 중복된다. 그런데 마태복음 5-7장의 산상수훈은 조직적, 논리적으로 기록되어 있고, 내용적으로도 풍부한 진리를 보여 줌으로써 타 복음서와는 비교도 안 되는 월등함을 드러내고 있다. 마태는 어떻게 이같이 조직적인 내용을 기록할 수 있었는가?

그는 과거 유대인들이 경멸하는 매국노 세리였다. 당시 유대인 사회에서 세리는 사람 취급도 못 받아 법정 증인으로 채택되는 것도 금지되었다. 마태가 생활의 안정을 위해 택한 직업은 동족들에는 혐오의 대상이었다. 그러나 세리 마태는 동족들에게 혐오의 대상인 자신을 사도로 불러 주신 주님을 만났고, 모든 정성을 기울여 열심히 주님의 교훈을 세리 직업 때의 습관대로 철저하게 메모하고 요약했다. 그래서 마태만의 논리 정연한 산상수훈이 기록되었다.

예수님은 최고급 향유를 가져와 자신에게 부은 마리아를 칭찬하시며 높여 주셨다. 바울 사도는 자신의 죄를 깨닫고 겸비하여 낮아지는 자가 더 큰 은혜를 받는다고 고백했고, 잠언 기자는 교만은 패망의 선봉이라고 했다. 마태는 자기를 제자로 부르시고 써 주신 주님의 은혜에 감격해 최선을 다해 마태복음을 기록했다.

다섯째, 마태는 주님의 최후 명령을 기록했다

마태복음 28장의 지상 명령의 핵심은 세 가지다.

① Therefore go: 그러므로 너희는 전도하러, 선교하러 가라.

② and make disciples of all nations: 모든 민족을 제자로 삼으라.

③ baptizing them in the name of father and of the Son of the Holy Spirit: 아버지와 아들과 성령의 이름으로 침례를 주라.

예수님의 지상 명령은 '가라', '제자 삼으라', '성삼위의 이름으로 침례를 주라' 이 세 가지다. 이 세 가지 중 가장 중요한 것이 무엇인가? 아무리 전도해도 안 믿을 자는 안 믿는다. 침례, 세례, 영세를 줬다고 사람이 갑자기 달라지지 않는다. 여기서 핵심은 제자를 삼는 것이다.

나는 목회 50년 동안 수백 명에게 세례와 침례를 베풀었다. 전도도 많이 해 봤다. 그리고 신학교에서 30년 동안 가르쳤고 제자들만 수천 명이 나를 거쳐 갔다. 그러나 진정한 내 제자는 두세 명에 불과하다. 예수님은 최후의 명령으로 목사, 장로, 집사들에게 제자를 삼으라고 명령하셨다. 목사가 자기 사역을 계승할 제자가 없으면 그 사역은 실패한 것이고, 교수가 자기 학문을 계승해 줄 제자가 없으면 그 가르침은 실패한 것이다. 구원받은 자가 자기만 구원받고 달리 더 구원한 생명이 없다면 그는 주인에게 받은 한 달란트를 그대로 내놓는 악한 자이다.

그렇다면 왜 많은 사람이 제자 삼는 일에 실패하는가? 핵심은 간단하다. 자신이 먼저 예수님의 제자가 되어야 또 다른 이를 제자 삼을 수 있기 때문이다. 자신이 먼저 예수님의 제자가 되지 않은 자는 결코 다른 이를 제자 삼을 수 없다. 그래서 나는 '제자가 되어 제자 삼자'는 구호를 가장 좋아한다.

제38장

예수님의 족보에 담긴 진리[48]

마태복음은 족보로 시작한다. 전 세계적으로 역사가 오래된 나라일수록 족보를 중요시한다. 중국 5천 년 역사는 각 부족 간의 투쟁과 정복의 역사적 족보를 중요하게 여긴다. 인도의 4,500년 역사 역시 구성원들의 계급으로 형성되었다[① 브라만(성직자), ② 크샤트리아, ③ 바이샤, ④ 수드라, ⑤ 불가촉천민]. 한국도 고려 중엽 이후 족보가 생겨났다. 영국도 상류층 귀족들과 중·상인, 천민이 있다. 반면 미국은 다민족국가라 돈이 최고인 자본주의 국가다. 소련도 슬라브족, 알틱인, 발틱인, 이란인, 아르메니아인으로 구성된 혼합국가다.

예수님이 태어나신 이스라엘은 BC 2000년경의 아브라함으로부터 시작해 AD 2000년까지 약 4,000년의 역사를 가진 나라다. 이스라엘의 족보는 12지파로 되어 있으며, 성(姓)이 없고 이름만 있다. 그래서

---

48) 정수영, 마태복음서 강해 Ⅰ, 쿰란출판사, 2015, pp.22~38.

똑같은 이름을 구별하기 위해 '알패오의 아들 야고보', '세베대의 아들 야고보', '요한의 형제 야고보' 등으로 사용했다.

마태는 예수님을 소개하는 첫 부분에서 예수님의 족보를 소개하는데 이것은 유대인을 의식한 배려다. 우리는 마태복음 족보가 '낳고'를 반복하므로 쉽게 싫증을 느낀다. 그러나 이 족보의 내용을 보면 매우 독특한 사상이 담겨 있다. 그 사상 다섯 가지는 다음과 같다.

첫째, 족보는 모든 세대가 만날 수 있는 소통의 매개체임이 드러난다

나는 80대 노인이 되면서 아들, 손자들과의 소통이 단절되었다. 과거의 경험을 근거로 세상을 이해하고, 또 관심 사항이 다르므로 세대가 다른 사람들과는 서로 대화나 소통이 어렵게 되었다.

요즘 386세대, MZ세대, Z세대 등 별의별 용어가 난무한다. 세상에서는 자기 세대를 특성화해서 독립하려는 본능이 작용한다. 그럼에도 한 가족이 함께 만나게 되는 공동의 광장이 있다. 그것은 곧 동성동본의 항렬이다. 내 고조부는 '동방 인(寅)' 자 돌림이고, 증조부는 '법 모(模)' 자, 할아버지는 '진정할 진(鎭)' 자, 아버지는 '헤엄칠 영(泳)' 자 돌림이다. 이러한 항렬이 한 씨족임을 증명한다.

마태복음의 족보에는 모든 남자가 아브라함의 후손이고, 야곱의 후손 중 넷째 아들 유다의 후손이며, 유다의 후손 중 다윗 왕, 솔로몬 왕의 후손이다. 결국 예수님의 육신의 아버지인 요셉도 왕손이다. 그러므로 예수님은 다윗 왕가의 왕손이고, 거슬러 올라가면 아브라함의 후손이다. 아브라함 후손이라면 다 통하는 한 후손이다. 이렇게 소통의 근거로 족보를 설명한다.

둘째, 이 족보에서 언약의 성취자는 예수 그리스도시다

성경에는 하나님께서 말씀하신 수많은 언약이 있다. 창세기 3장에서는 여자의 후손 중에 사탄의 상징인 뱀의 머리를 상하게 할 것이라는 메시아 예언이 주어졌다. 창세기 12장에서는 아브라함의 후손이 큰 신앙의 민족을 이루고 그 후손인 예수의 이름으로 기도하면 만가지 복을 받을 것이라는 복의 근원이 되는 예언이 주어졌다. 창세기 49장에서는 야곱이 열두 아들에게 축복하는 중에 넷째 아들 유다의 후손에게서 홀과 규가 떠나지 않을 것이 예언되었다. 이사야 7장에서는 처녀가 잉태하여 낳은 아들이 임마누엘이 될 것을 예언했고, 이사야 11장에서는 이새의 줄기에서 한 싹이 나서 결실할 것을 예언했다.

마태는 예수님이 어느 날 갑자기 하늘에서 뚝 떨어진 분이 아니라, 창세기에서부터 이사야까지 수많은 선지자가 예언한 언약의 성취자이심을 선포한다. 마태복음의 족보의 내용은 이 같은 암시적 교훈을 천명하고 있다.

아브라함의 언약은 창세기 12장 1-3절에 기록되어 있고, 다윗의 언약은 사무엘하 7장 8-17절에 명확하게 기록되어 있다. 그런데 유대인들은 이 아브라함의 언약과 다윗의 언약이 아직 성취되지 않고 미래에 성취될 것으로 남아 있다고 믿고 있다. 이에 대해 마태는 아브라함의 언약, 다윗의 언약이 예수 그리스도에게서 성취되었음을 유대인들이 잘 아는 족보를 통해 설명한다. 마태의 이와 같은 치밀한 족보 구성에 대부분의 사람은 이 사실을 수긍한다. 그런데 유대교는 이사야서에 예언된 고난받는 종이 메시아라는 기독교의 이해를 거부한다. 유대교는 아브라함의 언약과 다윗의 언약을 이스라엘 민족 전체가 전 세계 인류로부터 존중받는 것으로 이해한다.

마태는 자신의 복음서에서 아직도 유대인들이 예수 그리스도를 메시아로 인정하지 않는 근거로 삼는 성경 구절들을 설명했다. 곧 이사야 42장 1-4절, 49장 1-7절, 52장 13절-53장 12절의 내용이다.

지금도 유대교와 기독교는 성경의 이사야서를 놓고 메시아가 개인이냐, 민족이냐에 대한 의견 차이로 갈라져 있다. 이 유대교가 장차 교회 시대가 끝나고 성도들이 휴거되는 미래의 대환난 때 회개하고 돌아온다. 이에 대해 바울 사도는 로마서 11장 25-26절에서 이방인의 충만한 수가 채워진 후에 이스라엘이 구원받을 것이라고 예언했다. 또 요한계시록 7, 14장의 14만 4천의 숫자는 미래의 대환난 시대에 구원받게 될 이스라엘 민족의 상징이다.

셋째, 마태의 족보에는 죄인이 변화되는 내용이 담겨 있다

우리가 알고 있는 대로 유대인의 족보는 모조리 남성 중심의 족보다. 창세기 5장 전체는 아담의 후손 10대의 족보인데, 이 중에 여자는 아무도 소개되지 않는다. 창세기 10장은 노아의 두 아들 야벳과 함의 자손들을 소개하고, 창세기 11장의 셈의 후손 중에도 남자만 있고 여자는 없다. 창세기 11장 27절 이후 데라의 후손 중에 비로소 아브람의 아내 사래와 나홀의 아내 밀가의 이름이 나온다. 역대상 1-2장의 족보에도 남자만 기록되어 있다. 역대상 3장에는 다윗 왕의 아내들과 자손들이 나온다. 이처럼 유대인의 족보에는 왕의 아내 격인 아브라함의 아내와 다윗의 아내 이름만 등장한다.

그런데 마태복음 1장의 예수님의 족보에는 다음과 같이 무려 네 명의 여자가 소개된다.

(1) 다말

창세기 38장에 나오는 유다의 며느리 다말이 소개된다. 다말은 유다의 첫째 아들 엘의 아내이다. 그런데 엘이 여호와 보시기에 악하여 죽게 되자 둘째 오난으로 하여금 형수를 통해 아들을 낳게 했는데 오난이 땅에 설정하여 임신을 불가능하게 했다. 남녀 둘만이 아는 이 은밀한 비밀을 하나님이 악하게 보시고 오난도 죽이신다. 한꺼번에 두 남자를 잃은 다말에게 유다가 아들 셀라가 장성하면 주겠다고 했지만 약속을 지키지 않자, 다말은 늙은 시아버지 앞에 창녀인 체하고 나타나 그를 통하여 아들을 낳는다. 그때 낳은 쌍둥이가 베레스와 세라다(마 1:3). 이렇게 부도덕하고 음란한 여인 다말이 예수님의 조모가 된다.

(2) 라합과 룻, 밧세바

마태복음 1장 5절에는 라합과 룻이 나온다. 라합은 당시 여리고성 입구에서 일종의 주막집을 운영하던 기생과 같은 부도덕한 여자다. 룻은 여호와의 총회에 참석할 수 없는 이방의 모압 여인이다. 계속해서 1장 6절의 밧세바는 다윗의 부하 우리아의 아내였다. 다윗은 이미 10여 명의 아내가 있었지만 자기 부하 우리아의 아내를 차지하기 위하여 우리아를 죽게 했다.

이렇게 예수님의 족보에 나오는 여인들이 그리 훌륭한 사람들이라고 할 수만은 없다. 오히려 세상의 윤리나 도덕으로 봐도 죄인에 가깝다. 그렇지만 "나는 의인을 부르러 온 것이 아니라 죄인을 부르러 왔노라"라고 하신 예수님 안에서는 이러한 여인들도 의인이 될 수 있음을 마태는 이 족보를 통해 말하고 있다.

넷째, 상승과 하강이 반복되는 역사

마태복음과 누가복음의 족보를 비교해 보면 마태복음의 내용이 더 부실하다. 그런데 마태는 특별히 17절에서 예수님의 족보를 14대씩 총 3기로 구분한다. 이것은 어떤 깊은 뜻을 설명하기 위해 의도한 것이다.

제1기는 아브라함에서 다윗 왕 때까지 14대다. 이 기간은 갈대아 우르의 한 시골 사람의 후손에서 최고의 영광인 다윗 왕 때까지의 점진적 상승의 역사다. 제2기는 다윗부터 바벨론 포로 때까지의 14대다. 이 기간은 최고 정점에서 최저 밑바닥까지 내려가는 하강기다. 제3기는 바벨론 포로 후부터 예수 그리스도의 탄생까지 14대다. 이 기간은 남왕국 유다가 바벨론에 망한 후부터 예수님이 다시 탄생할 때까지 14대가 걸렸음을 의미한다. 이는 유대 나라가 망해 백성들이 포로로 잡혀가고 다시 고국으로 귀환한 후 예수님 탄생 때까지 14대가 점점 상승을 거듭해 최고의 전성기에 메시아 탄생이 있음을 말하고 있다.

사실 이 기간들이 정확하게 14대씩 구분되는 것은 아니다. 마태는 아브라함 때부터 다윗 왕 때까지가 실제로는 14대가 아니지만 완전수 7의 2배인 14대 동안 계속 상승기류를 탔다가, 다윗 왕 이후 다시 7의 2배인 14대 동안 계속 하강 기류를 타 결국 바벨론 포로라는 최대의 수욕을 겪었음을 말한다. 그러나 메시아는 그 같은 기류에 좌우되는 분이 아니다. 아무리 이스라엘이 신정 국가로 하나님이 통치한다 해도 세상의 나라는 망할 수 있다. 그러나 메시아가 통치하는 하나님 나라는 세월이 흐를수록 상승만 있다. 마태는 이것을 우리에게 깨우쳐 준다.

다섯째, '죽고'와 '낳고'가 대조되는 족보

창세기 5장에는 아담의 10대 계보가 기록되어 있다. 그런데 아직 메시아가 오지 않은 구약의 이 암흑시대의 계보는 사람들이 계속해서 죽기만 하는 내용으로 되어 있다. 즉 아담은 930세를 살고 죽었고(4-5절), 셋은 912세를 살고 죽었고(6-8절), 에노스는 905세를 살고 죽었고(9-11절), 게난은 910세를 살고 죽었고(12-14절), 마할랄렐은 895세를 살고 죽었고(15-17절), 야렛은 962세를 살고 죽었다(18-20절). 에녹은 300년을 하나님과 동행했고 하나님이 그를 데려가셔서 세상에 있지 않았다(21-24절). 므두셀라는 969세를 살고 죽었고(25-27절), 라멕은 777세를 살고 죽었다(28-31절). 이처럼 아담의 후손 10명 중 에녹 하나만 죽음을 보지 않고 하나님께로 갔고, 나머지 9명은 900세 이상 장수했으나 결국 다 죽고 멸망했다.

그런데 마태복음 1장의 예수님의 족보를 보라. 계속 낳는다는 내용으로 되어 있다. 더구나 아브라함, 다윗, 솔로몬 등과 같은 인물뿐 아니라 음부 다말, 기생 라합, 이방 여인 룻, 우리아의 아내 밧세바 같은 부도덕한 여자라도 메시아를 만나면 모두 존중받는 신앙의 조상이 됨을 보여 준다. 마태복음의 족보는 이러한 엄청난 진리를 선포하고 있다.

요약하면, 마태의 족보는 ① 소통의 매개체, ② 언약의 성취자이신 예수 그리스도, ③ 죄인이 의인 되는 변화, ④ 상승과 하강이 반복되는 역사, ⑤ '죽고'와 '낳고'가 대조되는 족보에 관한 교훈을 준다.

제39장

첫 성탄에 참예한 자들

과거에는 성탄절이 되면 전 세계가 들뜨고 축제 분위기가 되었다. 그런데 오늘날에는 너무나 조용하며 덩달아 그 의미마저 무척 희석되어 가고 있다.

2천 년 전 성탄절은 어떠했을까? 성경을 보면 그때도 지금처럼 조용하기만 했다. 또 당시 성탄의 소식을 알게 된 부류는 지극히 일부였다. 첫 성탄절에 세상 정치계는 이 사실을 강력하게 거부한 반면, 세상은 잠잠했다. 그중에서 동방박사와 베들레헴 목자들, 예수님의 육신의 부모인 요셉과 마리아, 예루살렘의 시므온, 안나 등 다섯 부류만 첫 성탄을 맞이했다. 오늘날 성탄을 맞을 수 있는 사람도 이 다섯 부류와 같은 이들일 것이다.

2천 년 전 그때는 첫 성탄을 알고 맞이한 몇 부류의 사람들과 왕의 탄생을 알고 왕을 죽이려 한 사탄, 그리고 그 소식을 알고도 무관심하던 종교계가 있었다. 오늘날도 해마다 성탄절이 찾아온다. 그런데 나는 이들 중 어디에 속하는가? 주님을 맞이하는 부류에 속하는가, 아니면 대적하는 부류에 속하는가? 과거의 이야기를 통해 오늘날 우리의 모습을 확인해 보자.

첫째, 예수님을 배척한 세력들

당시 예수님을 배척한 세력들이 있었다. 그들은 정치계와 종교계 두 부류였다.

(1) 정치계의 배척(마 2:1-18)

당시 정치계의 대표인 대헤롯이 메시아의 탄생을 배척한다. 헤롯 가문은 대를 이어 예수님과 제자들, 그리고 기독교 세력들을 집요하게 반대하기를 거의 100여 년 가깝게 계속 이어 간다. 대헤롯의 조상은 에서의 후손인 에돔인이다. 그의 조상 중 하나가 중간기 하스몬 왕조 때 이두매 지역의 사령관이었다. 대헤롯은 하스몬 왕조를 장악하고 있는 세력이 로마제국임을 깨닫고 그 조상의 이름으로 로마 원로원 정치가들과 교류한다. 그리고 막대한 돈으로 로마 집정관 카이사르와 관계를 맺고 유대 나라의 이두매 지역 사령관으로 등장한다. 그다음 로마제국의 신뢰를 얻어 BC 37년에 로마제국이 허용하는 유대 나라의 왕이 된다.

대헤롯은 유대 왕으로 BC 37년부터 4년까지 유대 나라를 통치한다. 그토록 갈망하던 유대 왕이 되자 대헤롯은 우선 두 곳에서 야심차게 건축을 시작한다.

그중 하나가 로마제국 황제들에 대한 충성의 표시로 세운 지중해 연안 '가이사랴'라는 신흥 도시다. 여기에 로마 총독들의 관저를 지어 놓고 로마제국 관료들이 자유롭게 활동하게 하고, 예루살렘에는 천부장을 파견해 수도를 지키게 한다. 이곳 가이사랴에는 벤허 유다와 친구 메살라가 마차 경주로 승리했던 공설 운동장터가 지금도 남아 있다.

또 한 곳으로 헤롯 성전을 증축해 줌으로 유대인들의 불만을 잠재운다. 예수님이 요한복음 2장에서 유대인들에게 성전을 헐라고 말씀하셨을 때는 이미 46년째 증축 공사가 진행되고 있었다(요 2:20). 바로 이 대헤롯이 죽던 해에 예수님이 베들레헴에서 탄생하신다.

대헤롯은 동방박사들을 통해 자기가 유대의 왕인데 자기 아닌 또 다른 왕이 태어났다는 소식을 듣고 크게 놀란다. 동방박사들로부터 아기의 탄생지를 알아내려 했으나 이들에게 속자 베들레헴의 두 살 아래의 모든 유아를 다 죽이는 만행을 저지른다. 이 내용이 마태복음 2장에 기록되어 있다.

대헤롯은 자기 정권의 안정을 위해 권력자들의 딸과 정략 결혼을 한다. 그래서 10명의 부인을 두고 그중 다섯 여자에게서 15명의 자녀를 낳는다. 로마 정부는 이 자녀들에게 유대 나라를 네 조각으로 나누어 분봉왕으로서 왕위를 계승케 한다. 그들이 마태복음과 사도행전에 이어져 등장하는 헤롯의 아들, 손자, 증손자까지의 헤롯 가문의 후손이다.

(2) 모든 대제사장과 백성의 서기관들인 종교계의 무관심

마태복음 2장 4-6절을 보면 먼 타국 땅에서 별을 보고 왕이 태어난 것을 알게 된 동방박사들이 대헤롯을 찾아온다. 동방박사들은 유대 왕인 대헤롯에게 자기들이 별을 보고 유대인의 왕이 태어났음을 알고 여기까지 찾아왔다고 말한다. 그러면서 “유대인의 왕으로 나신 이가 어디 계시냐?" 하고 묻는다. 대헤롯은 자기가 로마 정부로부터 인정받은 왕인데 동방박사들이 자기가 모르는 왕의 출생을 알고 자신을 찾아왔다는 말에 대경실색해서 모든 대제사장과 서기관을 소집한다.

당시 대제사장은 대헤롯의 장인으로 세 번째 아내의 아버지였다. 서기관은 구약성경에 정통한 율법학자로 '율법사'라고도 불렀다. 이들은 사두개인이나 바리새인보다 훨씬 더 성경을 전문적으로 아는 성경 전문가이자 신학 전문가였다. 대헤롯은 이 서기관들에게 유대인의 왕이 어디서 나겠느냐고 물었고, 그들은 즉각적으로 구약성경 미가서 5장 2절을 근거로 유대 땅 베들레헴이라고 대답한다. 여기서 서기관 또는 율법사는 오늘날의 신학 교수나 목사에 해당한다. 그들은 유대인의 왕인 메시아가 베들레헴에서 탄생한다고 알려 준다. 그들이 메시아가 베들레헴에서 탄생할 것을 알았다면 대헤롯에게 잘 설명하고 설득했어야 했는데 오히려 그들은 큰 비밀을 알려 줌으로 그에게 협조한다.

사실 이것은 먼 과거의 이야기만이 아니다. 오늘날도 신학 교수나 목사들이 성경을 많이 알고 또 가르친다. 그런데 정작 실천은 하지 않는다. 교인들에게는 형제를 사랑하라고 가르치면서 정작 자신은 자기와 생각이 다른 이를 증오하고 그런 이들과 투쟁한다. 교인들에게는 충성하라 전도하라고 외치면서 정작 자신은 불충하고 전도하지 않는다. 여기 본문의 내용은 옛날 예수님 출생 당시의 이야기만이 아니다. 오늘날 우리가 직접 체험하는 지금 우리의 이야기다.

둘째, 예수가 왕이심을 알았던 사람들[49)]

아기 예수가 왕으로 탄생했음을 알았던 부류들이 있었다. 예수님이 왕으로 탄생했음을 알았던 이들은 다음의 다섯 부류다 ① 동방박사 세 사람, ② 베들레헴 목자들, ③ 아기 예수의 육신의 부모인 요셉과 마리아, ④ 시므온(그리스도를 보기 전에는 죽지 않을 것이라는 성령의 지시를 받음), ⑤ 84세 된 과부 안나(성전을 떠나지 않고 주야로 기도함).

(1) 동방박사 세 사람(마 2:1-12)

이스라엘 나라는 동쪽으로 아라비아, 북동쪽으로 바벨론과 페르시아가 있다. 이들 나라의 '박사'라는 말은 '마고스'(μάγος)로 점성가, 해몽가, 마술사, 현자들을 의미한다. 동방박사들은 아마도 바벨론이나 페르시아의 점성가일 것이며, 이들이 별을 전문적으로 연구하던 중에 전혀 의외의 별을 발견했다.

그런데 이 점성가들은 그 별이 유대인의 왕 메시아의 탄생을 의미함을 어떻게 알게 되었을까? 구약성경을 보면 BC 605~535년에 유대인들이 바벨론 포로가 되어 70년 동안 바벨론에서 노예 생활을 하다가 귀국한다. 그 70년 동안 유대 남자들이 현지 바벨론이나 페르시아 여자들과 국제결혼을 하고 아들딸을 낳는다. 이들 중 일부는 해방 후 고국으로 못 돌아오고 현지에서 살아가는 '디아스포라'(διασπορά, 흩어진 사람들)가 된다. 이 귀화한 유대인 후손들이 유대교의 메시아 사상을 계승했으므로 동방박사들은 그들을 통해 메시아 탄생에 대한 지식을 갖게 된 후 별을 연구하며 메시아를 기대하였을 것이다. 즉 동방박사들은 밤낮없이 진리만을 탐구하는 진리의 탐구자들이었다.

49) 정수영, 앞의 책, pp.72~84.

첫 성탄 때 동방박사들이 먼저 예수님의 탄생을 알고 바벨론 또는 페르시아에서 1,500km의 장거리를 걸어서 예수님을 찾아왔다(참고로 서울에서 부산까지가 400km다). 이 사실은 오늘 우리에게 교훈하는 바가 있다. 오늘날 주님을 만날 수 있는 사람이 누구겠는가? 동방박사들처럼 어떤 상황에서도 흔들림 없이 참된 진리를 탐구하는 자들이 아니겠는가?

(2) 베들레헴 목자들(눅 2:6-20)

마태복음에서는 아기 예수 탄생 때 동방박사들이 베들레헴 집에 들어가 아기 예수께 황금, 유향, 몰약을 예물로 드렸다. 누가복음에서는 베들레헴 지역의 목자들이 천사들로부터 구주가 나셨다는 소식을 듣고 베들레헴 말 구유의 아기 예수를 찾아가 확인하고 사람들에게 아기 예수 탄생의 소식을 전한다.

이처럼 두 복음서의 예수 탄생에 관한 내용이 서로 다르다. 누가복음이 전해 주는 탄생 기사가 오늘날 전 세계 성탄절 행사의 주된 내용이다(눅 2장). 누가복음에 의하면 아기 예수의 탄생을 알게 된 사람들은 베들레헴 지역의 들판에 있던 목자들이었다. 이 베들레헴 목자들은 어떤 사람들인가? 베들레헴은 예루살렘에서 약 4~5km 정도 떨어진 도시 외곽이다. 이곳 베들레헴은 넓은 초원이 있어 다윗의 소년 시절 때부터 목장이 있는 곳이다. 또 이곳은 베들레헴에서 가까운 예루살렘 성전에 매주 안식일 정기적으로 제사 제물인 양을 공급해 주고, 수시로 각종 제사에 필요한 제물을 공급해 주던 제물 공급처였다.

이렇게 거룩한 제물을 공급해 주는 일을 하던 베들레헴 목자들은 어떻게 살아갔을까? 목자들은 낮에는 양을 푸른 초장과 물가로 인도해 주고, 밤에는 양들의 틈바구니에서 양들과 함께 자면서 맹수들의 공격을 막아 주었다. 그래서 목자들의 몸에는 짐승의 배설물 냄새가 배어 있었고, 이로 인해 예루살렘 성전 예배 참석도 금지당했다.

그런데 천사는 왜 하필 이런 목자들에게 아기 예수 탄생의 가장 기쁜 소식을 알려 주었을까? 여기서 우리가 깨달아야 할 진리가 있다. 앞서 살펴본 동방박사들은 진리를 열심히 탐구하느라 세상 돌아가는 것을 모르는 사람들이었다. 또 여기 베들레헴 목자들은 비록 자신들의 천한 직업으로 인해 사람들에게 인정받지 못하고 무시를 당했지만, 자기들이 기른 양이 성전에서 제물로 사용됨으로 거룩한 일을 돕는 자라는 천직 의식(天職意識)을 가진 자들이었다. 바로 이렇게 자기가 하는 일을 이 세상 사람들은 몰라봐도 하나님은 아신다는 천직 의식을 가진 자에게 첫 성탄 참예의 영광이 주어졌다. 오늘날의 성탄절도 마찬가지다. 진정으로 성탄의 주님을 맞이할 수 있는 자는 베들레헴 목자들처럼 자기가 맡은 일에 최선을 다하는 사람이다.

(3) 예수님의 육신의 부모 요셉과 마리아(마 1:18-25)

요셉과 마리아도 첫 성탄에 참예했다. 요셉은 자기와 정혼한 여자가 성령으로 잉태했다는 천사의 고지를 듣고도 사람들에게 받을 비난을 전혀 생각하지 않았다. 마리아 역시 정혼한 남자가 아닌 성령으로 잉태했다고 하면 성령의 능력을 모르는 세상 사람들은 음란한 여자라고 비난할 것을 충분히 알고 있었다. 그러나 그들은 그 같은 세상의 여론쯤은 전혀 개의치 않고 성령께 충성함으로 첫 성탄에 참예하는 자들이 되었다.

(4) 시므온

시므온은 그리스도를 보기 전에는 죽지 않을 것이라는 성령의 지시를 받았고(눅 2:26), 실제로 예수님을 보았다.

(5) 안나

젊어서 과부가 되어 84세까지 성전을 떠나지 않고 성전에서 살아간 안나도 아기 예수님을 보았다(눅 2:36-39).

이 다섯 부류의 사람들만 첫 성탄에 참예했다.

우리는 해마다 성탄절 절기를 맞는다. 이 성탄절 절기 때 성탄의 예수를 만날 수 있는 방법은 무엇일까? 동방박사들처럼 세상 흐름을 따르지 않고 오로지 진리 탐구에만 전념하는 이들이 지금도 주님을 만나는 영광을 누릴 수 있다. 베들레헴 목자들처럼 자기 직업이 세상의 인정을 받지 못하더라도 나로 인해 하나님의 거룩한 제사가 이뤄진다는 투철한 소명의식을 갖고 살아가는 신실한 사람이 주님을 만난다. 요셉과 마리아처럼 세상 여론을 의식하지 않고 오직 성령께만 순종하는 순수한 신앙을 가진 자가 주님을 만날 수 있다. 또 시므온처럼 성령의 지시를 받은 사람이나 평생을 성전에서 살아간 안나 같은 사람이 주님을 만날 수 있다.

제40장

침례의 역사와 의미[50]

나의 증조부는 예수를 믿고 고향 금산에 기독 청년회를 설립해서 전도를 하시다 40대 후반에 돌아가셨다. 그다음 나의 조부는 증조부 신앙을 계승해 예배당을 건축하고 장로가 되어 고향 금산에 교회를 개척하시고 인도하시다 돌아가셨다. 그 뒤를 이어 아버지께서 수십 년간 그 교회를 인도하셨고, 후에 전도사와 목사를 초빙해 세우고 자신은 장로로서 교회를 돌보시다 돌아가셨다. 이렇게 4대째 이어져 온 신앙 가문으로 동네에서는 '예수집'이라는 이름으로 불렸다. 나는 이러한 전통적인 장로교 가문에서 유아세례, 학습 문답, 성인 세례를 다 받았고, 초년 목사 때는 유아세례를 베풀었고 군목으로 군대에서 수백 명에게 합동 세례도 주었다. 그 후 40대에 침례교로 교단을 옮긴 후 수많은 교인에게 강 또는 침례탕에서 침례도 베풀었다.

그런데 내가 경험한 바로는 세례와 침례가 형식만 다를 뿐 효과에

50) 정수영, 앞의 책, pp.108~115.

서는 별 차이가 없었다. 물론 세례보다 침례가 더 성경적 형식인 것은 확실하다. 그런데 세례가 아닌 침례를 줬다고 해서 더 달라지지도 않았다. 그렇다면 복잡한 침례보다 간편한 세례를 줄 것인가? 그렇지 않다. 마태복음 3장을 보면 예수님이 분명 침례를 받으셨고, 마태복음 28장 19절의 지상 명령도 가서 제자 삼은 이들에게 침례를 주라고 말씀한다. 또 바울 사도는 로마서 6장에서 침례를 설명하면서 물에 잠기는 것은 그리스도와 함께 죽는 것을 상징하고, 물에서 올라오는 것은 그리스도와 함께 연합되는 것을 상징한다고 말한다.

내 경험에 의하면 세례는 인간이 만든 인간의 제도이고, 침례가 성경적 근거에 의한 정확한 성경적 의식임이 확실하다. 그런데 왜 많은 교회가 성경적 근거가 없는 인간이 만든 세례를 행하고 있는가? 이는 매우 예민한 문제로 성경과 교회사를 통해 살펴봐야 한다.

여기서 다룰 내용은 다음과 같다 ① 침례의 구약적 배경, ② 침례를 직접 실시한 신약성경의 배경, ③ 침례가 세례로 바뀌게 되는 교부시대의 거짓 위장 문서인 '디다케', 곧 12사도 교훈집, ④ 신약성경을 따르지 않고 교부들의 거짓 위장 문서를 따르는 가톨릭의 영세, 성공회의 살수, 개신교들의 세례.

첫째, 구약적 배경

구약 시대에는 율법으로 정해진 정결법(Purification)이 있었다. 레위기에 따르면 정결법은 네 종류가 있다.

① 여인들이 아이를 낳은 후에 지켜야 하는 정결법이 있다. 산모가 남자아이를 낳은 경우에는 7일간 부정한 몸으로 근신하고 8일째에

아이에게 할례를 베푼 후 33일이 지나야 산혈이 깨끗해진다(레 12:2-4). 그래서 누가복음 2장 22절을 보면 요셉과 마리아가 모세의 법대로 아기 예수가 출생한 후 정결 예식을 마치고 예루살렘 성전에 올라간다. 반면 산모가 여자아이를 낳으면 두 이레 동안 부정하고 산혈이 깨끗하게 되기까지 66일이 걸렸다(레 12:5).

② 시체를 만진 경우에는 붉은 암송아지, 즉 태운 암송아지로 정결 제사를 지내야 했다(민 19:1-10).

③ 나병과 같은 특별한 질병에 걸린 경우 제사장이 병의 유무를 진찰하고 격리케 했다(레 13장). 마태복음 8장 1-4절을 보면 예수님이 나병환자를 고쳐 주시고 제사장에게 가서 고침받은 것을 확인받도록 하신다(막 1:40-45; 눅 5:12-16).

④ 여인들이 월경할 때 그것을 유출병으로 간주하고 유출병자의 자리나 침상이나 만진 물건은 다 부정하게 여기고 물로 빨아서 정결케 하라는 정결법이 레위기 15장에 기록되어 있다.

이처럼 구약 시대에는 율법으로 정해진 네 종류의 정결법이 있었다.

둘째, 신약적 배경

신약적 배경에는 침례자 요한의 과도기적 침례 의식과 예수님이 몸소 침례를 받으시고 명령하신 침례 시행 기원이 있다.

(1) 침례자 요한의 과도기적 침례

누가복음 1장을 보면 침례자 요한은 예수님보다 6개월 먼저 잉태되고 6개월 먼저 출생한다. 그리고 마태복음 3장에서 침례자 요한은 주님의 사역을 예비하는 사역을 한다. 침례자 요한에게서 침례가 공식적 의식으로 등장하기에 그를 가리켜 침례자 요한이라고 부르게 된다.

그런데 침례자 요한의 침례는 예수님의 침례와 의식은 같으나 의미는 완전히 다르다. 침례자 요한은 과거 구약 시대의 할례의 전통을 따라 할례받은 자가 할례 후 생식기가 아물 때쯤 되는 때 할례를 완성하는 의미로 시행하는 강에서의 침례를 자기 특유의 의식으로 도입한다. 침례 요한은 구약적 의미의 할례가 아닌, 자기 죄를 자복하고 회개하려는 의지가 있는 자에게 그 회개의 의지를 각인시켜 주는 의미로 침례를 베풀었다(마 3:6-11). 그리고 자기는 회개할 의지가 있는 자들에게 물로 침례를 베풀지만 자기 뒤에 오시는 분은 성령과 불로 침례를 베푸실 것이라고 말했다(마 3:11). 침례자 요한의 침례는 명확한 과도기적 침례였다.

(2) 예수님의 침례(마 3:16)

예수님이 침례자 요한에게 요단강에서 침례받기를 요청한다. 예수님의 정체를 알고 있었던 요한은 극구 사양한다. 주님은 자신이 죄가 없기 때문에 회개의 상징인 침례를 받으실 필요가 없음을 알고 계셨다. 즉 예수님께서는 법적 필연성이나 구속적 의미 때문이 아닌 도덕적, 윤리적으로 하나님에게서 위임받은 구속을 위한 준비로 침례를 받겠다는 것이었다. 여기서 예수님의 침례 장면은 세 단계로 나타난다.

1) 침례를 받으셨다.

이에 해당하는 원문은 '세례', 즉 물로 씻는다는 뜻이 아니다. 원문은 명확하게 물에 잠긴다는 뜻의 '밥티스마'(βάπτισμα)다. 원문을 그대로 옮기지 않은 것이 가톨릭의 '세례', '영세'라는 말이고, 개신교에서 가톨릭 전통을 그대로 따라 '세례'라고 변형시켰다. 세례가 구약 시대의 물로 씻는 정결법의 발전이라고 한다면, 침례는 신약성경 각 곳에서 네 가지의 다른 의미가 있음을 알 수 있다.

① 죄 용서의 의미가 있다. "예수 그리스도의 이름으로 침례를 받고 죄 사함을 받으라"(행 2:38).

② 그리스도로 옷 입는다는 의미가 있다. "누구든지 그리스도와 합하기 위하여 침례를 받은 자는 그리스도로 옷 입었느니라"(갈 3:27).

③ 그리스도와 함께 죽고 함께 연합한다는 의미가 있다. "무릇 그리스도 예수와 합하여 침례를 받은 우리는 그의 죽으심과 합하여 침례를 받은 줄을 알지 못하느냐"(롬 6:3). 즉 침례를 받음으로 그와 함께 장사된 것이고, 그의 죽으심과 같은 모양으로 연합한 자가 되었으면 또한 그의 부활과 같은 모양으로 연합한 자도 될 것이라는 의미다(롬 6:4-5).

④ 유대인이나 헬라인이나 종이나 자유인이나 다 한 성령으로 한 몸이 됨을 의미한다(고전 12:13).

이처럼 침례는 물에 잠기는 형식과 함께 거기에 담긴 네 가지 뜻이 있으나, 물로 씻는 세례는 이 같은 의미를 담을 수가 없다.

2) 곧 물에서 올라오실새

세례는 물을 찍어 바르는 것이며 물을 뿌리는 살수는 물에서 올라오는 행위가 따르지 않는다. 물속에 잠기는 침례 의식만이 물에서 올라오는 행위가 설명된다.

3) 그때 하늘이 열리고 하나님의 성령이 비둘기같이 임했다.

셋째, 교회사적 변천 과정

현재 시행되고 있는 가톨릭, 성공회, 개신교의 세례 의식은 신약성경에 근거하지 않은 잘못된 거짓 문서에서 비롯된 것이다. 기독교 교회는 사도들이 세운 신약교회가 기준이 되어야 한다. 그런데 사도들 다음 세대 지도자인 교부들이 신약성경의 기준을 왜곡하고 변질시키고 타락시켰다. 나는 전 세계에서 《교부시대사》라는 책을 처음 쓴 사람으로서 교부들이 기독교 진리를 망쳤다고 주장한다. 나는 이 책에서 오늘날과 같은 교회의 변질이 교부들로부터 시작되었음을 설명한 바 있다.

(1) 교부 시대의 최초의 변질

1세기 신약 교회 사도들이 신약성경을 남기고 죽었다. 2세기는 사도들의 뒤를 이은 교부들의 시대였다. 이 무렵에 구약의 인물이나 사도들의 이름을 도용한 거짓 문서들이 계속 쏟아져 나온다. 예를 들면, 12족장의 유언, 솔로몬의 시편, 욥의 유언, 에녹서, 모세 승천기 등이다.

신약성경과 유사한 《12사도 교훈집》도 나온다. 《디다케》(Didache)라고도 부르는 이 '12사도 교훈집'은 전체 15장으로 구성되어 있고, 그중 7장에서 침례를 다루는 내용이 있다. "침례를 줄 때 흐르는 차가운 물로 침례를 주라. 차가운 물이 없다면 따뜻한 물로 주라. 두 가지 다 없다면 머리에 세 번 물을 부어 아버지와 아들과 성령의 이름으로 연합시키라." 이때 물을 세 번 부으라는 말에 근거해 고대 성공회가 관수 즉 '물 댈 관(灌)' 자와 '물 수(水)' 자를 써서 '관수'(灌水)을 시행하게 되고, 가톨릭에서는 물을 담아 흔들면 물이 뿌려지는 살수 즉 '물갤 살(撒)' 자와 '물 수(水)' 자를 써서 '살수'(sprinkling)을 시행하게 되었다. 또 개신교는 물을 찍어 수세자의 머리에 바르는 세례(洗禮)를 주게 되었다.

(2) 오늘날의 현실

신약성경의 예수님과 사도들은 몸을 물에 잠그는 침례를 행했다. 그러나 2천 년 동안 교회는 이를 갖가지 의식으로 변형했다.

① 로마 가톨릭 교회는 물을 뿌리는 살수(springkling)를 행한다.

② 개신교 중 루터교, 장로교, 감리교, 성결교는 물을 찍어 바르는 세례를 행한다.

③ 개신교 중 침례교, 안식교, 그리스도교, 오순절파, 몰몬교에서는 물에 몸을 잠그는 침례를 행한다.

살수든, 관수든, 세례든, 침례든 외형적 의식은 중요치 않다. 앞서 언급한 것처럼 세례나 침례의 의식이 사람을 변화시키는 것이 아니다. 중요한 것은 그러한 의식이 아니라 그가 거듭났는가, 중생했는가, 새 피조물로 변화되었는가 하는 점이다.

그리고 혹 성례식을 하게 된다면 세례나 영세보다는 침례를 권하고 싶다. 내 경험에 의하면 나는 세례를 죄를 씻는다는 의미로 믿고 받았다. 그러나 침례를 받은 후에는 어떠한 순간마다 나를 억제하는 강한 의식이 계속 작용한다. 그리스도와 함께 죽고 그리스도와 연합되었다는 침례 의식이 나를 절제하게 하는 것이다.

침례는 구원 문제와는 상관이 없다. 그러나 구원받은 이후의 침례는 그리스도와의 연합을 강력하게 실감하게 한다. 그리스도와의 연합을 느낄 수 있도록 예수님의 최후 명령인 "성부, 성자, 성령의 이름으로 침례를 주라"라는 말씀의 참된 의미를 깨닫게 된다.

제41장

천국 복음[51)]

마태복음은 전체가 '천국'에 관한 복음을 중점적으로 일관되게 강조한다.

마태복음 3장의 침례자 요한의 첫 메시지가 "회개하라 천국이 가까이 왔느니라"(2절)다. 4장의 예수님의 첫 메시지도 "회개하라 천국이 가까이 왔느니라"(17절)다. 5장 산상수훈의 첫 교훈도 "심령이 가난한 자는 복이 있나니 천국이 그들의 것임이요"(3절)다. 이어 여덟째 복도 "의를 위하여 박해를 받은 자는 복이 있나니 천국이 그들의 것임이라"(10절)다. 산상수훈은 '심령의 천국'을 핵심적으로 가르친다.

그뿐 아니다. 마태복음 13장에서는 천국에 관한 비유를 일곱 가지로 설명한다. 18장에서는 어린아이와 같이 되어야 천국에 간다고 말씀한다. 20장에서는 품꾼을 채용하는 포도원 주인으로 천국을 설명한다. 22장에서는 천국을 자기 아들을 위해 혼인 잔치를 배설하고 사

---

51) 정수영, 앞의 책, pp.150~173.

람들을 초대하는 어떤 임금으로 설명한다. 25장에서는 등을 들고 신랑을 맞으러 나간 열 처녀 비유로 천국을 설명한다.

이처럼 마태복음은 전체가 천국에 관한 교훈으로 가득한 천국 복음서다.

마태는 자기가 쓴 복음서에서 이렇게 '천국'이라는 뜻의 헬라어 '헤 바실레이아 톤 우라논'(ἡ βασιλεία τον οὐρανων), 영어로는 'the kingdom of Heaven'이란 용어를 32회 사용한다. 마태는 또한 '하나님의 나라'라는 헬라어 '헤 바실레이아 투 데우'(ἡ βασιλεία τοῦ θεοῦ), 영어로는 'kingdom of God'이라는 말을 4회 사용한다(마 12:28, 19:24, 21:31, 43). 마태는 '천국'과 '하나님의 나라'를 같은 뜻으로 교차해서 사용한다. '천국'과 '하나님의 나라'는 원문이 같고 똑같은 의미다.

마태가 '천국'과 '하나님의 나라'라는 말을 똑같은 뜻으로 사용했다면, 왜 똑같은 '천국'에 관한 내용을 32회나 되풀이해서 사용하고, 또 '하나님의 나라'라는 말은 4회 사용했을까? 마태복음 전체를 통해 '천국'에 관해 설명하는 마태의 의도가 이 성경을 읽는 사람들이 깨달아야 하는 핵심이다.

왜 마태는 처음부터 끝까지 천국을 강조하는가? 천국을 깨닫는 것이 신앙의 기본이기 때문이다. 그 정도는 보통 수준의 깨달음이다. 마태가 처음에 말하는 '천국'의 개념은 마태복음이 진행될수록 점점 더 심오한 진리로 발전해 간다. 그것을 아는 것이 마태의 진의를 제대로 깨닫는 것이다.

첫째, 마태복음에 소개된 천국관의 발전 내용

① 마태복음 4장에서 예수님께서 "회개하라 천국이 가까이 왔느니라"라고 선포하신다.

여기서 천국은 과거를 청산하고 새 사람으로 변화되는 회개가 반드시 선행되어야 한다. '회개'의 원어는 '메타노이아'(μετάνοια)다. 이 말은 방향 전환을 한다는 뜻이다. 원문의 뜻을 왜곡해 영어로 'repentance', 즉 잘못을 뉘우치는 것으로 번역한 것은 엄연한 오역이다. 회개는 지금 가고 있는 방향에서 각도를 바꾸든지, 완전히 뒤돌아서서 방향을 전환한다는 뜻이다.

② 마태복음 5장에서는 천국이 심령, 영혼 상태의 변화에서 시작됨을 말한다. 사람이 회개했다는 말은 잘못에 대한 뉘우침과 함께 방향을 전환한 사람 안에 성령님이 들어오셨음을 의미한다.

③ 마태복음 13장에서는 일곱 가지의 천국 비유를 설명한다. 천국을 소유한 자, 즉 그 심령에 성령님이 들어온 사람은 반드시 그 삶에서 성령님의 역동성이 나타난다. 겨자씨는 매우 작지만 그 속에 생명이 있기에 후에는 큰 거목으로 성장한다. 가루 서 말에 한 줌의 누룩이 들어가면 가루 전체가 부푼다. 천국은 밭에 감춰진 보화를 발견한 자가 자기 재산을 다 팔아 그 밭을 사는 것과 같다.

마태복음 13장에서는 천국의 확장성과 천국을 소유한 자의 특성을 설명한다.

④ 마태복음 25장의 열 처녀 비유는 천국은 평소에 기름을 준비

하는 지혜로운 자의 것임을 말하고, 달란트 비유는 자기 혼자 구원받은 것으로 만족하지 말고 더 많은 영혼을 구원해야 함을 설명한다.

마태복음은 이처럼 처음부터 끝까지 천국의 진리를 강조하고 있다. 마태복음 전체를 이 같은 일관성, 발전성, 확장성으로 봐야 한다.

둘째, 마태복음과 신약성경 전체의 조화

마태복음은 회개, 심령 천국, 천국의 확장성, 천국 시민으로 이윤을 남기는 것 등을 가르친다. 그런데 이것은 신약성경 전체의 사상에 의하면 지극히 기초적이고 기본적인 천국관이다.

마태복음에서 시작된 천국 복음은 다른 복음서에서 더 확인되고, 바울 서신에서 또 확인되며, 요한계시록이 결론을 내린다. 그러므로 마태복음이 서론으로 진입부라면 다른 복음서와 서신서, 요한계시록은 종결부의 의미가 있다. 그 내용을 정리하면 다음과 같다.

요한복음 5장 24절은 "내 말을 듣고 또 나 보내신 이를 믿는 자는 영생을 얻었고"라고 말씀한다. 하나님을 믿는 자는 죽어 봐야 천국에 가는지 지옥에 가는지를 아는 것이 아니다. '믿는 자는 영생을 얻었다'고 말씀하셨다. 여기서 '얻었다'의 원어 '에케이'(ἔχει)는 현재형이다. 구원은 과거 유아세례 때 받거나, 나중에 죽어 봐야 아는 것이 아니다. 영생은 지금 죽어도 천국에 갈 수 있는 현재형이다. 이렇게 현재 영생을 얻은 자는 "심판에 이르지 아니하나니 사망에서 생명으로 옮겼느니라"라고 말씀한다. 여기서 '옮겼다'의 원어는 메타베베켄(μεταβέβηκεν)으로 과거 완료형이다. 영생은 현재 이 땅에서 회개했을때 시작된 것으로 회개때 이미 동작이 완료된 상태가 현재까지 계속 진행되고 있는 것이며 현재에 얻는 것이지 미래에 죽은 다음에 얻는 것이 아니다. 그러므로 예수님을 영접한 자는 더이상 사망과 관계가 없다(요 11:25~26).

이렇게 살았을 때 구원 얻은 자가 죽어서 부활을 대기하고 있는 것, 영적으로 대기하고 있는 대기소가 낙원이다. 누가복음 23장 43절에서 예수님이 십자가 위에서 회개하는 한 강도에게 "오늘 네가 나와 함께 낙원에 있으리라"라고 말씀하셨다. 이 낙원은 믿음으로 구원받은 구약 시대의 성도들과 교회 시대에 성령으로 거듭난 성도들이 영적으로 머무는 곳이다. 고린도후서 12장 2절에 따르면 바울 사도는 셋째 하늘(3층천)에 이끌려 갔다. 이때 바울 사도가 경험한 3층천이 곧 4절에서 말하는 낙원이며, 여기서 그는 말로 표현할 수 없는 말을 들었다고 했다. 따라서 구약 시대의 성도들과 신약 시대의 성도들이 지금 가 있는 곳은 영적 상태의 낙원인 하나님의 다스림이 미치는 영역이다.

이렇게 낙원에 있는 구원받은 성도들과 지상에서 구원받은 성도들이 영화롭게 변화되는 때가 온다. 교회 시대가 끝나는 때 주님께서 공중에서 강림하시면서 지상의 구원받은 성도들은 휴거되어 하늘로 승천하고(살전 4:16-17), 이미 낙원에 가 있는 성도들과 함께 부활의 영광스러운 몸으로 7년 동안 혼인 잔치를 한다. 그때 지상에서는 7년 대환난의 처참한 재앙으로 전 인구의 3분의 1이 멸망한다.

7년 동안의 혼인 잔치가 끝나면 주님께서 부활로 영광의 몸을 입은 성도들을 데리고 지상으로 재림하신다. 이때 땅에서 군사적, 정치적 세력을 가진 자가 거짓 선지자와 결탁해 주님께 대항하는 아마겟돈 전쟁을 벌인다. 주님은 간악한 반역자들을 다 물리치시고 이 땅에 천년왕국을 건설하신다. 천년왕국 후 백보좌 심판으로 이 땅의 모든 인간을 행위에 따라 심판하신다. 그래서 구원받지 못한 자들은 다 불과 유황불(하와이에서 분출되는 용암과 같은)에 던져진다. 반면 지상에서 심령의 천국을 소유한 자는 죽어서 낙원에 있다가 주님의 재림 때 지상에 내려와 천년왕국에서, 그리고 영원한 천국에서 영생한다.

이 내용을 도표로 그려 보면 다음과 같다.

'천국'(Kingdom of Heaven), '하나님의 나라'(Kingdom of God)의 중요성

<table>
<tr><td>(2) 죽은 성도들의 영혼 상태
① 낙원(눅 23:43)
② 3층천(고후 12:2) 휴거 후 부활</td><td>(3) 지상 재림과 천년왕국
계 20:1–6</td><td rowspan="2">(4) 천년왕국 후의
영원한 천국
계 21–22장</td></tr>
<tr><td colspan="2">(1) 지상에서의 천국
① 심령 천국(마 5장)
② 천국의 확장성(마 13장)
③ 천국 투쟁성(마 25장)</td></tr>
</table>

여기서 중요한 것은 지상에서 구원받아야 천국에 간다는 것이다. 죽은 후에는 구원의 기회가 없다(히 9:27).

셋째, 천국을 소유한 자의 확인 방법

요한복음 5장 24절의 "내 말을 듣고 또 나 보내신 이를 믿는 자는 영생을 얻었고 심판에 이르지 아니하나니 사망에서 생명으로 옮겼느니라"에서 '영생을 얻었다'(에케이, ἔχει)는 hath라는 현재 시제이고, '옮겼다'(메타베베켄, μεταβέβηκεν)는 is passed라는 과거 완료 시제다.

요한1서 5장 13절은 우리에게 영생이 있음을 알 수 있다고 말씀한다. 어떻게 알 수 있는가?

(1) 자기 자신의 내적 증거

1) 주님 영접 이전과 이후가 확실히 다르다.

- 인생관, 가치관, 사생관, 세계관 등이 다 바뀐다.

2) 주님 말씀과 찬송에 대한 감사와 평안

- 교회 가는 것이나 성경 읽는 것, 찬송하는 것이 싫은 사람은 구원받은 자가 아니다.

3) 말씀에 대한 감동과 갈증

- 설교가 듣기 싫다면 마귀의 영향을 받고 있는 것이다.

4) 다른 영혼에 관심을 갖게 됨.

- 가족, 친지, 친구의 영혼에 관심이 생긴다.

5) 옛 가치관의 변화

- 전에 즐기던 것이 다 싫어짐.

6) 죄에 대한 민감함

- 작은 죄만 지어도 가슴이 두근거린다.

(2) 외적 증거(다른 사람이 알 수 있음)

1) 말하는 내용을 들어 보면 육의 사람인지 영의 사람인지 알 수 있다.

2) 시간의 사용(결코 시간을 낭비하지 않음)

3) 물질의 사용("네 보물 있는 그곳에는 네 마음도 있느니라", 마 6:21)

4) 교제권(만나는 부류)

5) 삶의 방향과 가치관의 우선순위

6) 삶의 열매들이 구체적으로 각종 현상으로 나타난다. 그것이 말과 행동과 글과 업적으로 드러난다.

제42장

천국과 지옥[52]

앞서 말했듯 천국, 하나님 나라, 낙원, 영원한 천국은 다 똑같은 '하나님의 다스림이 미치는 곳'이다. 성경에는 이 '천국'의 반대 개념인 '지옥'도 있다. 오늘은 이 지옥에 대해 생각해 보고자 한다. 지옥에 대한 설명을 위해서는 부득불 타 종교에서 말하는 지옥에 대해 살펴볼 필요가 있다.

신약성경에서 천국에 관한 신학은 명확하다. 신약성경의 천국은 '바실레이아'(βασιλεία)라는 개념 속에서 모든 개념이 다 통일되므로 정리하기가 쉽다. 반면 지옥에 관한 개념은 매우 복잡하다. 지옥 개념은 구약성경의 '음부'의 개념이 발전되고, 또 헬라에서 말하는 지옥의 '하데스'(ᾅδης) 개념이 혼합되어 있으며, 불교나 이슬람의 지옥 개념, 샤머니즘의 내세관 등이 매우 다양하게 혼합되어 있다. 이 중 혼

52) 정수영, 앞의 책, pp.447~458.

합된 사실만 확인해 보자.

첫째, 구약성경의 '음부' 개념

'음부'의 히브리어는 '스올'(שְׁאוֹל)이다. 이 '음부'는 구약성경에서 약 60회 사용되었고, 신약성경에서는 '게엔나'(γέεννα)라는 단어로 10회 사용되었다. 구약성경의 '스올'을 개역개정은 모두 '음부'라고 번역했지만 흠정역은 31회는 '무덤'으로, 30회는 '지옥'으로, 3회는 '구덩이'로 번역했다.

흠정역의 번역위원 47명의 신앙은 다 제각각이었고, 따라서 한 단어를 여러 가지로 번역해 놓는 오류가 발생했다. 예를 들어, 창세기 37장 36절에서 개역개정은 '스올'로, 흠정역은 '무덤'으로 번역했고, 창세기 42장 38절에서 개역개정은 '스올'로, 흠정역은 '무덤'으로, 시편 16편 10절에서 개역개정은 '스올'로, 흠정역은 '지옥'으로, 시편 55편 15절에서 개역개정은 '스올'로, 흠정역은 '지옥'으로 번역했다. 그러나 히브리어 원문에서 '스올'이라는 동일한 단어가 쓰였기 때문에 '스올'로 번역하는 것이 맞다. 이처럼 번역 성경을 의지하다 보면 성경 이해에 혼란이 생길 수 있다.

둘째, 헬라 신화의 '지옥' 개념

BC 3000년경 만들어진 그리스 신화에 의하면, 신들의 주신 제우스가 있고, 제우스의 아내 헤라 외에도 대지의 신 데메테르, 바다의 신 포세이돈, 음악과 미술의 신 아폴론, 사랑의 신 아프로디테, 명계 죽음의 신 '하데스'(ᾅδης)가 있다. 신약성경 중에 '지옥'이라는 개념은 헬라 신화의 개념과 유사하다.

더 놀라운 사실은 헬라 신화의 지옥의 신 하데스(ᾅδης)가 불교의

8층 지옥 개념으로 확대되고, 이슬람의 7층 지옥 개념으로 발전한다는 것이다. 신약성경에도 '지옥'이라는 단어가 12회 기록되었다. 그런데 신약성경에 기록된 '지옥'은 헬라어 '하데스'가 아니라 '게엔나'(γέεννα)라는 다른 단어다. 그런데 '지옥'이라는 우리말 번역이 다 같으나 신약성경에 쓰인 '지옥'은 헬라 신화의 '하데스'가 아니다.

인류가 사용하는 지옥이라는 말은 '하데스'라는 헬라 신화의 개념으로 일반화되었다. '하데스'에 대한 대표적 개념이 불교의 8층 지옥과 이슬람의 7층 지옥이다.

불교의 8층 지옥은 다음과 같다.

· 1층 지옥 '등활' - 살생자가 가는 곳
· 2층 지옥 '흑승' - 살생죄와 절도죄를 모두 지은 자가 가는 곳
· 3층 지옥 '중합' - 살생죄, 절도죄, 음란죄를 모두 지은 자가 가는 곳
· 4층 지옥 '규환' - 살생죄, 절도죄, 음란죄, 음주죄를 모두 지은 자가 가는 곳
· 5층 지옥 '대규환' - 살생죄, 절도죄, 음란죄, 음주죄, 여승을 범한 죄를 모두 지은 자가 가는 곳
· 6층 지옥 '초열'
· 7층 지옥 '대초열'
· 8층 지옥 '아비'

이슬람에도 7층 천국과 7층 지옥이 있다.

이슬람의 7층 천국은 다음과 같다.

· 1층 천국 - 1개월 동안 거닐 수 있는 무한대의 강물이 있는 곳

· 2층 천국 - 이슬람 신자들만 사는 곳
· 3층 천국 - 이슬람 신자들을 수종하는 8만 명의 종이 있는 곳
· 4층 천국 - 제한 없는 아내와 음식과 음악이 있는 곳
· 5층 천국 - 천 년마다 향락이 증가되는 곳
· 6층 천국 - 100년마다 22만 4천의 예언자가 사는 곳
· 7층 천국 - 최종 사도 313명이 사는 곳

이슬람의 천국은 순전히 육적, 쾌락적인 것이 있는 곳이며, 특권층만 사는 곳이다.

이슬람의 7층 지옥은 다음과 같다.
· 1층 지옥 - 이슬람에게 해악을 끼친 자가 가는 곳
· 2층 지옥 - 유대교도들이 가는 곳
· 3층 지옥 - 기독교도들이 가는 곳
· 4층 지옥 - 아랍 사비족들이 가는 곳
· 5층 지옥 - 페르시아 마기족들이 가는 곳
· 6층 지옥 - 위선자들이 가는 곳
· 7층 지옥 - 이슬람 신자였다가 타락한 자가 가는 곳

헬라 신화의 '하데스'(ᾅδης) 개념은 인도의 불교나 이슬람교에 계승, 발전되었다. 참고로 중국, 한국, 일본에서는 중국 공자의 사상인 유교가 독특한 사후 세계를 설명한다.

유교의 내세관의 핵심은 '혼비백산'(魂飛魄散)이다. 혼은 날아가 공중에 떠돌아다니고, 혼백(영혼)은 흙과 함께 산산이 흩어진다. 이렇게 공중에 떠돌아다니는 구슬픈 영혼을 위로하고 달래 주는 것이 제사

다. 초상은 죽은 혼을 위로해 주는 것이다. 부모를 돌아가시게 한 죄인의 상징으로 천한 삼베옷을 입는다. 죄인이기에 하늘을 볼 수 없다는 상징으로 건을 쓰고, 죄인이기에 의지할 곳이 없다는 상징으로 지팡이를 잡고, 부모와 조부모의 초상 때는 "아이고, 아이고, 나는 고아가 되었습니다"라고 통회하고, 부모와 조부모 외에는 "어이고, 어이고, 나에게 가까운 이가 외롭게 되었습니다"라고 곡한다.

참고로 '삼우제'는 초상 후 3일째 되는 날 고인이 된 혼이 좋은 곳으로 가라고 드리는 제사를 말하고, '3년상'은 자식이 부모를 잃은 슬픔을 표하는 효의 행위로서 3년간 상복을 입고 상례를 치르는 것을 뜻한다.

셋째, 신약성경의 음부, 지옥, 불과 유황불

신약성경에서는 구약성경의 '음부' 개념이 발전되고, 헬라의 지옥 개념인 '하데스'가 아닌 '게엔나'(γέεννα)와 신약성경 고유의 불과 유황불 개념이 나타난다. 신약성경에는 이 세 가지 개념이 혼합되어 있다. 이것을 구별해야 지옥을 올바르게 이해할 수 있다.

(1) 구약성경의 '음부' 개념의 발전

구약성경에 '음부'라는 단어가 약 60회 사용되었으며, 그 원어는 모두 '스올'(שְׁאוֹל)이다. 이처럼 구약성경에서는 다 똑같이 사용된 '스올'을 흠정역에서는 '무덤'(31회), '지옥'(30회), '구덩이'(3회)로 오역함으로 구약성경의 '음부' 개념에 혼란을 가져왔다.

구약성경의 '스올', 즉 '음부'가 죽은 자들이 누구나 가는 곳이라는 개념에는 모두 의견이 일치한다. 그런데 구약성경에 나오는 60여 회의 '스올' 중 몇 곳에서 부활을 암시하는 듯한 미묘한 여운이 발견된다. 이는 율법서가 아닌 시가서와 예언서에서 나타난다. 곧 욥기 19장

25-26절, 시편 16편 10절, 17편 16절, 49편 15절, 이사야 26장 19절, 다니엘 12장 3절, 요나 2장 2절이다. 이 같은 구절들이 부활 신앙을 가진 신약 시대 사도들이 볼 때 명확하지는 않으나 구약성경에도 희미한 부활 신앙이 있다고 판단하는 근거가 된다. 그러나 구약성경이 부활을 명확하게 계시해 주지는 않는다. 이에 다소 막연하고 애매하기에 희미한 계시라고 말한다.

(2) 신약성경의 '지옥' 개념

'지옥'에 해당하는 단어는 두 개다. 하나는 헬라 신화에서 비롯된 '하데스'(ᾅδης)이고, 다른 하나는 신약성경에 다르게 쓰인 '게엔나'(γέεννα)이다. 신약성경의 번역본은 전부 지옥으로 번역했으나, 원문에서는 '게헨나'가 11회 사용되었다(마 5:22, 29, 10:28, 18:9, 23:15, 33; 막 9:43, 45, 47; 눅 12:5; 약 3:6).

'게헨나'(Gehenna)라는 말을 예수님께서 11회 사용하셨다. 예수님은 '지옥'이라는 '하데스'(ᾅδης) 말을 한 번도 쓰신 일이 없다. '게헨나'는 '힌놈의 골짜기' 곧 매우 더럽고 불결하고 구더기가 끓는 혐오스러운 장소의 의미로만 사용하셨다.

신약성경에 '지옥'(γέεννα)을 구원받지 못한 자들이 가는 곳으로 표현한 곳은 사도들이 기록한 데살로니가후서 1장 9절, 유다서 1장 6-7절, 요한계시록 14장 10절, 20장 14절 등이다.

우리는 구약성경 전체에 쓰인 '음부'라는 막연한 개념이 신약성경에서 예수님이 사용한 '게헨나'로 사도들이 사용한 '지옥'이라는 개념으로 발전되고 최후에는 '불과 유황 불못'으로 결론지어졌음을 알 수 있다.

우리는 구약성경이 하나님의 말씀임을 믿는다. 구약성경에는 메시아를 대망하는 내용으로 가득 차 있고, 신약성경은 오신 메시아에 대한 증명으로 가득 차 있다. 또 구약성경에는 천국이나 지옥 개념이 명확하게 나타나지 않고, 부활 신앙도 없다. 천국, 지옥, 부활의 진리는 신약성경에만 있다. 우리는 헬라 신화나 동양의 불교, 이슬람 등의 종교로 인해 천국과 지옥의 개념에 혼란을 겪고 있다.

'천국'은 구약성경에 없는 신약성경의 개념이다. 이 천국은 심령의 천국에서 시작되고, 심령의 천국이 땅에서 사는 동안 가정, 교회, 이웃, 세상으로 확산되어 가는 것을 전도, 선교라고 한다. 이 땅에서 구원받은 자는 자기 혼자만의 신앙에 정체되어 있지 않는다. 어떤 형태로든 세상으로 확산되어 간다. 그렇게 살다가 영적으로 가는 천국을 '낙원'이라고 하고, 장차 주님의 공중 강림 때 성도들이 휴거되어 공중에서 변화된 영체인 부활의 몸으로 주님을 만난다. 그리고 주님의 영광스러운 재림과 함께 이 세상에서 천년왕국을 경험하며 살아갈 것이다. 그 후에 영원한 천국에서 영원히, 영원히, 영원히 영생한다.

그러나 이 땅에서 심령의 천국을 못 얻은 자는 죽기 전에 이미 멸망할 자로 결정되어 있다(요 3:18). 그렇게 멸망할 자는 죽자마자 고통의 장소인 지옥에 들어가 죽어 끝나는 것이 아니라 계속 산 채로 불과 유황불이 함께 타오르는 곳에서 사탄, 마귀들과 영원한 고통을 당하며 지내게 될 것이다.

이제 우리는 선택해야 한다. 심령의 천국을 누림으로 하나님 나라의 백성이 될 것인지, 아니면 주님의 다스림을 거부하고 나에게 좋은 대로 살다가 영원한 지옥에 갈 것인지 두 가지 중에 한 가지 선택만이 있다.

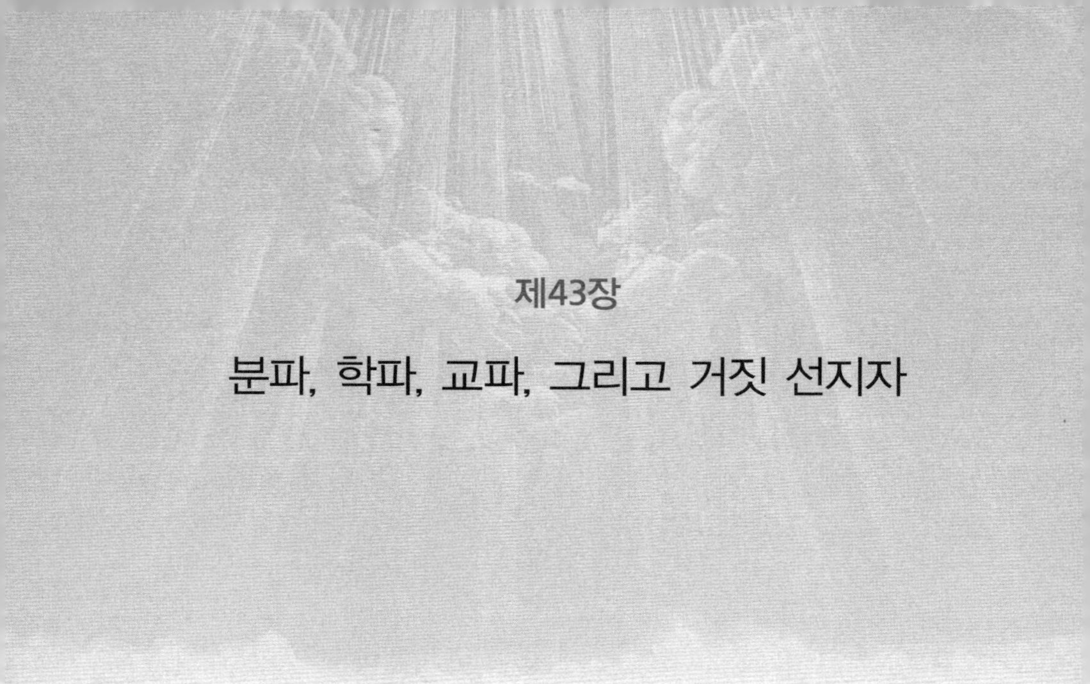

제43장

분파, 학파, 교파, 그리고 거짓 선지자

오늘날 우리는 혼란의 시대를 살아가고 있다. 예수님께서 마태복음 24장에 이 세상의 마지막 때가 되면 자칭 그리스도라 하는 이들이 많이 나타나 사람들을 미혹할 것이라고 하셨다.

예수님 당시의 유대교에는 ① 사두개파, ② 바리새파, ③ 에세네파의 3개 분파가 있었다. 여기서는 이 내용을 근거로 기독교 2천 년 역사, 곧 교부 시대부터 현대까지 끊임없이 또 다른 분파 운동이 계속되어 오고 있음을 살펴보려 한다. 이에 따라 예수님 당시의 유대교 분파, 교부 시대의 학파, 종교 개혁 이후 만들어진 각 교파, 세상 종말 때 나타나는 거짓 선지자에 대해 알아보고자 한다.

첫째, 예수님 당시의 유대교 분파[53)]

예수님 당시 유대교에는 다음 세 종류의 분파가 있었다.

(1) 사두개파

가나안 정복 후 이스라엘 12지파 중 레위 지파는 48개 성읍을 기업으로 받고 율법 교육을 맡는다. 그리고 그 후 다윗 왕 때 예루살렘 성전이 세워지면서 레위 지파 제사장들이 성전 5대 제사의 업무를 맡는다. 이때 수많은 제사장을 24개 반열로 나눈다(대상 24장). 그 24개 반열 중 사독을 대제사장으로 임명한다(왕상 2:35). 이들 사두개파는 대제사장 직분을 유지하기 위해 항상 친여 세력과 운명을 같이하고, 종교적으로는 5대 제사에 치중한다. 이 5대 제사는 구약성경 모세오경 중 레위기와 신명기에 주로 기록되어 있다. 이들 사두개파가 신앙의 근거로 삼는 것이 이 모세오경이다. 모세오경에는 부활 신앙이 없으므로 마태복음 22장 23-33절에서 사두개인들이 예수님께 한 여자가 일곱 형제와 결혼했다면 부활 때 어느 남자의 아내가 되느냐고 질문하는 내용은 부활이 없다는 사두개인들 신앙을 의미한다.

(2) 바리새파

'바리새'의 원어는 '파리사이오스'(Φαρισαῖος)로 '구분하다', '나누다', '분리하다'의 뜻이다. 분리라는 말에 나쁜 뜻만 있는 것은 아니다. 이는 곧 하나님의 율법을 준수하기 위해, 또는 올바른 신앙을 지키기 위해 형식적 종교인 사두개파에서 분리하고, 또 신앙인이 하나님의 뜻과 다르게 세속 정치와 야합하는 세속주의에서도 분리함을 뜻

---

53) 정수영, 앞의 책, pp.22~30.

한다. 이처럼 바리새파의 정신과 취지는 대단히 고상했다. 바울 사도나 니고데모도 바리새인이었다.

이 바리새인들의 열정은 대단히 존경할 만했지만, 이들의 특징은 기록된 율법서이자 성문서인 오경만이 아니라 모세가 장로들에게 입으로 전해 준 구전(口傳) 율법으로 '장로들의 전통'(마 15:2)을 만들어 철저히 준수할 것을 강조했다. '장로들의 전통'에는 ① 식사 전에 손 씻는 것, ② 안식일에 일하지 않는 것, ③ 몸에 성경 구절 경문을 차고 다니는 것, ④ 신앙이 돈독한 증거로 길게 기도하는 것, ⑤ 부모 공경보다는 성전 헌금을 우선하는 것, ⑥ 세리, 창녀 등 부도덕한 자들과 자리를 함께하지 않는 것 등이 있었다. 바리새파는 기록된 성경 외에 구전으로 전승된 이 장로들의 전통으로 예수님을 괴롭혔다.

(3) 에세네파

신약성경에 '에세네파'(Εσσηνοι)라는 표현은 없다. 그러나 1세기 유대인 사가 요세푸스에 따르면, 당시에는 정치적 열심당원들이 있었다고 한다. 예수님 당시 열심당원이 약 4천 명가량 있었으며, 누가복음 6장 15절, 사도행전 1장 13절의 '셀롯이라는 시몬'이 열심당원 출신으로 추정된다. 이 열심당원들은 가슴에 칼을 품고 다니면서 로마 관리들을 암살하고자 한 극렬한 애국 단체였다. 요즘으로 말하면 전국 각지에서 애국 수호한다는 극단적 보수 세력들을 에세네파에 비유할 수 있을 것이다.

예수님 당시에는 유대교 안에 이처럼 사두개파, 바리새파, 에세네파 같은 유대교 신앙에 근거한 분파가 있었다.

둘째, 교부 시대의 학파[54)]

사도 시대 이후 AD 100년부터 600년경까지의 교회 지도자를 '교부'(Church Fathers)라 하고, 이 시대를 교부 시대라 한다. 교부 시대에는 복음이 예루살렘, 안디옥, 알렉산드리아, 비잔틴, 라틴 지역 등에 퍼지면서 교회가 넓게 팽창한다. 최초의 예루살렘 교회에서 안디옥 교회를 중심으로 한 바울 사도의 3차 선교 여행으로 교회가 아시아, 마케도니아, 그리스, 로마까지 퍼져 나간다. 이처럼 AD 100년부터 600년까지 각 지역을 중심으로 한 학파가 형성된다.

(1) 안디옥 학파

2023년 대지진으로 약 4만 명이 사망했을 것으로 추정하는 시리아와 튀르키예의 중간인 튀르키예 지역의 안타키아가 옛 안디옥이다. 사도행전 11장에 소개되고 있는 안디옥 교회는 매우 모범적인 교회였다. 이곳에서 최초로 그리스도인이라는 호칭을 얻게 된다. 안디옥 교회 출신들은 성경을 문자적으로 해석하는 독특한 학풍을 일으켰다. 교회 지도자가 이곳에서 많이 배출되었으며, 252년부터 380년까지 교회 회의도 10회나 열렸다. 그러나 AD 635년 이슬람에 정복된 후 교회는 사라지고 이슬람이 장악해서 현재에 이르고 있다. 과거 이슬람에 정복되기 전 이곳 출신 지도자들을 문자적 해석을 중요시 하는 안디옥 학파라고 한다.

(2) 알렉산드리아 학파

이집트 알렉산드리아는 BC 322년 헬라의 알렉산더 대왕이 건설한

---

54) 정수영, 교부시대사, 쿰란출판사, 2014, pp.217~316.

도시다. 헬라 제국 시기에 70인역 성경이 나왔고, 로마제국 시기에는 이곳에서 유대인, 헬라인, 이집트인이 섞여 살았다. 이곳은 40만~90만 권의 장서가 있던 기독교 문화 도시였다. 알렉산드리아에는 오리게네스(Oregenes)가 성경을 6개 언어로 편찬한 '헥사폴라'가 있었다. 알렉산드리아 학파는 안디옥 학파의 오랜 경쟁 학파였다. 그러나 알렉산드리아도 AD 638년 이슬람에 함락되어 오늘에 이르고 있다.

이들 알렉산드리아 학파는 성경 해석을 헬라 철학과 융합시키는 상징적 학풍을 남겼다.

(3) 비잔틴 학파(콘스탄티노플 학파)

로마제국은 이탈리아 로마에서 시작되었다. 그런데 AD 330년 로마제국의 수도를 현재의 튀르키예 이스탄불로 옮긴다. 이때 콘스탄티누스 황제가 천도했다고 해서 수도 이름을 '콘스탄티노플'로 바꾼다. 그 후 콘스탄티노플은 AD 1453년까지 천여년 동안 동로마 비잔틴 제국의 수도가 된다. 이곳 콘스탄티노플에 주재한 로마 황제의 지시로 모인 기독교 성직자 총회가 제1차 콘스탄티노플 총회(AD 381)이며, 이때로부터 AD 879년 제8차 콘스탄티노플 총회까지 이어진다. 그러나 안디옥과 알렉산드리아가 이슬람화됨으로 제8차 콘스탄티노플 총회 때는 동방 정교회의 본산인 콘스탄티노플 학파(비잔틴 학파)와 서방 로마 가톨릭의 본산인 로마 비잔틴 학파만 모이게 된다.

이들 비잔틴 콘스탄티노플은 동방 정교회를 주축으로 하는 의식(儀式) 중심의 학풍을 남겼다.

(4) 라틴 학파

라틴 학파의 대표자는 아우구스티누스(AD 354~430)이다. 그는 아프리카 카르타고(Carthago) 출신으로 히포(Hippo)에서 감독으로 지내면서 라틴어로 된 수많은 저서를 남겼다. 바로 이 아우구스티누스가 '세례 중생론'을 주장한 것을 라틴 신학자들이 그대로 계승해 오늘날의 로마 가톨릭을 만들었다.

이들 라틴 학파는 로마제국, 신성로마제국, 히틀러, 무솔리니 등등과 야합하는 정치 성향의 라틴 학파를 계승해 가고 있다.

여기서 특별히 기억해야 할 사실이 있다. 기독교는 예루살렘과 안디옥에서 시작되었다. 그런데 알렉산드리아의 학자들에 의해 기독교 중심이 알렉산드리아로 이동하고, 로마의 수도가 콘스탄티노플로 바뀐 후에는 기독교 중심이 또다시 콘스탄티노플로 이동한다. 그런데 라틴 정치권 지도자인 아우구스티누스가 기독교 지도자가 되고, 예루살렘과 안디옥, 알렉산드리아가 이슬람화된 후에는 동방 정교회의 비잔틴 학파와 서방 로마 가톨릭교회의 라틴 학파가 중세시대 천년의 명맥을 이어 갔다. 이 같은 교부 시대를 각 학파의 시대라고 한다.

셋째, 종교개혁 후 교파 시대[55)]

동방 정교회에서는 종교개혁이 없었다. 로마 가톨릭교회에서만 종교개혁이 이루어졌다. 1517년 독일의 루터가 종교개혁을 시작하면서 가톨릭에서 분리된 개신교 교파 시대가 열렸다.

이미 잘 알려진 개신교 교파들을 정리하면 다음과 같다.

① 독일과 북반구의 국교인 루터교

55) 정수영, 종교개혁사, 쿰란출판사, 2012, pp.96~562.

② 영국 국교인 성공회

③ 전 세계의 장로교

④ 영국 성공회에서 갈라진 침례교

⑤ 영국 성공회에서 갈라진 감리교

⑥ 영국 성공회에서 갈라진 구세군

⑦ 침례교에서 갈라진 안식교

⑧ 감리교에서 갈라진 성결교

⑨ 감리교에서 갈라진 오순절(순복음)

⑩ 오순절에서 갈라진 수많은 은사 중심의 교파들

개신교 교파는 지금도 계속 늘어나고 있다. 개신교 교파 분열의 근본 원인은 무엇인가? 그것은 성경 해석의 차이이다.

(1) 성경론

성경을 하나님의 계시의 책이 아닌 인간의 산물로 보고 성경보다 인간의 신학을 더 중요시한다. 이것을 시정하려면 성경의 모든 내용을 문자대로 믿는 축자 영감설을 회복해야 분열이 해결된다.

(2) 신론

유대교나 이슬람이 믿는 유일신(야웨, 알라)이 아닌 삼위(성부, 성자, 성령)일체 신앙을 회복해야 분열이 해결된다.

(3) 기독론

예수를 유일한 구세주로 믿지 않고 우수한 윤리 교사로 믿는 인간적 기독론이 제거되어야 분열이 해결된다.

(4) 성령론

은사 중심의 성령론이 아닌 인격을 변화시키는 창조적 성령론을 회복해야 분열이 해결된다.

(5) 구원론

오직 성령으로 거듭난 자만이 구원받은 자다. 의식주의와 변화되지 않은 신앙의 거짓된 구원론을 탈피해야 분열이 해결된다.

(6) 교회론

교회는 건물이나 교인, 교파가 아닌 천국 생명을 소유한 거듭난 자를 의미한다는 신앙을 회복해야 분열이 해결된다.

(7) 종말론

이단들의 신학인 무천년설 신앙을 탈피하고 성경적 전천년설 신앙으로 무장해야 분열이 해결된다.

넷째, 말세의 거짓 선지자 분별

한국의 모든 이단의 뿌리는 장로교다.

① 박태선 장로 - 서울 남대문교회 장로로서 전도관 설립
② 문선명 장로 - 부산 장로교 출신으로 통일교 창립
③ 권신찬 목사, 유병언 - 세월호 사건과 관련된 구원파
④ 이만희 장로 - 신천지 교주
⑤ 신옥주 목사 - 하나님의 교회

앞으로 갈수록 더 많은 거짓 선지자가 나타나 왕성히 활동할 것이다. 주님께서 마지막 때의 징조로 거짓 선지자들이 창궐할 것을 예언하셨다. 이 거짓 선지자들을 무기력하게 할 수 있는 방법이 무엇인가? 성경의 진리에 기초한 신앙을 갖는 것이다. 성경을 많이 암기하거나 많이 아는 것을 말하는 것이 아니다. 진리를 선포하는 성경 말씀에 권세가 따름으로 죄인이 회개하는 성령의 역사가 나타나는 것을 말한다.

제44장

교회 복음

오늘날 말세의 현상 중 하나로 교회에서 '교회 복음'이 사라졌다. 수천 년의 역사를 계승해 오고 있는 로마 가톨릭교회와 동방 정교회는 교회의 본질인 성령님을 소홀히 한다. 그리고 화려하고 복잡한 의식과 직제만이 난무한다.

가톨릭에서 분리된 개신교들은 서로 자기 주장만 내세우며 대립을 계속하고, 또 개신교 생리를 따라 수많은 분파가 생겨나고, 최근에는 이단의 난립으로 교회관이 크게 실추되고 있다.

이에 따라 교회의 본질이 무엇인지에 대해 각성하는 이들이 생겨났다. 그러나 이들은 교회의 본질을 성경에서 찾지 않고 역사에서 나타난 교회들의 정치 체계나 조직에서 찾으려 한다. 그래서 2천 년 역사의 교리를 가졌는데도 아직 교회의 본질을 선명하게 밝혀내지 못하고 있다.

만약 누군가가 "교회가 무엇인가?" 하고 물으면 "교회는 이것이다" 라고 두세 마디로 명확하게 대답할 수 있는가? 우리 중에는 교회에 다니지만 교회의 본질이 무엇인지도 모르는 경우가 많다.

왜 이렇게 '교회 복음'이 혼란스러운가? 그 원인은 과거 교회 지도자들에게 있다. 이에 관해 두 가지를 살펴보고자 한다. ① 과거 2천 년 동안 교회 복음에 혼란을 가져온 교회 지도자들의 문제점이다. ② 신약성경에 계시된 교회 복음의 핵심이다.

첫째, 과거 2천 년 교회 역사에서의 문제점

과거 2천 년 교회 역사에서 교회 복음을 왜곡한 두 가지 세력이 있다. 곧 로마 가톨릭교회와 개신교의 언약 신학이다.

(1) 로마 가톨릭교회

로마 가톨릭교회가 2천 년 교회 역사에서 신약성경적인 교회를 가장 타락시킨 주체 세력이었다. 로마 가톨릭이 어떤 면에서 신약 교회를 타락시켰는가?

1) 전통을 성경과 동일시했다.

가톨릭교회가 교회 역사에서 저지른 가장 큰 잘못은 교회 지도자들이 모여 의논하고 결정한 각종 신조들을 성경과 동일시한 것이다. 곧 교회 회의의 결정 사항들인 니케아 신조(325), 콘스탄티노플 신조(381), 칼케돈 신조(451), 사도 신조(750) 등이다. 성직자들이 모여 토의 끝에 결정한 사항을 성경의 권위와 동일시했다. 그래서 지금도 가톨릭교회는 미사 때마다 5개 신조를 번갈아 가며 암송한다. 개신교는 사도신경을 암송하는데 이것은 가톨릭교회의 잔재다.

2) 철학이 마치 성경인 것처럼 왜곡했다.

인간의 철학을 성경의 자리에 대치시켰다. 최초로 성경의 자리에 인간의 철학을 대치시킨 사람은 아우구스티누스다(354~430). 그는 플라톤 철학을 성경인 양 대치시켜 놓았다. 또 중세기 가톨릭의 대표적 신학자 토마스 아퀴나스는 아리스토텔레스 철학을 성경인 것처럼 대치시켜 놓았다. 현대 개신교의 신정통주의자인 칼 바르트의 현대신학은 헤겔과 키에르케고르의 실존주의 철학을 성경인 것처럼 대치시켜 놓은 것이다. 성경 진리를 철학으로 대치시켜 놓으면 지식인들이 쉽게 이해한다. 그러나 성경 진리가 철학으로 대치되면 그것은 종교철학으로 전락한다.

3) 교황제도를 만들었다.

로마 가톨릭교회는 전 세계 교회가 반대하는 교황 제도로 성경을 떠났다. 성경에는 예수 그리스도의 대리자라는 개념이 없다. 부도덕하고 파렴치한 중세 교황들은 일반 평신도만도 못한 죄인이었다. 그러나 가톨릭은 교황이 절대 무오하고 흠이 없다고 강조함으로 성경에서 떠났다.

(2) 16세기 개혁주의 신학

16세기 종교개혁 때 일어난 개혁주의는 칼빈주의의 후신이다. 이 개혁주의는 구약성경의 '언약'을 신학의 핵심으로 삼고 출발했다. 즉 구약성경의 '언약'에 아담에서 시작된 행위 언약과 아브라함에게서 시작된 믿음의 언약, 은혜의 언약이 있다는 것이다. 이와 같은 언약신학은 교회의 시작을 구약의 아브라함 때로 본다. 이와 같은 언약신학은 구약에 없는 교회 개념을 사용해 구약 시대에도 교회가 있었다는 모순된 신학의 결과를 가져왔다.

이 같은 두 가지 오류인 로마 가톨릭교회와 개혁주의 신학이 신약성경적인 교회 복음을 무너뜨렸다.

둘째, 신약성경적인 교회 복음의 핵심[56)]

앞서 말했듯 구약성경에는 교회 복음이 없다. 신약성경에 최초로 '교회'라는 용어가 등장한 것은 마태복음 16장 18절이다. 예수님께서 "내가 이 반석 위에 내 교회를 세우리니"(and upon this rock I will build my church)라고 말씀하셨다. 여기서 예수님은 앞으로 자신이 세울 것이라는 자기 의지를 뜻하는 조동사 'will'을 사용하신다. 그러므로 예수님이 말씀하실 때까지는 교회가 없었다는 것이다. 예수님의 '교회' 언급은 마태복음에만 있고 타 복음서에는 없다.

또 요한복음 14장에서 주님이 제자들에게 거처를 예비해 놓은 뒤 다시 와서 그들을 자기에게로 영접하겠다고 약속하신다. 그러면서 자신이 가면 보혜사 성령을 그들에게 보내 주겠다고 약속하신다. 이렇게 복음서는 교회를 세우겠다는 약속과 성령님을 보내겠다는 약속으로 끝난다. 그 후에 주님이 약속하신 성령님이 사도행전 2장의 오순절 때 강림하셨다. 그렇게 성령님에 의해 형성된 조직체를 교회라고 부른다. 그래서 '예루살렘의 성령 집단'을 '예루살렘 교회'라고 부르고, '안디옥의 성령 집단'을 '안디옥 교회'라고 부른다. 심지어 문제 많고 파벌 많은 고린도 집단도 '고린도 교회'라고 부른다.

이렇게 쓰이기 시작한 교회, 즉 '에클레시아'(ἐκκλησία)라는 개념이

56) 정수영, 마태복음서 강해 Ⅱ, 쿰란출판사, 2015, pp.30~46.

신약성경에 무려 112회나 사용된다. 곧 마태복음 3회, 사도행전 18회, 로마서 4회, 고린도전서 20회, 고린도후서 9회, 에베소서 9회, 요한계시록 20회 등이다. 이제 이 교회 개념을 살펴보자.

(1) 에클레시아

교회에 '에클레시아'가 사용되었으나, 교회의 뜻이 아닌 것에도 이 단어가 사용되었다. 예를 들어, 사도행전 7장 38절의 '광야 교회'(the church in the wilderness), 또 사도행전 19장에는 다 똑같은 '에클레시아'라는 원문을 19장 32절의 '모인 무리'(the assembly)로, 19장 39절의 '민회'(assembly)로, 19장 41절의 '모임'(assembly)으로 다 각각 다르게 번역되었다. 이렇게 동일하게 '에클레시아'라는 단어가 쓰였으나 '교회'라는 개념에 해당하지 않는 다른 뜻으로 쓰인 경우가 섞여 있다. 그래서 '에클레시아'라는 단어로 '교회 복음'을 파악하기는 어렵다.

(2) 교회를 뜻하는 용어

신약성경에는 '교회'라는 단어를 직접적으로 사용하지 않았으나 교회를 의미하는 용어들이 있다.

① 성도(행 9:13; 고전 16:1; 고후 1:1) - 성령으로 변화되어 그리스도를 따르는 무리

② 제자(마 28:19) - 자신의 길을 가지 않고 예수님의 길을 따르는 자

③ 주의 종(롬 1:1) - 자신의 존재 의식을 포기하고 주님께 예속된 노예

④ 하나님의 백성(고후 6:16) - 인간의 혈통이 아닌 하나님의 백성

⑤ 하나님의 성전(고전 3:16) - 그 중심에 하나님이 있는 자

⑥ 성령의 사람(요 3:5) - 물과 성령으로 두 번 태어난 사람

⑦ 그리스도 안의 한 몸(고전 6:15) - 그리스도가 머리 되시고 성도들

은 몸의 각 지체

⑧ 새 피조물(고후 5:17) - 옛 사람이 죽고 성령의 사람으로 다시 태어난 존재

⑨ 포도나무 가지(요 15:1-6) - 나무와 가지 같은 일체 조직

⑩ 영생 얻은 자(요 3:15) - 영원한 생명을 획득한 자

이와 같은 용어들은 '교회'라는 단어를 쓰지 않았으나 '교회 복음'을 뜻한다. 그러므로 '교회'라는 단어를 직접 쓰지 않았다고 해서 '교회'가 아니라고 할 수 없다.

(3) 교회의 의미를 상징적으로 표현한 곳

① 피로 사신 교회(행 20:28)

② 교회는 그의 몸이니(엡 1:23; 골 1:18, 24)

③ 그리스도께서 교회의 머리다(엡 1:22)

④ 이 집은 살아 계신 하나님의 교회(딤전 3:15)

⑤ 수많은 지역 이름과 교회 이름이 따르는 경우(24곳)

⑥ 포도나무와 가지(요 15장)

이 외에도 수많은 상징적 의미의 교회 개념이 있다.

신약성경에는 다음과 같은 복합적인 의미의 '교회 복음'이 있다.

① '에클레시아'라는 단어적 의미의 교회

② 영적 의미의 교회

③ 상징적 의미의 교회

이 복합적인 의미를 깨달은 종교개혁자들이 교회 개념을 두 가지로 설명했다. 그것이 '보이는 교회'(Visible church)와 '보이지 않는 무형의 교회'(Invisible church)다. 그런데 종교개혁자들에게는 '보이는 교회',

즉 건물, 군중, 의식, 조직체가 곧 교회라는 개념이 교회 개념에 섞여 있다. 이것은 로마 가톨릭이 가톨릭 조직체를 교회라고 주장하는 것과 다르지 않다. 가톨릭이나 개신교의 '교회'는 여전히 조직, 건물, 군중의 개념에 머물러 있다.

셋째, 나의 교회관

나는 신약성경적인 교회 복음을 세 가지로 제시하고자 한다.

(1) 새 생명체

예수님이 말씀하신 교회에 대한 약속(마 16:18)과 보혜사 성령님에 대한 약속(요 14장)은 사도행전 2장의 성령 강림으로 실현되었다. 그러므로 교회는 성령으로 변화된 새 생명체, 즉 거듭난 성도로서 성령님을 모신 새 생명체다. 거듭난 성도는 이미 구원받은 자이므로 천국에 갈 수 있다.

(2) 지역 공동체

교회는 새 생명체로 거듭난 성도 자체이지만 성도들은 마치 벽돌들처럼 서로 연합해서 건물을 완성해 가야 한다. 혼자만이 아닌 또 다른 성도와 한 몸, 한 건물을 완성해 가는 지역 공동체가 있어야 한다. 이때의 지역 공동체는 반드시 거듭난 성도들로 구성되어야 한다. 가톨릭교회는 거듭난 성도와 거듭나지 않은 종교인을 섞어 조직체 개념으로 만들어 교회를 타락시켰다. 반드시 거듭난 성도들만 지역 교회가 되어야 한다. 이 원칙을 무시했기에 현대 교회가 무기력하고 무능해졌다.

(3) 우주 연합체

신약 교회 성도들은 예수님의 공중 강림 때 휴거의 영광을 먼저 누린다. 그다음 구약의 성도들도 뒤늦게 함께 연합한다. 이렇게 구약과 신약 성도들이 다 같이 영생할 연합된 우주 연합체가 미래의 천국이다. 이 신념이 꼭 필요하다.

제45장

종말론 복음[57]

성경에는 종말에 관한 예언이 가득하다. 성경 총 31,124절 중 약 4분의 1인 8,352절이 예언적 내용이다. 성경 66권 중 에스겔 65%, 예레미야 60%, 이사야 59%, 마태복음 26%, 누가복음 22%, 요한계시록 63%가 종말에 관한 예언이다.

이사야서에는 메시아 예언의 성취된 부분과 장차 있을 천년왕국의 미래상이 섞여 있다. 에스겔서에는 당시 포로 된 백성들에게 희망을 주는 내용(40-60장)과 미래 종말 때 아마겟돈 전쟁의 내용(38-39장)이 섞여 있다. 예레미야서는 이스라엘 민족이 바벨론에서 70년 포로 생활을 하게 될 역사와 신약에 성취될 새 언약의 예언(32장)이 섞여 있다. 다니엘서에는 바벨론 포로 귀환 이후에 전개될 세계사의 예언(2-8장)과 이스라엘 민족의 미래사가 예언되어 있다(9-12장). 구약성경의 예언들은 현재의 삶에서 격려와 위로를 받고 미래에 대한 복스

57) 정수영, 앞의 책, pp.348~389.

러운 소망을 갖게 해준다.

신약성경도 마찬가지다. 요한계시록 1-5장에서는 교회 시대의 예언이 주어졌고, 6-18장에서는 앞으로 있을 대환난 시대의 예언이 주어졌다. 그리고 신약성경에는 미래에 대한 예언이 곳곳에 섞여 있다. 마태복음 24-25장은 요한계시록의 축소판인 '소계시록'이고, 고린도전서 15장은 부활을 확인시켜 주며, 데살로니가전후서는 휴거의 진리를 깨우쳐 주고, 베드로후서 3장은 종말 때 지구가 없어질 양상을 예언해 주고 있다.

성경은 구약이든 신약이든 진리가 한곳에만 몰려 있지 않고 여기저기 분산돼 있으므로 성경을 취사선택해서 논리를 만드는 초보적 성경 구절 논리는 매우 위험하다. 상하좌우로 연결된 성경 전체 중 많이 강조된 용어들을 순서대로 조직화한 성서신학에 근거한 종말론이라야 안전한 종말론이 되는 것이다.

오늘은 성경의 몇 가지 종말론 중에서 마태복음 24-25장에 기록된 종말론의 일부분을 살펴보고자 한다. 마태복음 24-25장은 종말론의 전부가 아니며, 종말론 중에서 다음과 같은 약 다섯 가지 내용을 설명해 준다.

첫째, 예루살렘 성전 파괴에 대한 예언(마 24:1-2)

예수님은 유대 종교의 상징물인 예루살렘 성전이 파괴될 것을 예언하신다. 역사적으로 보면 예루살렘 성전은 세 번 건축됐고, 세 번 파괴됐다.

(1) 솔로몬 성전

BC 955년 솔로몬이 7년 만에 완성한 솔로몬 성전은 그로부터 369년이 지난 BC 586년에 바벨론 침략으로 파괴됐다(왕하 25:8-17).

(2) 스룹바벨 성전

BC 535년 바벨론 포로에서 해방된 유대인들이 귀국해 BC 516년에 스룹바벨 성전을 재건했다. 이 스룹바벨 성전도 BC 165년경 시리아의 안티오커스 에피파네스 4세에 의해 짓밟힌다. 이때 마카비 가문이 대를 이어 시리아 군대를 물리치고 성전을 회복한다(BC 130년경). 이것을 기념해 수전절(요 10:22)로 지킨다.

(3) 헤롯 성전

대헤롯이 BC 37년부터 유대인의 환심을 사려고 낙후된 성전을 증축하는 공사를 시작한다. 그것이 예수님 때까지 46년간 계속되고 있었다(요 2:20). 대헤롯이 죽은 후 그의 아들들과 손자들이 AD 66년에 이 공사를 완성했다. 이렇게 60여 년간 증축한 헤롯 성전은 AD 70년 로마의 티투스 장군에 의해 완전히 파괴되고 서쪽의 통곡의 벽만 남았다.

(4) 이슬람의 황금 사원(AD 691)

AD 632년에 이슬람이 팔레스타인을 정복한다. 그 후 300여 년이 흐른 뒤 AD 691년에 옛 솔로몬 성전 터 위에 황금 사원을 지었다. 이슬람은 메카, 메디나, 예루살렘을 3대 성지로 여기고 있다.

(5) 유대교도들의 성전 회복 운동

예수님은 자신의 몸이 성전이라고 하셨다(요 2:21). 바울 사도는 성령으로 거듭난 성도들을 성전이라고 했다(고전 3:16-17). 그런데 예수를 믿지 않는 유대교도들은 성전 회복 운동을 전개해 오고 있다. 특히 에스겔 40-48장 내용을 근거로 장차 새 성전이 회복되고(40, 43장), 새 예배가 회복되고(44-46장), 새 성전의 생명수(47-48장)가 회복될 것이라고 믿는다.

에스겔서 40-48장의 해석은 다음과 같이 나뉜다.

① 바벨론 포로들에 대한 희망과 격려의 예언(현재에 대한 예언)

② 미래 천년왕국 때의 회복에 대한 예언

③ 요한계시록 21장 22절의 성전이 없는 것에 대한 예언

이 중에서 나는 ①, ③의 해석을 따른다.

둘째, 세상 종말의 징조(마 24:3-14)

이 본문은 세상 종말 때의 징조를 일곱 가지로 소개한다.

① 사람들이 거짓 선지자들에게 미혹을 받는다(4-5절)

한국뿐 아니라 전 세계에 자칭 예수가 300여 명이나 된다고 한다(한국에만 80명). 많은 사람이 예수님의 이름으로 와서 자기가 그리스도라고 말하며 많은 사람을 미혹한다. 과거의 박태선, 문선명, 이장림, 권신찬, 유병언, 현재 박태선의 제자인 이만희, 하나님의 교회 신옥주, 캐나다와 호주의 빈야드 운동, 프랑스 수도원의 명상 기도 운동 등 각 곳에서 미혹하는 신전들이 있다.

② 난리와 난리의 소문이 난다(6절).

전쟁의 난리만이 아니라 온갖 괴상망측한 루머까지 계속 끊이지 않아 사람들을 불안하게 한다. 우리는 지금도 온갖 난리의 소문들

을 계속 듣고 있다.

③ 민족이 민족을, 나라가 나라를 대적한다(7절).

남한과 북한의 한 민족이 70년을 대결하고 있고, 중국과 대만 역시 한 민족으로 대결하고 있다. 인도의 힌두교와 이슬람 간 분쟁도 한 민족의 대결이다. 이 외에도 중동의 아랍족들이 시아파와 수니파로 대결하고 있고, 잉글랜드와 아일랜드의 대결, 미국의 백인과 흑인의 대결, 러시아와 우크라이나의 전쟁, 아프리카 각 부족들 간의 전쟁 등 헤아릴 수 없는 민족 간 분쟁이 계속 더 확대되어 간다.

④ 기근과 지진이 일어난다.

아프리카의 기근 상태, 전 세계의 참혹한 지진들(튀르키예 안타기아, 수리아의 지진)-히로시마 원자폭탄 300개의 위력

⑤ 그리스도인에 대한 증오가 더해진다.

유럽, 영국, 미국, 호주, 한국 등에서 예배당이 극장, 술집, 음식점, 카페로 전용되면서 교회에 대한 증오가 확대되고 있다.

⑥ 서로 잡아 주고 서로 미워한다.

종파 간, 교파 간, 파벌 간에 서로 증오하고 경원한다.

⑦ 불법이 성하므로 사랑이 식는다.

교회 내 불법이 성하여 사랑이 식는다. 교회가 세상만도 못하고, 세상의 상식 수준만도 못하다. 그래서 사랑의 공동체인 교회가 형식과 외식 껍데기만 유지한다.

셋째, 대환난의 참혹한 상태(마 24:15-28)

마태복음 24장의 핵심은 미래에 대환난이 있다는 예언이다. 요한계시록 16-18장에 기록된 7년 대환난을 매우 자세하게 설명하고 있다.

넷째, 대환난 전에 있을 주님의 공중 강림(마 24:29-31)

29절의 "그날 환난 후"는 '메타 텐 들립신'(μετὰ τὴν θλῖψιν)이다. 이 말을 KJV는 "그날들의 환난 뒤"로, 공동번역은 "그런 재난의 기간이 지나면"으로, 표준새번역은 "그 환난의 날들이 지난 뒤"로 번역했다. 이 중에서 '재난의 기간'으로 번역한 공동번역이 성경 전체와 조화된다.

30-31절은 인자가 구름 타고 큰 나팔 소리와 함께 공중 강림하시는 데살로니가전서 4장 13-18절 내용을 설명하고 있다. 주님의 공중 강림은 환난 전에 오시는 '환난 전 휴거설'과 환난 후 중간에 오시는 '환난 후 휴거설'로 해석이 달라진다. 이 중에 필자는 '환난 전 휴거설'을 믿는다.

우리 찬송가에는 주님의 공중 강림과 성도들의 환난 전 휴거설을 따른 찬송가가 많이 있다.

· 찬송가 174장 - 대속하신 구주께서 구름 타고 오실 때 천만 성도 함께 모여 주의 뒤를 따르네

· 찬송가 177장 - 천년왕국 이를 때 주의 신부 공중으로 들려 올라가겠네

· 찬송가 180장 - 천지 진동할 때에 예수 영광 중에 구름 타시고 천사들을 세계 만국 모든 곳에 보내어 구원받은 성도들을 모으리

이 같은 찬송들은 주님의 공중 강림 때 일어날 성도들의 휴거를 그 내용으로 한다. 현대교회 성도들은 이 찬송으로 주님 공중 강림과 성도들의 휴거를 노래하면서도 주님의 공중 강림과 성도들의 휴거를 믿지 않는 것은 무천년주의가 종말론 신앙을 무너뜨려 버렸기 때문이다. 참으로 신학적으로 불행한 일이다.

다섯째, 세상 종말에 대한 평소의 준비(마 24:32-25:46)

세상 종말에 대한 닫힌 계시

(1) 무화과나무의 비유(마 24:32-33)

무화과나무 잎이 나기 시작하는 것을 1948년에 이루어진 이스라엘의 독립으로 이해하는 주장이 있으나 무화과나무는 잎새가 나오면서 동시에 열매가 나온다. 무화과는 여름이 되면 가지가 연해지고 열매가 익는다. 여름의 계절이 가까웠다는 것은 곧 인류 역사의 끝이 이르렀다는, 세상 끝이라는 암시적 교훈이다.

(2) 하나님만 아신다(마 24:36)

그날과 그때는 인자도, 천사도 모르고 아버지만 아신다. 이 내용은 에베소서 1장 3-14절의 삼위 하나님의 사역의 특성으로 이해할 수 있다.

① 에베소서 1장 3-6절 - 성부 하나님은 계획자(Planner)

② 에베소서 1장 7-12절 - 성자 예수님은 시행자(Operator)

③ 에베소서 1장 13-14절 - 성령님은 확인자(Certifier)

이처럼 종말의 때는 만사의 계획자이신 성부만의 고유 권한이다.

(3) 노아 홍수 때의 교훈(마 24:37)

노아는 뜨거운 태양이 내리쬐는데도 120년간 말씀을 믿고 방주를 준비했다. 다른 사람들은 노아를 비웃고 방심하다 멸망한다. 주님의 날은 평소에 준비해야 한다.

(4) 선택하여 데려가심(마 24:40-41)

두 사람이 밭에 있다가 하나만 데려감을 당한다. 두 여자가 맷돌을 돌리다 하나만 데려감을 당할 정도로 철저히 개별적이다. 부부간, 부자간, 형제간, 친척 간에도 예외가 없다.

(5) 예고 없는 도둑(24:43)

도둑이 집을 뚫지 못하도록 항상 깨어 있는 신앙이 필요하다.

(6) 열 처녀 비유(마 25장)

평소에 기름을 준비하는 신앙이 필요하다.

평소의 기름은 매일 매시간마다 꾸준하게 일생 동안 성령님께 순종하는 생활 속에서 기름이 축적되어 나간다.

(7) 달란트 비유(마 25장)

성도는 다른 사람을 더 구원해야지 자기 자신만의 구원으로 만족하면 안 된다. 나 한 사람 구원해 내기 위해 과거의 수많은 선교사, 목사, 교사, 지도자들의 수고와 희생이 있었기에 내가 구원받았다. 그런데 나는 다른 사람들의 구원을 위해 무엇을 해가고 있는가? 내 신앙에 수고와 희생이 없다면 그는 한 달란트 받은 악한 종이다.

(8) 양과 염소의 비유

양과 염소는 외형은 비슷하지만 본성과 삶의 방법은 다르다.

신앙생활의 형태가 다 비슷한 것 같아도 양 같은 신앙은 다른 이에게 유익을 주어야 한다.

평소 삶에서 기름을 준비하고, 받은 달란트대로 이윤을 남겨야 한다. 평소 삶이 게으른 자는 한 달란트 받은 어리석은 신앙인이다.

제5부

요한계시록

제46장

성경의 종말론 신앙 회복[58]

아모스 선지자는 "주 여호와께서는 자기의 비밀을 그 종 선지자들에게 보이지 아니하시고는 결코 행하심이 없으시리라"(암 3:7)라고 말한다.

우리는 구약성경에서 인류의 역사와 이 세상이 어떻게 전개되어 나갈 것인지에 대한 하나님의 비밀을 보고, 아울러 하나님의 세상 경영의 표본으로 이스라엘 민족사를 배우게 된다. 또 신약성경에서 하나님의 경영 도구로 교회의 미래사를 배우게 된다.

성경은 총 31,124절로 되어 있다. 그중 4분의 1에 해당되는 8,352절이 미래가 어떻게 전개될 것인가를 예언해 준 종말론의 내용이다. 요한계시록 1장 1-3절에서도 하나님이 예수 그리스도에게 주신 계시이자 천사를 통해 사도 요한에게 준 예언의 말씀이라고 말한다.

이제 여기서는 신·구약성경 전체가 미래를 예언한 종말론 신앙으

---

58) 정수영, 교회시대(요한계시록 강해 1), 쿰란출판사, 2022, pp.93~101.

로 가득 차 있음을 차례대로 살펴보고자 한다.

첫째, 구약성경에 예언된 미래에 대한 내용

(1) 창세기

① 3장: 아담과 하와 이후 인류가 고난과 죄악 속에 살다가 흙으로 돌아갈 것

② 6-9장: 노아 홍수 후 인간이 겪게 될 기후 변화, 생태계 변화로 인한 험난한 인류의 고난사

③ 10-11장: 노아의 세 아들이 바벨탑 사건으로 전 세계로 흩어져 각각 다른 기후 조건 속에서 아시아에서는 황인종, 아프리카에서는 흑인, 유럽에서는 백인으로 살아가면서 종족 간, 부족 간, 씨족 간 분열을 거듭해 갈 것

④ 12-50장: 히브리 민족이 아브라함에게서 시작되어 그 후손들이 이방에서 400년간 노예 생활을 한 후에 다시 돌아올 것(창 15장)

모세가 신명기에서 이스라엘 백성이 가나안에 들어가 불순종할 것을 예언한 대로 이스라엘은 사사 시대 350년간 불순종으로 살아간다.

(2) 사무엘상하

사사들의 무법 시대 350년이 지나가고 새로운 왕정 시대의 기초를 닦은 사무엘은 이스라엘에 왕을 세우면 백성들에게 고난이 뒤따를 것을 경고한다(삼상 8장). 나단 선지자는 다윗 왕가에 칼이 떠나지 않고 왕국이 분열될 것을 예언한다.

또 이사야서부터 말라기까지 17권의 예언서를 보라. 예언서들 전부가 이스라엘 민족의 미래, 그리고 좀더 먼 미래사를 예언한다. 여기서는 대선지서 다섯 권의 예언만 살펴보자.

(3) 이사야서

이사야는 BC 740~680년의 약 60년간 남왕국 유다의 선지자로 활동한 후 이사야서 66장을 남겼다. 이사야서 전체 66장을 내용별로 보면 두 가지로 나뉜다.

1) 1-35장: 유다와 다른 민족들에 대한 심판 예언

이사야가 예언한 유다와 다른 민족들에 대한 심판의 예언은 이사야 사후에 그대로 성취되었다.

① 7, 10장: 북왕국 이스라엘이 앗수르에 멸망당할 것을 예언한 대로 BC 721년 북왕국 이스라엘이 역사에서 사라진다.

② 14장: 앗수르가 멸망할 것을 예언한 대로 BC 612년에 앗수르는 바벨론에 멸망당한다.

③ 13-14장: 바벨론에 대한 멸망의 예언대로 BC 539년에 바벨론은 페르시아의 느부갓네살에게 멸망당한다.

이사야서 전반부는 이토록 모든 민족이 하나님의 심판을 받을 것을 예언했고, 그 예언은 시차를 두고 그대로 성취됐다.

2) 40-66장: 이스라엘에 대한 위로의 예언

이 부분에서 이사야는 남왕국 유다나 북왕국 이스라엘 같은 정치적 왕국이 아니라 이스라엘의 영적 구원자로 오실 이가 메시아이심을 예언한다.

이사야 49-57장에서는 메시아의 소명, 순종, 속죄의 기능으로 '고난 받는 종'을 설명한다. 이사야는 구원자이신 메시아뿐 아니라 이스라엘의 영광스러운 미래도 예언한다. 그것이 58-66장의 내용이다. 이 중에서 65장 17-25절은 아직까지 성취되지 않은 미래의 천년왕국 때 성취될 내용으로 남아 있다.

(4) 예레미야서

예레미야는 BC 627~580년의 47년간 남왕국 유다에서 예언 활동을 한 후 예레미야서와 예레미야애가서를 남겼다. 예레미야서 52장은 두 가지 내용으로 되어 있다.

1) 2-45장: 유다에 대한 예언

그 예언의 핵심은 예레미야 25장 11절과 29장 10절에 예언된 것처럼 바벨론 포로 생활 70년이라는 고난을 겪고 난 후 돌아온다는 것이다. 왜 70년인가? 출애굽 후 안식년을 70회 지키지 않았기 때문이다(대하 36:21).

2) 46-52장: 이방인들에 대한 예언

예레미야 예언 중 31장 31-34절의 '새 언약'에 대한 예언에 근거해, 과거 애굽 땅에서 인도하여 내던 때의 언약, 곧 '구약'은 깨뜨리고, 새 언약을 그들의 속, 그들의 마음에 두는 언약, 곧 '신약'이라는 용어가 생겨났다.

(5) 에스겔서

에스겔은 BC 592~570년의 22년 동안 바벨론에서 포로 상태로 예언 활동을 한 후 에스겔서를 남겼다. 에스겔서 48장 전체 내용은 세 가지로 되어 있다.

1) 유다 나라에 대한 심판(4-24장): 에스겔이 환상, 비유, 표적 등으로 설명

2) 이방인들에 대한 심판(25-32장)

3) 이스라엘의 회복 예언(33-48장): 이스라엘의 회복을 두 가지로 예언

① 이스라엘 본토 회복(33-39장)

로스, 메섹, 두발 왕 곡의 연합군 침공과 연합군 패망이 예언된다. 그런데 지금까지 이 같은 연합군의 침략과 패망이 실현되지 않고 있다. 6일 전쟁 후 이스라엘이 승리했으나 연합군의 결정적인 패망은 없었다. 그래서 성경학자들은 에스겔 38-39장의 곡의 전쟁을 아직 남아 있는 미래로, 요한계시록 16장 16절의 아마겟돈 전쟁으로 추측한다.

② 이스라엘 왕국의 새로운 성전 회복(40-48장)

이스라엘이 미래에 성전과 제사를 회복할 것을 예언한다. 이 내용을 근거로 이스라엘 민족의 성전 재건 준비 역사를 설명하는 이들이 있다. 나는 에스겔 40장 1-4절에 근거해 포로가 된 후 25년이 지난 이스라엘을 위로하는 내용이라는 해석에 무게를 둔다(계 21:22, 22:3-4).

(6) 다니엘서

다니엘은 BC 605년에 바벨론 포로로 잡혀가 BC 536년까지 70년 동안 예언 활동을 한 후 다니엘서를 남겼다. 다니엘서 전체 12장의

내용은 크게 두 가지다.

1) 1-8장: 네 가지 환상

2장: 느부갓네살 왕의 네 가지 다른 요소가 섞인 신상

4장: 큰 나무의 환상

7장: 네 짐승의 환상

8장: 숫양과 숫염소 환상

이 환상들은 앞으로 전개될 세계 패권국의 미래사를 예언한 것으로 이해된다. 즉 ① 순금 같은 머리는 바벨론 제국, ② 은으로 된 가슴과 두 팔은 페르시아 제국, ③ 놋으로 된 배와 넓적다리는 헬라 제국, ④ 쇠와 흙이 혼합된 종아리는 로마제국으로 미래 세계 패권국이 변화될 것을 예언했다.

역사적인 로마제국은 AD 476년에 멸망했기에 그 후 역사는 로마제국이 변형된 모습으로 등장한다.

그것이 AD 476~590년의 과도기를 거친 후 590년에 교황 제도와 함께 교황이 군주 위에 군림하는 로마 가톨릭 시대가 지금까지 이어져 오고 있다. 이렇게 과거의 정치, 종교의 혼합 로마제국이, 현재에는 로마 가톨릭이 세상 권력과 대등한 세력으로 세상을 장악해 가고 있다.

그 결정적 증거가 교황청 소식이 매일 세상의 화제가 되는 현상이다. 그와 같은 사실이 정치, 군사, 법률, 사상을 현재에도 로마 가톨릭이 계승하고 있다는 증거이다. 그러나 요한계시록 13장 1~10절의 바다 짐승으로 표현된 정치 세력과 13장 11~18절에 예언된 땅의 짐승 예언은 적그리스도인 종교계의 대표 세력이 야합해 앞으로의 미래인 세상의 종말을 이끌어 갈 것으로 예언되어 있다.

이 모든 미래 사항이 다니엘 7장 23~28절에 예언된 한 때, 두 때,

반 때의 예언과 계시록 12:14의 한 때, 두 때, 반 때의 예언 연결로 이해된다.

2) 9-12장: 이스라엘의 미래 예언

이 부분이 요한계시록 이해에 결정적으로 기본이 된다.

다니엘서 9장 20-27절을 보자.

24절: '네 백성과 네 거룩한 성을 위하여 일흔 이레를 이스라엘 민족의 기한으로 정했다.' 이때 말하는 '70주'는 70주×7=490년으로 이해한다.

25절: 70주의 시작은 "예루살렘을 중건하라는 영이 날 때부터"다. 이스라엘 역사에서 예루살렘을 중건하라는 왕의 명령이 떨어진 때는, 느헤미야 2장 1절을 보면 아닥사스다 왕 제20년 니산월이다. 이것을 양력으로 계산하면 BC 444년 3월 5일이 된다. 그렇게 아닥사스다 왕의 명이 떨어진 후 일곱 이레, 즉 7×7=49년 후에는 성이 중건되어 광장과 거리가 세워질 것이다.

26절: 성이 중건된 후 다시 예순두 이래가 지난 후에는 기름 부음을 받은 자가 끊어져 없어질 것이다. BC 444년 3월 5일 이후 일곱 이레(49년), 예순두 이레(483년)가 지난 때는 AD 33년 3월 30일로 예수님이 골고다에서 운명하신 날이다. 이렇게 해서 이스라엘의 미래가 일흔 이레 중에서 일곱 이레와 예순두 이레, 모두 예순아홉 이레가 지나갔다.

27절: 그가 장차 많은 사람과 더불어 나머지 한 이레(7년) 동안의 언약을 굳게 맺을 것이다. 그가 한 이레의 절반, 즉 7년의 절반인 3년 반 동안 제사와 예물을 금지할 것이며, 또 포악하여 가증한 것이 날개를 의지하여 설 것이다. 여기서 한 이레 7년의 절반인 3년 반의 진노를 예언했다.

그런데 한 이레 7년의 절반인 3년 반의 환난을 요한계시록이 다시 예언한다.

11:2 거룩한 성을 마흔두 달 - 3년 반

11:3 천이백육십 일 - 3년 반

12:6 천이백육십 일 - 3년 반

12:14 한 때, 두 때, 반 때 - 3년 반

13:5 마흔두 달 - 3년 반

이렇게 다니엘서의 예언의 연장인 요한계시록의 예언에서 7년 대환난이 생겨난다.

둘째, 신약성경에 예언된 미래

① 마태복음 24-25장의 종말

② 고린도전서 15장의 부활

③ 데살로니가전서 4장의 휴거

④ 베드로후서 3장의 이 세상 종말

⑤ 요한계시록의 교회 시대, 대환난 시대, 천년왕국, 새 하늘과 새 땅

이렇게 구약과 신약 성경에는 미래를 예언한 종말론의 내용으로 가득하다.

2천 년 교회 역사에서 신·구약성경의 종말론을 왜곡시킨 세 사람의 유명한 신학자가 있다.

① 교부 신학을 완성한 아우구스티누스(354~430)

② 중세기 가톨릭 신학을 수립한 토마스 아퀴나스(1224~1274)

③ 개신교 조직신학을 수립한 칼빈(1509~1564)

이 세 사람은 성경의 종말론을 무시하고 미래의 천년왕국은 없다

는 무천년설과 함께 요한계시록 20장 1-6절에 기록된 천년왕국을 상징이라고 말하며 그 의미를 희석해 버렸다.

성경은 구약, 신약 전체가 미래의 예언서다. 그중의 하나가 교회 시대가 끝난 후 주님이 재림하셔서 이 땅에서 천년왕국을 이루시고, 그 후 영원한 천국 시대로 계승된다는 것이다. 그런데 무천년주의자들은 천년왕국이 교회 시대의 상징이라고 말한다. '상징'이라는 말은 설명하기 어려운 추상적인 개념이라는 뜻이다.

그렇다면 요한계시록 20장 4절의 마지막 구절을 보자. "살아서 그리스도와 더불어 천 년 동안 왕 노릇 하니." 여기서 '살아서'의 원문은 '에제산'(ἔζησαν)으로 생존해서 실제적으로 왕 노릇 한다는 뜻이지 상징적인 의미가 아니다. 여기 '에제산'(ἔζησαν)은 '살다, 생존하다'라는 뜻의 Lived다. 이것은 실제로 생명이 길게 살아갈 복합어다. 하나님께서 불변의 진리로 주신 성경을 인간들이 상징이라고 변개시켜서 수많은 이들을 잘못된 길로 오도케 한 죄악은 거룩한 성에 참여할 자격을 박탈됐음을(계 22:19) 의미한다. 또 '왕 노릇'은 원어로 '에바실류산'(ἐβασίλευσαν)이다. 이 말은 군주처럼 통치한다는 뜻이라기보다는 만왕의 왕이 이 세상의 물질, 시간, 병마, 죽음 등을 초월해서 영원히 자유인으로 살아간다는 초월적 의미다. 상상해 보라. 미래의 천국왕국은 육체가 부활의 영체로 변화된 천국이다. 천년왕국이 상징이라고 해석한 무천년주의자들의 해악으로 세상과 교회에 혼란과 무기력을 가져왔다.

이제라도 교회가 생명의 종교로 거듭나려면 성경의 종말론을 제대로 회복해야만 한다. 우리는 성경의 종말론 신앙을 회복하고 인간들의 불완전한 신학에서 해방되어야 할 것이다.

제47장

왜 아시아 일곱 교회인가?[59)]

나는 50년 동안 목회를 하면서 신학교 교수 생활을 30년 동안 병행했다. 신학교 교수 생활 30년의 열매로 교회사 관계 저서 10권을 저술했고, 목회 사역 50년의 열매로 신·구약성경 강해서 30여 권을 저술했다. 성경 강해서 중 가장 오랫동안(40년) 자료 준비를 한 후 저술한 책이 요한계시록 강해서 3권이다.

40여 년간 요한계시록에 관한 참고서 수십 종을 수집해 오면서 가장 크게 깨달은 것은, 교회가 요한계시록의 내용을 알지 못함으로 무기력한 교회가 됐다는 사실이다. 또 '주님은 당시 크고 유명한 교회들을 다 제쳐 놓고 왜 잘 알려지지도 않은 아시아의 일곱 교회에만 예언을 주셨는가?' 하는 궁금증을 갖게 되면서, 아시아 일곱 교회가 위치한 도시 이름의 뜻을 통해 미래 2천 년의 교회의 성격을 정확하게 예언해 주신 것임을 깨닫게 되었다.

---

59) 정수영, 앞의 책, pp.88~92.

이제 요한계시록 2-3장에 기록된 아시아 일곱 교회에 주신 주님의 말씀과 2천 년 교회사에 존재했던 시대별 교회의 특징이 정확하게 일치되는 부분을 살펴보자.

첫째, 에베소 교회(계 2:1–7)[60)]

아시아 일곱 교회 중에서 성경에 명확하게 알려진 교회는 에베소 교회뿐이다. 에베소는 어떤 곳인가? 현재 튀르키예 땅으로 과거 수많은 지배국의 유적들이 남아 있으나 지금은 방치된 잊힌 땅이다.

에베소 도시의 역사는 이렇다. BC 600년경 튀르키예 땅에 본토인이 아닌 헬라인이 리디아 왕국을 건설했다가 쇠약해진 후 BC 330년경 헬라 알렉산더 대왕의 정복으로 다시 헬라의 영향을 받는다. 이때 그 유명한 에베소 수호신으로 헬라 신화의 아테미 여신전을 세운다. 그 후 BC 195년경 로마제국이 이곳을 점령해 BC 133년부터 로마의 행정구역 내 소아시아의 수도 역할을 하다가 AD 638년 이슬람이 정복할 때까지 로마제국 영토가 되었다. 헬라 제국의 유물로 대극장과 아데미 신전이 있었다.

에베소가 로마제국의 지배를 당하던 AD 53~55년경에 바울 사도가 이곳 에베소에서 3년간 목회를 한다. 그 내용이 사도행전 19장에 기록되어 있다. 사도행전 19장에 기록된 바울 사도의 에베소 목회 3년은 매우 대단했다. 바울은 처음 석 달 동안은 유대인 회당에서 사역하다가 나머지 2년 이상은 두란노 서원을 빌려 날마다 강론을 했다. 현대 교회처럼 주일, 수요일, 금요일 세 번 모이는 것이 아니라, 매일 성경을 설명하는 초강행군 사역이었다. 이렇게 3년여 동안 매일 성경

60) 정수영, 앞의 책, pp.109~145.

강론을 한 결과가 놀랍게 나타난다. 바울의 손수건이나 앞치마를 가져다가 병든 사람에게 얹으면 병이 떠나갔다. 또 유대교 제사장과 그 아들 7명이 회개한다. 마술사들이 회개해 자진해서 마술사 책을 모아 불사르기도 한다. 이때 마술사들이 불태운 책값을 계산하니 은 5만이나 되었다. 은 5만은 5만 드라크마로 노동자가 1317년 일해야 받는 임금으로 오늘날로 치면 약 25억~30억에 해당한다.

바울 사도가 에베소 도시 전체에 영향을 주는 목회 사역을 해나가자, 에베소 주 관광 상품인 아데미 여신상 세공업자들이 물건이 안 팔리는 타격을 입는다. 그래서 데메드리오라는 자가 동업자들을 선동해 바울을 에베소에서 축출한다.

바울 사도는 그렇게 에베소에서 축출을 당하지만 에베소 3년 목회 중 고린도전후서를 기록했고, 또 에베소에서 복음을 듣고 회개한 이들이 다 각각 소아시아 전역으로 돌아가 자기 고향에 교회를 세운다. 그 열매가 바로 이웃 도시 서머나 교회와 골로새 교회를 비롯해 히에라볼리, 라오디게아(골 4:13-16) 등으로 파급되고, 이 외에도 다른 아시아 교회들이 바울 사도의 사역의 열매로 추정된다. 이렇게 왕성하게 진행되던 교회의 성장이 AD 68년 사도 바울의 순교로 중단된다.

그런데 AD 95~96년경 사도 요한이 요한계시록을 기록할 당시 주님은 에베소 교회에 두 가지를 말씀하신다.

① 이들의 인내, 악한 자를 용납하지 않은 것, 참고 견디고 게으르지 않은 것을 안다고 말씀하신다(계 2:2-3).

② 처음 사랑을 버린 것을 책망하신다(계 2:4).

주님은 에베소 교회가 참고 견디고 게으르지 않음으로 에베소 시민들에게 막강한 영향력을 행사한 것을 아신다. 그런데 에베소 교회가 처음 사랑을 버린 것을 책망하신다.

이 같은 주님의 말씀은 2천 년 교회 역사 중 어느 때에 해당하는가? 그 비밀은 '에베소'라는 도시 이름에서 알 수 있다. '에베소'는 'to relax', 즉 '긴장이 놓였다', '긴장이 풀렸다'라는 뜻이다. 에베소 교회는 활동이 왕성한 교회였는데 긴장이 풀어졌다니 무슨 뜻인가? 이것은 1세기 때의 교회 역사를 잘 알아야 이해된다.

최초의 예루살렘 교회는 AD 33년 오순절에 시작됐다. 그 후 10년이 안 되어 사마리아, 가이사랴에 교회가 생기고, 이어 AD 44년경에는 안디옥 교회가 생기고, AD 45~46년에는 소아시아 루스드라, 이고니온 등에 교회가 생기고, AD 50년경에는 빌립보, 데살로니가, 고린도 교회, AD 53~55년경에는 에베소, 로마 교회가 생긴다. 그런데 AD 70년 예루살렘이 로마에 함락된 후 교회들이 정체된다. 그래서 AD 95~96년경 사도 요한의 요한계시록 기록 때 1세기의 교회들은 모두 긴장이 풀어진, 곧 '첫사랑을 버린' 교회가 됐다.

이 말씀에는 두 가지 교훈이 있다.

① 역사적인 1세기의 교회에 주는 경고, 즉 AD 70년 이후 핍박으로 인해 긴장이 풀어진 교회에 주는 경고다.

② 모든 그리스도인에게 첫사랑의 감격을 회복하라는 경고, 즉 구원받은 첫해의 감격을 오래 지속하지 못하고 현실에 적응해 첫사랑을 상실한 모든 그리스도인에게 주는 경고다.

따라서 에베소 교회는 1세기 때의 교회 시대로 이해된다.

둘째, 서머나 교회(계 2:8–11)[61)]

'서머나'라는 도시는 에베소 북쪽에 있다. 서머나에는 과거 헬라 제국과 로마제국이 지배할 때 만들어진 유적들이 있고, 튀르키예가 지배하면서 '이즈미르'라고 개칭되었으며 현재는 튀르키예의 3대 도시 중 하나다.

서머나 교회의 개척자는 알 수 없다. 그러나 AD 69~156년까지 서머나 교회 감독이었다가 86세에 화형의 순교를 당했다는 폴리캅 기념 교회가 현재까지 유지되면서 아시아 교회 관광지가 됐다.

주님께서 서머나 교회에 주시는 말씀은 다음과 같다.

"내가 네 환난과 궁핍을 알거니와 실상은 네가 부요한 자니라"(2:9).

"너희가 십 일 동안 환난을 받으리라 네가 죽도록 충성하라"(2:10).

이 같은 주님의 말씀을 2천 년 교회사에 적용해 보자.

여기서 말하는 10일 동안의 환난은 AD 64년 네로 황제로 시작된 로마 10대 황제의 핍박사로 이해된다. 네로가 로마시 화재의 책임을 기독교도에게 전가하고 그들을 공개 광장에서 맹수의 밥이 되게 한 내용이 영화 "쿼바디스"에도 등장한다.

AD 70년 티투스는 예루살렘 멸망 후 유대인 포로 10만 명을 로마로 끌고 가서 10년 동안 강제 노역을 시켜 콜로세움[Colosseum, 정식 이름을 "플라비우스의 원형 투기장"(Amphitheatram Flavium)이다.]을 건설한다. AD 95~96년 도미티아누스는 사도 요한을 밧모섬에 유배시킨다. 이 외에도 계속해서 로마 10대 황제들이 기독교 박해를 이어 갔다. 그것이 AD 313년 콘스탄티누스 황제 때 기독교가 공인되면서 끝난다.

---

61) 정수영, 앞의 책, pp.146~183.

'서머나'는 'Crushed myrrh', 즉 '짓이겨 놓은 방부제'란 뜻이다. 교회 역사에서 짓이겨 죽이는 '10일간의 환난'은 어느 때인가? 그것은 AD 64년 네로 박해로부터 313년 기독교가 공인되기 전까지의 300여 년의 핍박 기간이다. 이렇게 짓이겨 놓은 핍박으로 많은 그리스도인이 순교를 당하지만 그 순교자들은 썩지 않는 방부제로 건재한다. 그것이 요한계시록 6장 9-11절에 기록된 "죽임을 당한 영혼들"인 순교자들이다.

따라서 서머나 교회는 1세기 이후부터 4세기 초의 교회 시대로 이해된다.

셋째, 버가모 교회(계 2:12-17)[62)]

버가모 도시는 서머나 북쪽 약 104km 지점에 있다. 이 도시 역시 현재 튀르키예 땅이지만 과거에는 헬라와 로마제국이 지배했다. 그래서 도시에는 헬라 제국 때의 유물과 로마제국 때의 유물이 남아 있다.

버가모 교회는 누가 세웠는가? 역사적 근거가 없기에 전혀 알 길이 없다. 그러나 주님께서는 버가모 교회 사정을 잘 아시고 칭찬과 책망을 하신다.

주님은 2장 13절에서 '네가 있는 곳은 사탄의 권좌가 있는 곳인데 내 충성된 증인 안디바가 죽임을 당할 때도 믿음을 버리지 않았다'라고 말씀하신다. 그런데 이어 14절에서는 발람의 교훈을 지키는 자들이 우상의 제물과 행음케 했다고 말씀하신다. 이 내용은 무엇을 뜻하는가?

---

62) 정수영, 앞의 책, pp.184~222.

여기서 말하는 '안디바'는 헬라 사회에 흔한 '안티파스'로 추정되고, 버가모 교회가 발람의 교훈을 따라 우상의 제물과 행음한 내용은 구약 민수기 22-24장에 나오는 역사적 교훈이다. 곧 이스라엘 민족이 출애굽한 후 가나안을 향해 가는 행진을 가로막은 모압족 발락이 발람 선지자를 고용해 이스라엘 남자들에게 우상의 제물을 먹인 후 행음하게 함으로 2만 4천 명이 떼죽음을 당한 사건이다.

이 내용이 교회사에서 어떻게 적용되는가? 그 의미를 이해하려면 '버가모'라는 지명의 뜻을 알아야 한다. '버가모'란 'marriage', 즉 '결혼'이란 뜻이다. 교회 역사에서 우상 제물을 먹게 하도록 결혼을 한 시기가 어느 때인가? 그것은 AD 313년 기독교가 공인되고 이후 로마제국의 국교가 되어 로마제국과 하나의 부부 관계를 맺기 시작한 이후를 뜻한다. 기독교는 거듭난 그리스도인들이 정치, 종교, 세상 모든 것에서 초월해 정결한 그리스도의 신부로서 깨끗한 영적 백성으로 살아가야 한다. 그런데 기독교가 세상의 온갖 타락과 불량배의 전형인 정치와 결혼해 창녀처럼 온갖 음행을 저지르게 됐다. 그 시기가 AD 313년 이후부터 590년 중세기로 들어가기 전까지로 이때 교회가 추락하기 시작했다.

따라서 버가모 교회는 4세기부터 6세기까지의 시대로 이해된다.

넷째, 두아디라 교회(계 2:18–29)[63]

두아디라 역시 튀르키예 땅에 있다. 이 도시도 헬라 제국이 300여 년을 지배했고, 로마제국이 700~800년을 지배했다. 특이한 것은 이 도시가 털실, 아마포, 외투, 가죽, 염료, 도자기 등 공산품을 생산하

63) 정수영, 앞의 책, pp.223~302.

는 공업 생산 도시였다는 것이다.

이곳 두아디라 교회를 누가 세웠는가? 사도행전 16장에는 바울 사도가 빌립보 교회 개척 당시 두아디라 출신의 자색 옷감 장사 루디아를 만나 도움받는 내용이 나온다. 루디아가 고향 두아디라에 교회를 개척했으리라고 추측하나 확실하지는 않다.

주님은 두아디라 교회를 향해 "내가 네 사업과 사랑과 믿음과 섬김과 인내를 아노니 네 나중 행위가 처음 것보다 많도다"(계 2:19)라고 칭찬하신다. 그런데 2장 20절에서는 자칭 선지자 이세벨을 용납해서 하나님이 종들을 행음케 하고 우상의 제물을 먹게 한 사실을 책망하신다.

이세벨은 열왕기상 16장 이후에 나오는 아합 왕의 왕후로 정치적 권력으로 이스라엘 고유 신앙을 바알과 아세라 종교로 바꾸려 했던 악한 여자다.

교회 역사에서 이 이세벨이 행한 것과 같은 사건이 언제 있었는가? 그 뜻이 '두아디라'라는 지명의 뜻에서 밝혀지고 있다. '두아디라'는 'mass', 즉 '계속적인 제사'란 뜻이다. 주님은 요한복음 4장에서 구약의 제사가 아닌 하나님께 영과 진리로 드리는 예배를 가르쳐 주셨다. 그래서 초대교회 이래 500년까지 모든 교회는 '예배'를 드려 왔다. 그런데 AD 590년 이후 로마 가톨릭은 예배를 물리치고 모든 것을 미사로 대치해 구약 때의 제사로 환원시켰다. 이렇게 계속된 제사는 하나님만이 아닌 마리아 예배, 성인 예배, 천사 예배 등 끝이 없는 제사들로 음행하게 하고 있다. 이 같은 '끝이 없는 제사'는 AD 590년 최초의 교황 제도가 시작되어 1517년 종교개혁이 이루어질 때까지 1천년 동안 계속됐다. 따라서 두아디라는 교회 역사에서 AD 590~1517

년에 해당한다.

정리하면 다음과 같다.

① 에베소: 긴장이 풀린 교회(1세기의 교회)

② 서머나: 짓이겨 놓은 순교자 시대의 교회(1세기 이후 4세기 초의 교회)

③ 버가모: 정치와 종교가 결혼한 교회(4세기 초부터 6세기까지의 교회)

④ 두아디라: 계속적인 제사와 음행의 교회(6세기부터 16세기 초까지의 교회)

제48장

교회 시대의 마지막 라오디게아

주님께서는 요한계시록 2-3장에서 아시아 일곱 교회에 대한 편지를 주셨다. 이 아시아 일곱 교회는 교회 시대가 어떻게 전개될 것인가를 예언해 주신 내용이다. 아시아 일곱 교회의 지명에는 과거 2천년 교회 시대의 시대적 특징이 정확히 담겨 있다.

요한계시록 2장에서는 아시아의 네 교회를 통해 교회시대가 어떠한 특징을 가질 것인지 그 내용을 예언해 주셨다.

여기 요한계시록 3장에 기록된 나머지 세 교회를 계속해서 살펴보자.

다섯째, 사데 교회(계 3:1–6)[64)]

사데는 두아디라 남쪽 48km 지점에 있는 도시다. 고대 리디아 왕국의 수도로 사금이 많이 생산돼 부자 나라로 역사 속에 전설이 된

---

64) 정수영, 앞의 책, pp.303~346.

도시다. 그 후 페르시아 왕 고레스에게 망한 후 페르시아의 지배를 받다가 헬라 제국과 로마제국의 손을 거쳐 현재는 튀르키예 땅이다.

사데 교회는 누가 세웠는지 알 수 없다. 그런데 주님께서는 사데 교회에 준엄한 책망도 하시고, 또 몇 명의 흰옷 입고 다닌 자들에 대해 생명책에 기록하겠다는 극찬도 하신다. 교회 역사에서 이렇게 완벽하게 다른 두 개의 성격이 나타나는 때가 언제인가? 그 비밀이 '사데'라는 말의 뜻 'Those escaping', 즉 '탈출한 자들'이라는 뜻에서 밝혀진다.

2천 년 교회 역사에서 탈출한 시기는 종교개혁 때다. 종교개혁을 통해 로마 가톨릭의 독재와 횡포 속에 지속된 중세기 암흑기 1,500년의 역사를 깨고 가톨릭에서 탈출했다. 그렇게 종교개혁이 성공한 결과가 독일의 루터교회, 영국의 성공회, 스위스 제네바 칼빈의 장로교회다. 이처럼 종교개혁의 성공으로 개신교들이 생겼다.

그런데 주님은 이렇게 위대한 종교개혁으로 성공한 '탈출한 자들'에게 요한계시록 3장 1-3절에서 매우 가혹하고 심각한 책망의 말씀을 하신다.

- 1절: 내가 네 행위를 아노니 네가 살았다 하는 이름은 가졌으나 죽은 자로다

- 2절: 내 하나님 앞에 네 행위의 온전한 것을 찾지 못하였노니

주님께서 종교개혁으로 탈출한 개신교들을 향해 '살았다 하는 이름은 가졌으나 죽은 자'라고 하신 것은 무슨 뜻인가?

먼저 종교개혁자로 잘 알려진 이들의 후예들은 로마 가톨릭과 처절한 종교전쟁들을 이어간다.

① 최초로 프랑스에서 가톨릭 정부 측과 칼빈주의를 따르는 개신교 위그노들 사이에서 36년간(1562~1598) 죽이고 죽는 위그노 전쟁이 일어났다. 이때 프랑스 내 위그노들 7만 명가량이 학살당했다. 이때 투쟁으로 맞서 싸우던 위그노들 40만 명은 프랑스를 버리고 네덜란드와 영국으로 망명한다.[65] 이로 인해 프랑스는 많은 산업 종사자를 잃는 막대한 손해를 당한다.

② 네덜란드에서 칼빈주의를 중심으로 스페인 군주들과 네덜란드 독립전쟁을 이어 간다. 네덜란드의 재침례교도 8만 명이 가톨릭 군주들에게 희생당한다. 네덜란드는 성경적 재침례교도 신앙으로는 독립전쟁을 이어 갈 수 없었으므로 투쟁적인 칼빈주의로 독립전쟁을 계속한다. 그래서 1568~1609년의 40년간 칼빈주의로 뭉쳐 의회를 장악하고 스페인과 독립전쟁을 계속 이어 간다. 네덜란드가 독립한 후에는 칼빈주의를 거부하고 가톨릭을 따르는 이들이 벨기에와 룩셈부르크로 분열한다.[66]

③ 독일에서 독일 국교인 루터교를 사수하려고 가톨릭 연합군들과 30년간(1618~1648) 종교전쟁을 일으킨다. 이때 독일 국민의 5분의 1이 희생된다.[67]

④ 영국에서 칼빈주의자들이 의회 다수 의석을 차지한 후 칼빈주의를 국교로 삼고 영국 성공회 군주들과 40년간(1625~1660) 청교도 전쟁을 이어 간다. 이때 청교도 지도자 크롬웰은 영국 왕 찰스 1세를 처형한다.[68]

---

65) 정수영, 근세교회사, 쿰란출판사, 2022, pp.198~213.
66) 정수영, 앞의 책, pp.223~231.
67) 정수영, 앞의 책, pp.274~286.
68) 정수영, 앞의 책, pp.294~308.

종교개혁은 가톨릭의 암흑 세상을 탈출한 사건이다. 그러나 종교개혁 후 칼빈주의는 프랑스, 네덜란드, 독일, 영국 등 모든 나라에서 종교전쟁을 일으켜 대적자들을 죽이겠다고 날뛰었다. 주님은 이 같은 종교전쟁 광신자들에게 "네 행위를 아노니 네가 살았다 하는 이름은 가졌으나 죽은 자"라고 단정하신다. 종교개혁 이후 사람들은 종교개혁을 가톨릭에서 광명을 찾은 '탈출 성공자'로 평가한다. 그에 반해 주님은 '네가 살았다 하나 죽은 자'라고 단정하신다.

한편 요한계시록 3장 4-5절에서는 전혀 다른 내용을 말씀하신다. "그러나 사데에 옷을 더럽히지 않은 몇 명이 있는데 그들은 나와 함께 흰옷을 입을 것이고, 그 이름이 생명책에서 결코 지워지지 않을 것이다." 여기서 '그들'이 누굴까? 나는 가톨릭과 개신교에서 분리된 재침례교도들이라고 본다.

과거사 역사는 승자들이 자기편 중심으로 기술해 놓기 때문에 우리는 편향된 역사관을 갖고 있다. 그래서 '종교개혁사'라고 하면 루터, 칼빈, 성공회만 말한다. 그러나 종교개혁기에 스위스, 독일, 네덜란드에서 가톨릭에서 탈출할 뿐 아니라 개신교에서도 탈출한 재침례교도들이 있었다.

스위스 재침례교도들은 루터, 츠빙글리와 동시대의 개혁자들이었다. 그런데 스위스 재침례교도들은 츠빙글리와의 유아세례 반대 논쟁에서 이기고도 츠빙글리에 의해 모두 참수를 당한다. 독일의 재침례교도들은 가톨릭 군주들과 루터의 무관심으로 죽어 갔다. 네덜란드 재침례교도들은 '메노파'라는 이름으로 미국으로 망명한다.[69]

---

69) 정수영, 종교개혁사, 쿰란출판사, 2012, pp.436~456.

다 같은 종교개혁 기간에 이 재침례교도들은 '그 옷을 더럽히지 않은' 몇 명의 의인들로 흰옷을 입고 순교 당한 자들이다. 주님은 그들에게 그 이름을 생명책에서 결코 지우지 않겠다고 하셨다.

'사데'라는 이름의 뜻은 '탈출한 자들'이다. 그런데 가톨릭에서 탈출한 자들 중에는 '살았다 하는 이름은 가졌으나 죽은 자'인 루터교, 성공회, 장로교가 있다. 그에 반해 '탈출한 자들' 중에는 스위스, 독일, 네덜란드에서 가톨릭과 개신교를 따르지 않고 '그 옷을 더럽히지 않은 몇 명의 흰옷을 입은 자'들도 있다. 따라서 사데 교회는 1517년 종교개혁 이후 약 250년이 지난 1750년대까지를 뜻한다.

여섯째, 빌라델비아 교회(계 3:14–22)[70]

빌라델비아는 사데 동남쪽 45km에 위치한다. 이곳에 언제 누가 이 교회를 세웠는지는 전혀 알 길이 없다. 추측하기는 바울 사도의 사역의 열매로 골로새, 라오디게아, 히에라볼리에 교회가 세워진 것처럼 빌라델비아도 그런 영향을 받은 것으로 추정된다. 현재 튀르키예 전역에 기독교 교회가 남아 있는 곳은 두 곳이다. 서머나를 '이즈미르'(Izmil)라고 개칭한 곳에 폴리캅 순교 기념 교회가 있다. 또 하나는 빌라델비아를 '하나님의 도시'라는 뜻의 '알라세히르'(Alasehir)로 개명한 도시로, 이곳은 인구 1만 5천 명 중 3분의 1인 5천 명이 기독교 신자들이다.

주님은 빌라델비아 교회에 칭찬만 하신다.

- 3:8: 네가 작은 능력을 가지고서도 내 말을 지키며 내 이름을 배반하지 않았다.

70) 정수영, 교회시대(요한계시록 강해 1), 쿰란출판사, 2022, pp.347~398.

- 3:10: 네가 나의 인내의 말씀을 지켰은즉 시험의 때를 면하게 하겠다.

- 3:12: 내 하나님 성전에 기둥이 되게 하고 새 예루살렘의 이름과 새 이름을 그 위에 기록하겠다.

주님께서 이토록 칭찬만 하신 교회는 어느 시대에 해당되는가? 그 비밀이 '빌라델비아'라는 지명에 담겨 있다. '빌라델비아'는 'Brotherly love', 즉 '형제적인 사랑'이란 뜻이다. 2천 년 교회사에서 전 세계 교회들이 형제적 사랑을 실천한 때가 언제인가? 그것은 1750년 이후부터 1900년경까지다. 왜 이 기간을 '형제적인 사랑'의 시기라고 하는가? 그 이유는 이 기간에 현대 선교가 이루어졌기 때문이다.

종교개혁자 루터와 칼빈은 가톨릭에서 '탈출'했으나 그들의 신학사상은 종교개혁 후 250년간 교회를 깊은 잠에 빠지게 했다. 루터는 주님의 지상 명령인 "너희는 가서 모든 민족을 제자로 삼아"(마 28:19), "땅끝까지 이르러 내 증인이 되리라"(행 1:8)라는 말씀이 바울 사도의 서바나(롬 15:23) 선교로 완성되었으므로, '땅끝까지'는 사도 때 완성됐다고 주장했다. 또 칼빈은 로마서 9장 13절의 "내가 야곱은 사랑하고 에서는 미워하였다"라는 구절과 9장 22절의 "멸하기로 준비된 진노의 그릇"이라는 구절을 근거로, 하나님께서는 구원 얻을 자와 멸망당할 자로 이중예정을 했다고 말했다. 이와 같은 잘못된 성경 해석으로 종교개혁 이후 250년간 개신교 전체는 전혀 선교에 관심을 갖지 않았다.

이처럼 250년간 두껍게 쌓아 올린 이 철옹성을 누가 깼는가? 바로 현대 선교의 아버지라 불리는 영국 침례교 선교사 윌리엄 캐리(William Carry, 1761~1834)다. 그는 교단, 동료, 교회의 반대를 무릅쓰

고 영국 침례교 선교회를 조직해 자기를 후원토록 하고 선교를 위해 1792년 인도 뱅골로 갔다.[71)]

캐리는 인도에서 사역한 34년 동안 인도 지방의 36개 언어로 성경을 번역했다. 이 같은 캐리의 사역에 자극을 받아 초교파 런던선교회가 스코틀랜드인 모리슨(1782~1834)을 중국 선교사로, 영국의 허드슨 테일러(1832~1905)를 중국 선교사로, 리빙스턴(1813~1873)을 아프리카 선교사로 파송했으며, 미국에서 언더우드(1858~1916)와 아펜젤러(1859~1904), 마펫(1864~1939)을 한국 선교사로 파송한다.

전 세계의 선교사들은 국가, 민족, 종교, 사상을 뛰어넘어 오직 형제적 사랑을 실천한 사람들로 이 기간은 1750~1900년대에 해당된다. 주님은 이들에게 하나님의 성전의 기둥이 되게 하고 새 예루살렘의 이름과 새 이름을 기록하겠다고 하셨다. 이때는 교회 역사에서 가장 작은 능력을 가지고 인내의 말씀을 지킨 시대다.

따라서 빌라델비아 즉 형제 사랑의 교회 시대는 1750~1900년대의 세계 선교가 실현된 시대이다.

일곱째, 라오디게아 교회(계 3:14-22)[72)]

'라오디게아'라는 지명이 골로새서 4장 13, 15-16절에서 언급되는 것을 보면 이 교회는 바울 사도 때부터 있었던 것으로 추정된다. 그런데 주님은 라오디게아 교회에 계속된 책망과 경고만 하신다.

- 3:15-16: 네가 미지근하여 차지도 뜨겁지도 않으니 토하여 버리겠다.
- 3:17-18: 스스로 부자라고 믿고 부족한 것, 곤고한 것, 가련한 것, 가난한 것, 눈먼 것, 벌거벗은 것을 알지 못한다. 금을 사서 부요하게

71) 안희열, 세계선교역사 다이제스트100, 침례교신학대학교 출판부, 2013, pp.338~342.
72) 정수영, 교회시대(요한계시록 강해 1), 쿰란출판사, 2022, pp.399~482.

하고, 흰옷을 사서 벌거벗은 수치를 가리고, 안약을 사서 보게 하라.

이 같은 라오디게아 교회는 교회 역사에서 어느 때를 의미하는가?

'라오디게아'라는 지명의 뜻은 'Right of laity'로 문외한이 옳다고 인정받는다는 뜻이다. 문외한, 속인, 평신도인 장로가 교회의 주인이 되고, 평신도가 WCC의 주인이 되어 전문 목회자가 소신껏 목회를 하지 못하게 된 것은 장로교의 창시자 칼빈 때부터다. 이렇게 평신도가 교회를 이끌어 가는 교회 마지막 시대는 차지도 뜨겁지도 않아 입에서 토해 내고 싶은 교회 시대를 뜻한다.

이 마지막 라오디게아 교회는 평신도가 교회의 주인이 되는 교회의 마지막 시대다. 하나님께서 보시기에 뜨겁지도 차지도 않아 입에서 토해 내고 싶은 신앙생활을 어떻게 극복할 수 있는가? 신약성경에 기록된 대로 감독, 장로, 목사는 한 사람이 갖는 세 가지 기능이므로, 평신도들은 집사로 봉사하는 데만 전념할 때 가능해질 것이다. 그런데 현대 W.C.C 지도자들은 대부분 평신도 지도자들이다. 그리고 개신교들 전체에도 목사가 아닌 평신도 신학자나 지도자가 세계 교회를 이끌어 가고 있다.

그래서 차지도 않고 뜨겁지도 않은 미지근한 교회를 이끌어 가고 있다. 이것이 교회 시대의 마지막 특징이다.

지금 전 세계 모든 교회들이 뜨겁지도 않고 차지도 않은 미지근한 교회 상태로 계속 추락해 가고 있다. 그 결과 전 세계 교회들이 계속 세상의 비난을 받고 있다. 이것이 교회시대의 종말이 된 증거임을 반영해준다.

제49장

휴거, 시상대, 어린양의 혼인 잔치[73)]

과거 구약 시대에는 하나님께서 이스라엘 민족을 역사의 도구로 사용하셨다. 그러나 신약 시대에는 교회를 도구로 사용하신다.

하나님께서는 요한계시록을 통해 교회 시대와 미래의 천국에 대해 알려 주셨다. 특히 요한계시록 2-3장에서는 2천 년 교회 역사가 어떤 성격으로 진행되어 갈 것인지를 아주 명확하게 알려 주셨다. 즉 초대 교회 당시 30여 개의 교회 중에서 그 교회의 지명에 뜻을 담고 있는 일곱 교회를 선별해 계시를 알려 주셨다.

요한계시록의 내용이 전적으로 하나님의 미래에 관한 비밀이라는 사실을 온전히 믿는 자는 아시아 일곱 교회의 비밀을 깨달을 수 있다. 그러나 성경에 하나님의 계시가 아닌 인간들의 요소가 섞여 있다는 인간들의 신학을 믿는 사람은 요한계시록의 비밀을 결코 알 수 없다.

---

73) 정수영, 앞의 책, pp.601~606.

앞서 설명했듯, 지금 교회는 아시아 일곱 교회 중 마지막 교회인 라오디게아 교회 시대를 살고 있으며, 평신도가 교회의 주인 노릇을 하면서 뜨겁지도 차지도 않은 미지근한 교회로 흘러가고 있다. 이렇게 미지근한 라오디게아 교회 시대가 끝나면 그다음은 어떻게 되는가? 그 후에는 미래가 완벽하게 둘로 갈라진다.

① 구원받은 성도들은 주님의 공중 강림과 함께 하늘로 들려 올라가는 휴거와 영광의 부활이 이루어진다.

② 구원받지 못한 죄인들은 이 땅에서 7년 대환난을 겪으면서 처참한 재앙들을 겪게 된다.

이제 여기서는 요한계시록 4장에 근거해 구원받은 성도들에게 해당하는 휴거, 시상대, 어린양의 혼인 잔치에 대해 차례대로 살펴보고자 한다.

첫째, 휴거

전 세계 수천 개의 신학대학 중 성경이 완벽한 하나님의 말씀이라고 믿는 신학교에서는 '휴거학'을 최대 1년 동안 가르친다. 반면 성경을 믿지 않고 인간의 신학을 믿는 신학교에서는 휴거를 가르치지 않는다. 그렇기에 '휴거'라는 말도 이해하지 못한다. 휴거를 이해하려면 먼저 주님의 공중 강림 사건을 이해해야 하고, 구원받은 성도들이라면 휴거에 대해 알아야 한다.

(1) 주님의 공중 강림

성경을 보면 우리 주님이 이 땅에 오시는 사건이 세 가지로 설명된다.

① 인류를 구원하러 오신 초림

② 구원받은 자들을 하늘로 끌어올리시기 위한 공중 강림

③ 구원받은 모든 성도와 함께 천년왕국을 건설하시려고 두 번째로 이 세상에 오시는 재림

성경에는 초림, 강림, 재림이 명확하게 구별되어 있으나, 사람들은 강림은 무시하고 재림만 있는 것으로 잘못 알고 있다.

주님이 지상의 재림이 아닌 먼저 공중으로 오시는 강림에 대한 성경적 근거를 보자.

> "인자가 구름을 타고 능력과 큰 영광으로 오는 것을 보리라"(마 24:30).
>
> "갈릴리 사람들아 어찌하여 서서 하늘을 쳐다보느냐 너희 가운데서 하늘로 올려지신 이 예수는 하늘로 가심을 본 그대로 오시리라"(행 1:11).
>
> "주께서 호령과 천사장의 소리와 하나님의 나팔 소리로 친히 하늘로부터 강림하시리니"(살전 4:16).
>
> "우리 주 예수 그리스도께서 강림하실 때에 흠 없게 보전되기를 원하노라"(살전 5:23).

이 외에도 성경 여러 곳에서 주님이 지상 재림에 앞서 공중 강림하심을 말하고 있다(약 5:7; 벧후 1:16, 3:4; 요일 2:28).

(2) 구원받은 성도들의 휴거

주님이 왜 공중으로 강림하시는가? 주님 혼자 공중으로 오시는 것이 아니라 구원받은 성도들을 영화롭게 해주시려고 공중으로 오신다. 여기에 참으로 놀라운 사실이 담겨 있다. 과거 구약 시대 믿음으로 구원받은 성도들은 영적 상태로 낙원에 가 있다. 신약 시대 믿음

으로 구원받은 성도들도 영적 상태로 낙원에 가 있다. 이 사실이 누가복음 23장 43절과 고린도후서 12장 2-4절에 기록되어 있다. 그렇기에 이미 구원받은 구약과 신약의 성도들은 영적 상태로 낙원에 가서 천국 생활을 하고 있다.

그런데 주님께서 공중으로 강림하실 때는 과거 구약과 신약의 성도들은 물론이고 현재 살아서 구원받은 모든 성도가 동시에 영광의 몸으로 부활하는데, 그 몸이 예수님께서 죽으셨다가 부활하신 몸과 같이 되는 것이다. 그 사실이 성경에 기록되어 있다.

> "보라 내가 너희에게 비밀을 말하노니 우리가[살아 있는] 다 잠 잘 것이 아니요 마지막 나팔에 순식간에 홀연히 다 변화되리니 나팔 소리가 나매 죽은 자들[구약, 신약 때 구원받은 자들]이 썩지 아니할 것으로[부활의 영광된 몸으로] 다시 살아나고 우리[살아 있는 성도들]도 변화되리라"(고전 15:51-52).
>
> "주께서 호령과 천사장의 소리와 하나님의 나팔 소리로 친히 하늘로부터 강림하시리니 그리스도 안에서 죽은 자들[신약 이후 성도들]이 먼저 일어나고[부활하고] 그 후에 우리 살아남은 자들[현재 구원받은 성도들]도 그들과 함께 구름 속으로 끌어올려 공중에서 주를 영접하게 하시리니 그리하여 우리가 항상 주와 함께 있으리라"(살전 4:16-17).

이처럼 구원받은 성도들이 주님 공중 강림 때 하늘로 끌어 올려지는 휴거가 실현될 것이 예언되어 있다.

교회 시대가 끝나는 요한계시록 3장에 이어 요한계시록 4장에서는 하늘 위에서 이루어지는 주님과 성도들의 하늘 예배가 설명되고 있다. 즉 성경에는 주님의 공중 강림, 구원받은 성도들의 휴거, 공중에서 구원받은 모든 성도가 드리는 하늘 예배가 순서대로 논리적으로 잘 설명되어 있다.

⑶ 휴거에 대한 인간들의 다양한 견해

휴거에 관한 성경의 진리는 명확하다. 그러나 이에 대한 인간들의 해석은 몇 가지로 갈라졌다.

① 부분 휴거설 - 모든 그리스도인이 휴거하는 것이 아니라 영적으로 준비된 영혼만 7년 환난 기간에 여러 번 나뉘어 휴거한다.

② 중간 휴거설 - 7년 대환난의 절반이 지난 후 후반기 때 휴거한다.

③ 환난 후 휴거설 - 7년 대환난을 다 겪되 하나님의 보호를 받게 되고 7년 대환난 마지막 때 그리스도 재림 직전에 휴거한다.

④ 환난 전 휴거설 - 데살로니가전서 1장 10절을 보면 "또 죽은 자들 가운데서 다시 살리신 그의 아들이 하늘로부터 강림하실 것을 너희가 어떻게 기다리는지를 말하니 이는 장래의 노하심[7년 대환난]에서 우리를 건지시는 예수시니라"라고 말씀한다. 따라서 7년 대환난 이전에 휴거한다는 환난 전 휴거설이 맞다.

이처럼 교회 시대가 끝나면 곧바로 휴거가 이루어짐을 알 수 있다.

둘째, 시상대

주님이 공중으로 강림하시고 구원받은 성도들이 휴거로 하늘에 올라가면, 그 후에는 무슨 일이 전개되는가? 이에 대해 성경학자들은 그리스도께서 구원받은 구약, 신약의 성도들에게 상급을 주시는 시상대 사건에 대해 말한다.

이에 대한 성경적 근거를 살펴보자.

고린도전서 3장 10-15절을 보면, 우리가 구원을 얻는 기초는 예수 그리스도다. 동시에 구원 얻은 자들은 다 각각 자기 믿음의 분량대로 공적을 쌓는다. 성도들의 공적이 금이나 은이나 보석일 수 있고, 또 나무나 풀이나 짚이 될 수도 있다. 또 중요한 것은 구원받은 성도들은 장차 그리스도의 시상대 앞에서 자기 공적을 시험받게 된다. 그때 그 공적이 불시험에도 살아남은 자는 상을 받을 것이고, 공적이 불에 타 없어지면 상은 못 받고 구원만 받을 것이다.

"이는 우리가 다 반드시 그리스도의 심판대 앞에 나타나게 되어 각각 선악간에 그 몸으로 행한 것을 따라 받으려 함이라"(고후 5:10).

여기서 '심판대'의 원문이 '베마토스'(βήματος)다. 이 말을 영어성경은 "심판대"(Judgment Seat)로 번역했으나 원문의 뜻은 '시상대'라는 뜻이다. 심판대라고 하면 이미 구원받은 성도가 하늘나라에 가서 또 심판을 받는 것으로 오해할 수 있다. 구원받은 자는 영생을 얻었기에 심판에 이르지 않는다(요 5:24). 또 로마서 8장 1절에도 그리스도 예수 안에 있는 자에게는 결코 정죄함이 없다고 했다. 휴거해 공중으로 올라간 성도들은 살아생전 충성한 대로 상급을 받는다. 성경 각 곳에 상급으로 표현된 약속된 면류관들이 있다.

시상으로 받는 면류관은 다음과 같다.

① 이 세상에서 살아가면서 욕망, 본능, 유혹, 호기심이 작동하는데도 그 모든 것을 절제한 성도에게 주어지는 '썩지 않는 면류관'(고전 9:24-25)

② 영혼 구령에 탁월한 공적이 있는 자에게 주어지는 '자랑의 면류관'(살전 2:19)

③ 주의 강림을 사모하며 깨끗하게 살아가는 자에게 주어지는 '의의 면류관'(딤후 4:8)

④ 억지로나 더러운 이득을 추구하거나 주장하는 자세가 아닌 양 무리의 모범이 되는 목양을 잘한 목회자에게 주어지는 '영광의 면류관'(벧전 5:2-3)

⑤ 죽도록 충성한 자에게 주어지는 '생명의 면류관'(약 1:12; 계 2:10)

주님은 이렇게 상 받을 자들을 알려 주셨다. 그래서 주님은 시상대에서 각각의 공적에 따라 면류관으로 상을 주신다. 그러나 상 받은 자들은 주님만 영광을 받으셔야 된다며 그 면류관을 주님 앞에 내려놓는다(계 4:10-11).

셋째, 어린양의 혼인 잔치

성경에는 혼인 잔치 비유의 교훈이 양극단의 두 가지가 있다. ① 마태복음 25장 1-13절에 기록된 열 처녀 비유와 ② 요한계시록 19장 1-10절에 기록된 천상 위에서 있을 미래의 어린양 혼인 잔치다. 열 처녀 비유의 혼인 잔치는 구원받지 못할 자들에 대한 심판의 교훈이나, 어린양의 혼인 잔치는 구원받은 자들이 7년 대환난 기간에 하늘에서 누리게 될 미래의 영광스러운 내용이다.

(1) 혼인 잔치에 참석할 자

미래의 영광스러운 어린양 혼인 잔치에 참여하는 자는 누구인가? 이 내용이 부활장으로 유명한 고린도전서 15장에 기록되어 있다. 고린도전서 15장 23-24절에 따르면 다음과 같이 각각 차례대로 부활한다.

① 첫 열매인 그리스도

② 그가 강림하실 때 그리스도에게 속한 신약 시대 성도들과 살아서 휴거되어 공중으로 올라갈 성도들

③ 구약 시대에 구원받은 모든 성도

(2) 어린양 혼인 잔치의 내용

요한계시록 19장 1-10절을 보면 ① 1-2절에서 구원받은 신약, 구약 모든 성도의 할렐루야 찬양이 있고, ② 3-5절에서 24장로와 네 생물의 할렐루야 찬양, ③ 6-8절에서 많은 물소리 같고 큰 우렛소리 같은 연합 찬양이 있은 후 ④ 9-10절에서 혼인 잔치에 대한 천사의 축복이 이어진다.

이렇게 하늘 위에서는 7년 동안의 어린양의 혼인 잔치가 계속 이어지고 찬양이 계속되지만, 반대로 땅에서는 요한계시록 6-18장에 기록된 7년 대환난의 끔찍한 시간이 이어진다.

주님께서는 인간들에게 영생의 축복을 얻을 것인지, 영원한 사망을 얻을 것인지 두 가지 중 하나만 선택하도록 하셨을 뿐, 둘의 중간 지대는 없다. 인간 세상에는 흑과 백 사이에 회색이 있고, 좌와 우 사이에는 중도파가 있으며, 과함과 부족함 사이에는 중용이 있다. 그러나 성경의 미래에는 천국이냐, 지옥이냐 둘 중 하나만 있을 뿐 중간인 연옥은 없다.

주님께서는 사람들이 전혀 알 수 없는 어느 날 도적같이 강림하신다. 그때 신약의 성도, 구약의 성도가 다 영광의 부활로 신령한 몸을 입는다. 그리고 살아서 구원받은 자는 휴거해 부활의 몸을 입는다. 따라서 그리스도인은 아무 때든지 휴거에 동참할 수 있도록 성령의 사람으로 준비되어 있어야 한다.

제50장

일곱 인으로 봉한 두루마리

과거 구약 시대에는 하나님께서 이스라엘 민족을 통해 세상사를 이끌어 가셨다. 그리고 구약성경에 이스라엘 민족의 미래를 예언해 주셨다. 그 후 신약 시대에는 하나님께서 교회를 통해 세상을 이끌어 가시면서 신약성경을 통해 신앙과 행위와 미래사를 예언해 주셨다.

신약성경 중 복음서와 서신서 곳곳에 부분적 미래사가 예언되어 있으나, 그중에서 가장 핵심적으로 미래사를 예언한 책이 요한계시록이다.

우리는 앞서 요한계시록의 첫 부분 1-4장의 내용을 살펴보았다. 이제는 요한계시록 5장에 있는 내용을 알아보자. 요한계시록 5장의 내용은 크게 세 가지로 나눌 수 있다.

첫째, 일곱 인으로 인봉한 두루마리(계 5:1–3)

여기서 '인'의 원문은 '스프라기신'(σφραγῖσιν)이다. 이 말은 '도장'을 뜻한다. 도장이 일반 대중에게 일반화되기 전에는 어떻게 쓰였는지 알아보자.

⑴ 구약 시대 또는 군왕 시대

도장은 군왕의 권위를 상징했다. 다니엘 6장 16-18절을 보면 다니엘을 사자 굴에 집어 던지고 돌을 굴려 굴 어귀를 막은 다음 왕의 도장과 귀족들의 도장으로 인봉하는 내용이 나온다. 에스더 8장 7-8절에서도 페르시아 왕 아하수에로가 하만을 나무에 매달아 죽이라는 왕의 조서에 왕의 반지로 인을 치는 내용이 나온다. 마태복음 27장 66절에서는 예수님을 죽이도록 내준 로마 총독 빌라도가 예수님의 무덤을 돌로 막고 인봉하고 경비병들에게 무덤을 지키게 하는 내용이 나온다. 우리나라 조선 왕조 때 왕의 도장은 어인, 어쇄, 옥쇄, 국쇄, 국보, 어보라고 해서 보통 사람들의 도장과 구별했다.

⑵ 신약성경

신약성경에서 '인'은 아주 독특한 의미로 사용된다. 하나님께서 주님을 영접함으로 하나님의 자녀가 된 성도에게는 하나님의 백성이라는 성령의 인을 치신다고 말한다. 고린도후서 1장 22절은 하나님께서 구원받은 자에게 인(도장)을 치시고 그 마음속에는 하나님의 소유임을 보증해 주는 성령님이 역사한다고 말씀한다. 에베소서 1장 13절에서도 진리의 말씀, 복음을 믿는 자에게는 약속의 성령으로 인을 받았다고 말하고, 에베소서 4장 30절에서도 구원받은 자는 구원이 완성되는 날까지 인 치심을 받았다고 말한다. 이렇게 신약성경에서 '인'(도장)은 하나님의 명확한 소유임을 증명하는 영적 보장의 의미로 쓰인다.

그런데 요한계시록 5장이나 6장에서는 그 뜻이 완전히 달라진다.

요한계시록 5장에서는 완전한 비밀의 보장이라는 뜻으로 인이 사용되고, 6-8장에서는 하나님께서 어린양을 통해 7년 대환난의 재앙을 내리는 인봉한 책을 여는 것으로 설명되고 있다.

우리는 성경에 기록된 '인'이라는 의미가 다 각각 다른 것을 구별해야 한다.

① 구약과 예수님의 무덤에 사용된 군왕적 절대불변의 의미
② 신약의 복음서와 서신서에 쓰인 약속의 성령으로 인 치시는 상징적 의미
③ 요한계시록 5장의 절대 알 수 없는 비밀의 의미
④ 요한계시록 6-8장의 대환난의 첫 재앙으로 일곱 인의 의미

오늘 요한계시록 5장에서는 절대 알 수 없는 비밀의 의미로 '일곱 인'을 설명한다.

둘째, 두루마리를 펴기에 합당한 자가 없는 인류 역사(계 5:4)

요한계시록 5장의 일곱 인으로 봉한 두루마리는 하나님 외에는 그 누구도 알 수 없는 절대 비밀을 상징한다. 천사가 큰 음성으로 누가 일곱 인을 떼기에 합당한지 묻지만, 하늘 위에나 땅 위에나 땅 아래 그 어느 곳에도 일곱 인을 떼기에 합당한 자가 없기에 요한이 크게 통곡한다.

'하늘 위'란 아브라함, 모세, 다윗, 엘리야, 바울 등 하늘나라에 올라간 사람들을 말하는데 그중 누가 완전하겠는가? 또 '땅 위'란 현재 살아 있는 사람들을 가리키는데 그중에 누가 완전한 자이겠는가? '땅 아래'란 구원받지 못했으나 세상에서 유명한 과거의 군왕, 철학자,

사상가, 군인, 재벌가들을 말하는데 그중에 누가 완전한 자이겠는가? 하늘 위, 땅 위, 땅 아래 등 전 세계 인류 역사를 다 살펴봐도 일곱 인으로 봉한 책을 열 사람이 없다.

우리는 성경에 기록된 잘 알려진 인물들을 존경한다. 그런데 성경에 기록됐어도 모두 다 약점이 있다. 아브라함은 믿음의 조상이요 3대 종교의 기원자로 최상의 복을 받은 자다. 그러나 그는 자기 아내를 누이라고 속여 자기 안전을 도모한 비겁한 사람이다. 모세는 이스라엘 민족을 애굽에서 해방시킨 자요, 율법 수여자다. 그러나 그는 애굽인을 쳐 죽인 살인자이기도 하다(출 2:12). 다윗은 예루살렘을 수도로 만들어 3천 년을 계승시킨 공로자다. 그러나 그는 부하의 아내와 간음하고 그 남편을 죽게 한 살인 교사자다. 바울은 아시아, 중동, 유럽까지 최대 영역에서 활동한 선교사요, 13권의 성경을 기록한 기독교 신학의 중추 인물이다. 그러나 그는 과거 스데반 처형의 가담자였다(행 7:58).

하늘 위나 땅 위나 땅 아래 어디를 봐도 일곱 인으로 봉한 두루마리를 열 만한 자가 없었다. 이 같은 상황에 절망한 요한이 큰 소리로 운다. 그때 장로 중 한 사람이 요한에게 울지 말라며 유대 지파의 사자 다윗의 뿌리가 이겼다고 말한다.

셋째, 다윗의 뿌리가 이겼다(계 5:5)

사도 요한은 일곱 인으로 봉한 두루마리를 뗄 수 있는 유일한 인물은 하나님이면서 동시에 인간의 몸을 입은 다윗의 후손 예수님임을 알게 된다. 그리고 예수님만이 인류의 죄와 사망의 문제를 해결해 주셨기 때문이라고 말한다. 여기서 '이겼다'는 말의 뜻을 제대로 알아야 이 말씀이 이해가 된다.

'이겼다'의 원문은 '에니케센'(ἐνίκησεν)이다. 이 말은 '이기다', '정복하다', '격파하다', '해결하다'라는 다양한 뜻이 있다. 그렇기에 예수님께서 이겼다는 뜻도 되지만 예수님께서 죄 문제를 해결하셨다, 예수님께서 죽음의 문제를 정복하셨다는 뜻도 된다.

인류 역사에서 아브라함, 모세, 다윗, 바울 등은 하나님의 사람들이다. 또 공자, 석가모니, 마호메트 등 종교가들이나 그 어떤 철학자, 사상가들 중에서 죄와 죽음의 문제를 해결해 준 이가 아무도 없다. 오직 예수님만이 원죄와 자범죄를 보혈로 해결해 주셨고, 또 죽음으로 끝나는 문제를 부활로 해결해 주셨다.

그런데 아직도 예수님을 하나님의 아들이자 인류의 구세주로 믿지 않는 유대교는 전 세계 막강한 영향력으로 메시아를 거부한다. 유대인은 전 세계에서 약 650만 명 정도지만 세계를 움직이는 20명 중 15명이 유대인이며, 이들은 경제력으로 전 세계의 정치, 사회를 장악하고 있다. 유대교는 메시아가 이스라엘 민족으로 올 것을 믿고, 미래 이스라엘 민족의 세계 통치를 믿는다. 즉 유대교는 이스라엘 민족 중심의 편협한 종교다. 그렇기에 전 세계에 막강한 정치적, 경제적 힘을 과시하다 바벨론처럼 망한다.

요한계시록은 교회 시대만을 위해 기록된 책이 아니다. 요한계시록 2-3장에서 교회 시대가 종결된 후 4장부터 공식적인 교회는 수면에서 사라지고, 6장부터 구약에 예언된 7년 대환난이 시작된다. 이렇게 겪게 될 7년 대환난은 인류에게는 큰 재앙이지만, 7장에는 메시아를 거부하던 이스라엘 민족의 일부가 회개하고 돌아오는 미래가 예언되어 있다.

오늘 우리는 교회 시대 마지막인 미지근한 라오디게아 교회 시대를 살아가고 있다. 라오디게아 교회를 이끄는 세력은 평신도이고, 신학은 무천년 신학으로, 마지막에 주님 재림 후 곧바로 천국 시대가 전개될 것을 믿는다. 그러나 성경은 주님 재림 후 천년왕국이 현 지상에서 이루어진 후 이 지구와 천상계가 사라진 새 하늘과 새 땅에서 영원히 하나님이 다스리시는 천국을 말한다.

제51장

전 3년 반의 대환난

요한계시록에는 앞으로 미래에 있을 대환난이 예언되어 있다. 요한계시록 6장을 보면, 유행병의 상징인 청황색 말이 나타남으로 전 세계가 유행병으로 땅의 4분의 1이 죽게 될 것을 예언한다. 그 같은 미래의 공포가 실제로 가능한 일임을 코로나19가 보여 주었다. 또 요한계시록 8장을 보면 피 섞인 우박과 불이 떨어져 땅의 3분의 1이 불타고 수목과 푸른 풀이 불타 버릴 것을 예언한다. 실제로 그와 비슷하게 호주에서 산불로 국토의 70%가 불탄 일과 캐나다의 산불을 국제적으로 진화한 일이 있었다. 최근에는 국내에서 경상도 산불의 피해가 막대한 결과를 일으켰다.

요한계시록 6장부터 계속 이어지는 7년 대환난은 미래에 있을 대재앙이다. 이 재앙이 이미 수목과 바다와 각종 이상 기후에서 나타나고 있다. 이렇게 대환난으로 전 세계 인류가 대재앙을 당하는 비극 속에서도 매우 긍정적인 사건들이 일어난다. 그것이 7장의 이스라엘 민족의 회개 역사이고, 11장의 두 증인의 사역과 순교다.

이제 요한계시록 6장부터 11장의 내용을 살펴보자.

첫째, 요한계시록 6장의 일곱 인 재앙

앞서 5장에서는 하나님께서 교회 시대 이후에 있을 미래의 세상 계획을 일곱 인으로 봉한 두루마리 속에 감춰 두셨음을 설명했다. 6장에서는 그 인봉한 두루마리를 주님이 하나씩 떼신다.

첫째 인을 떼자 평화를 상징하는 흰말이 활을 가지고 나타난다. 이것은 평화가 제거되고 활로 상징되는 전쟁이 시작됨을 알린다.

둘째 인을 떼자 전쟁의 상징인 붉은 말이 나타나 땅에서 화평을 제거한다.

셋째 인을 떼자 기근의 상징인 검은 말이 나타나 노동자의 하루 임금에 해당되는 한 데나리온으로 겨우 밀 한 되 또는 보리 석 되를 살 수밖에 없을 정도의 대기근 시대가 된다.

넷째 인을 떼자 유행병의 상징인 청황색 말이 나타나 땅 4분의 1이 검과 흉년으로 사망한다.

다섯째 인을 뗄 때 하나님의 제단 아래 있던 순교자들이 왜 자기들의 원수를 갚아 주지 않느냐며 큰 소리로 외친다. 이때 주님은 순교자의 수가 차기까지 잠시 기다리라고 하면서 흰 두루마기를 주신다. 이 말씀은 초대교회 이래 지금까지 수천 명의 순교자가 있었으나 11장의 대환난 중에도 두 증인의 순교가 미래에 남아 있음을 의미한다.

여섯째 인을 떼자 해가 검은 상복을 입은 것처럼 새카맣게 달라지고, 달이 피같이 달라지며, 해와 달의 기능이 축소된다.

우리는 이 같은 재앙이 미래에 있을 것이라고 생각한다. 그러나 전 세계는 이미 과거에 겪지 못한 재앙들을 부분적으로 겪고 있다. 원인을 알 수 없는 코로나19로 전 세계에서 수십만 명이 죽어갔다. 기후 재난으로 바닷물 온도가 높아져 북극의 빙산들이 녹아내리고 시베리아 북쪽 강들이 녹으면서 4만 년 전 석기 시대 선충들이 다시 깨어나 꿈틀거리는 것을 독일의 산악대원들이 발견했다고 한다. 이 모든 재앙은 요한계시록 6장에 기록된 인의 재앙으로 전 세계의 4분의 1이 죽게 되는 시작임을 알려 준다.

둘째, 요한계시록 7장의 14만 4천의 이스라엘 회개

요한계시록 7장에는 이스라엘 자손 중 각 지파에서 인 침을 받은 자들이 14만 4천이 된다는 내용이 기록되어 있다. 이 이스라엘 자손 14만 4천에 대한 잘못된 해석으로 교계가 매우 혼란을 거듭해 오고 있다. 무천년주의자들은 14만 4천이 단지 영적 상징일 뿐 아무 의미가 없다고 의미를 축소해 버리고, 이단인 박태선의 전도관이나 신천지의 이만희 등은 이 땅에서 구원받을 자가 14만 4천 뿐이라고 세상을 혼란시킨다.

요한계시록 7장의 14만 4천이 대환난 때 구원받게 될 이스라엘 민족을 상징하는 의미를 성경적으로 살펴보자.

이 내용을 이해하기 위해 먼저 로마서 9-11장을 보자.

로마서 전체는 16장으로 되어 있다. 로마서는 바울 사도가 AD 59~60년경 고린도에서 기록해 뵈뵈 자매를 통해 로마 교회에 전달한 내용이다. 로마서 16장은 세 가지 내용으로 구성되어 있다. 1장부터 8장까지는 구원론을 설명한다. 9장부터 11장까지는 구원론을 이스라엘에 적용해 볼 때 문제점이 무엇인가를 설명한다. 그리고 12장부터 16장까지는 섬기는 삶을 설명한다.

이 중에서 이스라엘이 왜 구원을 못 받고 있는지에 대한 내용이 9장부터 11장에 다음과 같이 설명되어 있다.

이스라엘 사람들에게는 믿음으로 양자가 되는 특권이 있고, 하나님의 백성이라는 영광이 있고, 노아의 언약, 아브라함의 언약, 시내산의 언약, 그리스도 안의 새 언약이 있다(롬 9:4). 또 율법, 예배, 약속들이 있다. 조상들도 그들의 것이고, 육신으로 본다면 예수 그리스도도 이스라엘 사람이다(롬 9:5). 그러나 아브라함의 씨가 다 그의 자녀가 아닌 것처럼(롬 9:7), 약속의 자녀라야만 아브라함의 씨다(롬 9:8). 이들 이스라엘은 믿음을 따르지 않고 율법을 따름으로 부딪치는 돌에 넘어졌다(롬 9:31). 이스라엘이 실족하여 넘어짐으로 구원이 이방인에게 이르렀고 이로 인해 이스라엘은 시기하게 되었다(롬 11:11). 하나님의 신비로 이방인의 충만한 수가 들어오기까지 이스라엘은 우둔하게 되었다(롬 11:25). 다시 말하면 이방인들 중에서 선택받은 숫자가 충만하게 찰 때 이스라엘이 거국적으로 구원을 받게 될 것이다.

이처럼 바울 사도는 로마서 9-11장에서 이스라엘 민족의 거역과 때가 되면 회개의 역사가 일어날 것을 예언했다. 그리고 “깊도다 하나님의 지혜와 지식의 풍성함이여, 그의 판단은 헤아리지 못할 것이며 그의 길은 찾지 못할 것이로다”(롬 11:33)라고 했다.

여기서 바울 사도가 예언한 바로는, 이스라엘 민족이 이방인의 충만한 수가 차기까지는 구원받지 못하고 우둔하게 될 것이지만, 이방인의 충만한 수가 채워지면 거국적인 회개 역사가 이루어질 것이다. 그 거국적인 회개 역사가 계시록 7장에 기록되어 있다.

그렇다면 왜 이스라엘은 교회 시대, 은혜 시대, 성령 시대에 회개하지 않고 참혹한 대환난 시대에야 회개하는가? 그것은 다니엘 9장에서 이스라엘 민족의 역사를 '70이레'로 정해 놨는데 그중에서 '69이레'는 이미 성취되었고, 마지막 1이레인 7년 대환난 때 회개할 것이 예언되었기 때문이다. 이것을 좀더 합리적으로 이해해 보자.

예수님께서 부활 승천하실 때 그 장면을 목격한 사람은 갈릴리 사람들(행 1:11)과 500여 명 정도(고전 15:6)의 소수였다. 그러나 주님께서 공중으로 강림하실 때는 땅의 모든 족속이 다 보게 된다. 요한계시록 1장 7절에 의하면, 주님이 구름을 타고 오시는 장면을 각 사람의 눈이 보고 그를 찌른 자인 유대인들도 본다고 했다. 과거 부활 승천 때는 갈릴리 지역의 제한된 사람들만 봤으나, 앞으로 주님이 공중으로 강림할 때는 TV로 전 세계인이 다 보게 된다. 이렇게 주님의 공중강림 현장을 전 세계인이 목격한 후 이스라엘이 지금까지 고집스럽게 지켜온 메시아관이 깨진다. 그들은 지금도 이스라엘 민족이 주체가 되는 세계 지배를 믿고 있다. 그러나 주님의 공중 강림을 목격한 후 헛된 메시아관이 깨질 것이다. 그리고 다니엘이 예언한 7년 대환난을 겪게 된다. 하늘에서, 땅에서, 바다에서 온갖 재앙이 일어난다. 이때 비로소 이스라엘 민족의 거국적인 회개가 일어난다.

14만 4천은 정확한 숫자라기보다는 12지파의 만수인 12배로 많은 이스라엘이 회개하고 돌아온다는 것이다.

셋째, 요한계시록 8-9장의 일곱 나팔 재앙

앞서 6장의 '인' 재앙에서는 전 세계의 4분의 1이 재앙을 당해 큰 피해를 입는다. 그런데 여기 8-9장에 기록된 '나팔 재앙'에서는 전 세계의 3분의 1이 재앙을 당하며 재앙의 규모가 더 확대된다.

첫째 나팔 재앙은 피 섞인 우박으로 땅 3분의 1이 불타고 수목의 3분의 1이 불탄다.

둘째 나팔 재앙은 바다의 3분의 1이 피가 되고, 바다 가운데 사는 생물들이 죽고, 배들의 3분의 1이 깨진다. 이미 인도양의 수온이 1.1℃ 상승해 전 세계가 이변을 당하고 있는데, 과학자들은 2050년경에는 1.5℃ 상승해 바다에 인접한 전 세계의 항구 도시들이 다 물에 잠길 것이며, 그때는 연 25만 명이 사망할 것이라고 말한다.

셋째 나팔을 불자 하늘의 횃불이 강에 떨어져 강의 근원들이 마른다.

넷째 나팔 재앙으로 해, 달, 별의 기능이 3분의 1로 줄어든다.

다섯째 나팔 재앙은 하늘에서 떨어진 별이 황충이 되어 사람들을 쏘아 5개월 동안 전갈에 쏘인 것 같은 고통을 겪는다.

여섯째 나팔 재앙은 큰 유브라데강을 중심으로 전 세계 사람 3분의 1을 죽이는 2억 군대의 전쟁이 일어난다. 유브라데강을 경계로 하는 2억 군대가 과연 현실적으로 가능한가? 이에 대해 여러 가지 추측과 상상이 난무한다. 그래서 핵무기 보유국들을 언급하고, 2억 군대가 가능한 중국의 군사력도 언급한다. 우리는 어떤 전쟁이 전개될지 알 수 없다. 그러나 전 세계 인구의 3분의 1이 죽는 인류 역사 최대의 비극이 앞으로 있을 것임은 명확한 사실이다. 그런 면에서 군비를 증강하는 중국, 러시아, 일본, 이스라엘, 북한, 대만, 파키스탄 등 전 세계 모든 나라가 달려가는 현상이 예사롭지 않다.

넷째, 요한계시록 11장에 기록된 두 증인의 순교

요한계시록 11장을 보면, 대환난의 전반기인 마흔두 달 또는 1,260일 동안 두 증인이 혁혁한 활동을 한다. 이 두 증인은 그들을 해하고자 하면 그들의 입에서 불이 나와 그들의 원수를 삼키고, 또 하늘을 닫아 비가 오지 않게도 하며, 대환난의 전반기 3년 6개월 동안 혁혁한 사역을 수행한다. 그런데 3년 6개월이 지나고 나면 무저갱에서 올라온 짐승과의 전쟁에서 죽임을 당한다. 더 가공할 만한 것은 이 두 증인의 시체가 사흘 반 동안 방치되며 장사 지내지 못한 상태를 전 세계 모든 이가 보게 된다는 것이다.

앞서 요한계시록 1장 7절에서 주님이 구름 타고 오시는 것을 땅에 있는 모든 족속이 본다고 했다. 그리고 이 11장 9절의 두 증인의 시체가 장사 지내지 못한 채 방치되는 장면을 전 세계인이 다 보게 된다.

그런데 그렇게 치욕스러운 죽임을 당한 두 증인이 3일 반 후에 다시 소생해 구름을 타고 승천한다. 참으로 믿어지지 않는 이 같은 기적이 대환난 때 이루어진다. 인류 역사 속에 죽었던 인물이 3일 반 후에 다시 살아나 구름을 타고 승천하는 일은 전무후무한 일이다.

오늘 우리는 성령님이 다스리시는 교회 시대의 마지막을 살아가고 있다. 교회 시대 마지막은 뜨겁지도 차지도 않은 미지근한 시대다. 이런 때 성도들의 신앙은 입에서 토해 버릴 정도로 역겨운 상태가 된다. 그래도 성령님께서는 우리의 연약함을 아시고 우리 대신 기도해 주신다. 그렇지만 교회 시대가 끝나고 대환난 시대가 되었을 때에는 은혜는 축소되고 공의만이 대세를 이룬다. 그때 많은 환난으로 지구의 4분의 1 그리고 또 3분의 1이 죽는 피해를 입는다. 우리는 그런 때가 오기 전 은혜 시대에 주님 맞을 준비를 착실히 해야 하겠다.

제52장

중간기의 대환난

'중간기'라고 하면 전과 후 사이에 있는 시간적 중간 개념이라고 생각할 수 있다. 그러나 요한계시록에서 중간기란 시간적 중간 개념이 아닌, 앞과 뒤에 있는 내용을 잘 연결해 주는 논리적 의미의 중간기다.

첫째, 요한계시록 12장에 기록된 용과 여자의 투쟁

이 내용을 쉽게 이해하려면 12장 전후에 있는 성경 전체 내용을 순서적으로 살펴봐야 한다.

욥기 38장 1-7절과 히브리서 1장 14절을 보면, 하나님께서는 우주 만물을 창조하시기 이전에 자신의 사역을 도울 자로 많은 천사를 창조하셨다. 그런데 요한계시록 12장 7-12절을 보면 하나님께서 창조한 천사들 간에 전쟁이 벌어진다. 천상에는 이스라엘의 수호신인 천사장 미가엘과 그를 따르는 선한 천사들이 있는가 하면, 하나님 사역에 불만을 품고 수시로 하나님께 불평하고 하나님을 비난하고 참소하는 천사들도 있었다. 이 두 편의 다른 천사들은 결국 전쟁을 벌인다. 이때 하나님을 참소하던 악한 천사들이 미가엘과 싸워 패한다(겔 28:13-19; 계 12:7-9). 그래서 악한 천사들이 천상에서 쫓겨난다. 이렇게 천상에서 쫓겨난 악한 천사들로 하늘 공중으로 추방된 자들을 옛 뱀, 마귀, 또는 사탄이라고 한다(계 12:9). 반면 악한 천사를 몰아낸 선한 천사들이 하늘에서 찬양하는 내용이 요한계시록 12장 10-12절의 내용이다.

천상에서 쫓겨난 타락한 천사가 창세기 3장에서 뱀으로 등장해 아담과 하와를 타락시킨다. 이스라엘 민족이 출애굽한 후에는 광야 40년간 계속 백성들로 모세에 대항하고 반대하게 하며 마귀 노릇을 한다. 또 사탄 마귀는 예수님을 시험하고, 또 가룟 유다로 하여금 주님을 배신케 한다. 이 사탄이 하늘 권세로 구약 시대, 신약 시대, 교회 시대에 계속해서 하나님의 사역을 방해한다. 그리고 마지막 환난 때는 붉은 용으로 맹활약한다(계 12:13-13:18).

그런데 왜 하나님은 자신이 창조한 사탄의 악행을 다 아시면서도 사탄을 없애 버리지 않고 계속 하나님 일을 방해하도록 방치하시는가? 여기서 우리는 창세기 1장에서 하나님께서 인간을 창조하실 때의 하나님의 의중을 이해할 수 있다. 하나님께서는 인간을 창조하실 때 하나님을 닮은 하나님의 그림자로 살도록 창조하셨다. 다시 말하면, 인간이 하나님이 움직이는 대로 그림자처럼 살아갈 때는 자유롭고 평안이 유지된다. 그러나 인간이 하나님과 멀어진 각자의 개인적 의지로 살아갈 때는 사탄과 마귀에게 지배받도록 선택권을 주셨다. 이렇게 하나님의 인간 창조의 바른 목적을 제대로 이해한다면 인간에게 자유의지는 없고 무조건 복종만 해야 한다는 루터의 노예 의지론은 분명히 비성경적 사상이다. 그뿐 아니라 하나님께서 인간의 자유의지를 무시하고 어떤 이는 구원으로 예정했고 어떤 이는 유기로 예정했다는 칼빈의 이중예정 사상도 비성경적이다.

하나님께서는 인간이 하나님을 따를지, 사탄을 따를지의 선택을 오직 인간의 자유의지에 맡기셨다. 그런데 이스라엘 민족은 잘못된 메시아관으로 하나님의 아들 예수 그리스도를 지금까지 거부해 오고 있다. 이 같은 이스라엘은 7년 대환난 때 극심한 사탄의 핍박을 받게 된다. 여기 요한계시록 12장의 내용은 7년 대환난 중 전반기인 "한 때, 두 때, 반 때"(계 12:14)에 이스라엘 민족과 불신자들이 붉은 용에게 강도 높은 핍박을 받게 될 것에 대한 예언이다.

그런데 왜 붉은 용이 이스라엘 민족을 두드러지게 핍박하는가? 사탄은 미래 7년 대환난이 끝나고 천년왕국 때가 되면 자신의 활동이 정지당할 것을 이미 알고 있다(계 20:2-3). 그래서 붉은 용은 이스라엘로 상징되는 여자를 가혹하게 핍박한다. 용은 부하 뱀을 통해 물로 여자를 떠내려가게 한다. 그러나 하나님의 특별 섭리로 땅이 용의 입에서 토한 강물을 삼키게 함으로 여자를 살려 낸다. 그러자 용은 분노하여 여자의 남은 자손들과 더불어 싸우려고 집결한다.

요한계시록 12장은 7년 대환난 때 많은 민족이 사탄의 세력에 의해 대대적인 핍박을 받게 되는데 그중에서도 특히 이스라엘 민족이 좀더 혹독한 핍박을 당할 것을 예언한다. 이 같은 사실을 염두에 두고 이 12장을 이해해야 한다.

둘째, 요한계시록 13장에 기록된 바다 짐승과 땅의 짐승

요한계시록 13장에는 7년 대환난 기간 중 하나님과 하나님의 백성을 핍박할 2개의 큰 세력을 예언하고 있다. 그것은 곧 바다 짐승과 땅의 짐승이다.

(1) 바다 짐승(계 13:1-10)[74]

여기서 '바다'와 '짐승'에 관한 것은 다니엘 7장에 나오는 내용이다. 다니엘 7장 2절을 보면 다니엘이 본 환상에서 하늘의 네 바람이 큰 바다로 몰려오는데 그 모양이 네 짐승으로 나타난다. 다니엘 7장 4-8절을 보면 바다에서 짐승 넷이 나타난다. 첫째 짐승은 사자 같고, 둘째 짐승은 곰 같고, 셋째 짐승은 표범 같다. 그런데 넷째 짐승은 쇠로 된 큰 이와 열 뿔을 가졌다(단 7:7).

이 네 짐승을 성경학자들은 바벨론, 페르시아, 헬라, 로마제국으로 해석한다. 이 중 열 뿔을 가진 넷째 짐승으로 상징되는 로마제국은 인류 역사에서 가장 강한 쇠로 된 이빨로 정치적, 군사적 최강 국가가 된다. 그러나 서로마는 AD 476년에 망하고, 동로마는 1454년에 망함으로 역사적으로는 이미 없어지고 말았다.

그러나 앞으로 있을 7년 대환난 때는 과거에 멸망했던 로마제국과 같은 세력이 다시 부활한다. 그래서 대환난 때 과거 로마제국과 같은 강한 쇠로 된 이빨을 가지고 세계를 장악하면서 큰 권세를 행사한다.

이 같은 바다 짐승은 뿔이 열이고 머리가 일곱이다. 뿔이 동양에서는 도깨비를 연상케 하나 성경에서는 힘과 권세를 상징한다(신 33:17; 시 18:2; 단 7-8장 등).

그렇기에 미래의 바다 짐승은 열 뿔에 해당되는 막강한 군사력을 갖고 있고 머리가 일곱이나 되는 회전 능력이 완벽한 세력이다. 이 바다 짐승은 표범과 비슷하고, 발은 곰의 발 같고, 입은 사자의 입 같은

---

74) 정수영, 대환난시대(요한계시록 강해 2), 쿰란출판사, 2022, pp.348~381.

데, 이 모든 것은 용이 짐승에게 부여해 준 것이다.

참으로 가공할 만한 것은 이 바다 짐승이 머리 하나에 난 상처로 죽은 것 같다가 살아나므로 세상 사람들은 그를 초인적인 존재로 알고 온 땅의 짐승이 따른다는 것이다(계 12:3).

이 짐승이 마흔두 달 동안 하나님을 모독하고 비방하는데도 세계인들은 그를 따른다. 특히 바다 짐승은 세상인들이 자기를 따르는 데 자신감을 갖고 성도들과 싸운다. 이때 어린양의 생명책에 기록되지 못한 자는 모두가 짐승을 경배하는 타락자로 돌아선다.

과연 이 요한계시록의 예언대로 과거 로마제국과 같이 미래에 부활할 나라는 어떤 나라일까? 이것을 어떤 성경학자는 EU(European Community)로 확대 해석하기도 한다. 그러나 현재 EU 가맹국들이 하나님을 대적하는 사탄 국가가 된다고 보기에는 설득력이 없다. 오히려 1천 년간 러시아 정교회가 국교였으나 공산국가가 된 이후로 기독교를 탄압하고 교회를 꼭두각시로 만든 러시아가 바다 짐승 역할을 할 가능성이 크다고 추측된다.

(2) 땅의 짐승(계 13:11-18)[75]

요한계시록 13장을 보면 땅에서 또 다른 짐승이 올라온다. 땅에서 올라오는 짐승은 무엇을 뜻할까?

11절을 보면 땅의 짐승은 어린양같이 두 뿔이 있고 용처럼 말을 한다. 겉모습은 어린양 그리스도를 모방하는 두 뿔이 있는데 말은 용처럼 한다. 어린양을 모방한 종교 지도자이며, 그가 종교 지도자가 아닌 세상 권력 잡은 용처럼 말을 한다는 것이다. 이것은 종교적 기능

---

75) 정수영, 앞의 책, pp.382~402.

을 가진 자가 실제로는 세상 권세 잡은 자와 똑같이 말하는 적그리스도를 뜻한다. 12절에서 이 적그리스도의 권세는 먼저 나온 바다 짐승으로부터 부여받는다. 13절에서 이 적그리스도가 사람들 앞에서 하늘로부터 불이 땅에 내려오게 하고, 14절에서는 많은 이적을 행한다. 이 땅의 짐승의 이적에 세상 많은 사람이 미혹을 당한다. 땅의 짐승은 바다 짐승의 우상을 만들어 놓고 바다 짐승에게 경배하지 않는 자는 누구를 막론하고 다 죽인다. 이것은 과거 로마제국의 황제들이 자기를 신으로 경배하게 하고 경배를 거역하는 자들을 대대적으로 죽였던 로마제국의 부활을 의미한다.

또 땅의 짐승은 큰 자나 작은 자나 부자나 가난한 자를 막론하고 오른손이나 이마에 표를 받게 한다. 그리고 17절에서는 누구든지 짐승의 표가 없는 자에게는 매매를 하지 못하게 함으로 이 표를 경제적 통제 수단으로 쓴다. 성경학자들 중에는 이 '짐승의 표'를 신용카드 또는 물건에 찍힌 바코드나 칩으로 이해하는 학자도 있다. 분명한 것은 미래 대환난 때는 땅의 짐승인 종교적 기능자가 바다 짐승의 권세를 받아 세계 경제권을 장악한다는 사실이다. 이것을 지금 우리로서는 상상할 수가 없다. 그러나 세상의 현실은 종교적 지도자의 세력이 점점 막강해져 간다.

전 세계 인구는 75억이다. 그런데 그중에서 기독교인이 23억으로 가장 많다. 기독교인 23억 중에 절반이 넘는 12억이 로마 가톨릭교도다. 그리고 개신교는 가톨릭의 3분의 2에 불과한 4억 정도이고, 동방정교회가 3억 정도가 된다. 그런데 더 놀라운 것은 전 세계 개신교는 점점 줄어들고 있는데 그들이 모두 가톨릭으로 간다는 것이다. 우리나라 기독교인이 1,200만 중 850만이 개신교이고 500만이 가톨릭이다. 그러나 가톨릭은 해마다 그 수가 늘어가는데 개신교는 해마다 줄어든다. 개신교가 신비한 종교적 만족감을 못 채워 주는 것에 반해 가톨릭의 엄숙한 종교의식에 사람들이 끌린다는 것이 원인이다. 이 같은 추세라면 장차 7년 대환난 때 가톨릭 교황이 정치적, 경제적 힘을 가지고 세상을 이끌어 갈 가능성이 충분히 있어 보인다.

그리고 전 세계의 종교적, 경제적 힘을 행사할 땅의 짐승의 숫자가 '666'이다. '666'은 아라비아 숫자가 나오기 전 히브리어, 헬라어, 라틴어의 알파벳을 숫자로 적용한 과거 시대의 유산일 뿐이다. '666'을 과도하게 해석한 영화들이 세상 사람들에게 호기심을 자극하고 있으나 성경적 진리는 아니다.

셋째, 요한계시록 14장에 기록된 시온산의 14만 4천의 찬양

앞서 7장에서 대환난 초기에 이스라엘 민족 중 14만 4천의 거국적 회개 역사를 살펴봤다. 대환난 중 이스라엘 민족의 회개 역사는 전무후무한 사건이다. 이때 이스라엘 민족의 거국적 회개자들이 시온산에서 구원을 찬양할 때 어린양이 함께 선다는 것은 성경 전체 진리와 맥락이 맞지 않는다. 이것은 내용적, 논리적, 사실적 내용이라기보다는 영적으로 어린양이 구원받은 이스라엘과 함께해 주신다는 내용으로 이해된다.

대환난 때는 하늘의 붉은 용이 발악을 하기에 바다 짐승과 땅의 짐승을 활용해 걷잡을 수 없는 핍박이 계속 이어질 것이다. 우리는 그 같은 대환난을 겪지 않도록 은혜 시대, 성령 시대, 교회 시대에 하루속히 구원받아 하나님의 자녀가 되어야 한다.

제53장

후 3년 반의 대환난[76)]

성경은 과거, 현재, 미래를 다 기록한 책이다. 성경은 과거 인류와 민족이 어떻게 형성됐는지를 설명해 주고, 현재 우리가 어떻게 살아야 하는지를 교훈해 주며, 미래의 세상이 어떻게 전개될 것인가를 예언해 준다.

그중에서 요한계시록은 구약성경에서 예언된 내용과 신약성경에서 예언된 미래를 종합적으로 정리해 준다. 요한계시록의 미래의 예언 중 가장 혹독한 내용이 6장부터 18장까지에 기록된 7년 대환난의 내용이다.

이제는 7년 대환난 중 가장 막대한 '후 3년 반의 대환난'에 전개되는 '일곱 대접 재앙'의 내용을 살펴보고자 한다.

---

76) 정수영, 앞의 책, pp.478~522.

첫째, 첫째 대접 재앙(계 16:2)

성경 전체를 보면 천사들의 활약상이 매우 폭넓게 기록되고 있다. 천사들 대부분은 하나님의 선한 사역에 쓰임을 받는다. 그러나 극히 일부는 하나님의 심판을 수행하는 참혹한 사역에 쓰임을 받기도 한다. 그런데 놀라운 사실은 7년 대환난의 마지막에는 천사들이 모든 재앙을 일으키는 하나님 사역자로 쓰인다.

후 3년 반 때 첫째 천사가 재앙이 담긴 첫 대접을 땅에 쏟는다. 그러자 참으로 희한한 일이 벌어진다. 첫째 천사가 쏟은 첫 대접이 땅에 쏟아졌으니 땅 위에 사는 모든 동물과 식물이 다 똑같이 재앙을 당해야 하는 것이 맞다. 그런데 첫 대접으로 전부가 피해를 입지 않고 땅의 짐승의 강요로 짐승을 경배하고 짐승의 표를 받은 자에게만 독한 종기가 생긴다. 이것은 출애굽기 7장부터 11장에 기록된 다 같은 땅에 사는데도 10대 재앙이 이스라엘 거주지에는 미치지 않고 애굽인들에게만 미쳤던 것과 비슷한 현상이다.

대환난 후반기 첫 대접 재앙으로 우상숭배자, 짐승의 표를 받은 자들에게만 독한 종기가 생긴다. 독한 종기란 종양이나 나병 같은 일종의 피부병이다. 사람을 죽게 하는 것은 아니지만 손, 발, 얼굴 등의 형태를 바꾸므로 흉측해지는 병이다. 대환난 후기에는 하나님의 백성들은 보호되고 우상 숭배자, 짐승의 표 받은 자는 독한 종기로 외양이 달라져, 결국 하나님의 백성과 우상 숭배자의 외양이 서로 달라지게 된다. 이것은 대환난 때에도 구원받은 성도들은 하나님의 외적인 보호가 있을 것임을 뜻한다.

둘째, 둘째 대접 재앙(계 16:3)

둘째 천사가 그 대접을 바다에 쏟는다. 그러자 바다가 피같이 변하고 뒤따라 모든 생물이 죽는다.

바다는 모든 생명의 공급원이다. 바다에는 바다 밑의 해초들과 바다 위에 떠돌아다니는 해초들이 동식물이 발산한 탄산가스를 흡수하고 공기 중에 산소를 공급해 준다. 그뿐 아니라 바다의 수증기가 하늘로 올라가 구름이 되었다가 적당한 장소로 이동한 후 땅에 비를 내려준다. 바다는 지구를 살리는 생명의 공급원이다. 현재 세계 강대국들은 더 많은 바다를 장악하려고 각축전을 벌이고 있다. 그런데 대환난 때는 바다가 피가 되어 더는 바다 기능을 하지 못한다.

이렇게 대환난 때는 인간의 삶의 근원이 사라지게 된다.

셋째, 셋째 대접 재앙(계 16:4–7)

앞서 둘째 천사는 바다의 기능을 상실케 했다. 셋째 천사는 강과 물 근원에 대접을 쏟아 강과 물 근원이 피가 되게 한다.

강과 물의 근원이 피가 되는 것은 인간이 살아가는 모든 문명의 혜택이 사라지게 됨을 의미한다. 인류가 살아온 과정을 보라. 고대의 원시인은 모두 강 주변을 삶의 근거지로 삼았다. 인류 문명의 발상지가 모두 4대 강에서 비롯됐다. 애굽의 나일강, 중동의 유프라테스강, 인도의 갠지스강, 중국의 황하를 비롯해 전 세계 각 나라의 수도가 전부 강 옆에서 발달했다. 우리나라도 과거 시골에서는 냇물을 길어 먹고 살다가, 이후 공동 우물을 파서 물동이로 물을 길어 먹었고, 이제는 강물을 끌어올려 정수장에서 정수한 물을 수도관 파이프로 각 가정까지 연결해 주어 편리하게 이용하고 있다. 현대인은 수도꼭지만 틀면 찬물, 더운물이 나오는 참으로 편리한 시대를 살아가고 있다. 그런데 수돗물의 고마움도 잊어버리고 수돗물을 불신하고 청정수라는 확인된 바 없는 생수를 사 먹고 살아간다.

앞으로 대환난 때는 수돗물의 고마움을 모르고 살아가는 세계 인류들에게 모든 강물이 피가 되어 수도꼭지에서 핏물이 나올 판이다. 그때는 청정수 값이 금값이 되고 많은 사람이 물로 인한 질병으로 죽어가게 될 것이다.

넷째, 넷째 대접 재앙(계 16:8–9)

넷째 천사가 그 대접을 해에 쏟는다. 그러자 해가 어둠을 밝혀 주는 고마운 태양이 아니라, 열기로 불을 뿜어 내고 지상의 모든 것을 불태우는 재앙의 도구가 된다.

앞으로 대환난 때는 사계절이라는 말이 사라진다. 지금도 세상에는 겨울이 없이 1년 열두 달 여름만 있는 사막 지역이 있고, 1년이 두 계절만 있는 것 같은 지역도 있으나, 앞으로는 1년 내내 뜨거운 여름에 모든 만물이 타 죽는 시대가 온다.

우리는 지구가 이상 기온으로 변해 간다는 소식은 매일 듣는다. 호주나 캐나다의 산불이 전 국토를 잿더미로 바꾼 이야기, 하와이섬이 모두 다 불탄 소식, 더위로 관광객을 수용하지 못한다는 그리스, 홍수로 많은 사람이 죽어가는 중국, 인도 등, 앞으로 재난은 더욱 가중될 것이다. 그때도 세계인들은 하나님 이름을 더욱 비방하고 회개하지 않을 것이다.

다섯째, 다섯째 대접 재앙(계16:10–11)

다섯째 천사가 그 대접을 짐승의 왕좌에 쏟는다. 여기서 말하는 짐승은 요한계시록 12장에 기록된 붉은 용의 지시를 받은 13장의 바다 짐승과 땅의 짐승이다. 바다 짐승은 정치적, 군사적 힘으로 세계를 이끌어 가는 정치 세력을 뜻하고, 땅의 짐승은 종교적, 경제적 힘으로 세계를 이끌어 가는 종교 세력을 뜻한다.

이 정치적 지도자와 종교적 지도자는 이미 그의 면모를 드러내고 있다. 지금도 강한 군사력으로 세계를 장악하려는 세력이나, 종교적으로 세계를 장악해 가는 세력이 무엇인지를 알 수 있다. 이 두 짐승은 현재부터 서서히 그 면모를 드러내다 대환난 때는 두 짐승이 완전히 두 왕좌를 이룬다. 천사가 이 두 왕좌에 대접 재앙을 쏟는다. 그러자 온 나라가 어두워지고 사람들이 아파서 자기 혀를 깨문다. 그러나 온 백성은 자기들의 고통의 원인이 짐승에서 비롯된 것이 아니라 하나님에게서 비롯됐다고 하나님을 더욱더 비방한다. 이렇게 대환난을 통해 하나님께 돌아오는 이스라엘과 이방인들이 있는가 하면, 하나님을 더욱더 반대하는 악령의 추종자들이 생기기도 한다.

여섯째, 여섯째 대접 재앙(계 16:12-16)

여섯째 천사가 그 대접을 유브라데강에 던진다. 그러자 강물이 말라 동방에서 오는 침략자의 길이 예비된다.

요한계시록 전체는 유브라데강의 내용을 세 단계로 설명하고 있다. 이 내용을 잘 파악해야 요한계시록 전체 내용을 제대로 이해할 수 있다.

⑴ 첫 단계

요한계시록 9장 13-21절에 기록되어 있다. 여기서는 여섯째 천사가 나팔 재앙을 내릴 때다. 이때 세계 인류의 3분의 1을 죽이려는 2억의 군대가 집결된다. 여기서 말하는 2억의 군대는 한 나라의 군대라기보다는 이스라엘을 대적하려는 여러 나라의 연합군 세력으로 보인다. 이때의 연합군을 에스겔 38-39장에 기록된 로스, 메섹, 두발 왕 곡,

투구를 갖춘 바사, 구스, 붓으로 해석하는 이도 있다. 이들이 이스라엘을 공격하지만 에스겔 39장을 보면 연합군은 패하고 연합군의 무기 해체에 7년이 걸린다(겔 39:9). 이 전쟁으로 인류의 3분의 1이 죽는다. 이것을 제1차 아마겟돈 전쟁으로 본다.

(2) 둘째 단계

요한계시록 16장 12-16절에 기록된 여섯째 대접 재앙이다. 이렇게 여섯째 대접 재앙으로 유브라데 강물이 마르자 용, 바다 짐승, 거짓 선지자들이 천하의 모든 국가 지도자를 만나 주님을 반대하는 세력을 규합하도록 전쟁 준비를 한다.

(3) 셋째 단계

요한계시록 19장 19-21절을 보면, 짐승과 땅의 임금들이 모든 군대를 동원해 재림해 오시는 주님과 대결한다. 그래서 주님은 짐승과 거짓 선지자를 산 채로 유황불에 던지고 나머지 군대는 독수리 밥이 된다. 이렇게 해서 주님 재림으로 대환난은 종식된다.

일곱째, 일곱째 대접 재앙(계 16:17-21, 17-18장)

일곱째 대접 재앙의 시작에 대한 설명이 요한계시록 16장 17-21절에 있고, 17-18장은 대접 재앙의 규모가 얼마나 심대할 것인지를 재설명한다.

일곱째 대접 재앙의 주 핵심 대상은 '큰 성 바벨론'으로 상징되고 있다. 성경에서 바벨론은 세 가지 의미가 있다.

① 구약성경의 역사적인 바벨론

② 신약성경의 상징적인 바벨론으로 로마제국(벧전 5:13)

③ 요한계시록에서 상징되는 인류 문명

문명이 무엇인가? 문명은 사람의 인지가 발달하면서 자연을 정복하거나 활용해 전보다 더 편리하게 더 많은 혜택을 누리는 총체를 말한다. 초기 인류는 땅을 개간해 농사를 짓고, 나무로 방을 따뜻하게 하고 살아갔다. 산업 혁명 이후 기계가 발달해 농사도 기계가, 발전도 기계가, 운송도 기계가, 전쟁도 고도의 기계가 해내고 있다.

인간은 인간의 편리함을 위해서는 물불 안 가리고 피조물의 세계를 마구잡이로 파괴해 가고 있다. 산을 깎아 평지를 만들고, 강에 다리를 놓고, 바다를 막아 농지를 만든다. 이렇게 피조물이 자연을 파괴해서 도시를 만들어 놓은 것을 인간은 문명이라고 자랑하며 이에 대해 털끝만큼의 뉘우침도 없다. 그런데 이 같은 인간의 자연 파괴에 대해 피조물들이 태초 이후 지금까지 탄식을 계속해 오고 있다.

로마서 8장 18-23절을 보자.

· 피조물 - 중생한 그리스도인(아들들)이 나타나기를 기대

· 피조물 - 허무한 데(목적 없음) 굴복하는 것은 자기 뜻이 아님

· 우리까지 탄식 - 몸의 속량(영광의 부활)

여기 보면 인간의 오만한 독무대에 피조물들이 계속 탄식하고 있다.

그런데 최후의 일곱째 대접 재앙은 인류 문명의 상징인 큰 성 바벨론을 처참하게 붕괴시킨다. 그러한 인류 문명의 붕괴로 최대 혜택을 누리던 땅의 상인들(계 18:11-16), 운송업자(계 18:17-20), 향락업자들이 대성통곡한다. 그리고 더는 향락 산업이 존재하지 않는다(계 18:2-22).

우리는 대환난이 오기 전에 주님 맞을 휴거 준비가 완벽하게 되어 있어야 한다.

제54장

7년 대환난[77)]

7년 대환난이 성경에 기록된 진리임은 확실하다. 그러나 오늘날은 성경의 진리보다 특수한 인간들의 성경 해석에 불과한 특정 신학을 성경보다 더 믿는 경향이 있다.

나는 80년의 인생을 세 가지 각기 다른 신앙 배경에서 살아왔다. 이렇게 각기 다른 신앙 배경이 신앙 내용을 각각 다르게 형성하는 것을 삶에서 경험했다.

오늘은 7년 대환난이라는 똑같은 주제를 가지고 내가 경험한 것을 근거로 각각 다른 주장들이 공존하고 있음을 살펴보고자 한다.

---

77) 정수영, 대환난시대(요한계시록 강해 2), 쿰란출판사, 2022, pp.23~30.

1. 내가 겪은 신앙 체험들

첫째, 정통주의 신학

정통주의(Orthodoxy)란 어떤 학설이나 종교상의 교의를 가장 올바르게 계승한다는 뜻이다. 성경의 기독교 신앙을 가장 올바르게 표현한 것이 교회사 속에서 만들어진 몇 개의 신조라고 믿는다. 신조에는 니케아 신조(325), 콘스탄티노플 신조(381), 칼케돈 신조(451), 사도 신조(750) 등이 있다. 가톨릭 교회는 이 4~5개의 신조를 전부 다 믿고, 루터교와 장로교회는 이 중에서 사도 신조만 믿는다. 그래서 정통주의라고 하면 가톨릭과 개신교에 모두 존재한다.

특히 개신교들은 4~5개 신조 외에 또다시 신조들을 만들어 낸다. 칼빈주의자들은 독일의 개혁교회가 1563년에 만든 하이델베르크 교리 문답, 1618~1619년에 네덜란드 도르트에서 제정한 칼빈의 5대 신조, 1643~1649년 영국 웨스트민스터에서 제정한 신앙고백과 요리 문답 등이다. 이렇게 고대 선조들이 믿었던 신조 전통을 그대로 계승해서 답습해 가는, 전통을 계승하는 신학을 정통주의라고 한다.

나의 증조부께서 이 같은 정통주의 장로교를 받아들였다(1903). 그 후 할아버지, 아버지가 정통주의 신앙을 계승했다. 이 정통주의는 예배 때마다 사도신경을 암송했고, 봄과 가을에 있는 성례식에서는 웨스트민스터가 제정한 소요리문답 책대로 암송만 하면 학습 세례를 주었다. 나는 이 같은 정통주의 신앙 배경에서 20세까지 자랐다. 이때 거듭남이나 7년 대환난, 강림, 휴거 같은 것은 들어 본 적이 없다. 단지 세례를 받으면 구원받고 미래에 천국에 간다는 것만 배웠다.

둘째, 자유주의 신학(Liberal Theology)

1960년 내 나이 20세 때 한국 내 모든 신학교 중 유일하게 학사학위를 주는 한국 최고의 신학교라는 한신대학에 입학했다. 여기서 5년 동안 자유주의 신학을 배웠다. 자유주의 신학이란 인간의 이성을 최상의 권위로 삼는 학문 형태였다. 자유주의 신학은 19세기에 시작해 현재까지 약 3단계로 발전해 오고 있다.

(1) 첫 단계

19세기 독일의 슐라이어마허, 리츨, 하르낙, 벨하우젠 등은 기독교 성경 해석에서 성경보다 인간의 이성을 더 믿고, 성경의 초자연적 내용도 이성적으로 납득되지 않으면 다 거부하고, 기독교를 현실적, 윤리적인 종교로 이해했다. 그래서 모세오경 저작설을 부인하고, J.E.D.P 문서 편집설이나 이사야서가 세 자료로 편집됐다든가, 복음서도 마태, 마가, 누가가 Q자료를 참고해 편찬했다고 말했다.

(2) 둘째 단계

바르트, 브룬너, 불트만의 시대다. 바르트는 하나님의 말씀이 ① 예수님, ② 기록된 성경, ③ 선포되는 말씀으로 3중성이 있다고 말했다. 불트만은 성경의 노아 홍수, 예수님의 기적, 천국 소망 등은 다 신화적인 표현이므로 비신화화해야 한다고 주장했다. 브룬너는 기독교의 핵심은 구원이 아니라 이 세상에서 유행되는 일반 윤리보다 더 높은 기독교 윤리에 있다고 했다.

(3) 셋째 단계

제2차 세계대전 이후 현재까지 계속 이어진다. 이 중에는 본회퍼가 시작한 세속화 신학, 미국 하버드대학 풀래처 교수가 주장한 '상황윤리', 남미 가톨릭 신부 구티에레스가 주장한 해방신학, 한국 안병무, 서남동 교수가 주장한 민중신학을 비롯해 여성 신학, 대체 신학, 희망 신학, 과정 신학 등 끝이 없이 새로운 신학들이 만들어져 간다.

나는 20대에서 30대 중반까지 해마다 새롭게 출현하는 자유주의 신학을 추구하며 성경에는 관심 없이 인간들의 참신한 주장을 따라가며 자유분방하고 타락한 인생을 살아갔다.

셋째, 보수주의(Conservative Theology)

보수주의에는 개혁주의, 복음주의, 근본주의, 경건주의, 세대주의, 신비주의 등이 모두 포함된다. 보수주의는 자유주의를 배격하는 데는 공통점이 있으나, 보수주의 안에서도 칼빈의 개혁주의를 그대로 따르는 보수주의와 특정인의 신학을 배제하는 근본주의, 세대주의의 입장이 다르다. 나는 30대 말에 미국의 보수주의 중 침례교신학대학에서 근본주의, 세대주의 신학을 4년간 공부했다.

이들 근본주의, 세대주의자들은 사도 신조를 로마 가톨릭이 제정한 것이라고 거부하고, 웨스트민스터 신조도 칼빈주의 유산이라며 거부하고, 자유주의 신학도 거부했다. 그리고 성경만을 문자적, 축자적으로 영감 된 진리로 믿고, 사도들의 신앙 전통에 따라 신약성경대로 세례가 아닌 중생의 확신을 가진 자에게만 침례를 베풀었고, 사도들이 믿은 미래의 종말론을 문자적으로 믿었다. 여기서 나는 정통주의란 불완전한 칼빈주의 사상임을 깨닫게 되었고, 자유주의란 인본주의 사상임도 깨달았다. 정통주의, 자유주의를 청산하자 거듭남을 체험하고 새 삶이 시작됐다.

4년간 보수신학을 공부하며 칼빈의 정통주의와 인간들의 자유주의를 청산하고 과감하게 귀국했다. 귀국한 뒤 나는 내가 속아 살아온 칼빈주의, 정통주의, 자유주의를 비판하며 40여 년 동안 사도들의 신앙인 신약교회 사관을 주장하며 살아오고 있다.

이렇게 내 인생 80년 중 정통주의, 자유주의, 보수주의 중에서 근본주의, 세대주의 입장으로 《교회사》 7권의 저술로 교회 역사를 신약성경적 기준으로 저술했고, 성경 신·구약 강해서 20~30권을 저술했다.

이상으로 내가 요한계시록 강해서를 3권으로 저술하게 된 내 인생과 신앙적 과정을 설명했다. 여기서는 내가 수많은 오류와 편견 속에 살아갔던 과거를 청산하고 거듭남과 종말론에 대하여 제대로 배운 내용을 소개하고자 한다.

그 주제가 '7년 대환난'이다. 성경에는 분명히 7년 대환난이 기록되어 있다. 그러나 무천년을 최초로 주장한 아우구스티누스(354~430) 사상을 따르는 가톨릭, 루터, 칼빈은 한결같이 7년 대환난을 믿지 않았다. 그뿐 아니라 아우구스티누스가 최초로 주장한 '세례 중생론'(Baptismal Regeneration)을 이어받아 가톨릭, 루터교, 장로교는 세례 구원론을 믿고 있다. 여기서 나는 7년 대환난이 신·구약성경의 명확한 진리임을 살펴보고자 한다.

2. 7년 대환난의 성경적 근거

칼빈을 따르는 장로교나 인간의 이성을 최상으로 믿는 자유주의자들은 7년 대환난을 믿지 않는다. 그런데 이 내용이 구약과 신약에 명확하게 기록돼 있음을 밝혀 보고자 한다.

먼저 구약성경 다니엘서를 보자.

다니엘은 BC 605~535년에 바벨론에서 살면서 다니엘서를 기록했다. 다니엘서 열두 장의 내용은 두 가지로, 2-8장에서는 바벨론 제국 이후에 세계의 패권 국가가 페르시아, 헬라, 로마제국으로 변천되어 갈 것을 예언했다. 그리고 9-12장에서는 이스라엘의 미래가 어떻게 전개되어 갈 것인가를 예언해 놓았다.

이 중에서 다니엘 9장 24-27절을 보자.

24절: '네 백성(이스라엘)과 네 거룩한 성(예루살렘)을 위하여 일흔 이레 70주(weeks) 기한으로 정했다.' 여기서 말하는 '70주'는 1주일을 7년씩 계산해 490년의 기간을 의미한다.

25절: '예루살렘을 중건하라는 영이 날 때부터 일곱 이레가 지나가면 성이 중건되고 광장과 거리가 세워질 것이다.' 이 예언은 BC 535년경 다니엘의 예언인데 그 후 100여 년이 지난 BC 444년 페르시아 아닥사스다 왕 20년에 예루살렘 중건령이 내려진다. 이 내용은 느헤미야서 2장에 기록되어 있다. 그래서 다니엘의 예언대로 BC 444년에 예루살렘성이 중건됐다. 따라서 25절은 다니엘의 예언대로 성취됐다.

26절: '그 후 예순두 이레(62이레) 후에 기름 부음 받은 자가 끊어져 없어질 것이다.' 다니엘이 예언한 70이레 중에 처음 7이레는 BC 444년에 성취됐고, 그 후 62이레 후는 483년 후가 되는데 그때가 AD 33년 3월 30일로 그리스도께서 기름 부음을 받고 왕으로 갈보리 언덕 위에 처형된다. 이렇게 해서 26절 상반까지는 다니엘 예언대로 성취됐다. 그런데 26절 중반부터 27절 내용은 성취되지 않은 내용이다. 26절 중반을 보면 장차 한 왕이 와서 성소를 무너뜨린다. 마지막은 홍수에 휩쓸림 같을 것이며, 또 끝까지 전쟁이 있으며 황폐할 것이 작정되었다.

27절: '그가 장차 많은 사람과 더불어 한 이레(7년) 언약을 맺고 그 이레의 절반(3년 반)에 제사와 예물을 금지할 것이며 또 이미 정한 종말까지 진노가 황폐하는 자에게 쏟아지리라.' 여기서 BC 535년의 다니엘은 마지막 한 이레(7년) 동안에 홍수에 휩쓸리는 것 같은 전쟁으로 종말 때 황폐하게 될 것을 예언했다. 이 같은 다니엘의 예언은 지금까지 이뤄지지 않고 있다.

그런데 다니엘의 예언이 요한계시록으로 이어진다. 요한계시록 11장 2절의 '마흔두 달'은 3년 반을 뜻하고 11장 39절의 '천이백육십 일'도 3년 반, 12장 6절의 '천이백육십 일', 12장 14절의 '한 때, 두 때, 반 때'도 3년 반을 뜻하고, 13장 5절의 '마흔두 달'도 3년 반을 뜻한다. 그뿐 아니다. 요한계시록 6-18장에는 전 3년 반의 대환난 때 일곱 인, 일곱 나팔 재앙으로 계속되고, 후 3년 반의 대환난이 일곱 대접 재앙으로 실현될 것을 예언했다.

우리의 신앙과 행위의 근거는 오직 성경뿐이다. 그런데 가톨릭은 성경 외에 교회 전통과 교황을 성경과 동등한 권위로 믿고, 정통주의는 칼빈의 신학을 성경과 동일하게 믿고, 자유주의는 성경 대신 인간들의 신학을 더 믿는다.

이렇게 각각 다른 신앙 배경의 차이에 따라 성경의 7년 대환난을 믿느냐, 안 믿느냐로 갈라진다. 내가 다니고 있는 교회 목사가 7년 대환난을 설교하느냐, 안 하느냐를 보면 그가 성경을 따르는지 인간을 따르는지 구별할 수 있다.

나는 이 세상에 존재하는 모든 신학을 배웠다. 그러나 신학이 인간을 구원해 내지 못한다. 오직 성경의 모든 내용을 가감 없이 기록된 대로, 문자적으로 전부 믿는 교회라야 구원과 미래가 확실한 신앙을 가르칠 수 있다.

제55장

재림과 아마겟돈 전쟁

본 장에서는 요한계시록 19장에 기록된 다음의 세 가지 내용, 곧 ① 1-10절에 기록된 어린양의 혼인 잔치, ② 11-14절에 기록된 예수님의 재림, ③ 15-21절에 기록된 아마겟돈 전쟁 등을 살펴보겠다.

첫째, 어린양의 혼인 잔치(19:1–10)

1-10절을 보면 7절에 "어린양의 혼인 기약이 이르렀고", 9절에는 "어린양의 혼인 잔치에 청함을 받은 자들"이라는 표현이 있다. 그렇다면 '어린양의 혼인 잔치'는 어떻게 이뤄지는가? 그 내용은 신약성경 전체를 종합적으로 살펴봐야 한다.

(1) 신약성서에 기록된 유대 나라의 결혼 풍습과 암시

어린양의 혼인 잔치를 알기 위해서는 신약성경에 기록된 유대인들의 결혼 풍습을 알 필요가 있다. 유대인들은 양가 부모들만의 의사로 자녀들이 아주 어렸을 때 부모에 의해 약혼이 이뤄진다. 그리고 당사자가 성인이 된 후 부모들의 약혼에 이의가 없으면 본인들의 의사로 정혼한다. 마태복음 1장 18절에 나오는 '요셉'과 '마리아'는 정혼한 상태였다. 이렇게 정혼을 하면 법적으로 부부가 되고 빠른 시일 안에 결혼식을 해야 한다.

결혼식을 거행하기 전에 먼저 혼인 잔치를 한다. 요한복음 2장을 보면 갈릴리 가나의 혼인 잔치가 있을 때 제3일에 예수님과 모친이 방문했다. 보통 혼인 잔치는 일주일간 계속되는데 사흘째 날에 포도주가 떨어졌다. 마태복음 25장을 보면 결혼식은 잔치가 끝나는 날 밤에 이뤄진다. 이렇게 결혼식이 끝나고 평생을 부부 중심으로 살아가는 밀착된 관계를, 바울 사도는 에베소서 5장 22-28절에서 주님을 '신랑'으로, 교회를 '신부'로 비유했다.

이와 같은 유대 나라 결혼 풍습이 신약성경에서 미래의 주님과 만나는 혼인 잔치로 설명되고 있다. 죄인들이 주님을 영접함을 새 사람 된 단계가 유대 나라의 '정혼' 관계가 성립되는 단계요, 공중으로 휴거되는 단계가 '결혼'의 단계요, 공중에서 주님을 만난 성도들이 공중에서 7년 동안 하는 혼인 잔치를 계시록 19장에서 '어린양의 혼인 잔치'로 설명되었다.

이와 같은 '어린양의 혼인 잔치' 시기는 계시록 18장 이후가 아니라 계시록 3장에서 교회 시대가 끝나고 계시록 4장 휴거 이후 미래가 될 것이며 천상에서 있을 것이다.

반면에 계시록 4장의 휴거에 참여하지 못하는 죄인들은 계시록 6장부터 18장까지 이어지는 지상에서 가장 참혹한 '7년 대환난'의 고통을 겪게 된다.

(2) 어린양의 혼인 잔치 양상

요한계시록 19장 1-10절에는 미래의 천국에서 부활한 성도들과 주님과 어린양의 혼인 잔치가 어떻게 전개될 것인가가 기록되어 있다. 이곳의 잔치는 음식 잔치가 아니라 찬양의 잔치다.

① 1-2절: '허다한 무리'로 표현된 전 세계 각 나라에서 구원받은 모든 성도들의 대합창이 있다.

② 3-5절: 구원받은 자들의 대표로 상징되는 24장로와 모든 피조물의 대표로 상징되는 네 생물의 연합 찬양이 있다.

③ 6-8절: 수를 헤아릴 수 없는 '허다한 무리'들의 많은 물소리 같기도 하고 큰 우렛소리와도 같은 대연합 찬양이 있다.

이렇게 어린양의 혼인 잔치는 구원받은 모든 영혼들이 주님을 만난 감격 속에 7년간의 우주적 찬양이 계속된다.

둘째, 예수님의 재림(19:11-14)

계시록 19장 11-14절에 '예수님의 재림'이라는 정확한 문자적 표현은 없다. 그러나 내용 전체가 '백마를 탄 자', '그 이름은 충신과 진실', '그 눈은 불꽃 같고 그 머리에는 많은 관들이 있고', '하늘 군대들이 백마를 타고 그를 따르더라' 등의 표현들로 재림해 오시는 예수님을 의미한다.

주님이 다시 오시겠다는 재림의 약속은 복음서에 기록되었다.

> "…내가 너희를 위하여 거처를 예비하러 가노니 가서 너희를 위하여 거처를 예비하면 내가 다시 와서 너희를 내게로 영접하여 나 있는 곳에 너희도 있게 하리라"(요 14:2-3).
>
> "그러나 그날과 그때는 아무도 모르나니 하늘의 천사들도, 아들도 모르고 오

직 아버지만 아시느니라"(마 24:36).

이렇게 다시 오실 재림을 약속하셨다.

신약성경에는 주님이 이 세상에 세 번 오시는 것으로 기록되어 있다. 맨 처음에는 인류를 구원하시기 위해 아기 예수로 초림하셨고, 두 번째는 구원받은 성도들을 영화롭게 해 주는 공중 강림으로 오시고, 세 번째는 구원받지 못한 모든 죄인들을 심판하시는 재림주로 오신다.

그런데 성경에 기록된 대로 믿지 않고 성경을 잘못 해석한 인간들의 신학과 교리를 믿는 자들은 공중 강림을 믿지 않고 지상 재림만 믿는다. 그러나 공중 강림은 성경에 수없이 설명되고 있다. 데살로니가전서 4장 15-17절에서 "주께서 강림하실 때"(15절), "하나님의 나팔 소리로 친히 하늘로부터 강림하시리니"(16절), "그 후에 우리 살아남은 자들도 그들과 함께 구름 속으로 끌어 올려 공중에서 주를 영접하게 하시리니"라고 했다. 이 구절이 찬송가 180장 "하나님의 나팔 소리 천지 진동할 때에 예수 영광 중에 구름 타시고 천사들을 세계 만국 모든 곳에 보내어 구원받은 성도들을 모으리"다.

주님의 공중 강림은 신약 모든 사도들의 신앙이었다.

살후 2:8 "주 예수께서 그 입의 기운으로 그를 죽이시고 강림하여 나타나심으로"

고전 15:23-24 "먼저는 첫 열매인 그리스도요 다음에는 그가 강림하실 때에 그리스도에게 속한 자요 그 후에는 마지막이니"

약 5:7-8 "주께서 강림하시기까지 길이 참으라"

벧후 1:16 "우리 주 예수 그리스도의 능력과 강림하심을 너희에게 알게 한 것"

사도 요한은 계시록 1장 7절에서 "그가 구름을 타고 오시리라"라고 했다.

신약성경에는 주님의 재림 약속뿐 아니라 재림 이전에 구원받은 성도들과 만나는 공중 강림이 수없이 표현되어 있다. 이와 같은 주님 강림의 성경적 증언이 있음에도 무천년 신학을 믿는 가톨릭과 칼빈주의를 믿는 자들은 성경이 아닌 인간의 신학을 믿고 있다. 참으로 불경스럽고 생명나무와 거룩한 성에 참여 못할 죄악사(계 22:19)다.

셋째, 아마겟돈 전쟁[78)]

계시록에는 '아마겟돈'의 처참한 전쟁에 관한 내용이 세 번에 걸쳐서 확실하게 설명하고 있다. 계시록이 아마겟돈 전쟁을 거듭 거듭 강조하는 것은 아마겟돈 전쟁이 인류 역사에 전무후무한 대비극임을 암시해 준다.

(1) 제1아마겟돈 전쟁 예고(계 9:13-21)

성경에 '아마겟돈'(Ἁρμαγεδδών, 계 16:16)이라는 용어는 기록됐으나 '아마겟돈 전쟁'이라는 표현은 나오지 않는다. 그러나 큰 강 유브라데에 결박당해 있던 네 천사를 놓아주니(계 9:14) 이들이 장차 이만 만(2억, 계 9:16)의 군대로 사람의 3분의 1을 죽이는(계 9:18) 참혹한 전쟁을 일으킨다는 내용에 근거해서 선과 악의 세력이 싸울 최종적인 전쟁

78) 정수영, 새 하늘과 새 땅(요한계시록 강해 3), 쿰란출판사, 2023, pp.89~95.

이라는 개념이 만들어졌다. 현재 전 세계에 2억의 군대를 가진 나라가 없으므로 이때 말하는 2억의 군대는 제1차, 제2차 세계대전처럼 거대한 연합국이나 동맹군의 전쟁일 것이라고 생각된다.

더 끔찍한 것은 아마겟돈 전쟁으로 사람의 3분의 1일 죽는다는 것이다. 현재 세계 인구는 80억에 육박한다. 이 중에서 3분의 1이라면 27억이라는 어마어마한 숫자다. 현재 전 세계 중 인구가 가장 많은 중국과 인도 국민을 합하면 27억이 된다. 이런 끔찍한 전쟁이 앞으로 7년 대환난 중에 이뤄진다는 것이다. 이처럼 상상하기조차 무서운 전쟁이 왜 생기는가? 이것은 은혜 시대 하나님의 길이 참으심(롬 2:4)의 풍성함을 멸시한 죄인들에 대한 의로우신 심판이다. 우리는 인정하기 싫고 믿기 어렵지만 대환난 때에는 인구의 3분의 1이 죽는 최대 재앙이 실현된다. 그것을 첫 번째 아마겟돈 전쟁이라고 명명해 본다.

(2) 제2아마겟돈 전쟁(계 16:12-16)

7년 대환난 후반기에 여섯째 대접 재앙이 유브라데강에 떨어진다. 이때 유브라데 강물이 마르고 동방의 침략군이 연합군 전쟁(계 16:12-16)을 일으킨다. 이때의 전쟁터가 아마겟돈이다(계 16:16).

이 내용은 앞서 큰 강 유브라데강에 결박당한 천사를 놓아줌으로 2억의 군대가 진군한 내용과 유사하다. 그러나 앞서 계시록 9장의 내용은 다섯째 나팔 재앙이고, 여기 계시록 16장의 내용은 여섯째 대접 재앙의 내용이다. 그리고 16장의 여섯째 대접 재앙에는 세 가지 더러운 영들이 모두 전면에 나선다. ① 붉은 용의 입 ②바다에서 올라온 짐승의 입(계 13:1-10) ③ 땅에서 올라온 거짓 선지자의 입(계 13:11-18), 이 3대 세력이 연합 세력을 형성해 그리스도를 대적하는 전쟁이 일어난다.

이와 같은 아마겟돈 전쟁은 다음 세 세력이 연합하여 반 그리스도 대결을 하며 거대한 전쟁이 두 번째 강조되는 아마겟돈 양상이다.

① 공중 권세 잡은 하늘에 있는 악의 영들(엡 6:12)

② 정치적, 군사적으로 세계 주도권을 장악한 사탄의 하수인인 정치 지도자

③ 정치 지도자의 권세를 분배받은 거짓 종교 지도자인 적그리스도

(3) 제3아마겟돈 전쟁 양상(계 19:15-27)

계시록 19장을 보면 처음에는 어린양의 혼인 잔치가 기록됐고(19:1-10), 두 번째는 예수님의 재림이 기록됐다(19:11-14). 그다음 세 번째는 재림해 오시는 주님을 대적해 온 과거의 모든 인간 조직, 세력들과 전면전을 벌이는 마지막 아마겟돈 전쟁이 전개된다.

놀라운 사실이 있다. 재림해 오시는 주님을 대적하는 세력은 지상의 모든 왕들과 장군들과 군대들이다. 저들 인간은 인간이 발명한 온갖 무기들로 의기양양하게 주님을 대적할 것이다. 그런데 저들이 집단으로 대적하는 주님은 인간들처럼 무기를 가지고 싸우시지 않는다. 주님이 우주 만물을 창조하셨던 말씀이 예리한 검으로 입에서 나와서(계 19:15) 만국을 치신다.

인간들은 핵무기, 화학무기 등 별의별 무기들을 발명하며 신형 무기의 위력을 과신하고 있다. 그러나 주님은 인간이 만들지 못하는 우주 만물을 창조하시는 능력, 곧 말씀으로 대항자들을 척결해 버리신다.

최후 아마겟돈 전쟁의 결과는 어떠할까? 계시록 19장 19-21절에 기록되어 있다. 재림해 오시는 예수님을 직접적으로 대적하며 전면에 나서는 세력들은 19절의 '짐승'인 정치 지도자와 거짓 선지자다. 또 땅의 임금들과 그들의 군대들이다. 이들이 희고 깨끗한 세마포를 입고

백마를 탄 천군 천사들과 전쟁을 벌인다. 그런데 전쟁이라고 하면 일반적으로는 양측 세력이 죽고 죽이며 피차의 희생이 따르는데, 아마겟돈 전쟁에서는 짐승, 거짓 선지자, 짐승의 표를 받고 우상에게 경배하던 자들이 일방적으로 궤멸당할 것이다. 이들은 산 채로 유황불 불못에 던져지고, 나머지 생존자들도 모든 새의 먹잇감으로 처참하게 사라진다.

그뿐이 아니다. 계시록 20장 1-3절에는 옛날 에덴동산에서 아담, 하와를 유혹한 옛 뱀과 천상에서 미가엘 천사장과의 싸움에서 패하고 공중으로 추방된(계 12:7-9) 마귀요 사탄이 천년 동안 결박당해 무저갱에 갇힌다. 그렇게 주님을 반대하고 하나님을 대적하던 모든 사탄의 세력을 정복한 후 사탄의 활동이 전혀 없는 '천년왕국'이 실현된다.

오늘 나는 미래에 있을 매우 중요한 세 가지를 설명했다.

① 공중 강림해 오시는 주님을 맞이하는 구원 얻은 성도들이 공중에서 주님을 만나 7년간 어린양 혼인 잔치가 전개된다.

② 공중에서 구원받은 성도들이 부활의 영광스러운 몸으로 7년간 혼인 잔치를 한 후에 주님과 함께 영화로운 몸으로 지상에 재림한다.

③ 주님의 재림으로 사탄의 활동이 정지당할 것을 아는 사탄은 짐승, 거짓 선지자, 땅의 왕들과 장군들을 총동원해 주님의 재림을 방해한다. 그러나 주님은 우주 만물을 창조하신 '입의 검'으로 모든 대적자들을 유황 불못에 던져 버리신다.

우리는 이 세상의 마지막, 종말의 타임 스케줄을 잘 깨닫고 주님의 공중 강림 때 영광으로 주님을 맞이할 정결한 신부로 단장해서 살아가야 하겠다.

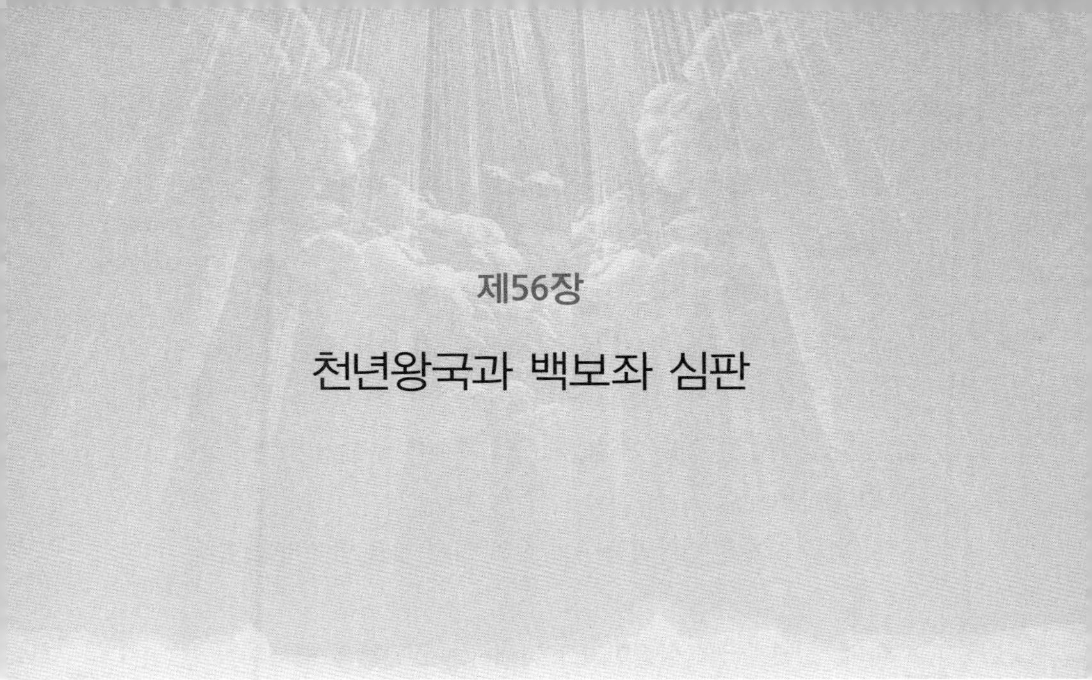

제56장

천년왕국과 백보좌 심판

오늘은 요한계시록 20장에 기록된 천년왕국과 백보좌 심판에 대해 살펴보자.

성경에 수없이 기록된 천년왕국이 명백한 성경적 사실임에도 오늘날에는 성경 내용보다는 인간들이 해석해 놓은 신학이나 교리로 천년왕국을 부정하는 무천년 사상이 지배적이다. 여기서는 성경에 기록된 천년왕국과 인간들이 만들어 낸 무천년 신학 내용을 비교해 보고자 한다.

첫째, 천년왕국에 대한 성경적 근거

마태복음 24장은 대환난에 관한 예언이고, 25장은 천국에 대해 열 처녀 비유와 달란트 비유로 설명한다. 그리고 장차 천국에는 목자가 양과 염소를 구별하는 것같이 사람들을 구별한다고 말한다. 그러면서 25장 34절에서 오른편에 있는 자들에게 "내 아버지께 복 받을 자들이여 나아와 창세로부터 너희를 위하여 예비된 나라를 상속받으라"라고 한다. 여기서 말하는 '예비된 나라'가 천년왕국과 영원한 하늘나라로 이해된다.

누가복음 22장 30절은 "너희로 내 나라에 있어 내 상에서 먹고 마시며 또는 보좌에 앉아 이스라엘 열두 지파를 다스리게 하려 하노라"라고 말씀한다. 여기서도 구원받은 자들이 하나님 나라의 보좌에 앉아 다스리게 될 것을 예언했다. 요한계시록에서는 이 내용들이 좀 더 명확하다(계 5:10, 11:15, 20:4)

이 모든 성경은 천년왕국이 확실히 있을 것을 말씀하고 있다.

둘째, 천년왕국을 상징이라고 이해하는 인간들의 역사

성경에 명백한 천년왕국 사상은 주님과 사도들의 신앙이었다. 그런데 이 성경의 진리가 인간들의 신학에 따라 사실이 아닌 하나의 상징이라는 주장이 시작된다.

(1) 최초로 상징설을 주장한 아우구스티누스(354~430)

아우구스티누스의 아버지는 로마제국의 군 장교로 당시 로마제국의 식민지였던 북아프리카 카르타고(현 튀니지)에 파견 근무 중 아프리카 원주민 베르베르족 여인인 모니카와의 사이에서 아우구스티누스를 낳는다. 어머니 모니카는 아프리카 여인이었으나 경건한 신앙인이었고, 아버지는 이교도였다. 이 같은 환경에서 자란 아우구스티누스는 18세에 가출해 신분이 낮은 여인과 동거 생활 중 아이를 낳고 방탕한 생활을 한다. 그리고 기독교에 대한 반발로 페르시아 종교인 마니교에 심취해 12~13년 동안 이교도로 살아간다. 그 후 나이 30세가 넘어 어머니의 기도로 회개하고 기독교로 귀환한다. 그는 이교도로 살아간 잘못된 과거를 뉘우치는 《참회록》을 저술해 많은 이에게 감동을 주었다.

그의 글에 감동을 받은 로마 교회 감독이 AD 410년에 로마제국이 야만족들에게 침략당한 것을 성경적으로 변증할 것을 부탁하자 22년 동안 《하나님의 도성》(*The City of God*)을 저술한다. 이 책으로 그는 '교회 박사'라는 최고 예우를 받고 이후 많은 작품을 남겼다. 그가 최초로 기독교 역사관을 만든 것은 크게 존경받을 일이다.

그러나 그가 히포의 감독으로 지내면서 수많은 논쟁 중에 저술한 성경에 관련된 저서들은 많은 문제점이 있다. 그는 성경 원문을 몰랐고 아버지의 모국어인 라틴어만 알았으며, 또 학문적으로 4세기 알렉산드리아 플로티누스가 주장하는 신플라톤주의(Neoplatonism)에 심취했다. 그래서 신플라톤주의 철학사상을 기독교 진리로 대치하는 기독교 변질 사상들을 작품으로 만든다.

이로 인한 최대 피해는 두 가지다. 하나는 플라톤이 말한 신비 사상을 도입해 유아세례를 통해 구원받을 수 있다는 세례 중생론(Baptismal Regeneration)을 주장한 것이고, 다른 하나는 천년왕국을 역사적 사실이 아닌 교회 시대의 상징으로 주장한 것이다. 천년왕국이 상징이라는 아우구스티누스의 이 같은 주장을 로마 가톨릭교회가 1,500년 동안 지켜오고 있고, 또 500년 전 칼빈이 이 상징설을 계승했다. 이렇게 1,500년 역사를 가진 천년왕국 상징설에 관한 자료는 시중에 차고 넘치고, 500년 전 칼빈 사상을 따르는 장로교는 무천년 사상을 계승해 가고 있다.

이제 《천년왕국 사실인가, 상징인가?》라는 책을 근거로 천년왕국이 상징이라는 상징설의 주장을 살펴보자.[79]

---

79) 최갑종, 이광복, 천년왕국, 사실인가 상징인가, 신망애출판사, 1996.

① 요한계시록 20장 1-3절에서 천사가 무저갱의 열쇠와 큰 쇠사슬을 가지고 용을 잡아 천 년 동안 결박하여 무저갱에 넣었다. 이 모든 내용은 천상에서 천사와 용의 투쟁 내용이다. 따라서 천 년이라는 표현도 장기간을 상징할 뿐 문자적으로 믿을 수 없다.

② 요한계시록 20장 4절의 "또 내가 보좌들을 보니"라는 표현에서 하나님, 주님만 앉을 수 있는 자리를 '보좌'라고 한다. 따라서 이 내용도 천상의 내용이고 지상의 천년왕국은 아니다.

③ 요한계시록 20장 1-6절에 '천 년'이라는 표현이 6회 반복됐다. '6'이라는 숫자는 인간의 수, 불완전을 상징하는 수다.

④ 요한계시록 20장 4, 6절의 '왕 노릇 한다'는 표현은 영적으로 대제사장 신분으로 격상된다는 상징일 뿐 실제는 아니다.

이 같은 주장이 상징주의자들의 해석이며 이 상징주의를 가톨릭과 개신교가 따른다. 또 이러한 주장이 담긴 책이 세상에 넘쳐 나고 있다.

셋째, 문자적 사실이라고 믿는 주장

천년왕국의 상징설을 부정하고 문자적 사실로 믿는 것은 200년 전 영국의 넬슨 다비(1800~1882)로부터 시작되어 미국의 스코필드(1843~1921)가 미국에 확산시켰고, 미국 텍사스 댈러스신학교가 세대주의의 본산지로 이 사실을 주장한다. 이 세대주의자들이 말하는 천년왕국의 사실성에 대한 주장은 다음과 같다.

① 요한계시록 20장 1-3절에서 천사가 무저갱의 열쇠와 쇠사슬을 가지고 하늘로부터 내려왔다고 말하는데, 이것이 천상의 내용은 아니다. 요한계시록 12장 7-12절에서는 천상의 용이 미가엘과의 전쟁에

서 패한 후 땅으로 쫓겨났다(계 12:9). 그리고 본문에서도 "하늘로부터 내려왔다"고 했다(계 20:1). 여기 '하늘로부터'는 '에크 투 우라누'(ἐκ του οὐρανου)다. 이것은 from heaven이다.

또 '내려와서'는 '카타바이논타'(καταβαίνοντα)다. 이것은 Come down을 뜻한다. 이 내용은 천상의 상징이 아닌 지상의 내용이다. 그렇기에 이 내용도 상징이 아닌 영적인 사탄을 천 년 동안 감금한다는 지상에서의 영적 사실로 봐야 한다.

② 요한계시록 20장 4절의 '보좌들'이라는 "드로누스"(θρονους)라는 단어는 "드로노스"(θρονος)의 복수형으로 여러 개의 보좌를 뜻한다. 그런데 무천년주의자들은 보좌들이 오직 천상의 하나님, 주님만 앉을 수 있는 자리를 상징한다고 해석하는 것은 성경 진리를 모르는 것이다. 누가복음 22장 30절은 "너희로 내 나라에 있어 내 상에서 먹고 마시며 또는 보좌에 앉아 이스라엘 열두 지파를 다스리게 하려 하노라"라고 말씀한다. 여기서 보면 구원 얻는 자들이 장차 보좌에 앉을 것을 예언한다. 고린도전서 6장 3절에서는 미래에 구원 얻은 성도가 천사도 판단한다고 했다. 요한계시록 3장 21절의 "이기는 그에게는 내가 내 보좌에 함께 앉게 하여 주기를 내가 이기고 아버지 보좌에 함께 앉은 것과 같이 하리라"라는 구절을 보면 장차 구원 얻은 성도들도 하나님과 그리스도처럼 보좌에 앉게 된다.

따라서 상징주의자들이 '보좌들'을 하나님과 그리스도만 앉은 자리로 국한해 해석하는 것은 성경 전체 해석의 오류다.

③ 요한계시록 20장 4절에 따르면, 장차 보좌에 앉을 자들은 세 그룹이다. 첫째로, 예수를 증언한 자, 둘째로, 하나님의 말씀 때문에 목 베임을 당한 자, 셋째로, 짐승과 우상에게 경배하지 않고 이마와 손에 표를 받지 않은 자로 이 세 그룹이 장차 보좌에 앉는다.

④ 요한계시록 20장 4절 마지막의 '살아서'라는 말의 원문은 '에제산'(ἔζησαν)이다. 이 말은 영어로 'lived'다. 'lived'는 살아 있다는 뜻의 'live'의 과거 완료로 '살아나서', '살아난 후'라는 뜻이다. 즉 장차 천년왕국 때는 이미 죽었던 신·구약 성도들이 부활로 다시 살아나 그리스도와 더불어 천 년 동안 왕 노릇 한다는 뜻이다.

⑤ 요한계시록 20장 5절의 "그 나머지 죽은 자들"은 7년 대환난 때 구원받지 못한 채 영적으로 죽은 상태로 천년왕국에서 살 자들을 뜻한다.

⑥ 요한계시록 20장 1-6절에는 '천 년 동안'이라는 말이 6회나 반복된다. 이것은 천 년이 막연한 상징적 의미가 아니라 명백한 사실임을 강조하는 강한 확신을 뜻한다.

⑦ '왕 노릇 하니'의 원문은 '에바실류산'(ἐβασίλευσαν)이다. 이 말은 '다스리다', '통치하다', '초월하다'의 뜻이다. 왕 노릇 하는 것을 마치 군왕의 통치 개념으로만 이해하는 것은 이기적 욕망이다. 왕 노릇 한다는 것은 주님께서 자연을 초월하시고, 사망을 초월하시고, 우주를 초월하신 상태로 만국에서 자유하심을 뜻한다.

⑧ 요한계시록 20장 5절의 '첫째 부활'은 주님 공중 강림 때 휴거와 함께 구약, 신약의 모든 성도가 다 함께 부활의 영광을 입을 때를 말한다.

⑨ 요한계시록 20장 6절의 '둘째 사망'은 첫 사망이 육신의 사망이나 둘째 사망은 백보좌 심판 후의 영원한 죽음으로 유황 불못에 던져지는 것을 뜻한다(계 21:8).

개신교 신학자들의 상징주의를 따르는 한 성경 신학 신봉자가 아니라 인간, 개인의 편견을 따르는 인간 교리주의자가 되는 것이다.

넷째, 백보좌 심판에 관한 내용[80)]

천사가 천년왕국 시작 전에 사탄을 무저갱에 집어넣어 잠가 놓고 천년 동안 활동을 하지 못하게 한다. 그리고 천년왕국이 끝나자 사탄을 놓아준다. 그러자 사탄은 살아남아 있는 천하 모든 이를 미혹해 '곡'의 전쟁을 일으킨다. 그때 사탄의 미혹에 현혹되는 바다의 모래 같은 사탄의 세력들이 성도들을 포위한다. 그러자 하늘에서 불이 내려와 반항자들을 불태워 죽인다. 그리고 사탄 마귀를 영원한 유황 불못에 던진다. 이렇게 해서 현재 진행되어 가는 인류 역사를 종식시킨다.

그다음에 과거부터 미래까지 구원받지 못한 자들을 최후로 심판하는 백보좌 심판이 시행된다.

(1) 백보좌 심판의 심판장은 누구인가?

그는 그리스도시다. 요한복음 5장 22절에서 하나님께서는 심판을 다 아들에게 맡기셨다고 했다.

(2) 심판 대상자들은 누구인가?

요한계시록 20장 12-13절의 '죽은 자들'이라는 표현을 근거로 무천년 상징주의자들은 아담 이래 모든 인류가 포함된다고 본다. 그러나 요한복음 5장 24절의 "믿는 자는 영생을 얻었고 심판에 이르지 아니하나니"라는 말씀과 5장 29절의 "선한 일을 행한 자는 생명의 부활로, 악한 일을 행한 자는 심판의 부활로 나오리라"라는 말씀을 보면 구원받은 자는 심판받지 않는다. 구원받은 자는 영광된 부활의 몸으로 변화되어 있는데 죄인들과 함께 뒤섞여 또 심판을 받는다면 성경

---

80) 정수영, 새 하늘과 새 땅(요한계시록 강해 3), 쿰란출판사, pp. 190~201.

전체 진리와 모순된다.

그렇기에 백보좌 심판 때 심판의 대상은 양심 시대, 율법 시대, 교회 시대에 구원받지 못한 모든 죄인들이다. 이때는 바다에 빠져 죽어 시신 처리를 못한 자들까지도 다 살려내 심판을 받게 한다. 바다에 빠져 죽은 자들 중 의인과 악인이 구별된다.

(3) 심판의 기준

이때는 아담 이후 노아 이전 사람들, 노아 이후 아브라함 이전, 복음 선교 이전 등, 아담 이래 인간으로 태어난 모든 인간의 말과 행위가 심판의 기준이 된다. 요한계시록 22장 15절에서는 개들, 점술가들, 음행하는 자들, 살인자들, 우상 숭배자들, 거짓말을 좋아하며 지어내는 자들은 모두가 심판의 대상이 된다.

그런데 요한계시록 20장 12절에서 생명책은 '에스틴 테스 조에스'(ἐστιν της ζωης)로 단수로 쓰였고, 행위를 기록한 책이라는 말은 '알로 비블리온'(αλλο βιβλίον)으로 복수로 쓰였다. 이는 생명책에 기록된 자는 이미 구원받은 자들이지만, 말과 행위로 심판받고 영원한 불못에 던져질 자는 훨씬 많을 것임을 암시한다.

우리는 주님을 영접함으로 이 땅에서 주님의 자녀로 구별되게 살다가 주님께서 공중 강림하실 때 부활의 영광을 얻어야 한다. 지금 구원받지 못하면 7년 대환난의 끔찍한 환난을 당한 후 영원한 지옥 유황 불못에 떨어져 죽지 않고 영원한 고통 속에 후회하며 살게 될 것이다.

제57장

새 하늘과 새 땅

우리가 사는 세상은 하늘과 땅을 기본으로 한다. 그런데 하늘과 땅의 기원에 관해 성경과 세상 사람들은 너무 다른 견해를 가지고 있다. 성경은 하나님께서 말씀으로 하늘과 땅을 창조하셨다고 하는데, 세상 사람들은 우주가 약 200억 년 전 커다란 불덩어리가 대폭발하면서 시작됐다고 말한다. 그런데 하늘과 땅의 미래에 대해서는 성경과 과학이 비슷한 전망을 한다. 오늘은 성경과 과학이 말하는 하늘과 땅의 기원과 종말에 관한 견해를 비교 검토해 보고자 한다.

첫째, 하늘과 땅의 기원에 관한 성경과 과학의 견해

(1) 성경에 기록된 하늘과 땅의 기원

창세기 1장 6-8절에 의하면 하나님께서 둘째 날 하늘을 창조하셨다. 창세기 1장 9-10절을 보면 하나님께서 셋째 날에 땅과 바다를 만드셨다. 창세기 1장 14-19절에서는 하나님께서 넷째 날 하늘에 해,

달, 별들을 만드셨다고 말한다. 이렇게 성경에는 하늘과 땅, 그리고 하늘의 천체 모두를 하나님께서 창조하셨다고 기록되어 있다. 하나님이 우주 만물을 창조하셨다는 사실을 믿는 것을 창조 신앙이라고 한다.

(2) 과학자들이 주장하는 우주의 기원

과학자들의 주장에 따르면, 약 200억 년 전 빅뱅에 의해 커다란 불덩어리들이 폭발했다. 처음의 뜨거운 폭발물이 흩어져 식으면서 커다란 별무리인 성군단(星群團)을 형성했다. 수많은 성군단은 은하계와 태양계로 나뉜다. 성군단은 95%의 은하계와 5%의 태양계로 구분된다. 지구는 태양을 중심으로 정기적으로 운행하는 8개의 행성 중 하나다. 태양계는 태양에서 가까운 수성, 금성, 지구, 화성, 목성, 토성, 천왕성, 해왕성 등 8개의 행성과 60개의 위성, 소행성, 혜성 등이 주기적으로 운행하고 있다.

지구는 은하단에서 46억 년 전에 큰 불덩어리로 떨어져 나왔다. 그래서 46억 년 전부터 고생대, 중생대, 신생대를 거치면서 열이 식었고 38억~20억 년 전부터 생물이 미생물에서 고등 생물로 진화했다. 과학자들은 이 같은 진화론을 주장한다.

지금 이 세상은 진화론자들이 막강한 세력으로 정치, 종교, 산업, 경제를 장악해 가고 있기에 창조론은 소수의 보수 신앙인만 믿고 있다. 이렇게 하늘과 땅의 기원에 대해 성경과 과학은 서로 대화가 되지 않는 상극의 상태를 유지해 가고 있다.

둘째, 하늘과 땅의 미래에 관한 성경과 과학의 견해

(1) 하늘과 땅의 미래에 관한 성경 기록

성경 많은 곳에서 하늘과 땅의 미래를 부정적으로 기록했다. BC 835년경 남왕국 유다에서 선지자 활동을 한 요엘의 예언은 다음과 같다.

> "내가 이적을 하늘과 땅에 베풀리니 곧 피와 불과 연기 기둥이라 여호와의 크고 두려운 날이 이르기 전에 해가 어두워지고 달이 핏빛같이 변하려니와"(욜 2:30-31).
>
> "해와 달이 캄캄하며 별들이 그 빛을 거두도다"(욜 3:15).

요엘 선지자는 해와 달과 별이 제 기능을 잃게 될 것을 예언했다.

구약의 예언자 중 최대의 예언자는 BC 740~680년에 남왕국 유다에서 활약한 이사야다. 이사야는 유다 왕국이 고레스의 도움을 받을 것과 메시아인 그리스도가 수난받는 종으로 오실 것을 예언했고(사 53장), 천년왕국을 예언했으며(사 65장), 태양계가 없어질 것도 예언했다.

> "하늘의 만상[일월성신]이 사라지고 하늘들이 두루마리같이 말리되 그 만상의 쇠잔함이 포도나무 잎이 마름 같고 무화과나무 잎이 마름 같으리라"(사 34:4).
>
> "너희는 하늘로 눈을 들며 그 아래의 땅을 살피라 하늘이 연기같이 사라지고 땅이 옷같이 해어지며 거기에 사는 자들이 하루살이같이 죽으려니와 나의

구원은 영원히 있고 나의 공의는 폐하여지지 아니하리라"(사 51:6).

"보라 내가 새 하늘과 새 땅을 창조하나니 이전 것은 기억되거나 마음에 생각나지 아니할 것이라"(사 65:17).

신약성경에도 구약과 똑같은 내용이 계속 이어진다.

"주의 날이 도둑같이 오리니 그날에는 하늘이 큰 소리로 떠나가고 물질이 뜨거운 불에 풀어지고 땅과 그중에 있는 모든 일이 드러나리로다"(벧후 3:10).

"넷째 천사가 나팔을 부니 해 삼분의 일과 달 삼분의 일과 별들의 삼분의 일이 타격을 받아 그 삼분의 일이 어두워지니 낮 삼분의 일은 비추임이 없고 밤도 그러하더라"(계 8:12).

이렇게 하늘과 땅은 미래에 없어진다는 것이 성경의 일관된 주장이다.

(2) 하늘과 땅의 미래에 관한 인간들의 이해

과학자들은 태양이 과거 45억 년 동안 존재해 왔으나 앞으로 50억 년 후에는 폭발해 사라질 것이라고 비관적으로 전망한다. 또 땅 역시 30 대 바다 70으로 구성된 지구가 바다의 영향으로 불안하다고 내다본다. 땅보다 두 배 이상 넓은 바다는 땅보다 몇 배 많은 태양열을 받는다. 그래서 땅보다 더 많은 열로 바닷물이 데워지고, 한 번 데워진 바닷물은 쉽게 식지 않는다. 바닷물이 태양열로 온도가 높아지면 자연히 대기 온도가 높아지고, 또 높아진 대기 온도는 바닷물을 증발시켜 수증기로 구름을 만든다. 구름은 바람을 타고 육지로 날아와 찬 공기와 마주쳐 비를 쏟아낸다. 그 같은 비가 육지의 동식물을 자라게 하고 산소를 공급해 주며 육지의 동식물의 생명을 유지케 한다. 이처럼 땅과 바다는 상생 관계가 유지된다.

그런데 1850년 산업혁명 이후 땅과 바다의 관계가 깨지기 시작했다. 산업혁명은 석탁, 석유, 가스, 전기로 에너지를 만들어 기계들을 가동시킴으로 생산량을 폭발적으로 증가시켜 인간들의 생활을 편리하게 해주고 있다. 그런데 산업현장에서 만들어지는 이산화탄소는 해를 거듭하면서 증가해 지구의 대기층을 변화시켰다. 그래서 과거 산업혁명 이전 같은 바닷물이 유지되지 못하고 엘니뇨 현상으로 전 세계 바닷물의 온도를 상승시키고 있다. 1900년경 세계 바닷물 평균 온도가 16.95℃였는데 2010년경에는 17.2℃로 상승했고, 2020년경에는 19℃까지 이르렀다. 2023년 7월에는 미국 최고의 낙원이라는 플로리다주 마이애미 비치의 수온이 38.4℃로 올랐다. 이는 사람 체온보다 높은 온도였다.

이렇게 전 지구의 바닷물 온도 상승의 주범이 이산화탄소다. 전 세계 최강국이라는 미국, 중국이 뿜어내는 이산화탄소는 전 세계 각국이 배출하는 양보다 훨씬 더 많은데도 독주를 계속해 나간다. 이 같은 인간들의 오만이 어떤 결과를 가져오는가? 인간이 산업 발전으로 경제적 이익은 얻었지만 전 세계의 창조질서를 파괴하고 있다. 그래서 바닷물의 온도 상승으로 북극의 빙산들을 녹여 내고, 그린랜드 시베리아에 수천 년 얼어붙었던 강들을 녹여 낸다. 그래서 해마다 해수면이 높아지고 열대어들이 북쪽으로 북상한다. 과거 베트남, 필리핀 등지의 어류들이 동해, 북해로 이동했다.

그뿐 아니다. 이산화탄소가 팽창해 대기의 산소 함량을 위축시킴으로 대기를 건조케 해서 전 세계에서 산불들을 일으킨다. 호주의 거의 전 국토를 태운 산불, 캐나다의 대규모 산불, 한국 강원도의 잦은 산불, 2025년도 경상도 전체의 산불 등은 수십 년 자란 수목들을 단며칠 사이에 잿더미로 만든다.

이렇게 전 지구적 재앙들은 앞으로 갈수록 더욱 악화된다는 것이 하늘과 땅에 대한 인간들의 전망이다. 놀랍게도 하늘과 땅의 기원에 관한 성경과 인간의 견해는 정반대이나, 하늘과 땅의 미래에 관한 견해는 성경과 과학이 똑같다.

셋째, 하늘과 땅의 미래에 관한 성경의 예언

(1) 땅의 미래에 관한 인간들의 전망

땅의 미래에 관한 인간들의 전망은 부정적인 것 일색이다. 미래학자들은 현재와 같은 기후 문제가 해결되지 않는 한 2100년경에는 해수면 상승으로 전 세계 해안가 항구 도시들이 전부 바닷물에 잠길 것으로 예측한다.

(2) 성경에 예언된 미래의 하늘과 땅

요한계시록 21장에 예언된 내용에 따르면, 미래에는 현재의 하늘과 땅은 완전히 사라지고 새 하늘과 새 땅이 생겨난다. 요한계시록 21장의 내용을 몇 가지로 정리해 보자.

1) 새 하늘과 새 땅

현재 우리는 해, 달, 별들이 운행하는 태양계 안에서 살아간다. 그런데 미래에는 태양계가 사라진다. 과학자들도 50억 년 후 태양이 사라질 것이라고 말한다. 태양이 없으면 캄캄해서 어떻게 살 수 있는가? "그 성은 해나 달의 비침이 쓸데없으니 이는 하나님의 영광이 비치고 어린양이 그 등불이 되심이라"(계 21:23). 태양과 달이 없어도 빛의 본체이신 하나님의 영광의 빛으로 밤이 없는 낮의 세상이 된다(계 21:25). 현재도 지구의 북극인 시베리아나 알래스카에는 겨울에 24시간 낮만 계속되고 밤이 없는 땅이 있다. 미래 천국은 계속된 낮만이 있는 곳이다.

2) 바다가 없어짐(계 21:1)

현재의 지구는 육지와 바다가 30:70의 비율로 되어 있다. 그래서 현재 지구는 바다의 영향으로 비, 바람, 태풍, 홍수, 건조한 대기로 인한 산불 피해를 주기적으로 겪는다. 그러나 미래의 천국에는 바다가 없다. 따라서 비, 바람, 태풍, 물난리, 홍수, 산불도 없다.

3) 새 예루살렘성의 규모

"그 성은 네모가 반듯하여 길이와 너비가 같은지라 그 갈대 자로 그 성을 측량하니 만 이천 스다디온이요 길이와 너비와 높이가 같더라"(계 21:6). 여기서 1만 2천 스타디온은 오늘날의 단위로 약 2만 4천 km^2다. 한국의 남북한이 22만km^2이고, 남한만 9만 9,263km^2다. 세계에서 땅이 작은 나라로는 스위스가 4만 1,293km^2이다. 현재 이스라엘 나라가 2만 1,946km^2로 남한의 4분의 1 정도(경북, 강원도)다. 이렇게 좁은 영토에 이스라엘인 850만, 팔레스타인 사람이 서안 지구에 300만, 가자 지구에 250만이 분리되어 살아간다.

성경에 기록된 새 예루살렘성의 크기는 현재 이스라엘 국토 정도다. 새 예루살렘성의 규모가 이렇게 작다는 것은 장차 천국은 협소한 공간 개념이 아니라 우주를 초월할 정도로 자유롭게 된다는 뜻으로 이해된다.

4) 새 예루살렘성의 특징

새 예루살렘성은 열두 문과 열두 성곽이 있고, 성곽은 벽옥으로, 성은 정금으로, 열두 문은 각종 보석으로 꾸며졌다. 이것을 상징으로 해석할 수 있으나, 그보다는 인간들이 가장 최상으로 여기는 보석들이 천국에서는 바닥 기초에 불과하다는 의미로 이해할 수 있다.

5) 천국의 생활[81)]

부활하신 주님의 몸은 창에 찔린 옆구리에 상처가 있었다(요 20:27). 바울 사도는 우리 몸이 주님께서 강림하실 때 흠 없게 보전될 것이라고 했다(살전 5:23). 그렇기에 천국에서는 영혼만의 삶이 아니라 신령한 부활의 몸으로 생명수 강의 생수와 생명나무의 열매를 먹고 살아간다(계 22:1-2). 또한 거기에서는 모든 눈물이 제거되고, 사망이 없고, 애통하는 것이나 아픈 것이 다시 있지 않으며, 처음 것들 곧 이 세상의 기준이 다 사라진다.

현재 우리는 태양계의 제약을 받으며 살아간다. 그러나 미래의 새 하늘과 새 땅은 태양계가 아닌 새로운 세계에서 펼쳐진다. 요한계시록은 미래 천국의 소망을 확고히 하게 한다.

81) 정수영, 앞의 책, pp.315~329.

제58장

예언의 종결과 경고[82)]

성경 최초의 책인 창세기는 우주 만물의 창조에 대한 웅장한 내용으로 시작된다. 그런데 성경 최후의 책인 요한계시록은 무서운 경고로 끝을 맺는다. 왜 같은 성경책의 처음과 나중이 이렇게 다를까? 이것은 하나님께서 인간들의 속성을 너무나 분명하게 잘 아셨기 때문이라고 생각한다.

하나님께서 창조한 우주 만물은 하나님의 뜻을 결코 배반하지 않고 정확무오하게 운행된다. 하나님은 온 천하 우주 만물보다 존귀한 인간을 하나님의 속성을 닮은 존재로 창조하신 후에 세상을 다 관리하되 선악과만 따 먹지 말라고 경고하셨다. 그럼에도 인간은 그 경고를 무시하고 선악과를 따 먹음으로 고난과 죽음을 당하게 되었다. 이 같은 인간의 근성을 아신 하나님은 요한계시록 22장까지가 예언의 말씀임을 4회(계 22:7, 10, 18, 19)에 걸쳐 강조하시면서 요한계시록의

82) 정수영, 앞의 책, pp.387~395.

예언을 종결하신다.

그리고 "내가 이 두루마리의 예언의 말씀을 듣는 모든 사람에게 증언하노니 만일 누구든지 이것들 외에 더하면 하나님이 이 두루마리에 기록된 재앙들을 그에게 더하실 것이요 만일 누구든지 이 두루마리의 예언의 말씀에서 제하여 버리면 하나님이 이 두루마리에 기록된 생명나무와 및 거룩한 성에 참여함을 제하여 버리시리라"(계 22:18-19)라는 아주 무서운 두 가지 경고가 주어지고 있다.

왜 하나님께서는 성경 마지막에 이토록 무서운 경고를 하셨을까? 하나님께서는 창세기 때 아담에게 경고를 하셨는데도 아담이 타락했던 것처럼, 사도 요한을 통해 더 큰 경고를 주어도 인간들은 여전히 경고를 무시할 것을 아셨던 것 같다.

이제는 과거 2천 년 교회 역사에서 성경 66권 외에 또 다른 것을 추가한 세력과 또 반대로 제하여 버린 세력에 대해 살펴보고자 한다.

첫째, 2천 년 교회 역사에서 성경 66권 외에 다른 것을 추가한 세력들

2천 년 교회 역사는 대략 4단계로 발전해 왔다.

① 첫 단계 - AD 33년부터 100년까지의 사도 시대

② 두 번째 단계 - AD 100년 이후부터 600년까지의 교부 시대

③ 세 번째 단계 - AD 500년 이후부터 1500년까지의 중세 시대

④ 네 번째 단계 - AD 1500년 종교개혁 이후 현재까지 다종교 시대

이렇게 4단계를 거치면서 각 시대마다 성경 66권을 어떻게 대했는지 살펴보자.

(1) 사도 시대(33~100)

사도 시대에는 이미 구약성경으로 39권이 있었다. 구약 정경 39권 외에 외경 14권도 전승되어 왔다. 그러나 예수님과 사도들은 외경 14권은 관심이 없었고 정경 39권만 인정했다. 그리고 신약 27권을 완성한다.

(2) 교부 시대(100~500)

사도들이 기록한 정경 외에 사도들의 이름이나 성경 이름을 도용한 수많은 위경이 계속 쏟아져 나왔다. 그러나 교부들은 구약 39권과 신약 27권만을 정경으로 확정하고, 수많은 외경과 위경들을 배제시킨다. 그런데 이 교부 시대에는 수많은 교회 중 5개 교회가 크게 발전한다.

① 예루살렘 교회는 모든 교회들의 모교회로

② 안디옥 교회는 바울, 바나바의 신학인 성경을 문자적으로 해석하는 안디옥 학파로

③ 알렉산드리아 교회는 오리겐처럼 성경을 영적, 상징적으로 해석하며 헬라 철학을 활용하는 학파로

④ 로마 교회는 로마제국 수도를 중심한 정치적 교회로

⑤ 콘스탄티노플(현 이스탄불)은 로마 황제가 주재하는 군사적 교회로

교부 시대에는 이 5개 교회가 지도력을 발휘한다. 이 5개 교회 중 주로 로마 교회를 제외한 네 교회가 중심이 되어 성경 이외의 신조들을 제정한다. 그것이 325년의 니케아 신조, 381년의 콘스탄티노플 신조, 451년의 칼케돈 신조다. 5세기에는 아타나시우스 신조 등이 만들어진다. 이렇게 교부 시대 때 신조들 4개가 덧붙여진다.

(3) 중세 시대(600~1500)

중동의 역사는 612년 마호메트의 이슬람의 출현으로 매우 달라진다. 612년 이슬람 종교는 '한 손에는 칼, 다른 한 손에는 코란'을 들고 중동과 아프리카를 정복한다. 그래서 638년 이후 예루살렘, 안디옥, 알렉산드리아 등 중동과 아프리카 전체가 이슬람 세력 아래 놓인다. 그렇게 되자 교부 시대의 5대 교회 중 동로마제국 수도 콘스탄티노플 교회와 과거 서로마제국의 수도였던 로마 교회만 남게 된다.

이때부터 동방교회와 서방교회는 서로 수위권을 주장하며 다투었다. 서방교회는 자기들 교회가 베드로가 세운 수위권 교회임을 독선적으로 주장하고, 서로마가톨릭 교회만이 유일한 교회라는 사도 신조를 750년에 만든다. 이렇게 동방교회와 서방교회 간의 갈등으로 둘 사이는 계속 멀어졌고 결국 1050년에 완전히 갈라져 오늘에 이르고 있다. 이렇게 해서 1500년경 이후 로마 가톨릭교회는 자기들이 동방교회보다 더 전통적인 과거 역사 계승자라고 주장하며 과거 교부 시대 때 제정된 니케아 신조, 콘스탄티노플 신조, 칼케돈 신조, 아타나시우스 신조, 사도 신조 등을 사용해오면서 자기들만이 고대교회 계승자라고 주장한다.

(4) 종교개혁 이후 현재까지(1500~2000)

1500년 종교개혁 이후 전 세계 교회는 서로마 가톨릭교회, 동방 정교회, 개신교의 세 그룹으로 나뉜다. 이 세 그룹 중 성경 66권 이외에 다른 것을 추가하고 덧붙인 세력들을 알아보자.

1) 서로마 가톨릭교회

독일의 루터는 종교개혁 때 외친 구호를 통해 성경 66권 이외의 다른 모든 것을 거부했다. 그 후유증으로 유럽 절반이 개신교에서 떨어져 나갔다. 이에 놀란 가톨릭은 트렌트 공의회(1545~1563)를 열어 18년 동안 가톨릭교회를 재정비하면서 성경 66권에 수많은 것을 덧붙인다. 이때 성경 66권 이외에 덧붙인 것 중에 중요한 사항은 다음과 같다.

① 성경 66권에 외경 11권을 더하여 가톨릭은 77권의 성경이 된다.

② 성경과 전승을 동일한 신앙 기준으로 삼는다.

개신교는 성경 66권만을 신앙과 행위의 규범으로 삼는다는 원칙이 있는 데 반해 가톨릭은 교부들 신학, 교회 회의가 정한 각종 규정, 교황의 칙서 등도 성경 66권과 똑같은 신앙 기준이 된다고 보았다. 그래서 교부들 중 가톨릭 교리에 적합한 주장을 한 사람들의 사상과 과거 공의회에서 제정한 니케아 신조, 콘스탄티노플 신조, 칼케돈 신조, 사도 신조처럼 가톨릭 공의회가 교리를 제정하면 그것도 성경과 똑같은 신앙 기준이 된다는 것이다.

③ 공의회 결정에 성경과 동일한 신앙 기준이 된다는 주장과 함께 그 뒤로 결정한 내용들이 다음과 같다.

이때부터 가톨릭은 ① 교황은 절대 무오하다, ② 마리아는 하나님의 어머니로 죽지 않고 산 채로 승천했다, ③ 7성사로 구원받는다(영세로 구원, 견진으로 성령, 미사로 축복, 고해로 사죄, 결혼으로 완성, 종유로 사후 구원 등), ④ 미사 때 평신도에게 빵만 주고 포도주는 주지 않는다, ⑤ 공적이 구원에 도움이 된다(선행 또는 교회에 재산 헌납), ⑥ 공적이 많은 성인들에게는 그 공적이 하늘에 쌓여 있으므로 예수님의 이름이 아닌 성인들의 이름으로 기도해도 된다 등의 내용을 교리화했다.

가톨릭은 성경 66권에 없는 온갖 것을 덧붙인 이단이자 사탄이다.

2) 개신교들(500년 전 개신교가 시작된 후 수많은 교파가 계속 생겨남)

개신교는 성경 66권만을 신앙과 행위의 기준으로 삼는다. 원칙은 같으나 내용적으로는 성경을 독특하게 해석한 특정인의 신학에 따라 수많은 교파로 분열을 거듭해 가고 있다. 대표적인 교파는 다음과 같다.

① 종교와 국가가 혼합되어야 한다는 주장.

· 독일과 북반구 스웨덴, 덴마크, 노르웨이 등 루터교가 국교인 나라

· 영국 성공회처럼 종교와 국가가 혼합된 나라

· 이탈리아, 프랑스, 스페인, 필리핀, 남미 등 가톨릭이 주된 세력인 나라

2) 종교와 국가가 분리되지만 종교가 정치, 사회에 영향력을 행사하는 교파

칼빈의 신학을 최상의 규범으로 삼는 장로교와 아르미니우스의 신학을 최상의 규범으로 삼는 감리교, 성결교, 순복음 등이다.

둘째, 성경 66권의 내용을 제멋대로 빼버린 세력들

(1) 슐라이어마허(Schleiermacher, 1768~1834)

슐라이어마허는 독일의 경건주의 신학교인 할레대학 교수로 활동하다가 베를린대학을 설립해 교수와 총장을 지냈다. 그는 10여 권의 저서로 자기의 사상을 표현했다. 그는 종교란 절대 의존 감정이며, 감정을 통해 하나님을 체험할 수 있다고 말했다. 이로써 성경이 말하는 인간은 거듭나야 새사람이 된다는 중생의 중요성을 감정으로 약화시켰다.

(2) 리츨(Ritschl, 1822~1889)

리츨은 본대학, 할레대학, 하이델베르크대학, 튀빙겐대학에서 원하는 학문을 공부한 뒤 괴팅겐대학의 교수로 활동했다. 그는 몇몇 저서에서 기독교는 계시의 종교가 아니라 윤리의 종교라고 말했다. 따라서 하나님의 말씀 중심으로 사는 것이 아니라 인간으로서 도덕적, 윤리적으로 우수해야 한다고 주장했다.

(3) 하르낙(Harnak, 1851~1930)

독일 라이프치히대학, 기센대학, 마르부르크대학, 베를린대학에서 교수로 활동했다. 교회사에 관한 저술을 남긴 그는 성경이 하나님의 계시에 의한 영감의 기록물이 아니라 여러 자료를 후대에 모아 편찬해 놓은 책이라고 주장했다. 성경은 다양한 자료들의 편찬물이라고 말하며 하나님의 계시성을 부인했다.

(4) 궁켈(Gunkel, 1862~1932)

괴팅겐대학, 할레대학, 베를린대학의 교수로 39년간 활동했다. 그는 성경이 계시로 기록된 책이 아닌 여러 개의 문서 자료를 후대에 종합 편찬해 놓은 것이라고 주장했다. 그래서 모세오경은 모세가 저술한 것이 아니라 J문서(BC 10세기), E문서(BC 9세기), D문서(BC 7세기), P문서(BC 6세기) 등이 5세기에 걸쳐 편찬된 것이라 말했다. 이처럼 그는 성경의 계시성을 부인했다. 이런 가설을 믿고 성경 주석을 'J', 'E', 'D', 'P'로 분류해 놓은 책들이 있다.

(5) 불트만(Bultmann, 1884~1976)

불트만은 마르부르크대학 신약성경 교수로 1941년 "신약성경과 신화"라는 논문을 발표했다. 여기서 그는 신약성경에 기록된 예수의 처녀 탄생, 기적, 부활, 천국 등의 모든 내용은 문자적 사실이 아닌 '신화'(myth)라고 말했다. 독일어의 '신화'라는 말은 겉껍질을 벗겨내고 그 속의 알맹이를 찾아내는 것이란 뜻이다. 이는 예수님의 선재, 동정녀 탄생, 부활, 승천, 재림, 삼층천, 삼위일체, 대속의 교리 등 모든 것이 다 신화적 표현이라는 것이다.

(6) 세속화 신학의 원조 본회퍼(Bonhoeffer, 1906~1944), 세속화 신학의 이론가 하비 콕스(Harvey Cox, 1929~현재)

세속화 신학의 핵심은 하나님은 거룩한 성당 안에 계시는 것이 아니라 낮고 천한 말 구유, 갈릴리 어부들, 무산 대중 속에서 역사하신다는 것이다. 이들은 이 시대 교회가 관심을 가져야 할 대상은 공장 노동자, 어부, 농부 등이며, 세속에 관심을 갖는 것이 하나님의 뜻이라고 말한다. 기독교는 거룩한 종교가 아닌 세상 시장 한복판에 있어야 한다는 것이다. 그럴듯한 주장 같으나 주님은 천민이든, 세리이든, 어부이든, 바리새인이든 심지어 배신자라도 다 똑같이 사랑하셨다. 어느 특정 부류에게만 관심 가졌다는 주장은 성경 진리를 편파적으로 왜곡한 잘못된 신학이다.

(7) 남미의 해방신학, 한국의 민중신학

이 모든 현대 신학은 성경 중 일부 특정 부분만을 강조해 그것이 성경 전체인 양 부각시킨다. 이렇게 성경 전체 내용을 보지 않고 특정한 일부만을 발췌해 그것이 성경 전체 사상인 양 왜곡하는 것들이 현대 신학이다.

2천 년 교회 역사를 보면 성경 66권 외에 무언가를 더 추가시킨 세력과 기존의 내용을 축소시킨 세력들이 있었다. 로마 가톨릭이 성경에 전승을 추가했고, 개신교가 성경에 교파 설립자의 신학을 추가했다. 반대로 성경 66권의 내용을 빼거나 축소시키거나 왜곡시킨 현대 신학이 있다.

우리가 요한계시록에 기록된 하나님의 마지막 경고를 들으려면 성경 66권 외에는 더 추가하지도 말고 제하지도 말아야 한다. 오직 성경 66권만 믿어야 한다.

제6부

교회사

59장

바울 사도의 행적과 베드로 로마 사역의 허상

오늘은 신약성경에 기록된 바울 사도와 베드로 사도의 행적을 살펴보고, 베드로가 로마에서 사역했다는 교회사의 주장이 얼마나 허황된 것인지 비교해 보려고 한다. 이렇게 성경과 교회사를 비교해 봄으로 우리가 믿을 믿음의 근거는 성경일 뿐 인간들의 역사 기록이 허상에 불과함을 깨닫도록 하겠다.

첫째, 신약성경에 기록된 바울 사도의 행적

(1) 출생과 교육

바울 사도의 출생지는 사도행전 22장 3절에서 '나는 유대인으로 길리기아 다소에서 났고, 이 성에서 자라 가말리엘 문하에서 조상들의 율법의 엄한 교훈을 받았다'라고 했다. 오늘날 튀르키예 땅 안디옥 옆의 '다소'는 로마 시대 소아시아 남동 해안 지역이다. 그는 가말리엘 문하에서 율법을 배웠다고 했다. 사도행전 5장 34-41절을 보면 가말리엘은 바리새인의 율법 교사로 모든 백성에게 존경받는 율법사였다.

'바리새'(Φαρισαῖος)라는 말은 '하나님 사랑', '하나님 충성'을 위해 미세한 부분까지 모든 전통적 항목에 복종할 것을 서약하는, 백성들로부터 분리를 선언한 집단이었다. 바리새파는 선택 교리와 영혼불멸설을 믿었기에 사두개파와 만날 때마다 논쟁을 벌였다. 그 같은 신념으로 바울은 그리스도인들을 핍박했고(행 8:1-3), 스데반 집사 순교 때 증인자로 가담했다(행 7:58).

⑵ 인생의 변화

그가 다메섹 성 안의 그리스도인들을 체포하려고 가던 중 다메섹 도상에서 부활하신 주님을 만난다(행 9:3-6). 이때 회개와 함께 다메섹 성의 아나니아를 통해 성령 충만을 받는다. 그는 회개한 후 아라비아로 가서 3년간(갈 1:17-18) 참회와 인생 정리를 한다.

그리고 예루살렘을 방문해 15일을 머문다(갈 1:19). 바울은 예루살렘의 사도들과 교제하기를 원했으나 과거 행적 때문에 환대를 못 받는다. 그는 자기가 주님을 만나 변화된 것을 증명하려고 할 때 유대인들의 증오를 더욱 크게 자극한다. 이에 사도들은 그를 고향 다소로 보낸다(행 9:26-30). 이렇게 해서 바울은 고향 다소에서 10여 년간 은둔 생활을 한다.

⑶ 안디옥 교회 개척자 바나바의 바울 포용

바나바는 구브로 섬 출신으로 자기 재산 중 밭을 팔아 사도들에게 헌납하고 모든 이를 위로, 격려하여 사도들에게 신뢰를 받았다(행 4:36-37).

그는 최초의 이방인 교회인 안디옥 교회의 개척자가 되었다. 그는 안디옥에서 가까운 다소의 바울을 초청하였고 그 둘은 안디옥 교회에서 공동 목회를 한다(행 11:25). 이때 안디옥 교회에서 최초로 '그리스도인'이라는 호칭이 생긴다. 그리고 44~45년경에 바울은 바나바와 함께 예루살렘을 방문해 게바와 사도 요한 등 사도들과 친교가 이루어진다(갈 2:9).

이때 알게 된 게바가 안디옥 교회를 방문한다. 게바 베드로는 안디옥 교회에서 이방인 성도들과 동석해 식사를 하게 되었다. 그런데 뒤늦게 예루살렘에서 내려온 유대인 신자들을 만나게 되자 슬그머니 식사 자리를 떠났다. 유대인과 이방인의 식사를 금하는 유대교 행습 때문이었다. 그러자 바울은 베드로에게 '네가 그리스도인 사도로 아직도 유대교 풍습을 고수하느냐'고 하면서 면전에서 책망한다(갈 2:11-12).

(4) 제1차 전도 여행

그 후 바나바와 바울은 안디옥 교회를 모교회로 삼고 제1차 전도 여행을 떠나 구브로, 비시디아 안디옥, 이고니온, 루스드라에서 전도한다(행 13-14장). 이때가 AD 46~47년경이다. 전도 여행에서 돌아온 바울이 최초로 49년경 갈라디아서를 써서 보낸 것으로 추정된다.

49~50년경 예루살렘 총회가 모인다(행 15장). 최초의 예루살렘 총회에서는 야고보 사도가 진행을 맡고 베드로, 바울, 바나바, 장로들이 자유롭게 의견을 제시한 후 야고보의 최종안을 만든다.

예루살렘 총회 후 바나바와 바울은 제1차 전도 여행 도중에 하차한 마가의 대동 여부를 놓고 심각하게 다툰다. 바나바는 자기 생질을 끝까지 대동해야 한다고 했으나 바울의 반대로 두 사람은 결별한다(행 15:34-41).

(5) 제2차 전도 여행

바울은 실라와 함께 제2차 전도 여행을 떠난다(AD 51~55년경). 이때 의사 누가와 디모데가 전도단에 합류한다. 그래서 드로아를 거쳐(행 16:8) 바다 건너 헬라 땅의 빌립보에서 루디아의 도움을 받고, 귀신 들린 여자를 고친 일로 추방당한다. 그는 데살로니가 전도 때 또 습격을 당하자 베뢰아를 거쳐 아덴 전도에 성공하지 못하고 고린도에 가서 1년 6개월 동안 전도한다. 이곳 고린도 사역 때 유대인으로 로마에서 추방당한 브리스길라와 아굴라 부부의 도움을 받는다. 그리고 여기에서 데살로니가전후서를 기록해 보낸다.

(6) 제3차 전도 여행

바울의 제3차 전도 여행(행 19장)에서, 그는 에베소에서 3년 동안 두란노 서원 사역을 한다(행 20:31). 날마다 성경 강론을 하고 이적들이 일어나 에베소 시민들의 폭발적인 변화가 있었고 소아시아 전역에 복음이 파급된다. 이때 마술사들도 전도되어 마술 교본을 불태운다. 그런데 에베소 관광 상품인 아데미 여신상 장사가 안 된다. 바울은 고린도전후서를 기록하고 에베소에서 쫓겨난다. 그래서 찾아간 곳이 고린도였다(55~59년경). 고린도에서 3개월간 겨울 월동 준비 기간에 로마서를 기록한다.

바울은 로마 시민권자이나 로마 황제들이 내린 유대인 로마시 거주 추방령(행 18:2)이 시행되어 로마로는 가지 못한다. 그러나 당시 로마시는 로마제국의 행정수도로, 바울은 로마 선교를 거점으로 서바나까지 전도하려는 열망이 있었다(롬 15:28). 그래서 몸으로는 못 가지만 글로써 복음의 진리를 요약한 로마서를 기록한다. 로마서는 1부가 1-8장으로 복음의 핵심인 믿음의 진리를, 9-11장에 복음이 미치지 않는 이스라엘과 미래가, 그리고 구원받은 성도의 섬김 생활이 12-15장에 기록되어 있다.

여기에서 몇 가지 독특한 내용이 발견된다. 로마서 15장 20절에는 남들이 이미 복음을 전한 곳, 곧 남의 터 위에다 또다시 복음을 전하지 않으려는 목회철학이 있다. 로마서 16장 3-16절에는 바울이 알고 있는 로마 교회 성도 26명 하나하나에게 개별적 이름을 붙여 문안한다. 그리고 16장 21-23절에는 자신과 동역하는 디모데 외에 여러 명에게 문안을 전한다.

로마서 16장에는 바울이 알고 있는 로마 교회 교인들에게 하나하나 문안을 전하는데, 베드로가 42~68년까지 로마 사역을 했다는 가톨릭의 주장에 의하면 바울의 로마서 16장의 문안자들 명단 속에 게바, 즉 베드로에게도 문안을 했어야 한다. 그런데 왜 26명에게나 문안을 전하며 베드로에게는 안부를 전하지 않았는가? 바울은 안디옥교회를 방문한 베드로의 위선을 책망할 만큼 잘 아는 사이인데도 왜 그랬을까? 이것이 바로 베드로가 로마에 가지 않았다는 결정적 증거가 된다. 아울러 가톨릭교회의 베드로 로마 사역 주장은 성경적 주장이 아닌 인간들의 주장에 불과하다.

(7) 바울의 가이사랴 연금 2년(60~62년경)

바울 사도는 에베소 목회 3년 후 에베소 교회 장로들에게 고별 설교를 한 후(행 20:17-38) 예루살렘을 방문했다가, 바울을 죽이기 전에는 먹지도 마시지도 않겠다는 40여 명의 극렬분자들의 폭동으로 체포당한다. 그는 가이사랴의 총독 벨릭스와 베스도의 심문을 받았는데, 그에게서 돈을 받을까 하는 기대 때문에 2년간 연금 생활을 당한다.

바울은 로마 시민권자로서 황제의 재판을 받겠다고 항소한다. 그래서 백부장의 호송으로 지중해 난파선을 타고 로마로 이송된다(행 27장).

(8) 로마 옥중 서신(62~64년경)

바울 일행이 로마 옥중에서 재판을 기다리며 연금 상태가 계속될 때 골로새 교회 개척자 에바브라의 방문을 받는다. 에바브라는 예수를 믿으면 구원 얻는 심플한 복음은 알지만 기독교의 깊은 신학적 지식은 부족했다.

그런데 그때 골로새 교회를 중심한 소아시아 전역에서 영지주의가 창궐했다. '영지주의'란 유대교 요소, 기독교 요소, 헬라 철학, 거기에 동양의 신비주의 등이 혼합된 종교적 철학 사상이었다. 성경만 아는 에바브라는 철학적 소양이 부족해 골로새 교회 지도자로 결핍을 절감하고, 소아시아에서 이탈리아 로마의 옥중에 있는 바울을 찾아갔다. 바울이 에바브라의 골로새 교회 성도들의 형편을 전해 듣고 골로새 교인들에게 진리를 답변해 주는 서신이 골로새서다. 골로새서와 에베소서, 빌립보서, 빌레몬서 네 서신을 '옥중서신'이라고 하는데, 이 옥중서신이 기록된 때가 AD 62~64년경이다.

골로새서 4장 10-18절에는 바울이 로마 감옥에 갇혀 있는데도 불구하고 자기를 도와주는 당시 로마 옥 주변 인물들을 소개하면서 그들의 이름으로 문안을 전한다(몬 1:23-24와 같은 내용). 그 이름이 아리스다고, 마가, 유스도, 아베브라, 의사 누가, 데라다.

가톨릭은 베드로가 AD 42년부터 68년까지 로마 사역 후 순교했다고 말한다. 만일 베드로가 가톨릭 주장대로 42~68년에 로마 사역을 했다면 62~64년경 기록된 골로새서 안부자의 명단에 베드로가 들어가 있어야 한다. 그러나 베드로는 62~64년경까지 로마에 간 일이 없다. 그렇기에 가톨릭의 베드로 로마 사역 42~68년 주장은 완전히 날조다.

둘째, 신약성경에 기록된 베드로 행적

(1) 어부 베드로

베드로는 갈릴리 벳새다 출신의 어부였다. 그는 세베대의 두 아들 요한과 야고보와 함께 갈릴리 어부 생활을 하다가 셋 다 제자로 선택받았다.

그의 히브리 이름은 '시므온'(행 15:19), 헬라 이름은 '시몬', 아람어 이름은 '게바'인데 게바를 헬라어로 번역하면 '베드로'로 반석이란 뜻이다.

그는 주님이 살아 계시는 동안 3년여 수제자 예우를 받았으나 예수님이 처형되자 본업인 어부로 되돌아갔다. 이렇게 의리 없는 베드로였지만 부활하신 주님은 갈릴리로 그를 찾아가신다. 그때 '내 양을 먹이라'(요 20:15-23)라는 권면을 주신다. 이런 베드로가 오순절 성령 강림 때 완전히 달라진다. 비겁한 베드로가 성령의 힘으로 한 번 설교에 3천 명이 회개하게 하고, 성전 미문에서 앉은뱅이를 일으킨다.

베드로의 인기가 중천하자 헤롯 아그립바 1세는 베드로를 죽이려고 그를 투옥했다(행 12:3). 그런데 천사의 도움으로 감옥을 벗어난다. 그리고 AD 50년 예루살렘 총회 때(행 15장) 지도력을 발휘한다. 그리고는 성경 기록에서 사라진다.

(2) 베드로전후서의 기록

베드로가 언제 어디에서 베드로전후서를 기록했는가? 베드로전후서 내용만으로는 전혀 알 길이 없다.

첫 번째로 베드로전서 5장 13절에 "택하심을 함께 받은 바벨론에 있는 교회가 너희에게 문안하고 내 아들 마가도 그리하느니라"라는 구절의 해석을 놓고 '바벨론'이 '로마'라는 주장과 '바벨론 포로 후 흩어진 디아스포라'라는 주장으로 나뉘어 베드로 로마 사역을 인정하려는 해석이 있다. 그러나 이처럼 서로 다른 해석의 여지가 불확실한 문제 구절로는 베드로가 로마에서 사역했다는 확정이 안 된다.

두 번째로 "내 아들 마가"라는 부분이다. 마가는 바나바, 바울과 함께 제1차 선교 여행에 동참했다가 도중 하차해 귀가했다(행 13:13). 이때 불신당한 마가는 제2차 선교 여행단 구성 때 바울의 강력한 반대로 바울과 바나바가 결별하는 이유가 되었다(행 15:36-41). 이때가 AD 50년경이다. 그런데 AD 62~64년경 바울의 로마 옥중에는 마가가 소개된다(골 4:10; 몬 1:24). 이 내용을 어떻게 조화할 수 있는가?

마가의 행적은 46~49년 제1차 선교 여행 동행과 62~64년경 로마 감옥의 바울을 돕는 사역이 바울 사도의 사역과 함께 이뤄진 명확성에 근거한다. 그런데 베드로가 마가를 '내 아들'이라고 했다. 그렇다면 베드로가 마가를 '내 아들'이라고 할 정도로 관계가 이뤄진 때는 언제일까? 그것은 AD 48~50년경의 예루살렘 총회(행전 15장) 이후부터 바울 사도가 로마에 투옥된 AD 62~64년경 옥중 서신들을 기록하기 이전이라야만 가능하다.

이렇게 본다면 베드로는 AD 48~62년까지는 예루살렘에서 살고 있었다. 그런데 로마 가톨릭은 베드로가 AD 48~68년까지 로마교회를 개척한 후 네로 황제 때 순교했다고 주장한다. 성경의 근거를 볼 때 베드로가 로마에서 사역하거나 순교한 사실이 없다.

그런데 가톨릭은 베드로 로마 사역을 근거로 교황 제도를 믿고, 로마에 베드로 성당을 세계 최대 건물로 지어놓았다. 우리는 성경의 진리를 믿을 것인가? 거짓된 역사 조작에 위장된 종교 집단의 거짓 주장을 믿을 것인가? 분명한 성경적 사실에 근거한 신앙만이 참된 신앙임을 깨달아야 하겠다.

바울 사도의 행적은 열세 권의 성경에 기록된 배경에서 정확한 역사적 사실임이 입증된다. 그에 반해 베드로의 사역은 베드로전서 5장 13절 한 구절에 대한 각각 다른 해석이 있다. 성경적 명확한 사실에 의하면 바울의 로마 사역과 순교는 확실하지만 베드로의 로마 사역은 아무런 근거가 없다. 베드로 로마 사역과 순교 설화는 에우세비우스(260~340)의 《교회사》 기록에 근거한 가톨릭 교황 제도 교리에 따른 비성경적 내용이다.

제60장

초대교회 핍박사와 기독교의 국교화

오늘은 최초의 교회가 시작된 예수님 당시 교회가 유대교도들에게 핍박받은 사실과 사도들 이후 유대교도들의 악의에 찬 모함으로 300여 년간 계속된 로마제국의 핍박사를 살펴보고자 한다. 그리고 AD 313년 로마 황제 콘스탄티누스가 기독교를 로마의 국교로 삼음으로 핍박은 멈추어졌으나 종교가 정치와 혼합됨으로 기독교가 순수성을 잃어버리고 변질되고 타락한 역사를 알아보려 한다.

첫째, 초대교회 핍박사

(1) 예수님과 사도들 때의 핍박

신약성경에 따르면 예수님과 사도들은 유대교에 의해 많은 핍박을 받았다.

1) 예수님 당시 유대교도들에게 받은 핍박

① 사두개인들의 핍박

사두개인들은 구약성경 중 모세오경을 특히 중요시했다. 이들은 성전에서 거행되는 5대 제사와 절기들을 관장하는 고위 성직자들이었다. 이들은 모세오경의 영향을 받아 영혼 불멸, 부활 신앙이 없었다. 그래서 사두개인들은 예수님께 부활에 관한 논쟁을 제기한다. 그 내용이 마태복음 22장 23-33절에 기록되어 있다. 주님은 이때 부활 때는 장가도 시집도 안 가고 하늘의 천사들과 같다고 하셨다.

② 바리새인들의 핍박

바리새인들은 모세오경을 다 믿으면서, 이 모세오경에는 성문율법(成文律法, 문서로 구성된 율법)과 모세가 장로들에게 말로 전해 준 내용이 장로들을 통해 입으로 전승된 구전율법(口傳律法, Oral Tradition, 출 19:7)이 있다고 했다. 바리새인들은 자기들은 장로들의 전통을 고수하는데 예수님은 장로들의 전통을 무시한다고 핍박했다(마 15:2). 이들은 성문율법과 구전율법을 종합해 5세기에 탈무드를 완성한다.

③ 약간의 열심당원(Zealot, 눅 6:15; 행 5:37)

이 세 그룹의 유대교도들이 예수님을 핍박하고 괴롭혔다.

2) 사도들이 받은 핍박

① 스데반 집사가 받은 핍박(행 7장)

② 요한의 형제 야고보의 순교(행 12:2)

③ 베드로의 투옥(행 12장)

④ 바울 사도의 체포(행 21장)

⑤ 사탄의 회당 유대인(계 3:9)

유대교의 핍박은 사도 요한 때인 AD 95~96년까지 계속 이어졌다.

(2) 사도 시대 이후 교부 시대의 핍박[83)]

사도 시대에 예수님과 사도들을 핍박하던 유대교도들의 악의적인 모략과 더불어 다신교에 중독된 헬라, 로마인들의 반대와 헬라 철학에 중독된 지식인들의 박해로 확대된다.

1) 유대교도들의 악의적인 모략

기독교 초기 예수님과 사도들을 핍박하기 위해 기독교를 접촉한 유대교도들은 기독교를 악의적으로 왜곡하고 핍박한다.

① 예수쟁이들은 주의 살과 피를 먹고 마시는 식인종이다.

② 예수쟁이들은 처음 만나는 남녀라도 형제자매라고 하며 포옹하는 근친상간자들이다.

③ 예수쟁이들은 과거 물로 심판했으나 앞으로 불로 심판한다며 공포를 조장하는 겁박자들이다.

④ 자기들은 죽지 않고 영생한다는 사기단이다.

⑤ 원수를 사랑하라는 가르침을 따라 군사 제국주의의 징집을 거부하는 매국노다.

이렇게 기독교 일부를 왜곡해서 악의적으로 모략했다.

---

83) 정수영, 초대교회사, 쿰란출판사, 2012, pp.345~357.

2) 다신교 신앙에 중독된 헬라인들과 로마인들의 반대

기독교가 예루살렘에서 시작되어 헬라인이 사는 아덴, 고린도, 데살로니가, 빌립보로 확산되고 또 로마인이 사는 에베소, 서머나, 골로새, 로마까지도 확산됐다. 그런데 헬라인, 로마인들은 신화를 믿는 다신교 종교인들이었다. 일본이 한국보다 100년 먼저 선교가 시작됐으나 다신교를 믿기에 복음화가 잘 이루어지지 않았다. 옛날 헬라인, 로마인도 마찬가지였다.

헬라 수도 아테네(아덴)는 헬라의 여신 아테네를 수호신으로 삼고 도시 전체가 온갖 신과 알지 못하는 신까지 섬겼다는 내용이 사도행전 17장에 기록되어 있다. 또 고린도는 아프로디테 여신 숭배로 고린도서에 나타나는 우상 도시였다. 에베소는 달의 여신 아데미(아르테미스)를 수호신으로 섬기며 아데미 여신상 조각이 주된 생산품이었음이 사도행전 19장에 나타난다.

로마도 마찬가지였다. 헬라의 신들을 로마식으로 이름만 바꿨을 뿐 다양한 신을 섬겼고, 모든 신을 다 섬기겠다는 뜻의 '만신전'(萬神殿, Pantheon)까지 세웠다. 이 같은 만신전이 로마 시대에 건립돼(115~125) 7세기 초 교황에게 넘어가 현재는 이탈리아 왕들의 묘소가 됐다.

이렇게 다신교에 중독된 헬라인, 로마인들에게 유일신을 주장하는 기독교는 박해의 대상이 될 수밖에 없었다. 그리고 국가가 요구하는 징집에 대한 거부는 탄압의 이유를 더했다.

3) 헬라 철학에 중독된 지성인들의 반대

참으로 놀라운 사실은, 공부를 많이 한 사람일수록 과거 고대인들의 철학적 사고방식을 답습한다는 사실이다. 고대인 중 헬라인들은 소크라테스 이전까지는 우주의 생성 원인에 관심이 많았다. 그래서 우주의 생성 원인이 물이다, 불이다, 바람이다 하며 갖가지 주장이 다양했다.

그러다 소크라테스의 "너 자신을 알라"라는 말과 함께 철학적 주제가 인간으로 집중된다. 소크라테스는 인간에게 가장 중요한 것이 영혼이라고 말했고, 플라톤은 영혼에 도달하려면 순수한 이성으로 이데아에 접근해야 한다고 말했다. 플라톤의 '영혼 불멸'과 '이데아' 사상은 기독교 부활 신앙에 혼란을 주며 지금까지 계승되고 있다.

플라톤 다음의 철학자는 아리스토텔레스다. 아리스토텔레스는 모든 존재의 원인을 '형상'이라고 했고, 모든 존재물이 눈으로 보이는 것을 '질료'라고 했다. 형상과 질료는 원인과 결과의 다른 표현이다.

이렇게 소크라테스, 플라톤, 아리스토텔레스 세 사람의 철학이 2천 년간 계속 반복되면서 이들의 사상을 알아야 지성인 대우를 받았다. 헬라 철학에 중독된 지성인들은 기독교의 부활 신앙, 영생 신앙, 천국 소망을 무식한 넋두리로 멸시했다.

유대교도들의 악의적인 모략, 헬라와 로마 사회에 만연된 다신교 사상, 헬라 철학이 지성의 기준이 되는 세상 등으로 300여 년간 기독교는 온갖 오해와 박해 속에 수천, 수만 명이 재산을 빼앗기고 추방당하고 죽어갔다. 그러다 AD 313년 로마제국 제68대 황제 콘스탄티누스(274~337) 때 기독교를 로마 국교로 선언한다. 그때부터 기독교는 핍박이 종식되고 황제의 보호로 온갖 특혜를 받으면서 동시에 기독교가 철저하게 세속화되기 시작한다.

둘째, 기독교의 로마 국교화[84)]

기독교 역사에서 획기적인 전환점을 마련한 콘스탄티누스 대제(274~337)는 어떤 인물이었으며, 그가 시작한 기독교 국교화로 기독교가 어떤 혜택을 받았는지를 살펴보자.

(1) 콘스탄티누스(274~337)는 어떤 인물인가?

콘스탄티누스의 아버지 클로루스(Chlorus)는 갈리아, 스페인, 브리타니아 등의 원정에 성공해 서로마의 부황제가 되었다. 클로루스가 유럽 전역으로 원정을 다니는 장군이었을 때 여관집 딸 출신인 헬레나와 결혼해 콘스탄티누스를 낳았다. 그런데 그는 원정군 사령관에서 부황제가 되기 위해 정략적 이유로 황제 막시미아누스의 딸과 결혼하려고 헬레나와 이혼한다. 훗날 아버지가 죽자(306) 콘스탄티누스는 아버지의 부황제 자리를 계승한다.

콘스탄티누스는 태양신을 믿는 이교도 상태에서 황제 막시미아누스의 아들이며 자기와 동격인 부황제 막센티우스와 전쟁을 벌였다. 이때 콘스탄티누스는 어머니가 믿는 하나님이 자기를 도와 승리한다면 기독교 신앙을 허용하겠다고 서원하였고, 마침내 극적으로 승리한다. 그러자 서원대로 기독교를 공인한다(313). 이후 밀라노 칙령으로 기독교를 공식적으로 공인하고 몰수된 교회 재산을 돌려주고 기독교인들의 지위를 회복시켜 주었다. 기독교는 테오도시우스 1세 때 로마의 국교로 위상이 달라진다.

---

84) 정수영, 교부시대사, 쿰란출판사, 2014, pp.619~644.

(2) 기독교 개종 후 콘스탄티누스의 업적

1) 기독교와 관련된 업적

① 과거 국가가 몰수했던 기독교 재산들을 환원

② 성직자들에게 군대 징집 면제, 세금 감면, 공민적 의무 면제

③ 일요일을 국정 공휴일과 예배일로 선포(안식일, 일요일 양원제를 단원제로 법제화)

④ 성탄절을 태양절인 12월 25일로 제정

⑤ 최초의 니케아 공의회(325) 소집과 니케아 신조 제정

⑥ 모친 헬레나 황후를 도와 수많은 예루살렘 예배당 건축

⑦ 자신이 작성한 기독교 강론을 궁중에서 강론케 함

이처럼 그는 많은 면에서 기독교를 황제 개인의 종교로 전락시켰다.

2) 국가와 관련된 업적

① 서로마제국의 수도는 수백 년 동안 이교도들의 만신전(萬神殿, Pantheon)이 있었던 자리였기에 기독교에 적당하지 않았다. 그래서 새로운 로마제국의 수도를 330년에 튀르키예 콘스탄티노플(현 이스탄불)로 옮겼다. 이것이 동로마 비잔틴 제국의 기초가 되어 1453년까지 이어진다.

② 불운한 가정생활

황제로서 보기 드물게 한 가정을 고수하고 정절을 지켰으며, 박애심이 많고 인심이 후했다. 그러나 자기 정적인 처남을 죽이고 아내도 처형했으며, 그 후 두 번째 아내와 20년간 잘 살았으나 전처 아들들을 살해하고 후처도 살해했다. 그는 가정적으로 불운한 환경에서 후계자를 정하지 못하고 죽어 이후 그 자리를 두고 많은 각축전이 벌

어졌다.

③ 성직자 주교들보다 위에 있는 대신관으로 자처했다.

기독교는 300년 이전까지는 유대교, 헬라, 로마신화와 철학 등에 배치된다는 이유로 끊임없이 핍박을 받으며 수천, 수만 명이 죽었다. 그러나 핍박과 수난 속에 예루살렘에서 시작된 기독교는 무기나 정복이 아닌 성령의 능력과 사랑의 포용력으로 거대한 무단 정치 로마를 정복했다. 그런데 기독교가 공인되고 로마의 국교로 선포된 후 핍박은 멈췄으나 생명의 종교가 타락의 정치와 야합하고 말았다. 그 결과 교회는 겉으로는 성장하고 세력을 얻는 것 같았으나 내용적으로는 세속화, 타락, 변질로 썩어가게 되었다.

우리가 이러한 과거 역사를 통해 얻을 수 있는 교훈이 무엇인가? 의식 중심인 유대교처럼 기독교를 의식과 제도로 변질시킨 가톨릭을 따를 것인가? 헬라 철학과 세상 문화, 세상 사조와 타협해 기독교 핵심을 잃은 개신교 신학을 따를 것인가? 종교와 정치가 야합한 종교 형식주의를 답습할 것인가? 많은 문제점을 극복하기 위해 오늘 우리는 어떻게 살아가야 하는가? 초대교회가 핍박과 수난 속에서도 성령님의 능력을 최우선으로 삼았던 그 과거사만이 우리에게 소망이 있음을 깨닫게 해준다.

제61장

교회 의식의 변화와 절기들의 제정

이 세상의 모든 종교에는 제각각 독특한 의식이 있다. 고대에 전 세계는 태양신을 섬겼다. 다 같은 태양신을 섬겼지만 섬기는 방법은 각각 달랐다. 애굽에서는 왕이 죽으면 태양이 되었다가 다시 환생한다는 믿음으로 피라미드를 만들었다. 헬라에서는 태양신 경배를 위해 4년마다 한 번씩 성화단을 만들고 올림픽 경기를 했다. 중국에서는 태양, 바람, 물, 흙 등이 세상을 변천시킨다는 음양오행설에 근거한 풍수지리설을 믿었다.

이렇게 전 세계가 태양신 숭배로 일색일 때 똑같은 시대를 살아간 노아, 아브라함은 우주 만물이 하나님의 창조물일 뿐 태양도 하나의 창조물에 불과함을 믿었다. 그 후 BC 1500년 모세에 의해 유대교는 5대 제사와 5대 절기를 지키는 의식을 만들어 낸다.

반면 BC 600~700년경에 석가모니의 불교는 다비식을 만들어 내고, 공자는 죽은 자의 제사를 만들어 낸다. 또 2천 년 전 기독교는 침례와 주의 만찬을 만들어 내고, 1,400년 전 이슬람은 '7신 5행'을 만들어낸다. 현재 세계는 크게 유대교, 불교, 유교, 기독교, 이슬람교 등 5대 종교가 존재한다.

지금은 전 세계 5대 종교 중 기독교에서 시행되고 있는 교회 의식을, 기독교 신약성경에 기록된 사실과 기독교 2천 년 교회 역사에서 변형되고 추가되고 왜곡된 역사 속 유산을 비교 검토해 보고자 한다.

첫째, 신약성경에 기록된 침례 의식

신약성경에는 침례와 주의 만찬 두 가지 의식만 기록되어 있다.

(1) 신약성경에 기록된 성인 침례

신약성경에는 유아들이 아닌 성인에게 베푸는 침례 의식만 있다. 성인에게 베푸는 침례 의식은 구약과 신약의 과도기를 연결해 주는 침례자 요한의 침례와 신약 시대를 여시는 예수님의 침례로 구별된다.

1) 과도기적 침례자 요한의 침례

과거 유대교에서는 남자아이를 낳으면 8일 만에 할례를 베풀었다. 구약 시대 여자들에게는 정결법들은 있어도 하나님의 자손의 상징인 할례는 없었다. 그런데 유대교 할례자가 아닌 성인 남자가 유대교로 개종할 때는 성인 남자에게 할례를 베풀었다. 성인 남자가 할례받은 지 1주일이 지난 후 상처가 아물었을 때 유대교 일부에서 강에 들어가 정결예법으로 침례를 베풀었다. 이렇게 유대교 일부에서 시행하는 할례 후의 침례를 침례자 요한이 회개할 의지를 가진 자에게 회개 의지의 표식으로 주었다. 그러면서 자기는 물로 침례를 베풀지만 자기 뒤에 오시는 분은 성령으로 침례를 베풀 것을 예언한다.

2) 전 인류 죄인의 상징으로 받은 예수님의 침례

예수님이 침례자 요한에게 침례를 받는 내용이 마태복음 3장 13-17절에 기록되어 있다. 침례자 요한은 예수님이 하나님의 아들이심을 알고 예수님의 침례 요청을 사양한다. 그러나 예수님이 자기가 침례받는 일이 구약성경에 기록된 전 인류의 죄와 사망을 해결하기 원하는 하나님의 의를 이루는 일이라고 설득하여 침례자 요한은 예수님께 침례를 베푼다.

3) 바울 사도의 침례 신학

바울 사도는 로마서 6장 3-5절에서 성도들이 시행하는 침례에 어떤 의미가 담겨 있는지를 설명한다. 바울에 따르면, 구원받은 자가 침례를 받을 때 물에 잠기는 것은 과거 죄인으로 잘못 살았던 죄악과 사망을 물에 장사 지내는 상징이다. 그리고 물에서 다시 일어나는 것은 죽었던 그리스도가 다시 살아나는 부활에 나도 함께 연합된다는 의미가 있다는 것이다. 즉 신약성경에 기록된 침례는 과거를 장사 지내고 미래의 부활을 확신하는 그리스도와의 연합의 의미가 있다. 이처럼 신약성경에는 주님이 모범을 보여 주시고, 바울 사도가 침례에 담긴 신학적 의미를 확립해 놓았다. 그런데 신약성경의 진리를 기독교 2천 년 역사의 사람들이 다르게 변개한다.

(2) 교회 역사 속의 변개

1) 최초의 변개자 아우구스티누스(354~430)[85)]

신약성경에는 유아들에게 침례를 베풀었다는 이야기가 전혀 없다. 침례는 자기가 죽을 죄인이며, 자기를 구원할 구세주로 주님을 영접하는 자에게만 실시하는 상징적 의식이기 때문이다. 그런데 아우구스티누스는 모든 인간에게 전승되는 원죄를 해결하는 방법이 유아세례라고 말했다. 유아세례는 세례를 베푸는 자의 인격이나 세례를 받는 자의 인격과 상관없이 성부, 성자, 성령의 이름으로 세례를 주면 유아세례 때 원죄가 사해지는 신비한 효력을 발휘한다고 주장했다. 이렇게 아우구스티누스에게서 유아세례가 시작되고, 그것이 구원받은 것과 상관없이 교회만 1년 이상 다니면 자동적으로 세례를 주는 성인 세례로 발전한다.

2) 중세기 동·서방 교회들의 경쟁[86)]

사도 시대는 33~100년까지, 교부 시대는 100~600년까지, 중세기는 600~1500년까지를 말한다. 교부 시대에 해당되는 600년까지는 ① 예루살렘 교회, ② 안디옥 교회, ③ 알렉산드리아 교회, ④ 로마 교회, ⑤ 콘스탄티노플 교회 등 5대 교회가 대표 교회로서 지도자 역할을 이어 갔다. 그런데 638년에 이슬람이 칼과 코란으로 ①, ②, ③ 교회를 모두 정복했다. 그 후에는 동방의 정교회들(그리스, 아르메니아, 콥틱, 러시아 등)과 서방의 로마 가톨릭교회가 서로 자기들이 정통이라고 주장을 한다.

---

85) 정수영, 교부시대사, 쿰란출판사, 2014, pp.940~957.

86) 정수영, 중세교회사 Ⅱ, 쿰란출판사, 2017, pp.400~439.

이렇게 동방교회와 서방교회가 서로 투쟁한 교회 역사의 흔적이 베들레헴의 예수님 탄생 교회에 그대로 남아 있다. 베들레헴 예수님 탄생 교회에는 말구유 채플(the chapel of the manger)이 있는데 그 안에 은으로 된 14개의 별이 있다. 그 말구유 채플을 그리스 정교회, 로마 가톨릭교회, 아르메니아 정교회 등 3개 교파가 하루 8시간씩 교대로 지키고 있다. 이 3개 교파는 1천 년 중세기를 거치면서 서로 자기들이 정통이라는 주장을 내세우며 온갖 의식을 만들어 낸다.

특히 로마 가톨릭교회는 수많은 의식을 만들었고, 한때는 40여 가지의 의식을 만들어 시행하기도 했다. 40여 가지 의식은 신약성경에 근거하지 않은 완전히 미신적인 의식들이었다. 이에 그것을 종교개혁자들이 미신이라고 공격한다. 그러자 1545년부터 1563년까지 18년 동안 트렌트 종교회의를 열고 수많은 의식 중 7가지 의식을 결정한다. 그 7가지 의식이 ① 영세받으면 구원 얻는다, ② 견진 성사로 성령을 받는다, ③ 미사로 축복을 받는다, ④ 고해로 사죄를 받는다, ⑤ 결혼으로 완전한 가정을 이룬다, ⑥ 종유로 죽은 자에게 기름을 바르면 구원의 축복이 따른다, ⑦ 사제들의 서품 등이다. 이렇게 해서 로마 가톨릭은 '7성사'(七聖事)가 시행되고 있다.

3) 종교개혁 후 개신교들

개신교란 로마 가톨릭에서 갈라져 나온 교파들을 뜻한다. 그 대표적인 3개 교파가 독일과 북반구의 국교인 루터교(7,500만), 영국의 국교인 성공회(미국 성공회, 한국 성공회), 스위스 칼빈의 장로교회다. 이들 개신교에서 감리교, 구세군, 침례교, 회중교회가 분리되었고, 또 감리교에서 성결교, 순복음 등이 분리되었다. 이 개신교들 중 루터교와 성공회는 세례, 성찬, 참회 의식을 시행하고, 나머지는 세례와 성찬식만 시행한다.

여기서 한 가지 중요한 사실을 기억해야 한다. 신약성경에서는 반드시 자기가 죄인임을 깨닫고 주님을 구세주로 영접한 자에게만 물에 잠기는 성인 침례를 시행했다. 그런데 아우구스티누스가 유아세례를 주장한 이후 많은 교파와 교회에서 구원의 확신이 없는 유아나 성인에게 교회만 출석하면 세례를 주고 있다. 이렇게 성경의 진리를 떠나 이름만 교인인 교회들에는 성령님이 역사하지 않고 형식적인 종교 의식만 계승될 뿐이다. 교회가 참된 교회로 회복되려면 신약성경의 원리대로 돌아가야 한다.

둘째, 신약성경에 기록된 주의 만찬

(1) 신약성경에 기록된 주의 만찬

1) 예수님의 기원

주의 만찬은 예수님의 최후 만찬에서 비롯된 것이다. 사복음서(마 26:17-30; 막 14:12-16; 눅 22:7-23; 요 13:21-30)를 보면, 예수님이 체포되시기 전날 밤에 최후의 만찬을 베푸신다. 이때는 유월절 절기의 첫날로 시작해 일주일간 무교절을 지키는 명절 전날 밤이었다. 이때 주님은 떡을 자신의 몸이라 하시고, 잔을 죄 사함을 얻게 하려고 많은 사람을 위하여 흘리는 언약의 피라고 하신다.

여기서 '새 언약'(눅 22:20)의 개념이 나온다. 과거 구약의 시내산 돌판의 언약(출 20장)은 율법 준수의 언약이었으나, 새 언약(렘 31:31-33)은 심령에 새겨진 성령의 언약이다. 그렇기에 예수님께서 시작한 주의 만찬 때의 떡과 포도주는 예수님의 몸과 피로 주님과 성도가 굳게 맺는 언약이라는 것이다.

2) 바울 사도의 주의 만찬 신학

바울 사도는 고린도전서 11장 23-29절에서 주의 만찬에 담겨 있는 신학적 의미를 설명한다. 떡은 주의 몸이고 잔은 주의 피를 의미하므로, 주의 만찬을 거행할 때는 사람이 자기를 살피고 난 후에 떡을 먹고 잔을 마시면서 주님의 십자가 고난을 기념하라고 했다. 여기서 '기념하라'의 원어는 '아남네신'(ἀνάμνησιν)으로 '명심하다', '회상하다', '각성하다'의 뜻이다. 그렇기에 주의 만찬 때는 주님이 나를 위해 죽으셨다는 희생적 죽음을 회상하고 자신의 삶을 각성하라는 것이다. 이렇게 엄숙한 주의 만찬을 일반 음식처럼 모독한 고린도 교회에는 약한 자, 병든 자, 잠자는 자 곧 죽은 자도 적지 않다고 했다(고전 11:30).

(2) 교회 역사의 변천

신약성경의 기록과 달리 2천 년 교회 역사에서 주의 만찬에 대한 신학은 네 가지로 갈라진다.

① 로마 가톨릭교회 - 화체설(Transubstantiation)

떡과 포도주가 2천 년 전 예수님의 살과 피로 변화된다.

② 루터교회 - 동체설(공재설)(Consubstantiation)

떡과 포도주가 주님의 살과 피라는 믿음이 그 안에 있으면 실제로 살과 피로 변한다.

③ 츠빙글리 - 상징설(Symbolism)

떡과 포도주는 그리스도의 살과 피를 상징하는 것이다.

④ 재침례교도 - 기념설(Memorialism)

주의 만찬은 주님의 희생을 기념하는 것이다.

전 세계의 5대 종교 중 하나인 기독교는 성경적 기준이 아닌 사람들의 해석을 따라 몇 종파로 분리되었다. 성탄절 하나를 놓고도 가톨릭과 개신교는 12월 25일을 '크리스마스'라고 하는데, 이 말은 '그리스도의 탄생을 위한 미사'라는 가톨릭적 개념이다. 반면 그리스 정교회 계열과 러시아 정교회는 1월 6일을 주현절로 지킨다. 또 아르메니아 정교회, 애굽 콥틱 정교회는 1월 19일을 성탄절로 지킨다.

성경을 문자적으로 믿지 않고 교파 창시자의 해석을 따르는 한 계속해서 분열과 반목만 거듭될 뿐이다. 이제라도 성경에 기록된 대로 가감하지 않고 믿어야 자유함을 누릴 수 있다. "진리를 알지니 진리가 너희를 자유롭게 하리라"(요 8:32). 이 말씀만이 영원한 진리로 역사할 것이다.

제62장

이슬람의 정복사와 성경의 예언

2024년 10월 8일에 가자 지구의 이슬람 극우 세력인 하마스가 이스라엘을 선제 공격했다. 그로부터 이스라엘과 하마스 간의 전쟁 양상은 시간마다 전 세계에 알려지고 있다. 이스라엘과 이슬람 간의 갈등을 넘어 서로 죽이고 파괴하는 100여 년의 전쟁사를 다룬 다양한 저서들이 있다.

팔레스타인 난민 출신의 한 미국인 역사학자는 《팔레스타인 100년 전쟁》[87]이라는 저서에서 자기들은 수천 년 살아온 조국 땅을 유대인에게 빼앗겼다고 말한다. 한겨레신문 기자는 전 세계 각 곳에서 테러와 파괴를 이어 가는 이슬람을[88] '이슬람의 전사'라고 표현한다. 또 현재 아산정책연구원인 한 중동 문제 전문가는 중동 각 나라들의 문제는 역사와 종교와 정치적 복합 현상이라고 말한다. 그런가 하

87) 라시드 할리디, 팔레스타인 100년 전쟁, 유강은 역, 열린책들, 2022, pp.799~517.
88) 정의길, 이슬람 전사의 탄생, 한겨레, 2015.

면 이스라엘 대사로 일한 한 정치가가 이스라엘 체험을 근거로[89] 과거와 현재의 이스라엘을 잘 설명해 준 저서도 있다. 또 중동의 요르단과 레바논에서 선교사로 10여 년간 사역한 선교사가 선교사 입장에서 중동을 바라본 내용도 있다.[90]

모두가 각각 다른 분야의 좋은 참고서다. 그러나 나는 역사학도이자, 성경을 진리로 믿는 목사다. 이에 지금은 역사학도로서 본 이슬람의 정복의 역사와 성경을 진리로 믿는 목사로서 성경의 예언을 살펴보려 한다.

첫째, 이슬람의 정복 역사

왜 이슬람의 역사를 '정복의 역사'라고 단정하는가? 이슬람 종교가 문화적으로나 경제적으로 세계에 기여한 바가 많지 않은가? 양면성 있으나 이슬람의 생성부터 지금까지 정복의 역사가 타 종교들에 비해 월등하기 때문에 정복의 역사라고 단정하는 것이다. 이제 그 사실들을 확인해 보자.

(1) 창시자 마호메트(579~632)의 정복의 역사

마호메트는 오늘날 사우디아라비아의 중소도시 메카(Mecca)에서 출생했다. 메카에는 노아 홍수 때 유실된 '검은 바윗덩어리'(카바)를 아브라함이 찾아냈다는 전설을 따라 '카바'를 신전으로 섬기는 우상종교들이 있었다. 이 신전을 당시 최대 부족인 쿠라이슈 부족이 장악하며 각종 다신교를 허용하는 다신교 신전이었다.

---

89) 최용환, 오늘의 이스라엘, 세종, 2023.
90) 김모세, 중동사역 10년, 쿰란출판사, 2014.

그런데 마호메트가 자기가 천사 가브리엘의 계시를 받은 예언자라고 자처하며 카바의 다신교를 거부하고 유일신과 알라를 주장하다가 부족들에 의해 메카에서 추방을 당한다. 마호메트는 메카 북쪽의 메디나(Medina)로 추방되고 몇 년 후 600여 명의 무장 신도를 양성한다. 이 무장 신도들이 낙타와 칼을 들고 과거 마호메트를 쫓아낸 쿠라이슈 부족을 쳐부수고 카바 신전을 장악한다(630). 이렇게 카바 신전을 알라 신의 본거지로 삼고 이슬람 종교를 시작했다. 그리고 자기가 계시를 받았다는 내용을 구술해 준 것을 사후 '칼리프'들이 정리한 것이 코란경이다.

(2) 제2대 칼리프 우마르(Umar, 634~644)

마호메트가 메카를 정복할 때 최전선에서 전투를 지휘한 전쟁 지도자가 마호메트 사후의 '칼리프'(종교적 통수자)가 된다. 그는 근엄하기 짝이 없는 정복군의 대장이었다. 그는 낙타 군대 1,000여 명을 이끌고 물이 없는 사막지대를 6일 동안 통과해 당시 동로마제국 군대가 장악하고 있는 시리아 지역을 정복한다(636). 그리고 이스라엘의 항복을 받아 장악하고(638), 642년에는 페르시아, 이란, 이집트를 정복한다. 이렇게 이슬람은 '한 손에는 칼, 또 다른 손에는 코란'을 들고 생성 초기부터 중동 전역을 정복한 이래 오늘까지 이르고 있다.

(3) 제4대 칼리프 알리(Ali, 656~661)

제1대부터 제3대까지의 칼리프는 마호메트의 무장 부하들이 계승했다. 제4대 때는 마호메트의 혈통을 받은 마호메트의 양자이자 사위인 알리를 칼리프로 추대한다. 그런데 알리는 자신을 반대하는 세력에 의해 피살당한다. 이때 알리를 따르는 자들이 '시아파'로 극렬주의자가 되고, 과거 1~3대 칼리프를 따르는 절대다수가 '수니파'가 된다. 그래서 현재 수니파가 80%가량 되고 시아파가 20% 정도 되는데, 시아파에 극렬주의자들이 가득하다.

(4) 옴미아드(Ommiad) 왕조(661~750)

오마르가 정복한 중동에는 장군들이 왕이 되는 중에 옴미아드 왕조가 유대교와 기독교에 귀한 유산을 남긴다. 옴미아드 왕조는 이슬람 종교성이 희박한 세속 왕조였다. 이들이 과거 아브라함이 이삭을 제물로 바쳤던 곳, 솔로몬 성전과 헤롯 성전이 세워졌던 터 위에 유대교, 기독교, 이슬람교 3대 종교 기념관을 짓는다. 그것이 '바위사원'(The Dome of Rock, 687~691)이다.

이 사원은 유대교 성전 터요, 기독교 팔복교회를 본뜬 팔각정을 지었고, 마호메트의 승천 전설을 종합한 기념관이다. 그리고 바위사원 남쪽에 마호메트가 승천하는 환상을 보았다는 전설에 근거해 이슬람 제3성전인 '알 아크사' 성전을 지었다. 1950년 요르단 왕국이 바위 사원 지붕의 둥근 돔에 1cm 두께로 금박을 해서 '황금 사원'이라고도 불린다. 문제는 알 아크사 성전 관리를 이스라엘 무장 군인이 하면서 이슬람 신도들의 비위를 건드려 자주 충돌을 일으켜 왔다는 것이다.

(5) 이베리아반도의 이슬람 정복

이베리아(Iberia)반도는 스페인과 포르투갈이 있는 곳이다. 이 이베리아반도를 이슬람 종교의 아라비아와 무어인들이 8세기 때부터 정복해 1492년까지 800년을 지배했다. 그래서 스페인 코르도바에는 지금까지 거대한 이슬람 사원이 존재한다. 스페인 사람들은 800년 동안 이슬람과 투쟁해 '그라나타'를 회복했다.

(6) 십자군 전쟁(1095~1291)

십자군 전쟁은 가톨릭 교황들이 성지 순례가 구원에 도움이 된다는 미신으로 성지를 무력으로 되찾아야 한다며 일으킨 전쟁이었다. 십자군 전쟁은 200년간 계속되면서 8차에 걸친 원정으로 가톨릭이나 이슬람이나 유대인들 수백만 명이 죽은, 기독교 최악의 수치스러운 사건이다. 이렇게 기독교 이름으로 전쟁을 일으킨 결과, 이슬람 전체가 더욱더 거칠어지고 기독교를 혐오하게 되었다.

이 전쟁에서 가톨릭은 이슬람을 야만인이나 짐승처럼 살육했고 아무 죄의식을 갖지 않도록 무자비하게 대했다. 그런데 그런 이슬람으로부터 아라비아 숫자와 10진법을 배웠다. 그리고 《아라비안 나이트》와 같은 이슬람 문명을 도입하게 된다.

(7) 제1차 세계대전(1914~1919)과 제2차 세계대전(1939~1945)

두 번의 세계대전은 중동뿐 아니라 아프리카, 동양, 한국 등 전 세계 많은 나라의 운명을 바꾼다. 그중에서 중동 지역을 보자.

제1차 세계대전은 독일, 오스트리아, 오스만 제국, 불가리아가 동맹국이 되고 영국, 프랑스, 러시아, 미국이 연합국이 되어 싸운 전쟁이었다. 이때 오스만 제국은 튀르키예를 본토로 현재의 중동과 아프리카 북부의 이슬람 세력들을 전부 지배하고 있었다. 이렇게 넓고 방대한 지역을 상대로 전쟁의 지도국인 영국은 정치력을 발휘한다. 그래서 영국은 1914년 10월에 이집트에게 독립을 약속해 주는 '후세인 맥마흔 협정'을 맺는다. 그리고 영국은 1916년 11월에 이스라엘에게 전쟁이 끝나면 독립을 승인해 준다는 '벨푸어 협정'도 맺는다.

1919년 제1차 세계대전이 연합국의 승리로 끝날 즈음에 영국 외교관 마크 사이크스(Mark Sykes) 대령이 중동 지도를 놓고 펜으로 선을 그어 과거의 방대한 지역을 이곳은 이란, 저쪽은 이라크 식으로 요르단, 시리아, 레바논, 이집트의 국경을 만든다. 그렇게 중동 땅에 펜으로 선을 그은 것이 현재의 국경이 된다. 팔레스타인은 연합국이 공동 관리한다고 해놓고 국경을 만들지 못한 채 영국은 약속을 이행하지 않고 1919년에 떠나 버린다. 그러자 제2차 세계대전이 끝난 1945년 5월 14일에 이스라엘이 일방적으로 독립을 선언한다. 이집트, 시리아, 요르단, 이라크, 레바논 등 이슬람 국가들이 새로 독립하려는 이스라엘을 공격하지만 이스라엘의 승리로 독립이 현실화된다.

이때 팔레스타인에서 살아오던 원주민들이 '팔레스타인해방기구'(P.L.O)를 구성해 아라파트가 40여 년간 지도해 나갔다. 그 후 이슬람 세력들이 또 전쟁을 일으켰으나, 그 유명한 6일 전쟁(1967) 때 이스라엘은 더 큰 국토를 장악하고 팔레스타인 난민을 가자 지구와 서안 지구로 분리한다. 서안 지구에는 팔레스타인 난민과 유대인 정착민들이 함께 공존해 살아가는데, 가자 지구에는 거제도만 한 좁은 지역에 250만의 이슬람 극렬주의자인 하마스가 살아가고 있다.

이 가자 지구의 하마스가 2024년에 전쟁을 일으켰다. 여기까지가 이슬람의 생성부터 현재까지의 정복의 역사다.

둘째, 성경의 예언

우리가 성경을 하나님의 계시라고 믿는 이유가 무엇인가? 그것은 성경에서 예언된 내용이 시간이 흐른 후에 그대로 성취됐기 때문이다.

(1) 성경의 예언이 성취된 내용

① BC 2000년경 아브라함에게 그의 자손이 이방에서 객이 되어 400년 동안 이방인을 섬기다가 400년 후에 다시 돌아올 것이라고 하

신 예언(창 15:13)이 430년 후 여호수아의 가나안 정복(BC 1400)으로 성취되었다.

② BC 1500년 모세와 이스라엘 백성이 가나안을 정복하지만 오히려 이방의 지배를 받을 것이라고 예언했는데(신 28장) 그것이 사사 시대에 350년 동안 이방의 지배를 받는 것으로 실현된다.

③ BC 700년경 이사야는 이사야 53장에서 메시아가 멸시받고 수난당할 것을 예언했다. 그것이 700년 후 예수 그리스도의 십자가 수난으로 성취되었다.

④ BC 600년경 에스겔은 곡과 마곡 땅의 세력들이 연합국을 형성해 이스라엘을 침공해 들어오지만 이스라엘이 승리할 것을 예언했다. 그 예언대로 이스라엘이 1945년 독립한 이래 수많은 이슬람의 공격을 받았지만 계속해서 이스라엘의 승리로 이어지고 있다.

이 외에도 성경의 수많은 예언이 그대로 성취됐다.

(2) 앞으로 남아 있는 예언

① BC 500년경 다니엘은 다니엘 9-12장에서 이스라엘의 미래가 70이레로 성취될 것을 예언했는데, 그 예언 중 69이레는 이미 성취됐고, 마지막 1이레 7년 대환난이 요한계시록 6-18장에서 또 예언됐다.

② BC 450년경 스가랴 선지자는 스가랴 14장에서 주님이 예루살렘의 감람산으로 재림하실 것이라고 예언했다.

③ BC 700년경 이사야는 이사야 65장에서 미래에 메시아가 재림해서 천년왕국을 다스릴 때는 이리와 어린양이 평화롭게 함께 살아가고, 사자가 소처럼 풀을 먹고, 어린아이가 독사의 구멍에 손을 넣으며 장난치고 놀 것이라고 예언했다.

④ AD 60년경 바울 사도는 로마서 9-11장에서 지금은 이스라엘이

구원에서 제외되었으나 장차 이방인의 충만한 수가 채워지면 이스라엘이 구원받을 것이라고 예언했다.

⑤ AD 95년 사도 요한은 요한계시록 7-14장에서 장차 7년 대환난 때 이스라엘 민족의 14만 4천의 거국적 회개자들이 다 구원받게 될 것을 예언했다.

⑥ 성경의 마지막 책인 요한계시록 21장은 현재의 하늘과 땅, 바다가 사라지고 새 하늘과 새 땅의 천국이 올 것을 예언했다.

지금의 중동 사태를 사람마다 여러 가지로 각각 다르게 설명한다. 우리는 현실 이해를 위해 그것을 참고할 수는 있다. 그러나 지금까지 과거 인류 역사와 세계 역사의 방향을 예언한 성경의 예언들이 모두 그대로 성취되어 왔다. 따라서 우리는 성경의 예언에 따라 이스라엘이 궁극적으로 승리할 것을 믿고 조용히 하나님의 섭리를 지켜보며 하나님의 말씀에 귀를 기울여야 할 것이다.

제63장

교황들의 행악사와 중세기의 미신 신앙

바울 사도의 행적들이 성경 각 곳에 명확한 것에 비해 베드로의 행적은 AD 50년경 예루살렘 총회(행 15장) 이후에는 잘 알 수 없음을 설명했다. 그래서 가톨릭이 주장하는 AD 42~68년 베드로의 로마 사역은 성경적, 역사적 근거가 없다.

이렇게 성경적 근거가 없는 교회사의 전설에 근거해서 편의대로 성경을 해석한 가톨릭의 교황 제도는 성경적 근거가 없으므로 수많은 죄악을 저지른다. 오늘은 성경적 근거가 없는 교황 제도로 역대 교황들이 얼마나 수치스럽고 치욕적인 죄악들을 저질렀는지, 교황들의 행악사와 중세기 미신 신앙을 살펴보겠다.

첫째, 교황들의 행악사

가톨릭은 마태복음 16장 18-19절을 근거로 교황 제도를 만들었다.

"또 내가 네게 이르노니 너는 베드로라 내가 이 반석 위에 내 교회를 세우리니 음부의 권세가 이기지 못하리라 내가 천국 열쇠를 네게 주리니 네가 땅에 서 무엇이든지 매면 하늘에서도 매일 것이요 네가 땅에서 무엇이든지 풀면 하늘에서도 풀리리라 하시고"(마 16:18-19).

이 말씀을 근거로 베드로가 사역한 로마 교회 감독들은 베드로의 천국 열쇠를 계승하는 예수 그리스도의 대리자라고 믿는다. 이렇게 지극히 비성경적인 해석 위에 시작된 교황 제도는 2천 년 교회 역사에 수많은 죄악들을 저지른다. 가톨릭 주장대로라면 제1대 베드로의 로마 사역을 시작으로 현 267대 교황까지 지어진다. 이들 교황 중 도저히 교황으로 인정할 수 없는 네 명을 소개해 보겠다.

(1) 제113대 교황 스테파누스 6세(Stephanus Ⅵ, 896~897)

그는 직전의 112대 교황 호르모수스(Formossus, 891~896)가 무자격자들에게 돈을 받고 사제 서품을 줌으로 동맹국들과의 관계를 악화시켰다는 이유로 시체 공의회를 열었다. '시체 공의회'란 말 그대로 시체가 있는 공의회였다. 이미 죽어서 성 베드로 성당 지하 석관에 파묻힌 전임 교황 시체를 끄집어 내어 10개월 된 시체에 교황복을 입히고 교황 자리에 앉혀 놓은 후, 시체 옆에서 그를 돕던 부제를 증인으로 세웠다. 그리고 바티칸 성당 안에 모든 성직자를 모아 놓고 '시체 공의회'를 열고, 시체를 향해 거짓된 교황이라는 증언을 한 후 죄인이라고 판정했다. 그러고는 교황복을 벗기고 속인 옷을 입혀서 로마시 뒷골목을 끌고 다니며 모욕한 후에 데베레 강물에 던져 버렸다.

교황의 이와 같은 사악한 행위는 그 뒤 중세기 때 또 있었다. 가톨릭은 제261대 교황 요한 23세(JoannesⅩⅩⅢ: 1958~1963) 재임기인 1962년 전까지는 전 세계 모든 가톨릭교회에서 라틴어 성경만 쓰고 미사 때 용어도 라틴어만 사용하게 했다. 그와 같은 가톨릭의 독선 때에 영국 옥스퍼드대학 교수 위클리프(Wycliffe: 1329경~1384)가 라틴어 성경을 영어로 번역했다가 이로 인해 교수직을 파직당하고 죽었다. 그가 죽은 지 44년이 지났는데 207대 교황 마르티누스(1417~1431)는 죽은 위클리프의 유골을 끄집어내서 화형한 다음에 스위프트(Swift) 강물에 뿌려버렸다. 이미 죽은 시체를, 44년 후에 다시 끄집어내서 화형하는 것이 과연 예수 그리스도의 대리자들이 할 수 있는 일인가? 이것은 평범한 속인들도 할 수 없는, 매우 사악한 자들의 광적 형태다.

(2) 제157대 교황 그레고리우스 7세(1073~1085)

그레고리우스 7세는 마태복음 16장 18-19절의 교황의 근거를 더 확대해서 소위 'Sun-moon Theory'를 만들었다. '교황은 예수 그리스도의 대리자이므로 황제가 군왕보다 우위에 있다. 태양이 달에게 빛을 줘야만 달이 빛을 내는 것처럼 태앙인 교황이 황제들에게 은총을 베풀어야 황제 기능이 가능하다.' 이런 아주 괴벽한 논리로 유럽 황제들을 억압하고 복종을 강요했다.

그런데 독일 황제 하인리히 4세(1050~1106)가 교황의 주장을 거부하자 그레고리우스 7세는 독일 황제 하인리히 4세를 파문했다. 그리고 독일 국민들에게 교황이 파문한 황제에게는 충성할 필요가 없다고 했다. 이 같은 교황의 독선에 독일 성직자들이 황제를 거부하고 새로운 황제를 추대했다. 하인리히 4세는 자기가 황제 자리를 유지하려면 교황의 파문을 취소시켜야만 했다.

하인리히 4세는 1077년 1월 21일 교황이 겨울 휴양지로 사용하는 알프스 카노사(Canossa) 성채를 찾아갔다. 그는 성 밖에서 밤낮 사흘 동안 몸이 꽁꽁 얼면서도 교황 알현을 간청했으나 교황은 만나 주지 않았다. 그러다가 4일째 되어 겨우 만나서 하인리히 4세의 파문을 철회했다.

이렇게 해서 황제권을 회복한 하인리히 4세는 교황을 체포하겠다는 원정을 거듭해 교황청을 포위했다. 이때 그레고리우스 7세는 이탈리아 교황청을 몰래 빠져나가 몬테카시노로 피신했다가 다시 살레르노로 망명하여 그곳에서 쓸쓸하게 죽었다.

서양사에서는 이것을 '카노사의 굴욕'(Humiliation at Canossa)이라고 기억한다. 그레고리우스 7세는 자신을 태양으로 착각하고 만용을 부리다가 교황 노릇을 못하고 망명지에서 죽었다.

(3) 제170대 교황 인노첸시우스 3세(1198~1216)

그는 파리대학에서 신학을, 볼로냐대학에서 법학을 공부한 수재로, 삼촌들 위세로 29세에 추기경이 되고 37세에 교황이 되었다. 그는 학문과 달변의 교황이었으며, 과거 교황들이 '그리스도의 대리자'라 칭했던 반면 자기는 '하나님의 대리자'를 자처했다. 그는 저술도 했고, 화체설(Transubstantiation, 化體設) 교리도 만들었으며, 십자군 전쟁을 독려한 교황이기도 했다.

그는 유럽의 모든 황제를 자기 신하로 여겼다. 그런데 교황이 영국 켄터베리 대주교를 임명한 것을 영국의 존 왕이 거부하자 영국 전역 가톨릭 사제들에게 성무 중지령을 내리고 존 왕을 파문했다. 그러자 존 왕은 가톨릭 소유 재산을 강탈하며 7년간 싸웠다(1207~1214). 이렇게 7년간 영국 모든 성직자들이 성무를 중지함으로 주일 미사도 없고, 출생 신고(세례 증명)도 못 하고, 결혼식도 못 하고, 죽은 시체의 장례도 못 했다. 7년 세월에 영국 전역이 황폐하고 삭막해졌는데 존 왕은 사치와 향락을 하여 국민들에게 불신을 당했다.

7년 반항 끝에 존 왕은 결국 교황에게 항복한다. 이때 교황은 영국에 매년 속죄금으로 잉글랜드는 700마르크, 아일랜드는 300마르크를 내라고 했다. 그래서 영국은 그 후 150년 동안 매년 1,000마르크씩 속죄금을 지불했다. 이에 격분한 영국 의회는 왕이라 해도 외국과의 국교 문제는 의회의 승인을 받도록 하는 '마그나 카르타'(Magna Carta, 1215)를 제정한다.

주님께서는 침례로 주님과 연합한다는 의식을 주셨고, 주의 만찬으로 주님의 몸과 살을 기억하라고 하셨다. 그런데 교황은 세례, 결혼, 장례를 다 성례로 묶어 놓고 영국 국민들을 7년 동안 흑암에 살게 했다. 참으로 사악하고 추악한 성례 제도의 악용이었다.

(4) 제214대 교황 알렉산데르 6세(1492~1503)

제209대 교황 칼리투스 3세(1455~1458)는 스페인 출신의 교황이다. 그는 자기 가문의 사람으로 교황을 계승하게 하려고 25세 조카를 추기경으로 만들었다. 그렇게 추기경이 된 알렉산데르는 37년간 교황청 내 모든 요직을 맡으며 뇌물과 미인계로 목적을 달성하는 처세법을 배운다. 세 명의 여자들에게서 각각 다른 네 아들과 네 딸을 낳은 부도덕한 추기경이었으며, 뇌물과 미인계로 61세에 마침내 교황이 된다. 그가 바로 214대 교황이다.

그는 교황이 된 후 자기 아들과 딸들을 조카라고 속이고 교황청 출입을 허용하고 온갖 특혜로 도와준다. 16세가 된 자기 아들을 추기경으로 임명하고, 공작 계급을 주고, 딸이 요구하면 두세 번의 결혼도 허용했다. 이들 가정의 부도덕을 폭로하려는 자에게는 성채 여러 개를 주고 입막음을 했다.

더욱 가증스러운 것은 1501년 10월 30일 일요일 밤에 교황궁에서 시내의 유명한 창녀, 매춘부 50여 명을 불러들여 교황청 추기경과 직원들에게 나체 춤을 춘 후에 성행위를 많이 하는 남녀에게 상을 주는 파티를 진행했다는 것이다. 이 같은 추악한 교황을 폭로하는 "교황의 연인들"이라는 영화가 나왔고, 후대인들은 아들을 조카라고 속인 교회의 타락을 통해 '네포티즘'(nepotism), 곧 정실주의, 친족 중용주의라는 용어를 만들어 냈다. 이 내용이 "벌거벗은 세계사" 제123회에서 세밀하게 설명됐다. 반드시 시청할 가치가 있다.

이렇게 인간 이하의 교황일지라도 인격적 결점은 있어도 교리적 결점은 없다는 것이 가톨릭의 교황관이다.

둘째, 중세기 미신 신앙

신앙은 신이나 절대자를 믿고 받드는 일이다. 그에 반해 미신(迷信)은 종교성은 띠지만 과학적 견지에서 망령되다고 판단되는 일을 말한다.

가톨릭교회는 성경에서 비롯된 신앙이 아니라 성경을 근거로 자기들 종파에 유리하도록 만든 종교성을 띤 미신 신앙을 수없이 만들었다. 그 대표적 신앙은 다음과 같다.

① 천사들을 예배의 대상으로 섬기는 것(히 1:14; 계 19:10 위배)

② 마리아를 하나님의 어머니로 섬기면서 출애굽기 20장 4-6절의 제2계명을 삭제해 버리고 마지막 10계명을 두 개로 나눈 것

③ 성인 숭배로 '예수님 이름'이 아닌 수백 명 성인들의 이름으로 기도하는 것

가톨릭에는 성인(聖人)과 복자(福者)가 있는데 그들은 살아생전에

모범적, 신앙생활을 했기에 그들의 공적이 하늘나라에 축적되어 있다는 것이다. 그래서 성인들의 이름으로 기도를 드리면 그들이 연옥에 있는 자들에게나 살아 있는 자들에게 기도를 해주어 사죄의 효력이 발생한다고 한다. 이렇게 성인들의 공로가 사죄의 효력을 발휘할 것을 믿는다는 말이 "모든 성인들의 통공(通功)을 믿습니다"라는 구절이다.

사도신경의 최초 원문인 라틴어 'Santorum Communioen'[모든 성인의 통공(通功)을 믿습니다], 이것을 한국 개신교 최초의 선교사 아펜젤러가 미국 감리교에서 사용하는 영어 사도신경 그대로 'the Communion of Saints'(성도가 서로 교통하는 것을 믿습니다)이라고 한 것을, 한국어 '거룩한 공회를 믿습니다'로 변개시켜 사용하고 있다.

가톨릭교회의 핵심 기둥인 7성사(七聖事)를 보자. 가톨릭이 만든 '성례전'이라는 7성사는 철저한 미신 신앙이다.

(1) 세례와 견신례

가톨릭교회는 아우구스티누스, 아퀴나스 이론을 근거로 트렌트 공의회(1545~1563)에서 세 가지 은혜를 공식적으로 채택했다.

① 충족 은혜: 이 세상 모든 이는 자연적으로 하나님의 보편적, 초보적 충족 은혜를 다 받았다.

② 주입 은혜: 자연인이 영세나 견신 등의 성례를 받을 때 하나님의 은총과 예수의 공로가 기계적으로 주입되는 주입 은혜가 있다. 주입 은혜는 원죄와 자범죄가 용서되는 구원의 길이다.

가톨릭은 영세받으면 구원받고, 견신받으면 성령받는다고 한다. 이것이 가톨릭의 공식 교리다.

③ 협력 은혜: 주입 은혜 받은 자가 죄를 지으면 주입 은혜가 상실된다. 상실한 은혜를 회복하는 방법이 고해에 의한 보속으로, 나쁜 결과에 대한 보상과 통회와 선행의 공적을 쌓아 가면 협력 은혜가 유지된다.

이렇게 세례, 견신, 고해 등이 원죄, 자범죄를 해결하고 성령받는 길이라고 믿는 것 등이 성경에 근거가 없는 미신들이다.

(2) 미사

매주 예배 대신 미사(Missa)를 드리는데, 미사는 제사란 뜻이다. 미사 때는 천주를 찬미하고 속죄를 갈망하며 다시 은총 받기를 기도하는데, 미사의 핵심은 최후의 만찬을 되풀이하는 변화된(화체된) 성체(聖體) 조각을 먹음으로 예수님의 피와 살을 먹고 마신다는 미신 행위다.

(3) 고해

가톨릭 신자들은 1년에 한 번씩 신부에게 고해성사를 해야 하는 의무가 있다. 가톨릭은 사죄권은 하나님께 있으나 사죄의 선포권은 사제에게 있다고 한다.

(4) 종유

살아서 예수를 안 믿고 죽었어도 죽은 시체를 주교가 축성한 기름을 바른 후 장사를 지내면 시체가 부드러워지면서 구원이 가능하다고 한다.

이렇게 가톨릭교회는 성경에 기록된 대로가 아니라 성경을 인위적으로 해석한 가톨릭만의 교리를 믿는데 이 모든 교리들이 미신 행위들이다.

가톨릭교회의 출발은 성경 진리의 기준을 탈선하는 데서 시작됐다. 로마 사역을 하지 않은 베드로가 AD 42~68년에 로마 사역 후 순교했다는 거짓된 교회 역사에서 출발했고, 마태복음 16장 18-19절을 석의적 해석이 아닌 교리적, 편파적 해석을 하며 교황 제도를 완성했다.

교회 역사를 보면 진실된 성경적 목자보다는 가톨릭이 정치, 경제, 군사 위에 군림해서 세상을 장악해 간 것이 주된 역사였다. 그 결과 교황들의 온갖 추악한 지배 역사와 타락의 역사가 기독교 전체를 부끄럽게 만든 수치스러운 역사였다.

이와 같은 과거의 수치스러운 역사를 청산하는 길은 과거사를 속죄하고 성경 진리로 회복하는 길뿐이다. 그러나 장악한 기득권의 향락을 놓지 않으려는 저들의 집착으로 세월이 갈수록 오히려 저들의 세상 장악력은 훨씬 강력해질 것이다. 그러나 계시록의 예언은 저들의 비참한 말로를 예정하고 있다. 이럴 때 우리는 더욱더 성경 진리에 몰두해야 할 것이다. 그것만이 영생을 얻는 길이기 때문이다.

제64장

한국사와 교회사 관점

오늘은 과거 역사 기록물이 특정인의 편견이고 그 편견을 시대적 특성에 맞게 해석해 놓은 것이 과거사를 특별하게 보는 사관임을 살펴보려 한다. 과거 역사물이란 전 세계에 수없이 많이 있지만 우리나라의 과거 역사물과 교회사 중에서 매우 잘못된 것 한두 가지만 살펴보겠다.

첫째, 우리나라 과거 역사 기록물

우리나라 과거 역사 기록물 중에 가장 오래된 것으로 알려진 것이 《삼국사기》요, 그다음이 《삼국유사》다. 먼저 가장 오래된 《삼국사기》와 《삼국유사》를 살펴본 후 근세 조선 말기의 '동학'에 관해 살펴보겠다.

(1) 《삼국사기》와 《삼국유사》

1) 《삼국사기》

《삼국사기》는 1145년경 고려 인종 23년에 김부식 외 10인이 왕명을 받들어 임금께 지어 올린 책이다. 내용은 고구려, 신라, 백제 3국의 정치적 흥망과 변천이다. 좀 더 구체적으로 들여다보면, 신라에 관한 내용 12권, 고구려에 관한 내용 10권, 백제에 관한 내용 6권 등 모두 28권에 정치, 천재지변, 전쟁, 외교 등이 수록되어 있다. 《삼국사기》에 의하면 한반도 최초의 나라는 BC 57년에 건국된 신라, BC 37년에 건국된 고구려, BC 18년에 건국된 백제 등 3국이다.

2) 《삼국유사》

《삼국유사》는 《삼국사기》가 출판되고 100여 년이 흐른 후인 1281년 고려 충렬왕 때 일연(一然, 金見明) 스님이 편찬한 사서다. 일연 스님이 편찬한 삼국유사는 5권 2책으로 되어 있다. 그 내용은 고조선부터 후삼국까지 단편적인 역사 57항목이 기록되어 있다. 이 책에서 고조선 건국 설화에 '단군 신화'가 언급된다. 그외에 삼국 시대 불교가 융성한 내용, 신라 고승들 전기, 신라 불교 신앙의 감동적인 전설 등, 스님답게 주로 불교에 관한 사서, 설화, 신앙 등의 내용을 소개하고 있다. 그러기에 《삼국사기》가 정사라고 하면 《삼국유사》는 야사다.

《삼국사기》가 3국의 정사이면서, 동시에 과거 삼국 시대에 불교가 새로운 유교 세력으로 국론이 갈등 겪는 것을 과거 3국의 흥망성쇠를 거울 삼아 국가의 단합을 강조하려는 통치자의 목적이 담긴 작품이었다. 《삼국사기》에 의하면, 한반도 최초의 국가가 고조선인가 하는 것은 문제가 따른다. 그에 반해 《삼국유사》는 일연 스님이 평생을 전국을 유람하면서 각 지방에서 전해 들은 민담, 전설을 불교적 신앙 옹호를 위한 목적으로 쓴 종합 설화집이다. 그래서 일연 스님은 단군 신화도 고증의 뒷받침 없이 교육용으로 첨가해 넣었다.

이렇게 정치적 의도로 출생된 《삼국사기》나 신앙적 목적이 깔린 《삼국유사》는 역사적 사실 여부에 관심이 없고 단지 그 시대적, 정치적, 종교적 유산일 따름이다.

이와 같이 역사성이 제한된 두 역사물로는 한반도 역사를 알 수가 없다. 그래서 단군 신화는 신뢰를 못 받고, 아울러 한반도와 우리나라 최초 시기가 불확실한 민족이 되고 말았다.

⑵ 근대 시대의 동학

1) 동학 사건

동학은 근세 조선 조선 왕조를 망하게 만든 직접적인 사건이다.

동학은 경주 최제우가 시작한 국산 종교 운동이다. 최제우는 서양 선교사들이 의료, 교육, 교회, 사회 등 각 분야에서 변화를 일으키는 것에 큰 위기의식을 느낀다. 그래서 서학을 배격하고 전통적인 유교, 불교, 선교를 고양함으로 동학을 추구해야 한다며 '동학교'를 창시했다. 그리고 동학을 믿으며 주문을 외우면 죽지 않는다는 주장 때문에 미신 취급을 당하고 끝내 포교 후 3년이 지나 처형을 당한다.

제2대 교주 최시형은 최제우의 억울한 죽음을 풀어 달라는 신원 운동을 하고, 동학교도들에게 '척왜양창의', 즉 외세는 배척하고 나라를 위해서는 의병을 일으켜야 한다고 선동했다.

이때 전북 고부의 동학 접주 전봉준이 농민들과 합세해 고부 군수 조병갑의 관아를 습격해 양곡을 백성들에게 나눠 준다. 이 같은 관아 습격과 양곡 분배는 많은 농민들의 호응을 얻어 김제, 백산, 논산, 공주 등으로 확산된다. 조정에서는 관군만으로는 동학 농민군을 진압하기에 역부족임을 판단하고 일본 군대를 불러들인다. 동학군은 전봉준, 손병희의 지도로 활과 창으로 대항하는 데 반해 일본군은 현대식 소총으로 진압하여 동학군 30~40만을 죽인다.

그 후 일본군은 민비를 살해하고 을사늑약(1905)을 강제로 맺은 후 1910년에 한일 병합을 한다. 이로써 조선 왕조는 1392년에 태조 이성계로 시작해 618년 후인 1910년에 망한다.

2) 동학에 대한 두 가지 다른 역사 기록

동학 사건은 1894년 고종 21년에 일어났다. 그런데 일본에게 36년간 국권을 빼앗기고 쓰라린 지배를 받고서 과거의 동학에 대한 해석이 두 가지로 갈라진다.

① 서울대학교 이병도, 한우근 교수

이들은 일본 와세다 대학에서 일본인 교수들에게 힘 있는 자가 약한 자를 돕는다는 '식민사관'을 배웠다. 그 후 서울대학교 역사 교수로서 '실증사학파'를 구성한다. 이들은 과거 조선 왕조 500년을 '이씨조선'이라고 규정한다. 그리고 동학 사건을 농민들이 정부 공식 기구인 관아를 약탈한 것은 국가 질서를 무너뜨리는 것이라며 '동학난'이라고 평가했다. 이렇게 실증학파에 의해 50년대, 60년대 국사 교과서에서는 '동학난'이 통용되었다.

② 연세대학교 정인보, 홍이섭 교수

정인보(1892~?)는 30여 년을 국학에 전념한 '조선사' 전문가다. 그는 1950년 공산군에 의해 납북되었고, 그의 제자 홍이섭(1914~1974) 교수는 한국사 연구 전문가로 동학 사건을 '동학혁명'이라고 주장했다.

왜 동학혁명인가? 이들 '민족사관' 학자들이 보는 영원한 가치는 '민족'이다. 국가나 정부나 조선 왕조, 왜정… 모든 정부는 세워졌다 없어지지만 민족은 영원하다. 동학군이 정부 기관을 정복하려 한 행위는 비난받을 수 있으나 동학이 주장한 '인내천'(人乃天: 모든 사람은 다 똑같은 하늘이다) 동학사상은 봉건 제도를 무너뜨리려는 민주적 혁명 운동이었다. 그래서 50~60년대의 '동학난'이 70년대 이후에는 '동학혁명'으로 달라진다. 이 같은 동학혁명 이론을 70년대 박정희 대통령이 활용했다.

우리가 깨닫고 넘어갈 사실이 있다. 과거 역사적 사건은 다 똑같다. 그런데 과거를 해석하는 해석자는 각각 다를 수 있다. 이렇게 과거사를 어떤 관점으로 해석하느냐 하는 역사 해석의 관점을 사관(史觀)이라고 한다.

둘째, 과거 2천 년 교회 역사 기록물을 보는 사관

이와 같은 사관은 2천 년 교회 역사에도 그대로 적용된다. 일연 스님의 근거 없는 단군 신화가 한반도 건국 시조 '고조선'을 정착시키고, 동학에 대한 해석 차이가 '동학난'이 되었다가 '동학혁명'으로 달라진다. 이처럼 과거의 부정확한 역사 기록물이 오늘날 가톨릭의 교황 제도의 기원이 되고, 또 진리인 성경의 잘못된 해석물들이 신약 교회를 변질시키고 수많은 종파들과 교파들로 분열한 채 서로 적대시하게 한다.

여기서 2천 년 교회 역사를 왜곡하게 만든 과거 역사 기록물들과 또한 잘못된 성서 해석의 문제점 제공자들 몇을 소개하겠다.

(1) 가이사랴의 감독 에우세비우스(254~330)

에우세비우스는 초기 최대 학자였던 오리겐(185~254)의 수제자로 오리겐에게서 성경을 배웠다. 그리고 《교회사》 5권(325~326), 연대기 2권, 콘스타티누스 전기 등을 저술했다. 이 중에서 《교회사》 5권은 기독교 최초의 역사서다. 이 책은 예수 그리스도의 탄생, 빌라도와 유대 왕들, 사도들, 로마 황제들, 교회 감독들 등 예수님 때부터 300년까지의 방대한 내용을 단편적으로 간단하게 소개한다.

그중에 2권에 "네로의 박해를 받아 바울이 로마에서 참수되었고, 베드로도 십자가에 달려 죽었다고 전해진다"라는 기록과 함께 이 기사는 베드로와 바울의 이름이 로마서 공동 문서에 남아 있다는 사실로 확정된다고 했다. 바로 에우세비우스의 이 기록물이 성경에서는 베드로가 로마에 간 적이 없는 진리를 왜곡시키고, 이것을 근거로 하여 베드로를 천국 열쇠를 가진 자로 로마 교회를 세웠다며 로마 교회 감독은 천국 열쇠를 가진 '예수 그리스도의 대리자'라는 교황 제도가 시작된다.

그뿐만이 아니다. 에우세비우스는 당시 콘스탄티누스 황제에 의해 기독교가 공인 선포된 후 국가 교회(State church)에서 탈선한 개교회(local church)주의자들을 국가 교회를 부정하는 이단자라고 매도하고 그 이단자들의 명단으로 이단자 타티아누스, 몬타누스와 거짓 선지자들, 노바투스의 태도 등등 이단 판정을 그가 개인적으로 판단하고 기록했다. 이런 그의 기록을 따라 후세 역사에서도 똑같은 이단자 명단들로 기록물을 계승한다.

그러나 나는 에우세비우스가 기록한 교회사의 모든 내용이 완전히 그의 개인적인 편견이므로, 신약성경의 기준에 따라 저들은 분리주의자일 뿐 이단이 아니라고 믿는다. 나의 이 같은 확신은 교회란 독립 개교회여야지 국가나 총회나 노회가 상위 기관이 되어서 개교회 자율권을 행사할 수 없도록 교회를 지배할 수 없다는 것이 신약교회의 원칙임을 믿기 때문이다.

(2) 히포의 감독 아우구스티누스(354~430)

기독교 최대 학자로 알려진 아우구스티누스는 《참회록》 13권, 《하나님의 도성》 22권, 《삼위일체론》 15권 등 많은 저서를 남겼다. 그가 쓴 《하나님의 도성》(The City of God)은 '신국론'이라는 사상서로 지금도 존중받고 있다. 그러나 그의 성경 해석은 많은 문제점을 담은 채 현재까지 계승되고 있다. 400년대에 시작되어 현재까지 계승되고 있는 아우구스티누스의 왜곡된 성경 해석의 문제점 두 가지만 지적해 보겠다.

1) 세례 중생론(Baptismal Regeneration)

아우구스티누스는 어린 유아에게 원죄가 계승되고 있는데 유아세례는 성부, 성자, 성령 삼위의 이름으로 주기 때문이라며, 의식보다는 삼위의 이름이 원죄를 없애는 신비한 효력을 발휘한다고 했다.

이와 같은 유아세례가 원죄 해결이라는 주장은 세례 중생론 교리가 된다. 중세기 천 년 동안 세례 중생론은 30~40가지 미신 성례들을 만들었다가 아퀴나스(1224~1274)가 일곱 가지 성례로 줄인 것이 트렌트 공회(1545~1563) 때 정식 교리가 된다. 개신교는 세례받으면 하늘나라 하나님의 자녀로 호적처럼 입적이 된다고 한다.

400년대 아우구스티누스의 왜곡된 성경 해석이 2000년대 현재까지 그대로 계승되고 있다. 세례 중생론은 기독교 진리를 타락하게 한 최대 악의 교리다.

2) 천년왕국의 왜곡

계시록 20장의 천년왕국은 교회 시대를 상징하는 표현일 뿐 천년 왕국은 없다는 무천년 사상이 가톨릭과 칼빈에 의해 지금까지 계승되고 있다.

(3) 중세기 가톨릭교회(590~1500)

가톨릭교회는 '국가 교회'(State church)와 조직체 교회를 계승해 개교회(local church)를 주장하는 가톨릭 분리주의자들을 모조리 종교재판에 회부해 이단으로 매도했다. 그들이 바로 ① 12세기 바울파, 카타리파, 알비파 등이고, ② 13세기 보스니아, 세르비아의 보고밀파 등이고, ③ 14세기 알프스 고지대의 발도파며, ④ 16세기 발도파의 영향을 받은 스위스, 독일, 네덜란드의 재침례파이다. 그리고 메노파, 폴란드 후스파, 보헤미아의 형제단 등 국가 교회를 거부한 개교회주의를 계승한 분리주의자들이었다.

분리주의자들의 계보는 《중세교회사》에 수록되어 있다.[91)]

세상 역사 기록물이나 교회의 역사 기록물들은 정치적, 시대적, 종교적 승자들에 의한 편파적이고 승자 중심의 왜곡된 과거 역사물들이다. 이 같은 편파적이고 승자 중심의 역사 기록물들은 신약 교회사관에서 볼 때는 완전한 편견이다. 과거사를 교훈 삼아 우리가 추구해야 할 영원한 진리의 기준은 '신약성경'뿐이라는 신약 교회 사관을 확신해야만 혼란하고 다양한 암흑 속에서 참되게 살아갈 수 있다.

---

91) 정수영, 중세교회사 Ⅱ, 쿰란출판사, 2017, pp.696~834.

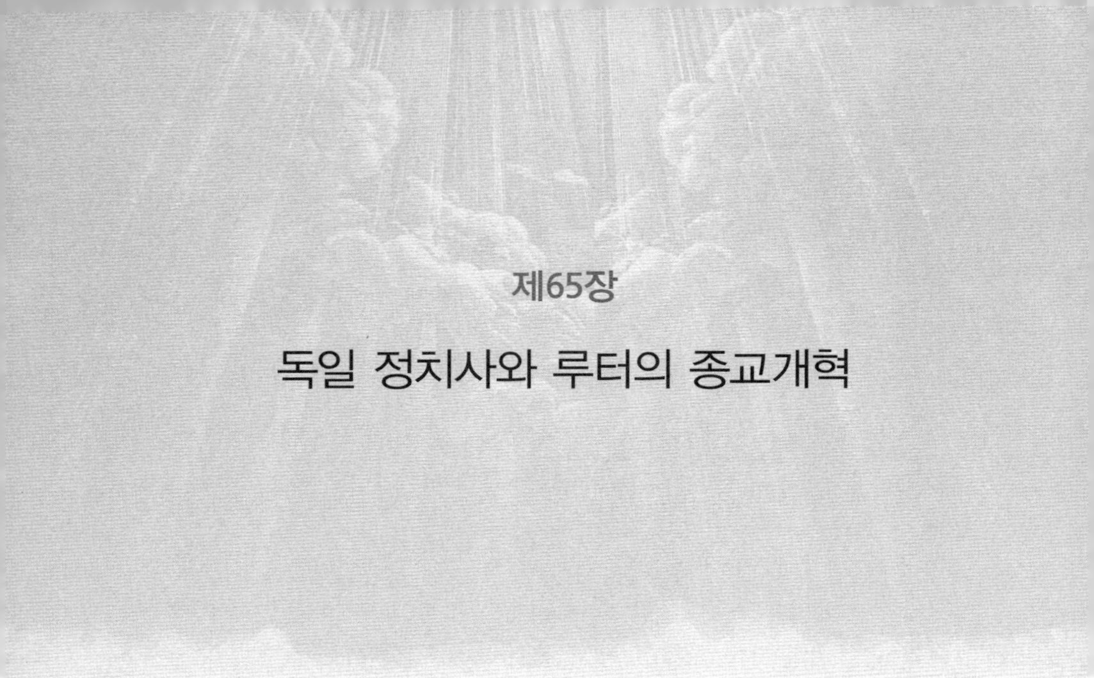

제65장

독일 정치사와 루터의 종교개혁

2000년을 맞이했을 때 영국 BBC 방송은 뜻있는 일을 했다. 과거 2천 년 전 인류 역사에서 인류에 가장 큰 영향을 미친 10대 사건이 무엇인가를 조사하고 그 결과를 발표했다. 그 10대 사건 중에서 1, 2, 3위는 무엇일까?

1위는 콜럼버스(1451~1506)의 신대륙 발견이었다. 신대륙 발견 이전의 중세기는 천동설(天動說)을 믿고 있었다. 우주의 중심은 지구이며 지구는 고정되어 있고 해, 달, 행성들이 지구 주위를 주기적으로 공전한다고 믿었고, 그 지구의 중심에는 교황이 있다고 했다. 이와 같은 천동설은 콜럼버스의 신대륙 발견으로 흔들리기 시작했다. 신대륙 발견으로 지구는 둥글다는 것이 밝혀지고 천동설이 아닌 지동설(地動說)로 바뀐다. 이렇게 세계관이 달라지면서 남북 아메리카 식민지 개척 전쟁으로 확대된다.

2위는 구텐베르크(1394~1468)의 금속활자 발명(1440)이다. 손으로 글을 쓰는 수기법이 수천 년 계승되어 있으나 금속활자 발명으로 지식과 정보가 종이에 활자화되면서 대량 정보화 시대가 되고 세상이 달라진다.

3위는 루터(1483~1546)의 종교개혁이다. 중세기 1,000년은 정치, 종교, 문화, 세상 모두를 가톨릭이 지배했다. 그러다 루터의 종교개혁으로 가톨릭의 독주가 깨지고 개신교와 다양한 문화를 허용하는 세상으로 바뀌었다.

오늘은 2천 년 역사 중에 획기적인 전환점을 이룬 루터의 종교개혁이 어떻게 이루어졌는지를 ① 독일의 정치적 특수 상황과 유럽 사회의 흐름, ② 루터가 종교개혁자로 등장하게 된 과정, ③ 루터의 공헌과 신학적 문제점 등의 각도에서 차례로 살펴보겠다.

첫째, 독일의 정치적 특수 상황과 유럽 사회의 흐름

(1) 독일의 정치적 특수 상황

우리가 현재의 독일 상태를 이해하려면 과거의 독일 이해 없이는 불가능하다. 독일은 2천여 년 동안 많은 변천을 거듭해 왔다. 기원 후 초기에는 게르만 민족이 북, 동, 서쪽에 분산해 있었다. 북게르만족은 스칸디나비아, 아이슬란드 등에서 살아갔고, 동게르만족은 소련, 폴란드, 독일, 체코슬로바키아, 스위스, 오스트리아, 헝가리, 루마니아, 이탈리아, 유고슬라비아 등의 조상이 된다. 서게르만족은 앵글로색슨, 네덜란드, 벨기에, 룩셈부르크, 프랑스, 스페인 등의 조상이 된다.

이들 중 게르만 민족의 대이동이 375년경 시작해 476년경 서로마제국을 멸망시키고 유럽 각 곳에선 부족 국가들이 세워져 나가던 중에 프랑크 왕국(406)이 독일 지역까지 지배했다. 그 후에 독일의 오토대제(911)가 프랑크 왕국 일부를 포함해 나머지 유럽 나라들 중심으로 신성로마제국을 수립한다. 프랑스를 제외한 독일, 폴란드, 체코슬로바키아, 스위스, 오스트리아, 헝가리, 유고슬라비아, 이탈리아 등이 신성로마제국 판도였다. 신성로마제국 형태는 1806년 나폴레옹의 독일 침공 때까지 약 840년간을 이어 갔다.

신성로마제국을 이끌어 간 독일은 방대한 여러 국가들을 통합하기 위해 선제후들이 유럽 각 나라들 중 신성로마제국 영역 안에 있는 다른 나라 사람들을 황제로 선출했다. 그래서 오스트리아의 왕가, 보헤미아 왕가, 합스부르크 왕가, 룩셈부르크 왕가들에서 명예만 갖는 황제들을 이어 갔다.

루터가 태어난 때는 스페인의 카를 5세(1500~1558)를 신성로마제국의 황제로 옹립했는데 독일어를 모르는 황제는 1년에 한두 번 정도 독일을 방문했다. 루터가 종교개혁을 일으켰을 때 황제를 선출하는 선제후들이 루터를 지지함으로 황제나 교황마저도 마음대로 제지할 수 없는 특수한 정치적, 사회적 상황이었다.

(2) 유럽 사회의 흐름

유럽 사회는 1,000년간 교황이 황제 위에 군림하는 가톨릭 전성시대였다. 이때 두 가지 큰 사회적 변화가 일어난다. 하나는 200년간(1095~1291) 십자군전쟁으로 이슬람의 동방 문물들이 서양으로 들어온 것이고, 또 하나는 동로마제국이 1,000년간(330~1453) 유지되다가 이슬람족에게 멸망당한 것이다. 그때 동로마에 살던 많은 로마인들이 동양 문물을 서양으로 이전시킨다. 이때 좋은 동양 문물의 서양 유입으로 상인들은 돈을 벌어 세상에 군림하므로 서양 영주들이 쇠락하고, 또 동양 문물에 대한 연구가 새로운 문명을 추구하는 르네상스 시대를 만든다.

동양 문물의 홍수를 막아 내려는 가톨릭은 서양에만 전승되어 온 교회의 각종 유물과 성물을 치장하는 데 돈을 투자한다. 그래서 미켈란젤로(1475~1564)가 설계한 성 베드로 대성당 건축이 1546년에 시작돼 1614년까지 거의 100여 년 증축 공사를 했다. 이렇게 거대한 성 베드로 대성당 건축 자금을 조달하기 위해 217대 교황 레오 10세(1513~1521)가 면죄부까지 발행했다. '면죄부'(indulgences) 또는 면벌부(免罰符)는 이미 죽은 사람의 죄까지 면제해 준다는 미신으로 확대됐다.

이 같은 가톨릭의 타락에 전면적으로 면죄부 반대 운동을 일으킨 것이 루터의 종교개혁의 시작이었다.

둘째, 루터가 종교개혁자가 되기까지

루터는 1483년부터 1546년까지 63년의 생애를 살아갔다. 루터의 생애는 수도사 생활(1506~1512), 비텐베르크(Wittenberg) 대학 교수 생활(1513~1518), 종교개혁자의 여생(1517~1546) 등 세 단계로 구별된다.

(1) 수도사 생활(1506~1512)

루터는 수도사로 6년간 살아갔다. 이 기간 중 매 시간마다 참회 고백, 철저하고 금욕적인 규율 생활, 로마 교황청과 성지 순례 등 마음의 평안을 찾기 위해 모든 노력과 투쟁을 했다. 그는 혼자서 로마시 주변에 있는 7만 6천여 명의 순교자들 무덤에 참배하고, 베드로 성당 지하에 묻힌 40여 명의 교황 무덤을 참배하고, 또 예수님이 빌라도에게 재판받을 때 올라가셨다는 28개 '빌라도의 계단'을 무릎으로 기어서 올라갔다. 루터는 가톨릭의 전통을 따르면 4천 년 연옥의 형기를 감해 준다는 전설을 따라 모든 고행, 순례, 극기 실천을 했으나 아무런 소득도 얻지 못한다.

(2) 비텐베르크(Wittenberg) 대학 교수 생활(1513~1518)

루터는 수도원장의 배려로 5년간(1507~1512) 비텐베르크 대학에서 공부한 후 신학박사가 되어 5년간 교수 생활을 한다. 성경 교수 활동 중 그의 인생이 바뀌었다.

1) 1513~1515년 시편 강해 기간

이때 그는 시편 22편 1절에서 다윗이 "내 하나님이여 내 하나님이여 어찌 나를 버리셨나이까"라고 한 구절이 마태복음 27장 46절에서 십자가 위의 예수님이 "엘리 엘리 라마 사박다니"로 인용된 이유가 무엇인가를 연구하다가, 여기서 예수님은 십자가상에서 철저하게 버림당하는 죽음을 체험했음은 깨닫게 된다.

그런데 당시 가톨릭교회는 계시록 19장 15절을 근거로 예수님은 철장으로 만국을 다스린다는 전능자로 인식하고 있었다. 이 같은 예수님의 전능자 인식은 예수 그리스도의 대리자라는 교황 제도를 위한 곡해일 뿐 예수님이 하나님의 인류 구원의 대속을 위해 처절한 고통과 죽음을 겪으심으로 인류가 구원받게 되었다는 성서적 진리를 깨닫게 된다.

2) 1515~1516년 로마서 강해 기간

루터는 두 번째로 신약 성서 중 로마서 강해를 시작했다. 이때 로마서 1장 17절을 새롭게 깨닫는데, 이 구절에 세 가지 진리가 있음을 깨닫는다.

① 복음이란 하나님의 의가 나타난 것이다.

② 믿음으로만 참된 믿음에 이른다.

② 의인은 행위가 아닌 믿음에서 비롯된다.

이것이 성경의 진리였다.

그런데 가톨릭은 하나님의 은혜가 ① 이 세상 모든 이가 보편적으로 받은 충족 은혜, ② 자연인에게 영세 견진 때 하나님의 은혜가 기계적으로 주입되는 주입 은혜, ③ 주입 은혜 받은 자가 죄를 지은 후 고해에 의한 보상 때 협력 은혜가 회복된다고 믿는다.

성경은 믿음으로 구원받는다고 했는데, 가톨릭은 공적이 구원에 도움된다고 한다. 이런 공적 주장은 비성경적임을 깨닫는다.

3) 1516~1517년의 갈라디아서 강해

루터는 갈라디아서 5장 1절에 '그리스도께서 우리에게 주신 자유'란 종교적 멍에들이 아니라 성령으로 자유함을 얻는 것이라고 깨닫는다. 그래서 종교적 의무나 관습이나 제도와 관행이 자유에 배치되는 것이라면 모두 미신 신앙임을 깨닫는다.

(3) 종교개혁자로 등장(1517~1546)

1) 최초의 선전 포고(1517년 10월 31일)

루터는 면죄부가 성서적, 합법적이라는 94개 논문에 대해 면죄부가 비성경적이라는 95개조 논문을 제시한다. 루터는 면죄부에 대해 성경적, 신학적으로 토론하자고 제기했다. 그런데 토론자가 나오기 전에 "95개조 논문"은 구텐베르크의 활자를 타고 한 달 새 전 유럽에 퍼졌다.

루터의 논문을 철회하라는 추기경의 압박과 잉골슈타트 교수와의 논쟁(1519)에도 루터는 계속 투쟁했다. 교황청은 카를 5세 황제로 하여금 루터를 소환해 처형하도록 지시했다. 이때 루터는 보름스 의회(1521)에서 황제와 독일 선제후들과 그를 보려는 수천의 독일인들 앞에서 자기 신념을 진술한다.

2) 루터의 파문(1520) 과 독일의 농민 전쟁(1524~1525)

루터가 추기경, 교황, 황제 앞에서도 승복하지 않고 개혁을 주장한 일은 독일 농민들이 봉건주들에게 승복하지 않고 봉건주들을 타도하는 농민 전쟁으로 악화된다. 또 사악한 세상을 도피하려는 '뮌스터 천년왕국' 이단도 생긴다.

3) 제후들의 분열

독일 내 가톨릭 지지 제후들과 개혁에 동참하는 제후들로 분열되어 신·구교 간의 전쟁이 계속된다. 이때 개혁파에 가담한 제후들에게 큰 위기를 겪은 황제 카를 5세는 개신교들에게도 신앙의 자유를 허용한다. 그리고 그는 황제 자리를 아우에게 양도하고 스페인 암자에서 은둔 생활을 하다가 죽는다.

셋째, 루터의 공헌과 신학적 문제점

루터는 63년(1483~1546)을 살았다. 그가 남긴 공헌들과 오늘날까지 계승되는 문제점들을 정리해 보자.

(1) 루터의 공헌

① 루터는 신약성경(1522), 구약성경(1534)을 독일어로 번역했다. 가톨릭교회는 1962년까지 전 세계 모든 가톨릭교회에서 오직 라틴어 성경과 라틴어 예식문만 사용하게 했다. 그러나 루터의 독일어 성경 번역은 독일 국민들의 문맹 퇴치에 크게 기여했다.

② 그는 4천여 편의 논문과 37편의 찬송시를 남겼다.

③ 그의 사후에 루터교가 독일의 국교가 되었고 덴마크, 노르웨이, 스웨덴의 국교가 되었다.

④ 그는 신학적으로 이신득의, 만인제사장 신학을 세우고 가톨릭의 7성사를 3개로 줄였다.

(2) 루터의 문제점[92)]

① 가톨릭의 잔재가 계승된 점

루터는 34세(1517)가 되기 전에 가톨릭의 사제로서 시행한 사도신경 암송, 유아세례, 참회(고해 변측)를 종교개혁 후에도 그대로 계승시켰다.

② 정교 분리의 원칙 위배

주님은 마태복음 22장 21절에 "가이사의 것은 가이사에게, 하나님의 것은 하나님께"라며 정치와 종교의 분리를 가르치셨다. 또 요한복음 18장 36절에 "내 나라는 이 세상에 속한 것이 아니니라"고 하셨다. 바울 사도도 로마서 13장 1-7절에서 각 사람은 위에 있는 권세들에게 복종하라고 하며 권세는 하나님으로부터 나왔다고 했다.

아들이 부모에게 복종하고, 학생이 스승에게 복종하고, 졸병이 상관에게 복종하는 것은 하나님이 정하신 질서의 원칙이라고 했다. 그런데 루터는 로마서 13장을 잘못 해석하여 '하나님의 두 손'에서 한 손에는 종교가, 다른 손에는 국가가 하나님의 도구라는 해석으로 국교(국가와 종교 혼합)을 만들어 놓았다.

루터의 위대함이 훨씬 많은 것은 사실이다. 그러나 루터의 성서 해석 오류는 독일과 북반구에 국교를 만들어 놓았다.

---

92) 정수영, 종교개혁사, 쿰란출판사, 2012, pp.200~209.

제66장

스위스 츠빙글리와 재침례교도

오늘은 스위스 취리히(Zurich)에서 종교개혁을 일으킨 츠빙글리(H. Zwingli, 1484~1531)의 생애를 살펴보겠다. 오늘 내용은 세 가지로 설명하겠다.

① 스위스는 남한(9만 9,263km²)의 절반도 채 안 되는 작은 나라다(4만 1,293km²). 그런데 그 작은 나라에서 세계적인 영향을 미치는 츠빙글리나 칼빈 같은 종교개혁자들이 나왔고, 현대에는 칼 바르트 같은 신학자가 나왔다. 그 이유를 알기 위해 스위스라는 나라가 주변 강대국들 틈바구니에서 온갖 시련들을 겪으면서 강인한 국민들이 만들졌다는 국제적 영향과, 그 속에서 각자도생하기 위해 만들어진 독립된 지방자치제라는 국내적 사정을 알아야 한다.

② 가톨릭의 사제였던 츠빙글리는 어떻게 해서 종교개혁자로 변신하는가? 츠빙글리의 생애와 사역을 살펴보겠다.

③ 츠빙글리는 종교개혁인 가톨릭 신앙 철폐로 위대한 공헌을 한다. 그러나 잘 알려지지 않았지만 재침례교도들과의 논쟁 싸움에는

참패를 당한다. 그럼에는 불구하고 가톨릭과 개신교 역사가들은 지나간 500여 년 동안 재침례교도들을 이단 취급해 온 왜곡된 역사를 계승했다. 그런데 지금부터 50~60년 전부터 재침례교도들에 대한 왜곡된 오해가 벗겨지고 재침례교도들이 새롭게 해석된다.

오늘 나는 이와 같은 세 가지 내용을 차례대로 설명하겠다.

첫째, 스위스(Swiss)의 국제적, 국내적 역사

스위스는 국토 면적이 4만 1,293km²로 남한의 절반도 못 된다. 이 같은 작은 나라 국토의 60%가 산지이다. 알프스산맥, 쥐라기산맥 등 깊게 파인 산골짜기들이 국토의 뼈대를 이룬다. 그리고 산골짝에는 레만호, 보덴호, 라인강 등 국경의 3분의 2가 분수, 하천, 호수 등으로 구성돼 있다. 이렇게 높은 산맥들과 골짜기로 이뤄진 국토를 따라 높은 산의 목재를 활용하는 산업, 양을 키워 털과 우유를 만드는 생업으로 살아갔다.

이 같은 스위스 지역이 한동안 독립 지역 영토로 존속해 오다가 AD 936년부터 최초로 신성로마제국의 정치적 지배를 받기 시작했다. 이와 같은 독일의 장기적 지배는 1516년까지 약 600여 년이나 계속됐다. 그 결과 스위스의 65%가 지금은 독일어를 쓰며, 스위스를 독일어로 '슈바이츠'라고 한다.

두 번째로 스위스가 오랜 관계를 가진 나라는 서남쪽의 프랑스다. 프랑스가 스위스를 지배한 것은 국가적 형태보다 봉주들이 스위스 지역을 부분적으로 지배하는 형태였다. 이렇게 프랑스 봉주들의 지배를 받던 스위스의 조그마한 단위 지역들이 봉주들과 동맹 관계를 맺고 독립 지방자치제인 캔톤[Canton, 우리나라 군(郡) 규모]으로 독립해 나간다. 그래서 13세기에 '우리'(Uri), '슈비츠'(Schwyz), '운터발덴' 등이 독립 캔톤이 되고 14세기에는 '글라루스', '추크', '베른'이 독립 캔톤이 되고, 15~16세기에는 13개의 캔톤들이 독립 지방자치제 캔톤들이 됐다. 이렇게 13개의 캔톤인 독립 지방자치제가 실현되는 1516년에 스위스는 프랑스와 영구 동맹을 맺고 국제적으로 영세 중립국임을 선언한다.

바로 이렇게 스위스가 국제적으로는 영세 중립국이고 국내적으로는 독립된 13개의 캔톤들이 독립된 지방자치 정치를 실현하는 때 츠빙글리가 '취리히'를 중심으로 종교개혁을 하고, 칼빈이 '제네바'를 중심으로 종교개혁을 한다. 이와 같이 프랑스와의 관계를 유지해 지금도 스위스 국민의 18%가 프랑스어를 사용한다.

세 번째로 스위스가 오랜 관계를 가진 나라가 동남쪽의 이탈리아다. 이탈리아 로마 교황청은 로마제국, 프랑크 왕국, 신성로마제국 등 2천 년 동안 세상 국가들이 흥망하는 역사 속에서도 종교를 통한 교황 제도를 계승하면서 세상 국가들이나 군왕들의 영향을 크게 받지 않는다.

이들은 교황청과 교황의 안전을 지키기 위해서라는 명분으로 교황청 근위대를 설립하여 교황청 성문을 굳게 달고 교황청을 파수하기 시작했다. 지금도 교황청 근위대는 빨간 제복에 검은 모자를 깊숙하게 쓰고 길다란 장총을 매고 중세기 군대식 행보로 교황청을 지키고 있다. 이들 근위병들을 스위스 젊은이들 중에서 돈을 주고 채용한다.

이탈리아와의 오랜 관계로 스위스 국민 중 10% 정도는 지금도 이탈리아어를 사용하고 있다.

이렇게 스위스는 독일, 프랑스, 이탈리아 등 주변 강대국들 틈바구니에서 살아남으려고 영세 중립국이 됐다. 스위스가 영세 국립국이라고 해서 군대가 없는 게 아니다. 60만 육군과 3만의 공군을 가진 700만 인구의 나라다.

둘째, 츠빙글리의 취리히 종교개혁

츠빙글리는 스위스가 영세 중립국이 되기 전에 해발 3,600피트 높은 고지대의 양치기 부모 밑에 셋째 아들로 태어났다. 어려서 영민함을 인정받아 도시로 보내져 베른중학교, 비엔나대학, 바젤대학원 등에서 공부한 후 22세(1506) 때 사제가 된다.

첫 사역지 글라루스(Glarus)에서 10년간(1506~1516) 사역을 한다. 이때 성당 일이 바쁘지 않으므로 성경 원문 공부와 교부들의 저서의 기록 언어인 라틴어를 완전히 숙지한다. 그러나 여자 관계 추문으로 사역지에서 쫓겨난다.

두 번째 사역지인 아인지델른(Einsiedeln)에서 2년간(1516~1518) 사역을 한다. 이때 그가 공부한 성경 원문 실력이 나타난다. 그의 놀라운 학문적 능력을 인정받아 세 번째 사역지로 스위스에서 제일 큰 도시 취리히(Zurich)로 영전된다(1519~1531). 여기에서 12년 동안 종교개혁자로서 괄목할 사역을 하다가 스위스 국가의 시책인 용병 제도 폐지 운동을 벌여 가톨릭 군대에 참상을 당한다.

여기서는 츠빙글리가 취리히에서 12년간 종교개혁자로 활동하면서 가톨릭의 비성경적 요소들을 공개 토론 형식으로 제압해 나간 종교개혁자의 모습 몇 가지를 살펴보자.

(1) 사순절(Lent) 기간 금식 규정의 공개 토론(1523. 4. 9)

사순절이란 예수님께서 고난당하시기 40일 전 시기부터 주님을 생각하면서 고난에 동참한다는 40일간의 절기다. 사순절 절기는 니케아 공의회(325) 때 제정되어서 가톨릭, 동방교회들이 지켜 오고, 개신교도 지키는 교회들이 많다. 그래서 부활전 전 40일부터 하루 한 끼씩 금식을 해 가다가 예수님 고난을 당한 주간은 무육일로 고기를 먹지 않는 주간을 보낸다.

이 같은 사순절 절기를 그대로 지켜야 하느냐, 아니면 자유롭게 하느냐 하는 질문에 가톨릭 사제들은 절대 고수를 강조했다. 이에 대해 가톨릭 주장이 맞는지 성경 주장이 맞는지 공개 논쟁을 했다. 이때 가톨릭 사제들이 가톨릭교회의 전통 고수라고 계속 주장하자 츠빙글리가 고린도전서 8장 8절 "음식은 우리를 하나님 앞에 내세우지 못하나니", 고린도전서 10장 25절 "무릇 시장에서 파는 것은 양심을 위하여 묻지 말고 먹으라" 등의 구절로 사순절 금식 규정을 반대했다.

(2) 성상 사용 공개 토론(1523. 10. 26~27)

가톨릭은 성당 단에 예수님의 그림, 마리아 그림, 베드로 그림, 사도들 그림, 또 십자가 상, 마리아 상, 제자들 상, 성인들 상 등 수많은 성상(聖像), 화상(畫像)들을 사용한다. 성상 사용을 계속해야 하느냐, 금지하느냐 하는 문제로 가톨릭 신학박사 10명, 사제 350명, 유명 인사 900여 명이 이틀간 논쟁을 했다. 이때도 츠빙글리는 신약성경들을 근거로 성상, 화상의 근거는 교부들 중에서 편견을 가진 개인적 견해라고 반대했다.

(3) 재침례교도들과의 유아세례 논쟁(1525. 1. 17~18)

여기서 우리는 '재침례교도'들을 제대로 알아야 하겠다. '재침례'라는 말은 영어로 'Ana-baptist'라고 한다. 유아세례가 성경적이라는 츠빙글리의 주장에 대해 스위스 재침례교도들은 유아세례는 성경적 근거가 없다며, 성경적 근거가 없는 유아세례는 무의미하므로 다시 성경적인 '참례'를 받으라는 주장을 했고, '다시' 곧 '두 번째'라는 'Ana'라는 말과 '침례'라는 'baptist'가 더해져서 '재침례'라는 말이 생겼다.

츠빙글리는 재침례교도와의 유아세례 논쟁에서 참패했다. 그럼에도 불구하고 재침례교도들이 교회 질서를 어지럽히는 이단이라고 매도하였고, 이는 루터도 칼빈도 마찬가지다. 이들 종교개혁자 모두가 재침례교도들을 매도한 역사가 500년을 계승해 왔다. 그러다가 60~70년 전부터 이들을 재조명하기 시작했다. 필자가 번역한 《재침례교도의 역사》(1985)가 그 역할을 했다.[93] 그리고 《종교개혁사》(2012)에 그 내용을 그대로 소개했다. 그 내용 중 몇 가지만 살펴보자.[94]

츠: 교회에 나오는 사람들은 반드시 하나님의 자녀를 만들어야 한다. 그렇게 하기 위해서는 '유아세례'가 필요하다.

재: 교회에 출석한다고 해서 그들이 다 하나님의 자녀이냐? 요한복음 1:12에 "영접하는 자 곧 그 이름을 믿는 자들에게는 하나님의 자녀가 되는 권세를 주셨으니"라고 했다.

츠: 구약 때 어린 유아에게 낳은 지 8일 만에 할례를 베풀었다. 골로새서 2:11에 손으로 하지 않은 할례가 있다고 했다. 구약 때 할례처럼 신약 때 유아에게 손으로 하지 않은 유아세례를 줄 수 있다.

---

93) R. Step, The Anabaptist Story, 정수영 역, 재침례교도의 역사, 요단출판사, 1985.
94) 정수영, 종교개혁사, 쿰란출판사, 2012, pp.238~242.

재: 구약 때 할례는 하나님과 언약의 표징으로(창 17:10-14) 남자에게만 실시했다. 신약의 침례는 주님을 영접하면 남녀 구분 없이 시행되고, 반드시 주님과 다시 부활할 것을 믿는, 물속에서 일어나는 신앙고백적 의식으로(롬 6:3-5) 받는 것이다. 구약의 할례와 신약의 침례는 아무 연결성이 없다.

츠: 사도행전 16:30-34에 바울 사도가 빌립보 옥사장의 가정에 자기와 온 가족이 다 세례 받았다고 했다. 그 '온 가족'에는 유아들도 포함된다.

재: 33절의 '온 가족'이라는 구절 전의 32절에 "주의 말씀을 그 사람과 그 집에 있는 모든 사람에게 전하더라"고 했다. 여기 보면 침례받는 사람은 유아가 아니라 주의 말씀을 들을 수 있는 성인들을 의미한다.

이렇게 츠빙글리는 재침례교도들과의 논쟁에서 참패를 당한다. 그런데 참패를 당하고도 취리히 시의회를 통해 재침례교도들을 교회 질서를 혼란시키는 이단이라고 매도하여 재침례교도 지도자 전부를 투옥하고 익사시키고 추방했다. 이렇게 불편부당한 재침례교도들의 취리히 재판 기록을 발췌해 발표한 책이 《재침례교도의 역사》의 일부이다.

(4) 츠빙글리의 최후

츠빙글리는 가톨릭과의 논쟁들에서 승승장구했다. 그러자 자기 소신인 스위스 국가의 용병 제도도 철폐해야겠다는 자신감을 갖는다. 그래서 취리히 의회가 용병 제도를 폐지하도록 하고, 이어서 나머지 스위스 다른 개혁 성향의 캔톤들과 연합 세력을 형성했다.

1529년 6월 츠빙글리는 취리히 캔톤에서 4천 명, 베른 캔톤에서

5천 명 등 9천 명 병사로 용병 반대 군대를 만들어서 용병을 찬성하는 가톨릭 캔톤 5개의 1만 2천 명과 카펠 전쟁을 벌인다. 이때 다 똑같은 스위스 국민간의 전쟁을 원치 않는 양쪽을 중재하여 전쟁이 중단된다.

3년 후 츠빙글리는 취리히 단독으로 두 번째 카펠 전쟁을 벌인다. 이때 취리히 군대 1,500명과 가톨릭 군대 8,000명이 실전을 한다. 여기에서 츠빙글리는 처참하게 네 조각 나 죽임 당하였다. 이로써 그는 47세 젊은 나이에 비참하게 죽고 만다.

츠빙글리는 가톨릭 사제였으나 성경 원문 연구로 종교개혁자가 되었다. 그는 가톨릭에서 행하는 성경에 근거 없는 미신 신앙을 철폐하고 성서적인 신학들을 발굴해 내는 일에 기여했다. 그러나 가톨릭 잔재인 유아세례 문제는 해결하지 않고 오히려 재침례교도들을 몰살하는 죄악을 저질렀다. 그뿐만 아니라 자기 개인의 대국적 소신인 용병 제도 철폐를 위해서 정치와 종교 분리 원칙을 어기고 상대를 죽이려고 전쟁까지 일으켰고, 결국 전쟁에서 자기도 죽고 취리히 시의원 26명, 동료 목사 25명도 함께 죽었다.

지금도 우리가 믿을 진리는, 종교는 국가와 완전히 분리되어 하나님의 나라를 세우는 일에만 전념한 예수님과 사도들의 신앙을 따르는 길뿐이다. 그럼에도 불구하고 성경에 근거 없는 유아세례는 가톨릭을 따르는 잔재를 따르도록 고집했고 스위스 국가를 위한다는 명분으로 두 번이나 전쟁을 일으켰다. 츠빙글리가 그렇게 반대한 스위스의 용병(傭兵) 제도는 지금도 로마 교황청 수비군(守備軍)으로 제복을 입고 계승되고 있다.

그의 편파적 애국관과 성경적 진리의 신앙 문제들은 전혀 별개의 문제임을 깨닫게 해준다.

제67장

칼빈의 제네바 사역과 후세의 평가

오늘은 장로교 창시자 칼빈의 제네바 사역과 그의 영향을 살펴보겠다.

지금부터 500년 전 유럽에서 종교개혁이 일어난다. 독일에서 루터가 최초로 종교개혁을 시작했고, 루터의 동시대에 츠빙글리가 스위스 취리히에서 종교개혁을 일으켰으나 중단됐다. 이들보다 20여 년 뒤늦게 스위스 제네바에서 칼빈이 종교개혁을 완성한다.

오늘은 프랑스인 칼빈이 스위스 제네바에서 종교개혁에 성공하게 된 과정과 그에 대한 후세인들의 평가를 정리해 보겠다.

첫째, 칼빈이 개혁자가 되기까지(1509~1536)

(1) 출생과 교육

칼빈은 프랑스 파리에서 북동쪽으로 약 100km 떨어진 누아용(Noyon)에서 변호사 아버지의 넷째 아들로 태어났다. 아버지는 성당

참사회 고문 변호사로 성당 재산 관리에 참여했다. 그러면서 당시 사제들에게 사역비로 주는 성직록(beneficum)의 재원을 사제가 아닌 칼빈에게 변칙적으로 주도록 했다. 그래서 칼빈은 11세에 파리로 가서 12년간 4개 학교에서 성직록의 지원으로 원하는 대로 다양한 공부를 한다.

① 라 마르세 학교에서 라틴어와 문장을 배움

② 몽테규 대학에서 문학을 배움

③ 오를레앙 대학에서 법률을 배움

⑧ 왕립 포르테 대학에서 헬라어, 히브리어 등 고전어를 배움

이렇게 12년간 네 곳에서 성직록으로 공부한 후 23세(1532)에 법학박사가 된다.

그런데 칼빈에게 사제만 받는 성직록을 지원해 주도록 한 아버지는 성당의 재정을 부정하게 사용했다는 혐의를 받아 이단으로 출교당한 후 병석에서 고생하다가 칼빈이 공부를 마치기 전에 죽는다.

(2) 개혁자로 등장

칼빈의 모든 저서들을 보아도 그가 언제 회개하고 구원받았는지를 알 길이 없다. 그러나 그가 전통적으로 전승받은 가톨릭 신학에 대한 강한 반감 정신을 가졌던 시기는 명백하게 드러난다.

그가 대학을 졸업했을 때, 그의 몽테규 대학 동문인 니콜라스 콥(Nicholas Cop)이 파리 성 파르보(ST. Borbo) 대학 학장이 된 후 그에게 학장 연설문을 부탁한다. 이때 칼빈은 친구의 연설문 원고를 써 준다. 그 내용은 마태복음 5장 3절의 '심령이 가난한 자가 천국을 소유한 자'라는 구절을 근거로, 신앙은 마음의 문제가 중요하며 심령이 가난하지도 않은 자가 행위로 구원 얻는다, 공적이 구원에 도움된다는

주장은 이단자이자 미혹자이고 사기꾼이라며 가톨릭을 간접적으로 비난했다. 칼빈이 써 준 연설문은 그대로 학장에 의해 공개적으로 발표되었고, 이에 정부와 학교 당국자들이 진노한다. 20년 전 독일의 종교개혁이 독일을 둘로 분열시켰고, 스위스 취리히에서 츠빙글리의 개혁으로 스위스가 개혁파, 가톨릭파로 분열되었는데 그 개혁의 바람이 프랑스에도 미쳤다고 크게 진노한다.

이에 정부는 니콜라스 콥과 연설문 기안자 칼빈에게 체포령을 내리고, 전국에 개혁 혐의자 색출령도 내린다. 이때 콥은 해외로 망명하고, 칼빈은 농부로 변장해 여러 개의 가명을 쓰면서 도망자 신세로 프랑스, 스위스, 이탈리아에서 3년여간 숨어 산다. 이때 정부는 개혁 혐의자들을 체포해 벌금, 투옥, 화형 등으로 24명이 처벌을 받았다.

칼빈은 도망자로 숨어 살아가던 중 프랑스인이 70%나 되는 스위스 제네바를 방문했다가 제네바 개혁 목사 파렐에 의해 제네바에서 사역하게 된다.

둘째, 칼빈의 제네바 사역(1536~1564)

칼빈의 사역은 제1차 제네바 사역(1536~1538)의 3년, 그다음 스트라스부르 사역(1538~1541) 3년, 그리고 제2차 제네바 사역(1541~1564) 23년으로 세 단계가 있었다.

(1) 제1차 제네바 사역(1536~1538)

칼빈의 나이 27세 때 제네바 개혁자 파렐을 돕는 성경 교사로 출발한다. 그런데 그가 비범한 신학자라는 사실이 로잔에서 열린 가톨릭과 개혁자 사이의 공개토론에서 드러난다. 가톨릭 사제 200여 명과 개혁자 대표 2명의 논쟁을 방청하던 칼빈이 목요일에 관중석에서 벌떡 일어나 발언을 했다. 이 사건으로 파렐은 칼빈을 더 신뢰하고 제네바 도시의 개혁안을 만들도록 부탁한다.

이때 칼빈이 본 제네바는 스위스이나 프랑스 난민들이 더 많은 국제도시 성격을 가져 국가 법률을 무시하는 향락 도시였다. 그는 시민들이 매일 춤, 노래, 가면무도회, 도박, 음주, 방탕과 싸움, 매춘에 빠진 도시를 개혁하려면 점잖은 설교로는 불가능하다고 생각한다. 그래서 시민들 전체에게 매 주일 교회 출석을 의무화하고, 출석 교인들 중 주중에 부도덕한 자는 성찬식 참여를 배제시키고, 도박자들은 목에 죄패를 걸고 시내를 배회하게 했다.

이런 강제적, 강압적 요구에 시의회 의장 장 필립이 앞장서서 파렐과 칼빈을 향해 배척 운동을 일으킨다. 그래서 칼빈은 제네바 사역 3년 후 추방당한다.

(2) 스트라스부르 사역(1538~1541)

스트라스부르는 프랑스 북동주로 독일령, 프랑스령으로 자주 바뀌어서 독일인, 프랑스인이 섞여 사는 곳이다. 칼빈은 프랑스 난민 400명을 위한 목회자로 이곳에 간다. 거기서 주일 설교, 수요 설교 등 독일 루터의 개혁교회를 참고해 새로운 개혁교회 형태를 만들고, 주중에는 스트라스부르 대학에서 강의도 맡았다.

이때 세 자녀를 가진 과부와 결혼해서 9년을 함께 살다가 부인이 죽자 15년을 독신으로 살아간다. 그가 즐겁게 스트라스부르 사역을 하며 사는 중에 제네바는 매우 복잡해진다. 파렐과 칼빈을 추방한 제네바 의회는 세 파로 갈라진다. ① 정부파 ② 가톨릭파 ③ 파렐파(개혁파) 이렇게 세 파가 줄기차게 자기 주장을 하며 혼란이 계속된다.

이때 가톨릭 추기경 사돌레토(J. Sadoleto: 1477~1547)가 제네바 시의회 앞으로 공개 서한을 보냈다. '1,500년 전통을 계승한 가톨릭이 안전하다, 이제 겨우 25년 된 개혁 세력은 믿을 수 없으니 가톨릭으로 돌아오라'는 내용이었다. 이 추기경의 편지에 답장을 쓸 사람이 없었다. 이때 파렐이 스트라스부르에 있는 칼빈에게 답변을 부탁한다.

칼빈은 '왜 가톨릭을 떠나 개혁을 해야 하는가?'의 이유로 가톨릭 지도자인 교황의 타락과 부패를 열거했다. 알렉산더 6세(1492~1505)는 3명의 첩을 두고 자녀 10여 명을 조카라고 속이고 특혜를 주고 살아갔다는 사실과, 교황청에서 창녀들을 불러 섹스 파티를 연 사실을 말했다. 또 바오로 3세(1534~1549)는 자기 누이를 교황의 정부로 상납한 후 추기경이 됐기에 '속치마 추기경'으로 비난받았다. 가톨릭은 절반이 땅속에 파묻혀 죽어 있는 사이비 종교 집단이라고 하며, 이 같은 가톨릭은 개혁되어야 한다고 주장했다.

이 편지를 쓴 것을 계기로 칼빈은 다시 제네바의 지도자로 재초청받았다.

(3) 제2차 제네바 사역(1541~1564)

칼빈은 32세 때 제네바 시의회 초청으로 제네바 교회와 시의회를 통한 개혁자로 23년간 사역한다. 이 기간의 특징을 세 가지로 설명할 수 있다.

1) 초기 평온한 7년(1541~1548)

그는 부임 초에 그가 법학 박사답게 제네바 개혁은 제네바 헌법에 의한 개혁이 가능하다는 주장과 함께 자기가 초안을 만든 '제네바 헌법'을 시의회 20인 대표의 추인을 받아 200인 시의원 전체 회의에서 통과시킨다. 이때 만든 제네바 헌법은 ① 교회법과 ② 치리법으로 구성된다. 바로 이 제네바 헌법에서 장로 제도가 처음으로 시작되고, 또 치리법에서 당회 제도가 시작된다. 그렇기에 1541년 11월 20일은 장로교의 출생일이다.

이 내용을 좀 더 구체적으로 설명하면 다음과 같다.

① 교회법 : 칼빈은 에베소서 4장 11절의 '목사와 교사'라는 부분과 디모데전서 5장 17절 '잘 다스리는 장로'라는 구절을 근거로 '목사'와 '장로'를 구분해 '목회 장로', '다스리는 장로'를 만든다.

이 같은 칼빈의 성경 해석은 신약성경에 완전히 위배되는 해석이다. 칼빈의 성경 해석이 성경에 위배된 사실을 확인해 보자. 사도행전 20장 17절을 보면 바울이 밀레도에서 에베소 교회 장로들을 초대해서 고별 설교를 한 후 28절에 "여러분을 감독자로 삼고 하나님이 자기 피로 사신 교회를 보살피게 하셨느니라"라고 했다. 여기 내용을 보면 '장로'는 교회를 보살피는 '감독'이라고 했다. 또 디모데전서 5장 17절의 '잘 다스리는 장로'는 말씀과 가르침에 수고하는 이로 목사를 말하는 것이다.

그리고 베드로전서 5장 1절에서 베드로는 "나는 함께 장로 된 자요"라고 했고, 사도 요한도 요한2서에서 "장로인 나", 요한3서에서도 "장로인 나"라고 했으니 베드로나 사도 요한도 장로라고 했다. 그러므로 성경에서 감독, 목사, 장로 모두 다 목사에 해당되는 직분들을 뜻한다. 그런데 칼빈이 성경 일부 구절을 취사 선택하여 '목사'와 '장로'를 분리시킨 것은 성경을 도용해 신약성경의 진리를 왜곡한 탈선이다.

② 치리법: 교회법에서 목사 장로가 매달 당회로 모여 죄질을 따라 처벌을 결정하면 당회 결정을 시의회가 시행케 하는 법이다. 그러나 이것도 교회의 종교적 사항을 시의회라는 정치적 도구와 야합시키는, 주님과 사도들 신앙에 위배되는 가톨릭의 답습이었다.

이 같은 치리법에 따라 계속해서 제네바 시민들이 죽어갔다. 한 시민이 자기 집에서 주말 생일 파티에서 음주 후 저속한 노래와 방탕한 소란을 피웠다고 당회는 그에게 3개월 추방령을 내렸다. 어떤 이는 칼빈의 설교 시간에 웃었다고 제소되어 3일간 감옥에 갔고, 또 소년이 어머니를 때린 사실을 두고 당회가 5계명 위반자로 선언하고 목베어 처형하였다. 상습 도박자는 벌금형을 받은 후 죄패를 목에 걸고 도시를 순회해야 했다. 시민들은 개의 이름을 '칼빈'이라 짓고 개에게 욕설하고 경멸하며 반항했다. 칼빈 저택에 밤새 불꽃을 50여 회 터뜨려 잠을 못 자게 했다.

그래도 칼빈은 전혀 물러서지 않고 강변도로 강행했다. 자주 있는 신학 토론회에 참석하는 의사가 '예정론'이 숙명론 아니냐고 의문을 제기했다가 추방당하자 가톨릭에 귀의해 평생 칼빈의 죄악상을 폭로했다. 제네바 신학 교수 중 성서 영감을 믿지 않는 자를 파직시켜 추방했다. 스페인 출신 의사 세르베투스는 삼위일체를 믿지 않는다는 이유로 공개 화형을 했다.

이렇게 1542~1546년 5년 동안 각종 죄목으로 58명을 사형시키고 76명을 추방했다.[95)]

2) 살아남기 위한 시민들의 타협

제네바 시민들이 아무리 저항, 반대해도 제네바 헌법에 의한 칼빈의 제네바 시의회 장악의 위력을 회피할 수가 없었다. 그래서 살아남으려고 겉으로 타협을 한다. 그 후 칼빈의 뜻대로 제네바가 유럽 종교 망명자들의 도피처가 되어, 칼빈은 즐거운 목회를 하다가 55세

95) 정수영, 앞의 책, pp.313~316.

(1564)에 죽는다.

셋째, 칼빈에 대한 후세의 평가

(1) 칼빈 후예자들에 의한 칼빈 찬양과 우상화

칼빈의 《기독교 강요》의 영향을 받은 프랑스 위그노, 영국 청교도, 네덜란드 칼빈주의자, 독일의 개혁주의자, 신대륙 초기의 청교도, 한국 초기 선교사 등은 모두 칼빈 사상 미화와 예찬 일색이었다. 칼빈주의 신학자, 역사가, 목사들은 칼빈의 생애, 사상을 최상으로 예찬하며 예수님 다음의 최고 지도자로 우상화했다.

(2) 칼빈에 대한 정확한 평가

칼빈주의자가 아닌 사람들이 역사적 상식에 근거해 평가한 것을 살펴보자.

1) 전 세계 자유 사상가들이 세운 '속죄비'

1903년 10월 27일 제네바 건너 프랑스령 안누마스에 전 세계 자유 사상가들이 칼빈에 대한 왜곡된 역사 전승에 반발하며, 칼빈이 화형시킨 스페인 의사 세르베투스의 동상과 속죄탑을 세웠다. 속죄탑 속에는 칼빈에 의해 자행된 58명 사형과 76명 추방 내용이 기록되어 있다.[96]

---

96) 김홍식, 세상의 모든 지식, 서해문집, 2007, pp.274~278.

2) 조찬선 이화여대 교수가 저술한 《기독교 죄악사》(2000)[97]

십자군전쟁, 면죄부, 중남미 침략 전쟁, 30년 종교 전쟁, 칼빈의 죄악사 등을 기술하며 칼빈은 구원을 받았는가 묻는다. 조 교수는 칼빈이 58명을 사형시킨 죄상을 근거로 요한계시록 21장 8절의 '살인자들' 또 계시록 22장 15절의 '살인자'라는 말씀대로 불과 유황 타는 못에 갔을 것이라고 추측했다.

3) 정수영 《종교개혁사》(2012)에 실린 '칼빈 신학 문제점[98]

① 신약의 장로직을 구약 장로 제도로 후퇴시킴

② 교회 권징을 세속 정치와 야합시킨 사찰 공화국의 독재 정치

③ 신약성경의 은혜로운 예정 사상을 절대주권 가진 숙명론으로 변개

④ 가톨릭을 개혁하겠다고 하면서 가톨릭의 사도신경, 세례구원론, 무천년 사상을 계승

⑤ 종교개혁 명분으로 58명 사형, 76명 추방한 것은 성령을 모신 구원받은 자가 아니라 자기 독선에 빠진 광적 지도자임을 보여 줌

지금도 전 세계에 칼빈 우상주의자들이 만연해 있다. 특히 한국 개신교의 절반이 되는 한국 교회의 칼빈 우상주의는 심각하다. 이렇게 왜곡된 진리와 실상을 제대로 알리려면 많은 핍박과 고난이 따른다. 그러나 성경 진리를 바르게 지키기 위해서는 많은 고난을 감수하면서라도 사실을 밝혀야 한다. 필자는 그같은 사역에 쓰임 받음에 감사할 따름이다.

---

97) 조찬선, 기독교 죄악사 상, 하, 평단, 2000, pp.113~119.

98) 정수영, 종교개혁사, 쿰란출판사, 2012, pp.359~379.

제68장

가톨릭과 개신교의 투쟁

16세기 유럽에서 종교개혁이 일어났다. 종교개혁은 중세기 1,000년의 가톨릭 독재에 의한 암흑이 되어 버린 세상을 해방시켰다. 그런데 가톨릭은 자신들에게서 분리되어 나간 개신교 세력을 다시금 가톨릭으로 환원시키려고 무력 투쟁을 벌였다. 이때 여러 개신교 세력 중에서 칼빈주의를 따르는 프랑스의 위그노들, 네덜란드의 칼빈주의자들과 독일의 칼빈주의자들, 영국의 칼빈주의자들은 가톨릭과 맞서 싸웠다. 이 같은 전쟁은 한 세기를 이어 갔다. 오늘은 16세기, 17세기 계속해서 이어진 가톨릭과 개신교 간의 투쟁사를 살펴보겠다.

첫째, 프랑스의 위그노 전쟁(1562~1598)

프랑스는 근 1,500년 동안 절대 왕정 통치가 계속된 나라였다. 프랑스는 영국과 100년 전쟁(1337~1453)을 치르며 왕정 통치를 계승했고, 종교개혁기에는 26년간 위그노 전쟁(1562~1598)으로 왕정과 가톨릭을 지켰다. 또 프랑스는 교황청과도 전쟁을 치르고 교회가 로마 교황의 지시를 받지 않는 왕의 지시를 받는다는 '갈리아주의'(1682)를 고수했다.

이를 보다 못한 프랑스 국민들이 '프랑스혁명'(1789~1799)을 일으켜 나폴레옹의 총재 정부가 들어섰다. 그러나 나폴레옹이 실각하자 또다시 왕정으로 복고되었다. 그러자 다시금 도시민들이 코뮌(commune) 운동을 일으켜 왕정을 무너뜨리고 오늘날의 대통령 공화정치를 만든다.

이 중에서 위그노 전쟁에 관해 알아보자.

'위그노'(Huguenot)라는 말은 독일어에서 비롯된 것으로 '굳게 맹세한 친구', 즉 '맹우'(盟友)라는 뜻이다. 그렇다면 누가 누구와 맹세를 했다는 말일까? 바로 프랑스인들이 칼빈과 굳게 맹세했다는 뜻으로 이 말을 사용했다.

앞에서 살펴보았듯이 칼빈은 프랑스인이고 프랑스에서 공부했다. 그런 그가 중립국인 스위스 제네바시에서 종교개혁에 성공한다. 칼빈은 제네바대학을 통해 유럽 각국의 청년들을 개혁자로 훈련시켜 유럽 각국으로 파송했다. 이렇게 제네바에서 훈련받은 칼빈의 제자들의 활약으로 칼빈의 사후(1599)에는 프랑스 내에 칼빈주의를 따르는 교회가 2,000여 개 생기고 신도들은 20만 명으로 확대되었다. 이들 프랑스 내의 칼빈주의 신봉자들을 '위그노', 즉 칼빈의 맹우라고 했다.

프랑스는 앞서 말한 대로 절대왕정 정치와 프랑스식 가톨릭 신앙을 지키는 나라였다. 이 같은 프랑스에 가톨릭과 다른 개신교 세력이 확대되는 것은 절대왕정 유지에 장애가 된다고 판단했다. 그래서 당시 프랑스 섭정 메디치 황후는 위그노들이 파리 같은 도시에 진입하지 못하게 하고 지방이나 농촌에서만 활동하도록 허용했다.

이 같은 섭정에 불만을 가진 가톨릭 광신자 '기즈' 공은 시골 지방 '빠사'에서 예배드리는 위그노 1,200명을 공격해 74명을 죽이고 124명에게 부상을 입힌다. 이에 메디치 섭정도 위그노 세력의 보복을 두려워해 성 바돌로매 축일 대학살(1572. 8~10)로 전국에서 개신교도 2만 명을 학살한다. 이때 위그노들은 칼빈의 '폭군 징벌론' 신념에 따라 사악한 군주에게는 맞서 싸워 징벌해야 한다며 전쟁에 나선다. 이와 같은 왕정 주도의 '가톨릭'과 칼빈주의 신봉자 '위그노' 간의 전쟁이 1562년부터 1598년까지 36년간 전국에서 벌어진다.

이때 국민 여론이 나빠진 메디치 가가 물러나고 위그노 지도자인 앙리 4세가 집권해 낭트 칙령(1598)을 내리며 두 종파가 공존하게 한다.

그런데 70~80년 후 절대왕정 최고 신봉자인 루이 14세(1638~1715)가 "짐이 곧 국가다"라고 주장하며 낭트 칙령을 폐지한다(1685). 이때 프랑스 위그노 약 40만 명이 영국, 독일, 네덜란드로 이주한다. 이들 위그노 후예들이 가는 모든 나라에서 또다시 전쟁이 일어난다.

둘째, 네덜란드의 독립전쟁(1568~1648)

네덜란드(Netherlands)라는 말은 '저지대'라는 뜻이다. 국토의 27%가 해면보다 낮기에, 이 나라는 바다와 싸우며 나라를 세웠다. 이곳에 정치가 시작된 것은 15세기 부르고뉴 봉주의 지방 공령이 되면서이고, 그 후 오스트리아 합스부르크 가의 공령이 되었다.

종교개혁기에 네덜란드인들은 독일 루터교의 영향을 받고 유럽 각곳의 재침례교 영향도 받는다. 네덜란드는 신성로마제국의 황제이며 스페인의 황제이기도 한 저들의 가톨릭의 독재적 지배를 벗어나려는 독립을 추구한다. 이때 네덜란드인들은 종교와 정치를 연합시킨 칼빈의 제네바 종교개혁 모델을 도입한다.

네덜란드인들이 겪어 본 독일의 루터교는 독일과 국경이 가까워 위태롭고, 재침례교도들은 성서적이기는 하지만 국가 문제를 종교와 분리하기 때문에, 네덜란드의 독립 투쟁에는 칼빈주의가 맞다고 보았다. 이렇게 해서 네덜란드는 스페인 가톨릭 황제의 지배를 벗어나 네덜란드 독립국 쟁취를 위해 칼빈주의 신학을 따라 독립전쟁을 전개해 나간다. 이와 같은 네덜란드 독립 전쟁은 1568년에 시작해 1648년까지 무려 80여 년 동안 계속된다.

놀라운 사실은, 네덜란드가 80여 년간 독립 전쟁을 이어 가는 그 기간에 알미니우스주의와 칼빈주의가 제정되었다는 것이다. 네덜란드 전쟁이 지속되는 중에 영국, 스코틀랜드, 스위스, 독일, 프랑스의 대표들 27명이 약 7개월간(1618. 11~1619. 5) '칼빈주의 대강령'을 만든다. 그 내용은 다음과 같다.

① 전적 타락(Total Depravity)
② 무조건적 선택(Unconditional Election)
③ 제한 속죄(Limited Atonement)
④ 불가항력적 은혜(Irresistible Grace)
⑤ 성도의 견인(Perseverance of the Saints)

네덜란드가 스페인의 가톨릭에서 해방되려고 독립 전쟁을 일으킨 결과, 1648년 '베스트팔렌 조약'으로 독립이 되었다. 그런데 네덜란드 내 가톨릭 세력들은 다시금 네덜란드에서 분리해 벨기에(1830), 룩셈부르크(1867)로 분리된다.

네덜란드는 칼빈주의로 독립을 쟁취했다. 그 후 네덜란드는 칼빈주의 강국이 되어야 마땅하다. 그런데 1899년에 네덜란드는 가톨릭이 35%, 개신교가 60%였으나 2010년에 이르러서는 가톨릭 25%, 개신교 15%, 무종교가 52%다. 칼빈주의가 투쟁을 위한 도구로 사용할 수 있으나 인생을 변화시키는 도구로는 적당하지 않다는 역사적 증명이라 할 수 있다.

셋째, 독일의 30년 전쟁(1618~1648)

독일에서는 루터가 종교개혁을 일으켰다. 이때 교황청은 추기경을 보내 위협을 하고 황제를 통해 루터를 죽이려고 했으나, 황제를 선출하는 권리가 있는 선제후 프리드리히의 보호를 받으며 종교개혁을 완성한다.

독일 국회는 황제의 허락으로 가톨릭만이 아닌 루터교도 합법적 종교로 인정한다(1555). 이때 독일 황제는 성민(城民)들이 선제후의 종교를 따르도록 했다. 예컨대 북쪽 선제후가 가톨릭이면 그 성내 모든 성민들은 가톨릭을 선택해야 하고, 만약 루터교를 믿고 싶으면 루터교 선제후의 영내로 이주해야 했다. 이렇게 독일은 선제후에 따라 국민의 종교가 구별되었고, 각 지방의 종교도 달랐다.

이처럼 한 나라에 두 종교가 지역별로 구별되어 살아간 지 70~80년이 지났을 때, 가톨릭 세력 중 예수회 사제들이 개신교 구역 내에서 학교를 짓고 교사 활동을 하며 교육을 통한 반개혁 운동을 펼쳐나갔다. 예수회 사제들의 반개혁 운동이 놀라운 효과를 보이자 루터교도들의 민감한 반응이 뒤따랐다. 그러나 예수회 수도사들은 12년간 각 분야에서 전문 교육과 경건 훈련을 닦은 정예군으로, 루터교도들에게는 역부족이었다.

이런 때에 프랑스의 칼빈주의자인 위그노들이 독일에 유입되었다. 독일로 망명한 칼빈주의의 후손들은 독일의 루터교도들에게 무기가 없는 것을 보고 칼빈주의에 입각한 〈하이델베르크 문답집〉으로 신앙 내용을 강화하고, 칼빈 사상의 '폭군 징벌론'으로 가톨릭 군주들과도 맞선다. 이 칼빈주의자들은 자기들도 루터교와 똑같은 종교 자유를 얻기 위한 정당한 투쟁을 하는 것이라고 믿는다.

독일 내 두 개신교의 성격은 현저하게 달랐다. 루터교는 루터의 신학에 따라 국가에 승복하는 데 주력했으나, 뒤늦게 유입된 칼빈주의자들이 폭군 징벌론을 내세우며 맹렬하게 투쟁하는 것을 보고 그 영향을 받는다. 그래서 뒤늦게 독일 루터교도들도 군주와 맞서며 종교 전쟁이 확대된다. 몇 가지 살펴보면 다음과 같다.

(1) 최초의 전쟁

최초로 보헤미아(체코슬로바키아)에서 가톨릭과 개신교 간의 전쟁이 벌어진다. 1618년부터 1623년까지, 5년간의 전쟁 끝에 가톨릭군이 승리한다. 이때 루터교도 3만 명이 조국을 떠나고, 보헤미아의 인구 5분의 4가 없어진다.

(2) 덴마크 개입

덴마크가 독일 개신교를 구하겠다고 전쟁에 개입한다. 1623년부터 1629년까지 6년간 전쟁을 하며 독일 황제요 스페인 황제인 페르디난트 2세가 독일 가톨릭 제후 군대, 스페인 군대 등 4만 명으로 덴마크 군대를 물리친다. 이때 독일 황제는 80여 년 전 독일 내에서 루터교를 인정한 것을 취소하고 80년 동안 루터교가 사용한 교회, 학교 등 모든 시설을 가톨릭으로 반환하라는 회복령을 내린다. 덴마크 개입으로 독일 내 루터교 상황이 더 나빠졌다.

(3) 스웨덴 개입

스웨덴이 독일 개신교를 구하겠다고 개입한다. 1630~1635년 전쟁을 했으나 또 실패한다.

(4) 프랑스와 스웨덴 연합의 개입

프랑스는 가톨릭 국가이다. 그들은 종교 문제가 아니라 독일이 허약한 틈을 이용해 독일 영토를 차지하려고 스웨덴과 손잡고 전쟁에 개입한다. 그리하여 프랑스, 스웨덴 연합군과 독일의 가톨릭 군대가 13년간(1635~1648) 싸운다. 지루하고 지리멸렬한 전쟁에 지친 가톨릭 황제는 1648년 30년 전쟁을 종식시키는 '베스트팔렌 화약'을 체결한다. 이때 네덜란드가 완전히 독립하고, 프랑스는 독일의 10개 도시를 차지한다.

이렇게 30년 전쟁 후 독일은 다시금 루터교를 회복해 오늘날은 전 국민의 50%인 루터교가 독일의 국교가 된다.

넷째, 영국의 청교도 전쟁(1640~1660) 20년

한국 선교 초기 선교사들 모두가 미국 청교도의 후예들이었다. 이들이 청교도 역사를 사실 이상으로 미화시켜 청교도에 관해 잘못된 인식이 있다. 잘못된 청교도 인식의 근거는 무엇일까?

영국의 청교도는 엘리자베스 여왕(1558~1603) 때 시작되었다. 제임스 국왕(1603~1625) 때 '킹제임스 성경'을 완성했다. 그의 아들 찰스 1세(1625~1649) 때 청교도는 찰스 국왕을 지지하는 왕당파와 의회를 지지하는 의회파로 나뉘어 투쟁을 계속했다.

이때 의회파 중 다수의 칼빈주의자들은 전쟁 중에 약 6년간(1643. 7~1649. 2) 웨스트민스터 회의로 모인다. 이들은 표면적으로는 칼빈주의 신앙 문답과 신조를 만들고, 내면적으로는 찰스 왕의 도움을 얻어 칼빈주의를 영국 국교로 만들고자 한다.

이때 등장한 사람이 철기군 대장 크롬웰(Oliver Cromwell, 1599~1658)이다. 그는 초기에는 칼빈주의자들과 같은 청교도였다. 그런데 칼빈주의자들이 왕당파와 찰스 왕의 도움으로 장로교를 영국 국교로 만들려고 하는 것을 알고, 이에 분개하여 철기군 군대로 의회를 해산시키고 찰스 왕을 처형한다(1649).

크롬웰이 집권한 호국경 군대 정치(1653~1660)가 7년 만에 끝나고, 찰스 2세(1660~1685)가 다시 왕정을 복귀시켰다.

정리하면, 영국의 개신교도들은 왕당파와 의회파로 분열해 전쟁 중에 칼빈주의 핵심인 '웨스트민스터 신조'를 제정했다. 그리고 다수의 의회파 세력을 활용해 칼빈주의로 영국 종교를 만들려고 왕당파와 연합했다가 크롬웰의 철기군에게 해체당했다.

칼빈주의는 종교와 정치가 연합해 스위스 제네바 종교 개혁에 성공했다. 칼빈주의가 프랑스에서는 위그노 전쟁을, 네덜란드에서는 독립 전쟁을, 독일에서는 30년 종교 전쟁을, 영국에서는 청교도 전쟁 등에서 폭력을 일으키는 데 기여한다.

이처럼 칼빈주의가 유럽 각국에 지대한 영향을 미친 것은 역사적 사실이다. 그렇기에 칼빈주의가 예수님이나 사도들의 신앙 정신과 결부되느냐 하는 데에 칼빈주의자들은 그렇게 믿고 가르치지만 필자는 그에 동의하지 않는다.

제69장

보수주의와 자유주의

오늘은 유럽에서 종교개혁 후 가톨릭과 개신교가 서로 죽고 죽이고 빼앗는 전쟁의 결과에 유럽인들은 어떤 반응을 나타내는가를 세 가지 측면에서 설명하겠다.

첫째, 기독교 전체에 실망한 유럽인들

(1) 영국에서

영국의 기독교 옹호세력들에 의한 청교도 예찬 문학가들이 나온다.

영국 정치사를 보면 2천여 년 전 왕족들이 가문을 바꿔 가며 지배했다. 그러니 평민인 크롬웰(1599~1658)이 호국경이 되어 나라를 다스린 역사는 전무후무하다. 이처럼 전설적인 크롬웰의 정치사를 예찬하는 청교도 문학이 나온다. 밀턴의 《실낙원》, 번연의 《천로역정》이다.

그런가 하면 정반대로 청교도들이 찰스 왕을 처형하는 잔혹한 결말을 본 베이컨(1561~1626)은 성경의 계시는 믿을 수 없고 경험한 것만 믿을 수 있다고 주장한다. 또 청교도혁명이 실패로 끝나고 다시 왕정으로 복고되는 것을 본 존 로크(1632~1704)는 베이컨의 '경험론'을 더 발전시킨다. 그는 기독교의 핵심은 마음의 문제이고 내용적 차별은 핵심이 아니라고 보았다. 그래서 신앙이 다르다고 해서 자기와 다른 신앙을 가진 자들을 죽인 청교도전쟁은 믿을 수 있는 종교가 못되고 자기가 경험할 수 있는 것만 믿는 게 안전하다고 주장한다.

그리고 뉴턴(1642~1727)은 만유인력의 법칙을 주장하며, 세상의 모든 것은 인과적 또는 역학적 관계로 설명되어야만 믿을 수 있는 것이라며 인과적, 역학적 관계로 설명될 수 있는 과학적 사고를 주장했다. 이렇게 과학적 사고의 기초에 근거해 수많은 사례들을 근거로 찰스 다윈(1809~1882)이 진화론이라는 가설을 만들어 낸다.

(2) 프랑스에서

프랑스에서는 위그노전쟁(1562~1598)으로 지성인들이 반기독교 입장을 취한다. 이때 기독교 옹호자 파스칼(1623~1662)이 《그리스도교 변증론》을 쓴다. 파스칼은 삶에서 위대함과 비참함이 공존하는 것이 인생이라고 하며 비참함을 설명하는 도구로 철학은 역부족이며, 예수의 사랑에 의한 구원의 길만이 비참함을 설명할 수 있고 해결할 수 있다고 하였다. 이 세상 이율배반의 부조리를 해결할 방법은 예수밖에 없다는 주장이 그가 쓴 《팡세》의 내용이다.

그런가 하면 정반대 입장으로 루소(1712~1778)는 칼빈파 신자였다가 가톨릭으로 개종하면서 《인간의 불평등 기원론》을 썼다. 그는 신에 의한 창조란 존재하지 않고 '자연'만 있다고 주장한다. 자연은 '스스로 자'(自) 자에다 '그럴 연'(然) 자를 쓴다. 자연이란 말은 사람의 힘을 더하지 않은 천연 그대로의 상태가 있었다는 뜻이다. 그가 주장한 "자연으로 돌아가라"는 말은 매우 유명하지만 하나님께서 우주 만물을 창조했다는 창조 신앙을 부정하는 매우 불경스러운 주장이다.

그 후 콩트(1798~1857)는 신이 존재한다는 신학은 상상적 산물이고 과학적, 객관적 법칙으로 설명이 가능한 것만 믿을 수 있다며 과학적 실증주의를 주장한다.

(3) 독일에서

30년 종교전쟁(1618~1648) 100년 후 괴테(1749~1832)는 젊었을 때《젊은 베르테르의 슬픔》에서 감상주의화된 문화 혁신을 주장했다. 그러나 80년을 살고 난 후《파우스트》에서는 산다는 것 그 자체가 좋은 일이라고 삶을 예찬하며 세상과 조화(調和)를 이루는 인생관을 역설한다.

똑같은 시대를 살아간 헤겔(1770~1831)은 신 플라톤 철학자로 왕성한 활동을 하며《정신 현상학》,《역사 철학》,《종교 철학》등의 작품을 남긴다. 그는 주관과 객관이 대립적 요소라고 불편하게 보지 말고 둘을 동일하게 조화시키려면 '제3의 융합'이라는 변증법이 조화를 가능하게 하므로 이를 통해 분열을 극복하고 통일을 지향할 수 있다고 한다. 선에는 직선이 있고 곡선이 있는 것처럼 사람들의 생각에는 주관적 생각과 객관적 사실이 있는데 이것을 대립으로 보지 말고 융합으로 봐야 한다며 변증법 철학을 만들어 낸다. 이렇게 독일에서는 절충주의 철학이 나온다.

이 같은 변증법 철학을 배운 마르크스(1818~1883)는 이 세상에는 절대적 영원 불변의 진리는 있을 수 없다고 주장한다. 그는 영국으로 망명해 은둔 생활을 하며 '경제'만이 인간에게 참자유를 준다는 공산주의를 만든다. 그는 "진리가 너희를 자유롭게 하리라"(요 8:32)라는 말에 빗대어 "돈이 너를 자유케 한다"라고 했다.

니체(1844~1900)는 《차라투스트라는 이렇게 말했다》에서 하늘나라의 소망이란 허상이고 신은 죽었다고 사신론을 주장했다.

이들은 반기독교로 기독교 적대주의자로 등장한다.

둘째, 세상의 이성주의와 타협한 기독교 자유주의

유럽의 가톨릭과 개신교가 서로 죽이고 빼앗는 살육 전쟁을 보고 좌절한 이들이 사상가, 철학자로서 온갖 부정적인 주장을 했다. 이때 기독교 신학자들은 세상 이성주의자들의 논리와 타협하며 성경을 부정하는 자유주의 신학을 만들어 낸다.

(1) 독일의 슐라이어마허(1768~1834)

슐라이어마허는 할레대학 교수 겸 목사로 설교하면서 많은 이들에게 자기 사상을 가르쳤다. 그는 종교란 전통적 신앙을 계승시키는 것이 아니라 자기가 무한하신 분을 만났다는 종교적 체험, 즉 감정적 느낌이라고 했다. 이렇게 종교를 계시도 아니요 전통도 아닌 감정이라는 주장을 하며 신학 교수가 전통적 주장에서 이탈하면서 자유주의 신학의 원조가 된다.

(2) 프랑스의 르낭(1823~1892)

르낭은 성직자가 되려고 신학교에 입학했으나 철학의 영향을 받고 과학자가 된다. 그가 저술한 《예수의 생애》(1863)에서 예수는 신의 아들이 아니고 인간 중에서 가장 모범적 삶의 모본을 보여 준 인간 예수라고 했다. 르낭의 사상은 현 미국 하버드 신학대학의 사상이다.

(3) 독일의 리츨(1822~1889)

그는 본대학, 할레대학, 베를린대학에서 공부한 후 본대학, 괴팅겐대학 교수로 지내며 많은 작품들을 남겼다. 그는 수많은 작품을 통해 기독교가 전통적으로 믿어 오고 있는 신비적 진리, 곧 천지 창조, 노아 홍수, 홍해가 갈라짐, 동정녀 탄생, 부활 등을 모두 부인했다. 그리고 기독교의 특성은 같은 신앙인 간의 친교인 교제 등, 실천적인 윤리를 체험할 수 있고 도덕적 실천이 가능한 것이며 그것이 핵심이라고 했다.

(4) 독일의 궁켈(1862~1932)

궁켈은 괴팅겐, 할레, 베를린, 기센대학 등 39년간 신학대학 교수로 활동했다. 그는 성경은 신의 계시의 책이 아니라 고대 바벨론이나 이집트에 전래되는 신화들의 영향을 받아 편찬한 책이라고 했다. 그래서 구약의 5경이나 이사야서, 다니엘서 등등은 각각 다른 연대에 전승되어 온 각각 다른 내용을 후대인들이 모아서 편찬한 것이라고 했다.

구약 모세오경은 창세기 2장 4절 이하에서 4장 26절까지는 '하나님' 호칭이 '여호와'로 나오고, 창세기 1장 1절에서 2장 3절까지와 5-6장에는 '하나님'으로 기록되어 있다. 오경 중 가장 오래된 BC 10~9세기경 J(야훼) 문서는 에덴동산 설화, 족장들의 역사 내용이 나오고, 반면에 E(엘로힘) 문서는 BC 9~8세기경 문서이며, D(신명기) 문서는 BC 7세기경 문서, P(제사) 문서는 BC 6~5세기 포로기 시대 문서다. 이처럼 모세오경은 따로 전승되어 오던 4~5가지 문서 자료를 최후에 에스라가 편찬한 것이다. 이 같은 주장을 '문서 가설'(Documentary hypothesis)이라고 한다. 이런 주장은 성서의 영감설을 부정한다. 필자가 60년대에 신학대학에서 5년간 공부하며 가장 충격받은 신학 사상이다.

(5) 독일의 불트만(1884~1976)

불트만은 독일 마르부르크대학에서 신학박사 후 모교에서 30년간 교수 활동을 했다. 그의 대표작은 《신약성서와 신학》이다. 그는 신약 성경에 기록된 초자연적인 이론들을 문자적으로 믿을 수 없다고 했다. 성육신, 동정녀 탄생, 물 위로 걸으심, 오병이어, 물로 포도주 만듦, 부활, 승천, 천국 등 모든 것이 신화라고 했다.

그런데 그가 말하는 '신화'란 용어는 황당무계한 꾸민 이야기라는 뜻이 아니라 진리를 설명하려는 표현의 수단이다. 따라서 신화적 표현은 제거하고 예수가 말하려고 한 핵심인 '케리그마'(κήρυγμα)만을 발굴해야 한다.

60년대에 불트만이 신약의 초자연적 내용들을 '신화'라고 한 것을 배운 필자는 큰 충격과 함께 방탕한 삶을 살게 됐다. 그 같은 자유주의 신학을 미국 유학에서 청산했다.

(6) 스위스의 바르트(1886~1968)

스위스 바젤에서 개신교 목사의 아들로 태어나 독일 베를린대학에서 공부한 후 스위스 사펜빌에서 목회를 했다. 그때 《로마서 주석》(1919) 발표로 독일 괴팅겐대학의 교수가 된다. 바르트는 《교회교의학》 13권을 저술, 발표했다. '교의학'(教義學, Dogmatics)과 '조직신학'(Systematic Theology)은 다 같은 뜻이나, 18세기 이전에는 '조직신학'이라 했고 18세기 이후부터 '교의학'이라고 한다.

그런데 조직신학이나 교의학 모두가 철학 사상을 기독교 용어로 번안해 조직한 것이 그 특징이다. 그의 주장 중 가장 특이한 것은

'하나님 말씀의 3중성'이다. 바르트는 하나님의 말씀을 ① 성육신하신 그리스도 ② 기록된 성경 ③ 선포되는 말씀이라고 했다. 이 주장은 가장 '실존'적 사실이기는 하지만 구약은 성육신 이전에 존재했고, 또 신약의 서신서, 계시록 등은 성육신 이후 부활, 승천 이후에 기록됐다. 그렇기에 성육신하신 그리스도를 기록된 성경과 분리시키는 것이나, 선포되는 말씀이 하나님의 말씀이 될 수도 있고 안 될 수도 있다는 사실을 감안하면, 그의 주장은 허점이 많다.

나는 허점이 많은 그의 주장을 이유로 그를 자유주의자로 본다.

(7) 세속화 신학의 원조 본회퍼(1906~1944)

독일 튀빙겐대학과 베를린대학에서 공부한 후 베를린대학의 교수로 활동하다가 히틀러 암살 음모에 가담한 죄로 39세 젊은 나이에 나치에 희생당한다. 그의 신학을 정치 신학이라 하고, 그의 영향을 받은 이들이 세속화 신학, 신의 죽음의 신학, 상황 윤리, 해방 신학, 민중 신학 등에 많은 영향을 끼친다. 목사가 히틀러를 암살하려 할 수 있는가? 그는 많은 논쟁과 화제를 일으킨 신학자다.

셋째, 자유주의 신학의 반동인 보수주의

자유주의 신학은 ① 성경의 초자연적 내용을 부인하고 ② 인간의 이성과 종교적 경험을 중요시하고 ③ 자연계의 물질 운동을 더 신뢰한다. 그에 반해 보수주의는 재래의 전통을 중요시한다.

보수주의에는 다음과 같은 계보가 있다.

1) 칼빈주의 5대 핵심을 중심으로 한 개혁주의자들

2) 복음주의 세력

① 신학적 탐구보다는 생활의 체험을 강조

② 교회가 영적 부흥 운동에 주력함

③ 축자영감설, 성경의 유일한 권위 인정

④ 재림 사상, 설교 중점

3) 근본주의의 5대 교리

① 성경의 무류성

② 동정녀 탄생

③ 대속적 죽음

④ 육체의 부활

⑤ 그리스도의 재림

4) 세대주의

① 천지 창조

② 구약 시대

③ 예수의 초림과 신약 시대

④ 예수의 공중 강림과 성도의 공중 휴거

⑤ 지상 7년 대환난

⑥ 그리스도 재림과 천년 왕국

⑦ 백보좌 심판 후 영원한 천국과 지옥

이상 4개 세력을 보수주의라고 한다.

인간들이 만든 각종 신학들은 다른 사람을 증오하고 편을 가르게 한다. 그러나 하나님의 말씀인 성경은 다른 이들을 포용하고 영생을 믿게 도와준다.

이 세상에서 과거나 현재나 미래에도 영원히 변하지 않는 것은 성경뿐이다. 그렇기에 우리는 성경 자체를 제대로 알아야만 안전하다.

그와 달리 성경을 해석해서 만든 인간들의 신학은 그 어떤 신학도 모두가 불완전하다. 마태복음 16장 18-19절을 문자적으로 해석하지 않고 교리적으로 해석한 로마 가톨릭교회의 교황 제도는 반성경적이다. 로마서 13장 1-7절을 잘못 해석한 루터교회의 국교는 인류 역사에 씻지 못할 제1, 2차 세계대전의 죄악을 저질렀다. 로마서 9장을 잘못 해석한 칼빈의 장로교는 하나님의 구원 섭리를 하나님의 절대 주권에 의한 이중예정(二重豫定)이라는 세상의 숙명론(宿命論)으로 추락시켰다. 현대 신학의 대표자라는 바르트(K. Barth)는 하나님의 말씀이 ① 성경 ② 예수 ③ 선포되는 말씀이라는 3중성 논리로 성도들을 현혹했다. 본회퍼(D. Bonhoeffer)는 거룩성을 추방하고 세속화(世俗化) 신학으로 수많은 반(反)신학을 양산해 가도록 길을 열어 놓았다.

이들 인간들이 주장하는 모든 신학은 성경적인 교리를 무너뜨리는 도구들로 악용되고 있다.

우리가 다시 살아날 수 있는 길은 오직 성경 진리를 문자대로 믿고 지켜 나가는 길뿐이다. 본 서가 성경의 진리를 회복하는 데 참고가 되는 도구가 되기를 간절히 소망한다.

신약교회 사관에 의한

동시대 두 세상 V (구약·신약·교회사 편)

1판 1쇄 인쇄 _ 2025년 11월 20일
1판 1쇄 발행 _ 2025년 11월 28일

지은이 _ 정수영
펴낸이 _ 이형규
펴낸곳 _ 쿰란출판사

주소 _ 서울특별시 종로구 이화장길 6
편집부 _ 745-1007, 745-1301-2, 743-1300
영업부 _ 747-1004 FAX 745-8490
본사평생전화번호 _ 0502-756-1004
홈페이지 _ http://www.qumran.co.kr
E-mail _ qrbooks@daum.net / qrbooks@gmail.com
한글인터넷주소 _ 쿰란, 쿰란출판사
등록 _ 제1-670호(1988.2.27)
책임교열 _ 이화정·김준표

 ISBN 979-11-24013-25-0 94230
979-11-6143-911-2(세트)

책값은 뒤표지에 있습니다.

겨자씨 문서선교회 이상

1. 올바른 신앙 뿌리 회복을 위한 과거 2천 년 교회의 역사서
2. 하나님께서 기뻐하시는 현재의 삶을 위한 신·구약 성경 강해서
3. 오늘과 미래의 그리스도 십자군 정병을 위한 핵심 교리서

위의 세 종류 문서로 주님 오심을 대비하게 한다.

[겨자씨 문서선교 정기후원자](가나다순)

1. 강효민 목사(새삶교회)
2. 김경석 목사(강서교회)
3. 김덕기 목사(서영희)
4. 김소망 형제(이정화)
5. 김영탁 목사(박지은 전도사)
6. 김종훈 목사(오산교회)
7. 박명숙 권사(조준환)
8. 배국순 목사(송탄중앙교회)
9. 백광용 장로(유명자)
10. 여우석 목사(새벽교회)
11. 여주봉 목사(포도나무교회)
12. 우치열 목사(늘푸른교회)
13. 윤승자 사모(이주일)
14. 이동수 목사(대구교회)
15. 이유경 자매(전수연)
16. 이재기 목사(사랑빛는교회)
17. 장광태 집사(이종희)
18. 정은희 자매(박용배 집사)
19. 정준희 목사(백민정)
20. 주승은 목사(독산동교회)
21. 지효숙 권사(이경복 장로)
22. 최성균 목사(동백지구촌교회)

윗분들의 정성 어린 후원으로 문서선교가 이루어져 가고 있습니다.
더 많은 선교 참여자가 계속 이어지기를 기도합니다.

후원 계좌

농 협	356-0669-9227-93	정수영
우리은행	1002-246-769541	정수영
국민은행	229301-04-285676	정수영

Email: chungsy40@naver.com